CURTIS JACKSON

HUSTLE HARDER – HUSTLE SMARTER

WIE DU ERFOLGREICH WIRST UND AUCH BLEIBST

New York Times-Bestseller

CURTIS JACKSON

HUSTLE HARDER HUSTLE SMARTER

WIE DU ERFOLGREICH WIRST UND AUCH BLEIBST

Bibliografische Information der Deutschen Nationalbibliothek
Die Deutsche Nationalbibliothek verzeichnet diese Publikation in der Deutschen Nationalbibliografie. Detaillierte bibliografische Daten sind im Internet über http://dnb.de abrufbar.

Für Fragen und Anregungen
info@m-vg.de

Wichtiger Hinweis
Ausschließlich zum Zweck der besseren Lesbarkeit wurde auf eine genderspezifische Schreibweise sowie eine Mehrfachbezeichnung verzichtet. Alle personenbezogenen Bezeichnungen sind somit geschlechtsneutral zu verstehen.

4. Auflage 2025

Türkenstraße 89
80799 München
Tel.: 089 651285-0

Die englische Originalausgabe erschien 2020 bei HarperCollins Publishers, LLC unter dem Titel *Hustle Harder, Hustle Smarter by Curtis »50 Cent« Jackson*.

Übersetzung; Thomas Gilbert
Redaktion: Bärbel Knill
Korrektorat: Anne Horsten
Umschlaggestaltung: Marc-Torben Fischer
Umschlagabbildung: © Mark Seliger
Satz: ZeroSoft, Timisoara
Druck: CPI
Printed in the EU

ISBN Print 978-3-95972-411-1
ISBN E-Book (PDF) 978-3-96092-794-5
ISBN E-Book (EPUB, Mobi) 978-3-96092-695-5

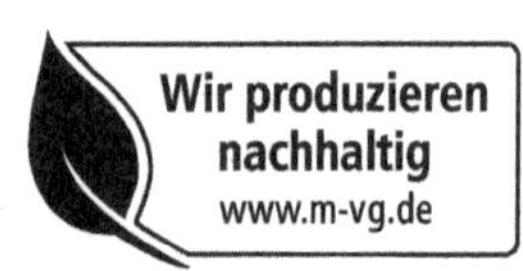

Weitere Informationen zum Verlag finden Sie unter

www.finanzbuchverlag.de

Beachten Sie auch unsere weiteren Verlage unter www.m-vg.de

INHALT

Dieses Buch ist dem Andenken an meine Mutter, Sabrina Jackson, und meine Oma, Beulah Jackson, gewidmet.

Sie sind zwar in ihrer körperlichen Form von uns gegangen, aber ihre Liebe, Unterstützung und ihr leuchtendes Vorbild inspirieren mich weiterhin jeden Tag.

Einleitung

Seit Jahren ermuntert man mich schon, einen Ratgeber fürs Leben zu schreiben. Man hat mir sogar dicke Dollarbündel unter die Nase gehalten.

Ich habe stets abgewunken.

Nicht, dass ich nicht schon ein paar Mal kurz davorgestanden hätte. Ich bin sogar so weit gegangen, Co-Autor eines Buches (*The 50th Law*) zu werden, das gemeinsam mit dem großartigen Robert Greene entstand, aber ich habe mich nie ganz wohl bei dem Gedanken gefühlt, eines ganz allein zu schreiben.

Ich mochte die Vorstellung einfach nicht, mich als Experte fürs Leben zu präsentieren.

Das mag sich seltsam anhören bei einem Menschen, der sich nie gescheut hat, allen zu sagen, wie viel Geld er hat, wie viele Platten er verkauft hat oder welche Fernsehsendungen er produziert hat.

Es stimmt, ich habe nie ein Problem damit gehabt, meine Erfolge öffentlich zu zeigen, aber privat ist es mir durchaus bewusst, dass diese Errungenschaften mein Leben mitunter auch negativ beeinflusst haben. Es gibt viele Dinge, die ich verpfuscht habe: Geld, Beziehungen, Gelegenheiten, Freundschaften ... alles Mögliche.

Ich habe genauso oft vollkommen versagt, wie ich erfolgreich war.

Das ist letztlich auch der Grund dafür, dass ich mich endlich doch entschlossen habe, ein Buch zu schreiben.

Es gibt nicht viele Menschen, die auf dem gleichen Level wie ich Erfolg erlebt haben. Innerhalb dieser handverlesenen Gruppe mussten sich noch weniger Menschen von ganz unten nach oben durchboxen, so wie ich es getan habe.

Ich habe diese Geschichte schon oft erzählt, aber es lohnt sich, sie hier zu wiederholen: Meine Mutter brachte mich zur Welt, als sie gerade 15 Jahre alt war. Als alleinerziehende Mutter war sie gezwungen, Drogen zu verkaufen, um mich zu ernähren. Einige Jahre lang florierte ihr Geschäft auf der Straße, aber wie bei fast allen verlangte dieses Leben auf den Straßen schließlich seinen Preis: Sie wurde ermordet, als ich acht Jahre alt war, und ich musste zu meinen Großeltern ziehen, die bereits neun eigene Kinder aufzogen. Als ich zwölf Jahre alt war, fing ich selbst an, Drogen zu verkaufen, und zwar auf denselben Straßen, die meine Mutter das Leben gekostet hatten.

Es waren Umstände, die die meisten Menschen umhauen und sie nicht mehr auf die Beine kommen lassen würden. Doch ich habe nie aufgehört, weiterzukämpfen. Ich begeisterte mich für Hip-Hop, machte mir langsam einen Namen und wurde dann im Zuge eines Streits innerhalb meiner *Neighborhood* neunmal angeschossen. Das wäre für die meisten Menschen das Ende der Fahnenstange gewesen, aber ich startete gerade erst durch. Ich erholte mich wieder, arbeitete weiter an meiner Musik und veröffentlichte schließlich eines der meistverkauften Debütalben in der Geschichte des Hip-Hops. Als ich 30 Jahre alt wurde, hatte ich bereits zig Millionen Alben verkauft, mein eigenes Biopic produziert und darin selbst die Hauptrolle gespielt, und ich war einer der ersten Hip-Hop-Künstler, die eine Mainstream-Marke geschaffen hatten.

Ich dachte, ich hätte den Kampf ein für alle Mal hinter mir gelassen, aber ich hatte mich geirrt. Im Laufe der nächsten Jahre starb mein Manager und Mentor Chris Lighty unter tragischen Umständen, ich wurde zur Zielscheibe von Rechtsstreitigkeiten, und als MP3s die CDs zu ersetzen begannen, wurde das Geld der Plattenindustrie buchstäblich weggestreamt.

Angesichts meines beispiellosen Erfolgs konnten die Leute nicht genug von mir bekommen. Selbst als die Dinge kompliziert wurden, wurde ich immer populärer, aber aus den falschen Gründen. Die

Kräfte, die mich aufgebaut hatten, erfreuten sich nun an meinem potenziellen Niedergang. Ich habe nie einen echten Tiefpunkt erlebt – nur sehr wenige Tiefpunkte sind mit Gucci-Tapeten ausgekleidet und haben Lamborghinis in der Garage –, aber ich spürte, dass mein Leben in die falsche Richtung lief.

Was tat ich also?

Ich überdachte meine ganze Herangehensweise und ließ die Menschen und den ganzen Ballast hinter mir, wie eine Schlange, die ihre Haut abstreift. Ich verhandelte härter und klüger. Und indem ich mich um eine gute Beziehung zu meinem jüngsten Sohn, Sire, bemühte, glaube ich, bin ich auch ein besserer Mensch geworden.

Innerhalb weniger Jahre unternahm ich eine Reihe von Schritten, die zu den größten Erfolgen meiner Karriere führten. Ich kreierte und produzierte eine Erfolgsserie für den privaten Fernsehsender Starz: *Power*. Schon bald dominierte ich mit den Sendungen die Einschaltquoten, so wie ich früher andere Rapper in den Charts dominiert hatte. Aber *Power* war nur der Anfang meines Masterplans. Im Oktober 2019 unterzeichnete meine Firma, G-Unit Film and Television, Inc., einen Vierjahresvertrag mit Starz/Lionsgate, der als der größte Vertrag in der Geschichte des Bezahlfernsehens gilt. Und das ist nur eines der vielen Projekte, die ich in der Pipeline habe.

Die erfolgreichsten und glücklichsten Menschen haben in einer Sparte Erfolg, ich habe es *zweimal* bis an die Spitze geschafft. In vielerlei Hinsicht bin ich auf meinen zweiten Weg zum Gipfel sogar noch stolzer als auf meinen ersten.

Viele Leute haben mich abgeschrieben. Sie sagten, dass ich fertig sei. Sie nannten mich sogar, mit einer Formulierung aus einem meiner Alben, *self-destructed*, selbstzerstörerisch. Ich habe alle Schlagzeilen gelesen. Ich habe mir das ganze Gerede angehört. Ich habe all den Jubel über mein Scheitern mitbekommen.

Das hat meinen Erfolg im Fernsehbereich nur noch süßer gemacht. Das ist es auch, was mich schließlich dazu angespornt hat, dieses Buch zu schreiben. Ich möchte, dass die Menschen verstehen, dass es so etwas wie »es schaffen« nicht gibt. Dass es unabhängig davon, wie viel Geld man anhäuft, wie viel Ruhm man erlangt oder wie viel Erfolg man genießt, in der Zukunft immer noch mehr Kämpfe geben wird. Mehr Drama, mit dem man umgehen muss. Mehr Hindernisse, die einem in den Weg gelegt werden.

Das Ziel besteht nicht nur darin, erfolgreich zu sein. Es geht auch darum zu lernen, wie man diesen Erfolg aufrechterhalten kann.

Das ist eine Fähigkeit, die ich auf die harte Tour lernen musste. Und eine, die ich dir mit diesem Buch beibringen möchte.

Ich bin jetzt 45 Jahre alt, ein Alter, von dem ich einst dachte, dass ich es niemals erreichen würde. Es gab verdammt noch mal Zeiten, da schien es mir zu viel verlangt, darüber nachzudenken, ob ich es bis 21 schaffen würde. Doch jetzt bin ich in meinem vierten Lebensjahrzehnt, ein paar graue Stoppel finden sich in meinem Bart, und erste Falten beginnen sich zu bilden (aber ich habe immer noch ein Sixpack und vollen Haarwuchs). Aber ich fühle mich wohl an diesem Punkt meines Lebens. Es ist dieses reifere Alter, das es mir erlaubt, auf mein Leben zurückzublicken und zu verstehen, was mich zu dem gemacht hat, der ich bin. Und wenn ich versuche, meine Fähigkeit auf den Punkt zu bringen, die es mir erlaubt, immer wieder Wege zu finden, um an der Spitze zu bleiben, kann ich erkennen, dass es auf zwei Hauptmerkmale ankommt:

Ich habe das Herz eines Hustlers.

Und ich bin furchtlos.

Mein Hauptziel für dieses Buch ist es, dir dabei zu helfen, dieselben Eigenschaften zu entwickeln. Aber bevor wir uns mit dem Wie befassen, möchte ich über diese Worte sprechen: »furchtlos« und »Hustler«. Wenn ich sie ausspreche, wirst du bei diesen Wörtern wahrscheinlich an 50 Cent den Gangsta denken. Der Typ, der offen damit angab, dass er Drogen verkauft hat. Der neunmal angeschossen wurde, und dem es nichts auszumachen schien. Der sich sowohl auf der Straße als auch im Hip-Hop mit den gefürchtetsten Namen angelegt und nie einen Rückzieher gemacht hat.

Diese Heldentaten gehörten alle zu 50 Cent, einer Persönlichkeit, die ich angenommen habe, um mit dem Chaos und dem Wahnsinn fertigzuwerden, die ich als Kind überall um mich herum sah. Aber dieses Buch ist nicht dazu gedacht, aus dir den nächsten 50 Cent zu machen.

Versteh mich nicht falsch: 50 Cent war und ist immer noch ein echter Teil von dem, was ich bin. Aber wenn diese Persönlichkeit alles wäre, was es für mich gibt, hätte ich den Erfolg, den ich erreicht habe, niemals aufrechterhalten können.

Deshalb werde ich in diesem Buch die Gedanken sowohl von 50 Cent *als auch* von Curtis Jackson offenbaren.

Ich habe mich erst »50 Cent« genannt, als ich älter war, aber seit ich ein Kind war, hatte ich immer das Gefühl, dass es zwei Seiten an mir gab. Zwei Identitäten, mit denen ich mich zurechtfinden musste. Die Seite, die es mir erlaubte, im Haus meiner Großmutter zu leben, wo Fluchen nicht toleriert wurde und Sonntage der Kirche vorbehalten waren, und die Seite, die es mir erlaubte, auf der Straße zu überleben. Ich brauchte beide Seiten, um mich durchzuschlagen.

Es gab Zeiten, da habe ich mich tatsächlich gefragt, ob mit mir etwas nicht stimmt. Hatten alle anderen auch dieses Gefühl von Dualität? Oder war ich nicht ganz richtig im Kopf?

Heute kann ich sehen, dass daran nichts falsch war. Ganz im Gegenteil. Meine Fähigkeit, beide Persönlichkeiten zu nutzen, ist eine meiner größten Stärken. 50 Cent hat mich an die Spitze gebracht. Curtis Jackson ist der Mann, der es geschafft hat, mich dort zu halten.

Zum jetzigen Zeitpunkt ziehe ich schon länger in der amerikanischen Unternehmenswelt meine Kreise, als ich Geschäfte auf der Straße gemacht habe. Ich verdiente lediglich im Alter von zwölf bis 24 Jahren schmutziges Geld. Ich habe von 25 bis 45 Jahren auf legale Weise in Unternehmen Geld verdient. Das ist fast doppelt so lange.

Es ist daher nicht verwunderlich, dass mir an diesem Punkt die Straßen und die Geschäftswelt oft gar nicht so unterschiedlich erscheinen. Beide spielen nicht fair. Beide sind extrem konkurrenzbetont. Sie sind beide skrupellos. Und du kannst immer noch beide beherrschen, wenn du mehrere Grundprinzipien befolgst:

> ***Sei furchtlos.*** Die meisten Menschen laufen vor dem weg, wovor sie sich fürchten. Ich gehe direkt darauf zu. Das bedeutet nicht, dass ich denke, ich sei unverwundbar (ich habe auf die harte Tour gelernt, dass ich es nicht bin) oder dass ich mir der Gefahr nicht bewusst bin. Ich habe genauso viel Angst wie jeder andere Mensch.
>
> Aber einer der größten Fehler, den Menschen machen können, ist, ihrer Angst nachzugeben. Was auch immer mich beunruhigt, ich begegne der Angst frontal und setze mich damit auseinander, bis die Situation gelöst ist. Meine Weigerung, der Angst nachzugeben, verschafft mir in fast jeder Situation einen Vorteil.

> ***Entwickle das Herz eines Hustlers.*** »Hustlin'« wird vielleicht mit dem Verkauf von Drogen in Verbindung gebracht, aber es ist eigentlich eine Charaktereigenschaft, die erfolgreichen Menschen in jedem Beruf gemeinsam ist. Steve Jobs war bei Apple genauso ein Hustler wie ich, als ich noch auf der Straße arbeitete.
>
> Der Schlüssel zur Entwicklung dieser Eigenschaft in der eigenen Persönlichkeit ist es, zu akzeptieren, dass man nie auf ein bestimmtes Ziel zusteuert. Hustlin' ist ein Motor, der jeden Tag in einem selbst laufen muss. Und sein Treibstoff ist Leidenschaft. Wenn du diesen Motor am Laufen halten kannst, wird er dich überall hinbringen, wo du im Leben hinwillst.

Stelle ein gutes Team zusammen. Du bist nur so stark wie das schwächste Glied in deinem Team. Deshalb musst du dir absolut bewusst sein, mit wem du dich umgibst. Verrat ist nie so unwahrscheinlich, wie du gerne glauben würdest.

Deshalb ist es unerlässlich, bei den Menschen, mit denen du zusammenarbeitest, ein Gleichgewicht zwischen Vertrauen und Disziplin herzustellen, und ihnen die Freiheit zu geben, sie selbst zu sein. Wenn dir diese Balance gelingt, wirst du in der Lage sein, das Beste aus deinem Team herauszuholen.

Kenne deinen Wert. Einer der Eckpfeiler meines anhaltenden Erfolgs ist, dass ich mich nicht in Geschäfte stürze. Auch wenn ich zum Synonym dafür geworden bin, »gut bezahlt zu werden«, jage ich nie dem Geld hinterher. Ich bewerte jedes neue Projekt auf der Grundlage seines langfristigen Potenzials und nicht danach, wie der erste Scheck aussehen wird, den ich bekomme.

Der Grund, warum ich das tue, ist, dass ich höchstes Vertrauen in meinen eigenen Wert und meine Fähigkeiten habe. Ich bin mir sicher, dass ich, solange ich auf mich selbst setze, immer gewinnen werde.

Entwickle dich oder stirb. Wenn ich nicht willens – oder nicht in der Lage – gewesen wäre, mich als Individuum weiterzuentwickeln, wäre ich jetzt tot oder im Knast. Einer der Schlüssel zu meinem Erfolg ist, dass ich in jeder Phase meines Lebens bereit war, jede neue Situation, in der ich mich befand, richtig einzuschätzen und die notwendigen Veränderungen vorzunehmen.

Ich werde zwar immer aus den Lektionen lernen, die ich auf der Straße gesammelt habe, aber ich habe mich nie auf sie beschränkt. Stattdessen sehe ich zu, dass ich immer neue Informationen aus so vielen Quellen wie möglich aufnehme. Es ist mir egal, woher du kommst oder wie du aussiehst – wenn du es geschafft hast, erfolgreich zu sein, möchte ich von dir lernen.

Bestimme, wie du wahrgenommen wirst. Alles, was du der Welt offenbarst – deine Worte, deine Ausstrahlung, deine Kleidung – erzählt eine Geschichte. Du musst sicherstellen, dass deine Darstellung dich immer so präsentiert, wie du gesehen werden willst, auch wenn die Realität eine etwas andere Geschichte erzählt.

Eines der Geheimnisse, um im Leben zu bekommen, was man will, ist, den Eindruck zu erwecken, dass man nichts braucht. Es kann schwierig sein, diese Haltung zu vermitteln – vor allem, wenn du mit Problemen zu kämpfen hast –, aber wenn du diese Wahrnehmung konsequent förderst, wirst du beruflich, privat und sogar in einer Liebesbeziehung an Attraktivität gewinnen.

Keine Angst vor dem Wettkampf. Manche Leute versuchen, mich als Quälgeist oder Tyrannen darzustellen, aber das entspricht nicht den Tatsachen. Mein erster Instinkt ist immer, positive und für beide Seiten vorteilhafte Beziehungen zu Menschen aufzubauen. Aber wenn jemand nicht daran interessiert ist, mit mir befreundet zu sein, ist es für mich kein Problem, in ihm oder ihr einen Gegner zu sehen.

Der Grund dafür ist, dass ich glaube, dass Konkurrenz für alle beteiligten Parteien gesund ist. Egal, ob es darum geht, gegen etablierte Rapper oder erfolgreiche Fernsehserien anzutreten, ich hatte immer dann den größten Erfolg, wenn ich mich direkt und ohne zu zögern mit meinen Rivalen angelegt habe.

Lerne aus deinen Misserfolgen. So viele Erfolge ich im Laufe der Jahre errungen habe, so viele Misserfolge habe ich auch erlebt. Damit bin ich unter den erfolgreichen Menschen keine Ausnahme, sondern es ist die Regel. Ich kenne keinen wohlhabenden Rapper, Mogul, Manager oder Unternehmer, dessen Verluste seine Gewinne nicht bei Weitem überwiegen.

Was diese Menschen von der Masse unterscheidet, ist, dass sie sich nicht über ihre Misserfolge beschweren oder sich vor ihnen verstecken, sondern aktiv versuchen, aus ihnen zu lernen.

Vermeide es, Ansprüche zu stellen. Nichts wurde mir im Leben je geschenkt. Ich musste für alles kämpfen, was ich mir verdient habe. Deshalb habe ich niemals eine Anspruchshaltung eingenommen. Aber fast überall, wo ich hinschaue – von der Straße bis in die Vorstandsetagen –, sehe ich immer noch eine Menge Menschen mit Anspruchsdenken.

Du wirst niemals dauerhaften Erfolg haben, solange du nicht die volle Verantwortung für das übernimmst, was in deinem Leben passiert. Keiner schuldet dir etwas. Genauso wie du niemandem irgendetwas schuldig bist. Sobald du diese grundlegende Wahrheit erkennst und akzeptierst, dass du die Kontrolle über deinen Werdegang hast, werden sich viele Türen, die verschlossen schienen, vor dir auftun.

In meiner Jugend habe ich das Lesen oft als eine Pflicht empfunden, die ich ertragen musste, und nicht als ein nützliches Mittel, das einem helfen kann, sein Leben zu verbessern.

Egal wie viele Geheimnisse ich in diesem Buch über Glück, Business und die Verbesserung des eigenen Lebens offenbare, es wird, aufgrund der eben beschriebenen Einstellung gegenüber dem Lesen, eine Menge Leute in meiner Hood geben, die nichts von diesen Geheimnissen erfahren werden. Sie lesen einfach keine Bücher. Sie gehen vielleicht 1000-mal an einem Buch wie diesem vorbei, bis es verstaubt ist, bevor sie überhaupt daran *denken*, es aufzuschlagen.

Das ist auch nicht allein ihre Schuld. Viele Bücher sind nicht in einer Sprache geschrieben, die für jeden zugänglich ist. Ich persönlich habe erst mit dem Lesen angefangen, als ich Autoren wie Donald Goines und Iceberg Slim entdeckte, die in einer Sprache schrieben, die mir vertraut war. Mit ihrem Stil konnte ich mich anfreunden, und das gab mir das Selbstvertrauen, mich mit Autoren zu beschäftigen, die nicht aus dem gleichen Milieu stammen wie ich. Autoren wie Don Miguel Ruiz, Paulo Coelho und einer, der sogar ein enger Freund und Mitarbeiter geworden ist, Robert Greene.

Selbst wenn du nicht von der Straße stammst (und wenn man bedenkt, wie vielseitig mein Publikum mittlerweile ist, ist die Wahrscheinlichkeit groß, dass dies nicht der Fall ist), hast du dennoch einen wichtigen Schritt getan, indem du dieses Buch in die Hand genommen hast. Heutzutage haben viele Leute das Lesen durch Klicken ersetzt. Sie überfliegen ein Thema nur oberflächlich – schauen sich vielleicht ein kurzes Video an, lesen vielleicht eine Wikipedia-Seite – und haben das Gefühl, sie hätten ganze Arbeit geleistet.

Sorry, aber ein paar Klicks oder Scrolls sind einfach nicht genug. Ich habe die Erfahrung gemacht, dass man sich mehrere Beispiele anschauen und über mehrere Szenarien nachlesen muss, bevor man bestimmte Grundsätze verinnerlicht hat.

Nachdem du dieses Buch ausgelesen hast, kann es sein, dass du nur ein paar der Prinzipien für dich übernehmen wirst. Vielleicht sogar nur eines. Das ist in Ordnung. Das war der Fall, als ich Roberts *48 Gesetze der Macht* gelesen habe. Wenn du mich heute fragen würdest, worum es in dem Buch ging, kann ich dir nur sagen: »Stelle als Schüler niemals den Meister in den Schatten.«

Es gab noch siebenundvierzig andere Gesetze in diesem Buch, aber dieses ist dasjenige, das sich in meinem Kopf festgesetzt hat. Und weil es mich nie verlassen hat, konnte ich es im Laufe der Jahre so oft anwenden. Ich habe buchstäblich Millionen gemacht, indem ich mir dieses Prinzip immer wieder ins Gedächtnis gerufen habe.

Meine Hoffnung ist, dass du diesem Buch mindestens ein fundamentales Prinzip entnehmen kannst, das sich auch in deinem Kopf festsetzt. Vielleicht geht es dabei um Furchtlosigkeit. Vielleicht geht es darum, die Wahrnehmung der anderen zu beeinflussen. Oder um die Notwendigkeit, sich weiterzuentwickeln.

Welches Prinzip auch immer es ist, das dich anspricht, halte daran fest. Trage es in dir, bis es ein Teil deines Lebens wird.

Wenn man ganz oben auf der Erfolgsleiter angekommen ist, wenn man all das Geld hat, dann verändert sich die Sicht auf das, was wirklich zählt. Wie man anderen Menschen helfen kann.

Ich ruhe mich nicht gerne auf meinen Lorbeeren aus. Wenn ich mit 70 noch lebe, möchte ich immer noch meinen Beitrag leisten und aktiv sein. Das Leben wird mir vielleicht weniger abverlangen, aber ich werde immer noch ein Teil der Kultur sein. Und helfen, sie zu fördern. Ich mache vielleicht keine großen Sprünge mehr, aber ich werde immer noch da sein und versuchen zu helfen.

Ich habe Menschen auf eine Art und Weise unterstützt, von der du vielleicht noch nichts gesehen oder gehört hast. Aber dieses Buch ist eine der wirkungsvollsten und weitreichendsten Möglichkeiten, dies zu tun.

Du kannst darauf vertrauen, dass bei jedem scheinbar unbedachten Tweet oder ungezügelten Text von 50 Cent eine Methode dahintersteckt, wie Curtis Jackson vorgeht. Eine Strategie hinter dem Handeln, die sich bewährt hat und nachweislich funktioniert.

Dies ist meine Chance, dir diese Strategien zu erläutern, damit du dich in deinem eigenen Leben zielgerichtet und selbstbewusst weiterentwickeln kannst.

Ich freue mich, dass du mich auf dieser Reise begleitest.

KAPITEL 1

WIE DU FURCHTLOS WIRST

»Ich würde keinen Pfifferling für einen Mann geben, der nicht manchmal Angst hat. Angst ist die Würze, die es spannend macht, sich im Leben weiter zu wagen.«

DANIEL BOONE

Vor ein paar Jahren beauftragte ich einen jungen Franzosen namens Corentin Villemeur damit, sich um meine Webseite zu kümmern. Wenn er nicht gerade für mich arbeitete, verbrachte Corentin seine Zeit damit, vor atemberaubenden Hintergründen Selfies zu machen – sei es gefährlich nahe am Abgrund einer Klippe stehend oder auf dem Dach eines Hochhauses, mit herabbaumelnden Beinen.

Wenn er den Mitarbeitern in meinem Büro diese Fotos zeigte, schüttelten sie nur den Kopf und lachten: »Auf so eine Idee kann auch nur ein Weißer kommen.« Für sie war das so abwegig wie Fallschirmspringen oder wilde Tiere streicheln – ein unnötiges Risiko, das nur jemand eingehen würde, der wirkliche Gefahr noch nie am eigenen Leib erfahren hat.

Ich sah die Sache anders.

Ich sah darin eine Möglichkeit, mich frei zu fühlen.

Also nahm ich Corentin eines Tages mit aufs Dach meines alten Bürogebäudes am Times Square, um selbst ein paar Fotos zu machen. Aber statt die Beine nur über die Kante baumeln zu lassen, entschloss ich mich, den Einsatz zu erhöhen.

Auf dem Dach befand sich ein Wasserturm, eine tonnenförmige Holzkonstruktion, die sich mehrere Stockwerke über uns erhob. Ohne zu zögern, kletterte ich die klapprige Leiter hinauf und setzte mich auf den Rand. Ich muss vierzig Stockwerke hoch in der Luft gewesen sein. Unter mir sahen die Menschen auf den Straßen aus wie Ameisen bei einem Picknick. Wenn ich ausgerutscht wäre, wäre der Weg hinunter aufs Trottoir ziemlich lang geworden.

Das Risiko war ebenso hoch wie mein Sitzplatz, aber ich spürte keinerlei Angst. Stattdessen genoss ich die spektakuläre Aussicht. Das Gebäude der *New York Times* ragte zu meiner Linken über mich hinaus, und hinter mir glitzerte der Hudson River. Ich fühlte mich unglaublich lebendig. Meine Heimatstadt aus der Vogelperspektive zu sehen, erfüllte mich mit dem gleichen Ansporn, den ich als junger Mann empfunden hatte. New York City lag mir buchstäblich zu Füßen. Die Stadt der Träume. Und ich würde weiterhin alles geben, um jeden einzelnen meiner Träume zu verwirklichen!

Ich lehnte mich zurück, und Corentin gelang ein spektakulärer Schnappschuss für Instagram. Als ich wieder unten in meinem Büro war, postete ich das Foto mit der folgenden Bildunterschrift:

> *Ich lebe am Abgrund. Ich bin nur frei, weil ich keine Angst habe. Alles, wovor ich Angst hatte, ist mir bereits zugestoßen.*

Der Beitrag fand viel Anklang. »So ist es«, schrieb einer, während ein anderer hinzufügte: »Mann, das sind starke Worte.« Aber nicht alle wussten den Post zu schätzen. Ungefähr eine Woche nach der Veröffentlichung des Fotos erhielt ich einen Brief von meiner Versicherungsgesellschaft, in dem sie mir erklärten, dass sie meine Police sofort kündigen würden, wenn ich mein Leben noch einmal derart bewusst riskierte.

Die Versicherungsgesellschaft hätte allerdings nicht überrascht sein dürfen. Wenn es eine Eigenschaft gibt, die mich von klein auf geprägt hat, dann ist es die Furchtlosigkeit.

Viele Menschen denken wahrscheinlich, dass ich von Geburt an furchtlos war. Vielleicht verbreite ich eine Energie, die das suggeriert, aber es stimmt nicht. Als Kind hatte ich Angst vor der Dunkelheit. Ich hatte eine Riesenangst davor, auf der Straße getötet zu werden, und ich war wie gelähmt vor Angst, als ich zu rappen begann, weil ich fürchtete, zu versagen. Ich habe alle Arten von Angst und Furcht durchlebt.

Der entscheidende Punkt ist, dass ich mich dagegen wehre, mich an diese Ängste zu gewöhnen. Ich habe gelernt, dass die Bequemlichkeit alle Träume zerstört. Sie untergräbt unsere Ambitionen. Macht uns blind für unsere Visionen. Fördert Selbstgefälligkeit.

An nichts gewöhnen sich Menschen so sehr wie an ihre Ängste. Nicht dass die meisten von ihnen dies zugeben würden. Wenn du irgendjemanden fragst, ob er in einem ständigen Zustand der Angst lebt, wird er wahrscheinlich sagen: »Natürlich nicht.« Aber das ist nur der Stolz, der da spricht. Die Angst beherrscht das Leben der meisten Menschen. Angst vor Verlust. Angst vor dem Scheitern. Angst vor dem Unbekannten. Angst vor Einsamkeit.

Ich finde nicht, dass man sich schämen muss, wenn man Angst vor etwas hat. Tatsächlich kann ein bisschen Paranoia enorm hilfreich sein. Es gibt jede Menge wirkliche Gefahren auf der Welt. Es gibt zahlreiche Menschen, die böse Absichten hegen. Sich dessen bewusst zu sein, macht es einfacher, entsprechende Situationen zu vermeiden.

Was man auf keinen Fall tun sollte, ist, sich mit seinen Ängsten abzufinden. Du kannst nicht dein Leben lang Intimität und Liebe vermeiden, nur weil du Angst vor Verlust hast (womit ich selbst auch zu kämpfen hatte). Du kannst nicht aufhören, Risiken einzugehen, nur weil du Angst hast zu versagen. Du kannst nicht aufhören, neue Dinge auszuprobieren, nur weil du Angst vor dem Unbekannten hast. »Nicht den Tod sollte man fürchten«, sagte einst der römische Kaiser und Philosoph Marc Aurel, »sondern, dass man nie beginnen wird, zu leben.«

Ich kann die Entstehung meiner eigenen Furchtlosigkeit auf ein konkretes Ereignis zurückführen: den Tod meiner Mutter. Das ist eine besondere Art von Angst, eine, die schwer zu beschreiben ist. Mehr noch, als neunmal angeschossen zu werden, war der Verlust meiner Mutter für mich der tiefste Einschnitt in meinem Leben. Selbst jetzt, wo ich mittleren Alters bin, kann ich ihren Verlust noch spüren.

Aber durch ihren Tod hat meine Mutter mir zugleich ein seltenes Geschenk gemacht: die Saat der Furchtlosigkeit. Es sollte noch sehr lange dauern, bis dieser Charakterzug in mir vollständig aufgeblüht war. Leider musste ich noch viel schwierigere und gefährlichere Momente erleben, bis diese Eigenschaft zu meiner zweiten Natur wurde.

In diesem Kapitel erzähle ich von einigen Erlebnissen und Situationen, die mir geholfen haben, einen Sinn dafür zu entwickeln, mutig und furchtlos zu sein. Das hat mir wiederum die Gewissheit gegeben, dass auf der anderen Seite der Angst keine Gefahren warten, auch nicht der Tod, sondern die Freiheit.

Ich möchte zeigen, dass Furchtlosigkeit eine Stärke ist, die du selbst entwickeln kannst. Wie eine Art Muskel, den du aufbauen kannst, allerdings hoffentlich ohne ein solches Trauma durchleben zu müssen wie ich, das meine eigene Furchtlosigkeit so dramatisch ausgeprägt hat. Du musst nicht deine Mutter verlieren oder neun Schüsse überlebt haben, um den Glauben zu entwickeln, dass du alles überleben kannst, was dir widerfährt. Dass die einzige Sache, der du dich beugen musst, die Erkenntnis ist, dass du Risiken nicht vermeiden kannst.

KEINE ANGST VOR SCHLÄGEN

Als Kind war Mannschaftssport nie mein Ding. Ganz gleich, was wir spielten – Football, Basketball oder Baseball –, wenn wir verloren, hatte ich immer ganz schnell einen Schuldigen ausgemacht. »Klar, wir haben's vermasselt, weil du deinen verdammten Mann nicht gedeckt hast!« So beschimpfte ich einen Spieler aus meinem Team, der als Verteidiger kein Bein auf den Boden bekommen hatte: »Der Typ hat dir den Arsch aufgerissen. Wir haben wegen *dir* verloren, Junge!«

Es war nicht so, dass ich mich der Verantwortung entziehen wollte. Wenn ich ein schlechtes Spiel geliefert hatte oder meinen Mann nicht decken konnte, war ich der Erste, der das zugab. Es war eher so, dass es mir nicht passte, meinen eigenen Erfolg von der Fähigkeit oder Unfähigkeit eines anderen abhängig zu machen. So geht es mir bis heute. Ich sage immer, wenn ich jemals beim Rennen auf ein Pferd setzen würde, dann lass mich selbst das Pferd sein, verdammt noch mal. Denn ich weiß, dass ich so schnell rennen werde, wie ich nur kann.

Ich war klug genug zu erkennen, dass ich emotional nicht für Mannschaftssportarten geeignet war. Ich brauchte einen Sport, bei dem es allein meine Schuld war, wenn ich verlor. Einzelsportarten wie Golf oder Tennis waren keine Sportarten, die Leute aus meinem Bekanntenkreis spielten. (Ich wohnte nur etwa zwanzig Minuten von dem Ort entfernt, an dem die US Open in Flushing Meadows gespielt werden, aber es hätte genauso gut in einem anderen Bundesstaat sein können). Und in meinem Viertel wurde normalerweise nur gerannt, wenn jemand hinter einem her war.

In meiner Nähe befand sich jedoch eine Boxhalle der Police Athletic League, die von einem Boxer aus der Gegend namens Allah Understanding betrieben wurde. Er stammte aus den Baisley-Projects, einer nahe gelegenen Sozialbausiedlung, und hatte sich in einer Zeit einen Namen gemacht, als eine starke Schlagtechnik etwas war, was die Menschen respektierten, was sie anstrebten und fürchteten. Ich fing an, mit Allah zu trainieren, als ich etwa zwölf Jahre alt war, und ich wusste fast sofort, dass Boxen das Richtige für mich war.

Eines Tages hing ich in der Boxhalle herum, als ein Typ aus der Gegend namens Black Justice in Begleitung eines seiner Laufburschen auftauchte. Blackie, wie wir ihn nannten, war einer der angesehensten Dealer in Baisley, einer der Top-Leute für das Supreme Team, dem damals größten Ring von Drogendealern in Queens. Sein Laufbursche war so etwas wie sein verlängerter Arm, ständig präsent, und stellte sicher, dass ein Rivale es sich zweimal überlegen würde, sich mit ihm anzulegen. Sie waren wahrscheinlich selbst erst achtzehn oder neunzehn Jahre alt, aber sie waren in der Nachbarschaft bereits berüchtigt. Sie waren die Art von hungrigen jungen Aufsteigern, mit denen man auf keinen Fall *irgendwelchen* Ärger haben wollte.

In der Halle wurde es still, während wir beobachteten, wie Blackie und sein Bursche umherschlenderten. Dann, ohne ein Wort zu sagen, machte Blackies Junge vor einem der schweren Sandsäcke halt und begann, darauf einzuprügeln.

Bam-bam, bam-bam-bam.

Als Jüngstem im Raum hätte mir der gesunde Menschenverstand normalerweise vorgeschrieben, den Mund zu halten und nur zuzuschauen. Aber vielleicht, weil ich der Jüngste war, fühlte ich mich etwas mutiger, und meine große Klappe überkam mich. Als der Typ sich an dem Sack abgearbeitet hatte, rief ich ihm etwas zu.

»Hey Mann, sieht gut aus, wie du den Sack bearbeitest«, kommentierte ich, laut genug, dass jeder in der Halle es hörte. »Aber der Sack schlägt ja auch nicht zurück.«

Blackie schnellte herum. »Was sagst du da, Kleiner? Redest du etwa mit mir?«

»Nein, du bist mir eine Nummer zu groß«, antwortete ich schnell. »Ich rede mit ihm«, sagte ich, während ich auf seinen Mann deutete.

Die meisten anderen Typen an seiner Stelle hätten mir den Arsch versohlt – oder schlimmer noch, mir direkt eins auf die Zwölf gegeben. Aber diese Burschen hier nahmen mein Gelaber auf die leichte Schulter (Blackie hatte etwas Generöses an sich, frei von jener Gier, von der viele seines Schlages infiziert waren). Statt es mir übel zu nehmen, respektierten sie meinen ausgesprochenen Mut.

»Yeah, ich mag den Kleinen«, sagte Blackie und zeigte auf mich. »Wir werden hier noch einige richtige Champions hervorbringen, denn diese kleinen Nigga sind ganz schön verrückt.«

Diese Anerkennung allein hätte mir den ganzen Tag versüßt. Stattdessen setzte Blackie noch eins drauf. »Diese Boxhalle sollte mal ein wenig renoviert werden, wenn wir das Beste aus den Boxern herausholen wollen«, verkündete er, während er sich das heruntergekommene Interieur anschaute. »Was braucht ihr denn so? Schreibt mal alles auf.«

Zwei Wochen später war die Halle komplett neu eingerichtet. Blackie hatte uns Boxschuhe, Trikots, neue Seile, Boxsäcke und einen neuen Satz Gewichte besorgt, um unser altes, rostiges Set zu ersetzen, das wahrscheinlich seit den Sechzigern nicht mehr erneuert worden war. Von da an kümmerte sich Blackie um uns. Was auch immer wir brauchten, er besorgte es uns. Obwohl das Gebäude theoretisch zum Parks and Recreation Department gehörte, war es fortan Blackies Fitnessstudio.

Ich hatte meine große Klappe nicht aufgerissen, um dann auch noch belohnt zu werden, aber genau das ist am Ende passiert. Das war eine wichtige Lektion, die ich lernen musste. Man muss die Angst bei jeder Gelegenheit in Momente des Handelns umwandeln, denn die Furchtlosen erkennen einen nicht nur, sondern sie belohnen auch oft einen der ihren.

Ich fing als stämmiger Zwölfjähriger in Allahs Fitnessstudio an, wobei mich die knapp 70 Kilo, die ich mit mir herumschleppte, älter wirken ließen, als ich war. Hast du jemals den Ausdruck gehört, »über sein eigenes Gewicht boxen«? Nun, in dieser Boxhalle musste ich vom ersten Tag an oberhalb meines Gewichts *und* meines Alters boxen. Es gab keine anderen Jugendlichen in meinem Alter, mit denen ich hätte trainieren können, also ließ mich Allah Understanding gegen jeden kämpfen, der in meiner Gewichtsklasse war, was normalerweise bedeutete, dass die Gegner vier bis fünf Jahre älter waren als ich. Das mag nicht wie eine große Sache klingen, aber es gibt einen gewaltigen Unterschied zwischen einem Zwölfjährigen und einem Siebzehnjährigen. Diese Siebzehnjährigen waren im Grunde Männer, während ich immer noch darauf wartete, dass meine Pubertät einsetzte. Ich war vielleicht in der gleichen Gewichtsklasse, aber mir fehlten deren Kraft und Reife. Es war verdammt einschüchternd, mit diesen Jungs in den Ring zu steigen.

Ich habe dieser Angst nie nachgegeben – vor allem, weil Allah Understanding das nicht zuließ. Eines der besten Dinge, die er und die anderen Trainer taten, war, sich zu weigern, mich zu verhätscheln. Wenn mich ein älterer Junge beim Sparring ins Gesicht schlug, unterbrachen sie nicht die Übung und fragten, ob es mir gut ginge. Sie wollten mir zeigen, dass ich weiterkämpfen sollte, egal wie viel Angst ich hatte oder wie verletzt ich war.

Diese Abreibungen haben mich zwei Dinge gelehrt. Erstens habe ich gelernt, dass ich einstecken kann. Ja, im Gesicht getroffen zu werden, war nicht unbedingt angenehm. Es raubte mir die Orientierung. Es tat weh. Manchmal tränten mir die Augen. Aber die Treffer brachten mich nicht um. Mann, sie haben mich nie k.o. geschlagen. Als ich merkte, dass ich Schläge wegstecken und weiterkämpfen konnte, verschwand die meiste Angst, die ich zuvor noch empfunden hatte.

Zweitens, und ich bin Allah Understanding für immer zu Dank verpflichtet, dass er mir das beigebracht hat, lernte ich, dass ich *etwas* dagegen *tun* musste, wenn es mir nicht gefiel, verprügelt zu werden. »Halt deine verdammten Hände oben«, brüllte er, wenn ich meine Deckung fallen ließ und mein Gegner mich erwischte. Wenn mein Gegner anfing, mich mit Körpertreffern zu bearbeiten, nachdem er mich in eine Ecke gedrängt hatte, brüllte Allah: »Geh zurück in die Mitte des Rings!« Allah Understanding lehrte mich, dass ich keine Schläge hinnehmen musste. Ich konnte immer etwas dagegen tun.

Sie wussten, dass ich wegen meines Gewichts häufig gegen viel zu starke Gegner kämpfen musste, aber sie weigerten sich, mich zu verhätscheln. Hast du jemals ein Kind gesehen, das hingefallen ist und sich das Knie aufgeschürft hat? Wie es reagiert, hängt weitgehend von der Reaktion der Eltern ab. Wenn ein Elternteil zu ihm hinläuft und besorgt fragt: »Schatz, hast du dir wehgetan?«, wird das Kind wahrscheinlich weinen. Aber wenn die Eltern die Situation angemessen einschätzen, sehen, dass es dem Kind gut geht, und nicht weiter nachfragen, wird das Kind einfach sein Knie abwischen und weiterspielen. Das ist die Art von Eltern, die Allah Understanding für mich war. Er hat mir beigebracht, einen Schlag wegzustecken und einfach weiterzumachen.

Er war nicht herzlos – er versuchte, mich darauf zu konditionieren, die unvermeidlichen Schläge abzuwehren, die das Leben mir verpassen würde, und weiter meine Ziele zu verfolgen, anstatt mich vom Weg abbringen zu lassen.

Sobald ich lernte, keine Angst davor zu haben, getroffen zu werden, wurde ich ein viel besserer Boxer. Anstatt ständig auf den Fersen zu bleiben und mir Gedanken zu machen, was mein Gegner *mit mir* machen würde, brachte ich den Kampf zu meinem Gegner. Ich lernte, wie ich die Bedingungen der Konfrontation bestimmen konnte. Wenn ich verlor, dann nicht, weil ich in eine Ecke gedrängt und niedergeschlagen worden war. Es lag daran, dass ich das tat, was ich wollte, und einfach auf jemanden getroffen war, der mehr Fähigkeiten hatte.

Es ist lange her, dass ich im Ring einen Gesichtstreffer kassiert habe, aber ich habe versucht, diese Einstellung bei allem, was ich tue, beizubehalten. Ich weigere mich, davor Angst zu haben, dass ich einen Schlag einstecken könnte. Ich weiß, dass die Schläge kommen werden, und einige davon werden mich taumeln lassen, aber ich werde sie einstecken können.

Viele von euch sind wie das Kind, das von seinem Roller gefallen ist und darauf wartet, dass seine Mami rüberkommt und sagt: »Schatz, hast du dir wehgetan?« Bei mir ist das anders. Wenn ich falle, warte ich nicht auf ein mitfühlendes Wort oder jemanden, der nach mir sieht. Ich stehe sofort wieder auf und mache weiter.

Ich habe akzeptiert, dass die Schläge im Leben kommen werden, und dass einige von ihnen auch wehtun. Aber ich werde immer überleben und weiter für die Dinge kämpfen, die ich mir in den Kopf gesetzt habe. Das sollte auch deine Einstellung sein.

DER ANGST DIE STIRN BIETEN

Wie ich schon sagte, war es der Tod meiner Mutter, der mich dazu zwang, nach und nach immun gegen die Angst zu werden. Dass ich lernte, wie man ins Gesicht geschlagen wird, machte mich nur härter im Nehmen. Eine Zeit lang sah es so aus, als ob Angst ein Gefühl wäre, mit dem ich mich nie wieder würde auseinandersetzen müssen.

Aber das war nicht der Fall. Als ich angeschossen wurde, wurde dieses Gefühl der Angst zweifellos wieder in mir geweckt.

Zunächst einmal hatte ich in den Wochen nach diesem Vorfall vor allem eine Heidenangst vor den Leuten, die auf mich geschossen hatten. Ich wusste, dass sie noch da draußen rumliefen, dass sie in der

Nähe waren und dass es ihr Ziel war, die Sache – also mich – zum Ende zu bringen.

Zusätzlich zu den emotionalen Ängsten hat mich auch der physische Schmerz der Schusswunden wieder mit der Angst vertraut gemacht. Nicht in dem Moment, in dem ich getroffen wurde – das Adrenalin verhindert, dass man zu viel davon spürt –, sondern in den Monaten, die folgten.

Sobald das Adrenalin nachlässt und der Arzt dir sagt, dass du es überleben wirst, fängst du an, die Auswirkungen der Kugeln, die sich durch die Muskeln gebohrt und die Knochen pulverisiert haben, akut zu *spüren*. Ich spürte überall Schmerzen – spürte, wo Blei durch meinen Daumen oder durch meine Wange gedrungen war. Monatelang war es, als hätte ich im ganzen Körper Kopfschmerzen: ein unerbittliches und tiefes Pochen, von dem ich vorher nicht gewusst hatte, dass man sowas im Bein oder in der Hand spüren kann.

Jedes Mal, wenn ich in der Physiotherapie mein Bein belasten oder das Narbengewebe am Daumen bearbeiten musste, tat es höllisch weh. Mir wurde klar, dass ich Angst davor hatte, diesen Prozess erneut durchmachen zu müssen. Vielleicht sogar mehr als vor dem Sterben.

Aber mit fortschreitender Reha wurde mir auch eine andere wichtige Wahrheit bewusst: Ich fühlte mich nicht wohl dabei, Angst zu haben. Das hört sich vielleicht nach einer Selbstverständlichkeit an, aber ich glaube, das ist es, was mich tatsächlich einzigartig macht.

Die meisten Menschen haben sich schon sehr gut an ihre Ängste gewöhnt und ihr Leben entsprechend angepasst. Angst vorm Fliegen? Dann steig nicht in ein Flugzeug ein. Angst vor Haien? Gehe in deinem Karibikurlaub nicht schnorcheln. Angst vorm Versagen? Nun, dann versuche es erst gar nicht. Viele Menschen leben ihr ganzes Leben auf diese Weise.

Ich nicht. Ich *hasste* es, Angst zu haben. Ich hasste es, ständig über meine Schulter zu schauen. Ich konnte den Gedanken nicht ertragen, mich verstecken zu müssen, bis sich die Situation beruhigt hatte. Für mich war es fast schlimmer, mich zu verstecken, als erschossen zu werden.

In gewisser Weise war der körperliche Schmerz, den ich ertrug, mein Freund. Er hat mich weitergebracht, als die meisten Menschen zu gehen bereit sind. Und glaube mir, wenn du so schwer verletzt wirst, verändert sich alles. Du *willst* das Problem angehen, anstatt davor wegzulaufen. Das ist genau das, was ich getan habe.

Nach einigen Wochen Reha kam ich zurück ins Haus meiner Großmutter in Queens. Buchstäblich zurück an den Ort des Verbrechens. Das war an sich schon ein großer Schritt für mich, psychologisch gesehen. Das Einfachste – ja, das Vernünftigste – wäre gewesen, weit wegzuziehen. An einen Ort, bei dem niemand außer meinen engsten Freunden weiß, wie man mich findet. Es musste nicht einmal weit weg sein, was die Kilometer betrifft. Ich hätte in die Bronx oder nach Staten Island ziehen können, und es wäre gewesen, als würde ich in ein anderes Land gehen. Doch ich war entschlossen, meiner Angst keinen Zentimeter nachzugeben. Ich wollte dorthin zurückkehren, wo ich leben wollte, und das war das Haus meiner Großmutter.

Nach beendeter Reha rieten mir die Ärzte, ich solle anfangen zu joggen, um die Ausdauer und Kraft meiner so arg in Mitleidenschaft gezogenen Beine aufzubauen. Ich wollte ihre Ratschläge unbedingt befolgen, aber fast sofort stieß ich auf ein Problem. Eines Morgens schaute ich aus dem Fenster im Haus meiner Großmutter und sah jemanden vor dem Haus, den ich nicht kannte. Ich fand es verdächtig, wie sehr er sich bemühte, unauffällig auszusehen. Ich war zugegebenermaßen in einem sehr paranoiden Zustand, also könnte es auch gar nichts gewesen sein. Aber Paranoia schärft die Sinne, so wie der feine Geruchssinn einer Antilope ihr hilft, aus Hunderten von Metern Entfernung einen Löwen zu wittern. Vielleicht habe ich das Raubtier da draußen gewittert.

Ich blies das Joggen ab, das ich für den Tag geplant hatte. Und auch am nächsten Tag, nachdem ich denselben Typen wieder auf der Straße lauern sah. Zu diesem Zeitpunkt war ich zutiefst irritiert. Hatten mich meine geschärften Sinne auf eine unsichtbare Gefahr aufmerksam gemacht? Oder bildete ich mir eine Bedrohung ein, die nicht wirklich da war? Ich konnte es nicht sagen. Alles, was ich sicher wusste, war, dass die Angst begann, mich innerlich aufzufressen.

Ich begriff, dass ich schon verloren hatte, wenn ich in diesem Haus blieb und meinen Reha-Plan nicht befolgte. Wenn die Angst deine Routine unterbricht oder dich in irgendeiner Weise dazu bringt, diese Routine infrage zu stellen, hat sie dich fest in ihren Fängen und wird dich für immer behindern. »Feiglinge sterben viele Male vor ihrem Tod«, schrieb Shakespeare. »Der Tapfere schmeckt den Tod nur einmal.« Ich wollte nicht wie ein Feigling abtreten.

Der beste Weg, eine Angst zu überwinden, die dich behindert, ist, sie zunächst einmal zu erkennen und dann einen Plan zu entwickeln, um sie zu überwinden. Das habe ich also getan. Zunächst habe ich akzeptiert, dass ich Angst hatte. Dann versammelte ich meine engsten Freunde im Wohnzimmer meiner Großmutter und erklärte ihnen, dass ich sie am nächsten Morgen brauchte, um mit mir joggen zu gehen. »Wir werden auf jeden Fall morgen zur Stelle sein«, hieß es einstimmig. Am nächsten Morgen erschien jedoch nur einer von ihnen: mein Freund Halim. Ich glaube nicht, dass die anderen Angst vor einer möglichen Auseinandersetzung hatten – dazu hatten sie sich schon zu oft bewährt. Ich glaube, sie hatten eher Angst vor der Vorstellung, morgens Kardiotraining machen zu müssen. *Das* war etwas, was ihnen nicht behagte.

Ich beschloss, nur mit Halim loszulaufen, obwohl er nicht der ideale Kandidat war: Er war in noch schlechterer Verfassung als ich. Schlimmer noch, ich hatte ernsthafte Zweifel, wie er reagieren würde, wenn es wirklich brenzlig würde. Wenn man sich von Typen umzingelt sieht, die nur nach einem Grund suchen, mal richtig Dampf abzulassen, würde Halim garantiert versuchen, möglichst jegliche Konfrontation zu vermeiden.

Da Halim nicht in Form war, gab ich ihm ein Fahrrad, damit er mit mir mithalten konnte. Was meine zweite Sorge betraf, entschied ich mich, die Dinge selbst in die Hand zu nehmen, und zwar buchstäblich.

Ich suchte mir eine kleine Pistole, legte sie mir in die gesunde Hand und wickelte sie dann mit medizinischen Verbänden fest. Jeder kannte mich als Boxer, also sah es auf den ersten Blick einfach so aus, als hätte ich mir im Ring die Hand gebrochen. Ich wickelte so viel Verband darum, dass die Waffe fast vollständig in meinem »Gips« verschwand und nur der Lauf herausschaute. Ich sagte Halim, er solle neben mir radeln und nach jedem Ausschau halten, der so aussah, als wolle er aus dem Gebüsch springen und auf mich schießen. Alles, was er tun musste, war Alarm zu schlagen, und ich würde dann den Rest übernehmen.

Halim und ich führten diese Prozedur jeden Morgen durch. Ich war fest entschlossen, meine Kraft und Ausdauer wiederzuerlangen, und wollte nicht zulassen, dass eine gefühlte oder tatsächliche Bedrohung zwischen mir und meinen Zielen stand. Hatte ich tatsächlich Angst bei einem dieser Läufe? Anfangs schon, aber ich war entspannt, weil ich wusste, dass ich jedes Mal, wenn ich loslief, alles getan hatte, was mir möglich war, um die notwendigen Vorsichtsmaßnahmen zu treffen. Ich hatte sowohl einen Späher als auch die Mittel zur Verteidigung, was zumindest mehr war, als ich gehabt hatte, als ich angeschossen wurde.

Es war eine logische Fortsetzung dessen, was Allah Understanding mir beigebracht hatte: Anstatt Angst davor zu haben, getroffen zu werden und einfach aufzugeben, sollte man sich darum bemühen, ein schwer berechenbares Ziel zu werden. Im Ring bedeutete das, auf den Zehen zu bleiben, sich ständig zu bewegen und die Hände oben zu halten. Auf der Straße bedeutete es, mit einem Bodyguard und einer Pistole im Ärmel zu joggen.

Letzten Endes hat mich niemand angegriffen, und ich konnte mich durch diese Läufe wieder in Form bringen. Aber im Nachhinein sehe ich ein, dass ich nicht so hartnäckig gegen meine Ängste hätte vorgehen müssen. Ich *musste* nicht durch dieselben Straßen laufen, in denen ich kurz zuvor angeschossen worden war – ich hätte genauso gut in ein nahe gelegenes Fitnessstudio gehen oder sogar ein Laufband im Keller meiner Großmutter installieren können.

Ich fühlte mich einfach so unbehaglich, dass sich alles andere als Joggen im Freien, vor den Augen der ganzen Nachbarschaft, wie ein komplettes Zugeständnis an die Angst angefühlt hätte. Ein Zugeständnis, das ich nicht bereit war, zu machen.

Heutzutage bin ich etwas weniger aggressiv, wenn es darum geht, Dinge direkt in Angriff zu nehmen. Wenn ich ganz ehrlich bin, gibt es immer noch einige Ängste, denen ich mich kaum gestellt habe.

DAS EINE, WOVOR ICH IMMER NOCH ANGST HABE

Wir können unser ganzes Leben damit verbringen – und viele Menschen tun das –, etwas auszublenden, das wir eigentlich jeden Tag mit uns herumtragen. Aber man kann sich nicht vor etwas verstecken, das man nie abgelegt hat.

Um dir ein Beispiel zu geben: Wenn ich in den Spiegel schaue und meine derzeitigen Lebensumstände realistisch einschätze, ist das, wovor ich am meisten Angst habe, die Familie.

Es ist eine Angst, die ich mir nicht eingestehen wollte, weil ich weiß, dass für die große Mehrheit der Menschen die Familie unglaublichen Trost bietet. Sicherheit. Ein Gefühl des Wohlbefindens und der Verbundenheit.

Dieses Gefühl hatte ich noch nie. In der Familie fühle ich mich verdammt unwohl. Sie gibt mir kein Gefühl der Sicherheit. Sie vermittelt mir eher das Gefühl, extrem verletzlich zu sein.

Das ist angesichts meiner Herkunft wahrscheinlich keine Überraschung. Die größte Angst, die jedes Kind hat, egal wo oder unter welchen Umständen es lebt, ist der Verlust eines Elternteils. Das ist Teil unserer DNA. Das ist keine App, die man erst auf sein Handy herunterladen muss; sie ist bereits vorinstalliert. Psychologen sagen, dass die Angst, ein Elternteil zu verlieren, zwischen dem vierten und achten Lebensjahr besonders ausgeprägt ist. Jedes Kind fängt in diesem Alter an, sich Sorgen zu machen, wenn seine Eltern zu spät vom Einkaufen zurückkommen oder für ein paar Tage wegfahren. Natürlich kommen die Eltern immer zurück, und mit der Zeit hört das Kind auf, sich Gedanken darüber zu machen, dass sie nicht zurückkommen könnten. Nun, meine Mutter kam eines Tages nicht mehr zurück. Als also die schlimmste Befürchtung eines jeden Kindes für mich wahr wurde, fiel es mir sehr, sehr schwer, mich für die Art von Liebe, die ich für meine Mutter empfand, jemand anderem gegenüber zu öffnen.

Wie du wahrscheinlich gemerkt hast, wurden die Dinge nicht unbedingt einfacher, als ich zu meinen Großeltern zog. Ihre Liebe war unbestritten, aber die Umgebung war selbst in den besten Zeiten chaotisch. Es gab nie genug Geld, Zuwendung oder Halt. Stattdessen gab es jede Menge Drogen- und Alkoholmissbrauch. Eine Menge Dysfunktionalität. Das Haus meiner Großeltern war wahrlich nicht der ideale Ort, an dem ich um meine Mutter trauern konnte.

Aber sie waren die einzige Familie, die ich hatte. Ich habe meinen Vater nie kennengelernt. Ich weiß nicht einmal, wer der Typ ist. Viele Menschen, die ohne Vater aufgewachsen sind, haben den Wunsch, den Kontakt wiederherzustellen, wenn sie älter sind, aber ich habe das nie so empfunden. Ich bin sogar froh, dass er sich nicht gemeldet hat. Die Dinge, bei denen er mir hätte helfen können – die Lektionen, die er mir hätte beibringen können –, diese Momente sind alle vorbei. Ich glaube nicht, dass es irgendetwas Positives gibt, das er jetzt zu meinem Leben beitragen könnte.

Wie viele andere Menschen auch, setzte ich zunächst den Kreislauf dysfunktionaler Beziehungen fort, der mit dem Tod meiner Mutter begonnen hatte. Als mein Sohn Marquise geboren wurde, genau zu der Zeit, als meine Rap-Karriere Fahrt aufnahm, dachte ich, ich hätte die Kurve gekriegt. Ich erinnere mich, dass ich einem Journalisten sagte: »Als mein Sohn in mein Leben trat, änderten sich meine Prioritäten, denn ich wollte die Beziehung zu ihm haben, die ich zu meinem Vater nie hatte.«

Das war zumindest meine Intention, aber es entsprach letztlich nicht der Realität. Shaniqua, die Mutter von Marquise, und ich führten selbst eine extrem verquere Beziehung, und ich werde an späterer Stelle in diesem Buch noch über das frustrierende Verhältnis zu Shaniqua und Marquise reden. Aber zumindest muss ich an dieser Stelle zugeben, dass ein Großteil der Kritik, die ich für meinen Umgang mit dieser Situation einstecken musste, gerechtfertigt war.

Ich bin jemand, der unglaublich ehrlich und geradeheraus ist, und die Dinge, die ich öffentlich über meinen älteren Sohn gesagt habe, fühlen und denken auch viele andere Eltern, die mit den Beziehungen zu ihren Kindern Schwierigkeiten haben. Sie äußern das nur nicht unbedingt. Das macht es natürlich nicht besser, aber es macht es vielleicht ein bisschen besser nachvollziehbar.

Wenn ich etwas richtig gemacht habe, was die Familie angeht, dann ist es, dass ich versucht habe, diesen Kreislauf der dysfunktionalen Beziehungen mit meinem jüngeren Sohn Sire zu durchbrechen. Seine Mutter und ich sind nicht zusammen, aber ich habe versucht, in seinem Leben viel stärker präsent zu sein. Er lebt bei seiner Mutter, also besuche ich ihn, wann immer ich die Gelegenheit habe. Wir hängen am Pool ab, spielen Videospiele und sehen uns Sportübertragungen an. Was Väter und Söhne eben so tun. Das Wichtigste ist, dass es keine Spannungen gibt, wenn ich ihn sehe. Seine Mutter und ich sind uns einig, und wir teilen uns die Erziehung. Wenn Sire also sieht, dass ich auf ihn zukomme, um ihn zu umarmen, ist das reine Liebe.

Es macht mich sehr glücklich zu wissen, dass ich immer ein großer Teil seines Lebens sein werde und für ihn da sein kann, um ihm zu helfen, durch die unvermeidlichen Höhen und Tiefen zu navigieren. Um sicherzustellen, dass Sire nicht die gleichen Fehler machen muss, die ich gemacht habe. Das wollte ich auch für Marquise, aber weder seine Mutter noch ich waren emotional reif genug, um diese Grundlage für ihn zu schaffen. Die Wahrheit ist: Ich hatte Angst davor, eine Familie zu haben. Vielleicht hatte sie das auch. Unser Sohn hat darunter gelitten. Und jetzt ist meine Beziehung zu Marquise nur ein Spiegelbild der negativen Energie zwischen seiner Mutter und mir.

Meine Beziehung zu Marquise ist der Bereich in meinem Leben, an dem ich am meisten zu knapsen habe. Es gab Zeiten, sogar in letzter Zeit, in denen ich darüber nachgedacht habe, diese Beziehung für immer abzubrechen. Ich will das zwar nicht tun, aber manchmal, wenn man sehr verletzt wurde – und man selbst hat auch seinen Teil dazu beigetragen –, ist es das Beste, eine Beziehung abzubrechen.

Vor nicht allzu langer Zeit war ich extrem nah dran, nachdem ich Marquise unerwartet im Laden meines Juweliers in Manhattan getroffen hatte. Ich wusste zu dem Zeitpunkt nicht einmal, dass er in der Stadt war, also war ich völlig überrascht, ihn zu sehen. Ich versuchte, ein Gespräch anzufangen, aber er unterstellte mir sofort, ich würde ihn beschatten lassen. Ich sagte ihm, dass das verrückt sei, aber von da an ging es nur noch bergab.

Die Spannung, die zwischen uns herrschte, war schrecklich. Marquise sagte sogar: »Was denn, soll ich etwa Angst vor dir haben?« Das gab mir wirklich den Rest. Das war mein erstgeborener Sohn, mein eigen Fleisch und Blut, und wir konnten nicht einmal miteinander reden, geschweige denn uns umarmen und uns über eine unerwartete Begegnung freuen. Schließlich verließ Marquise wortlos den Laden, und ich blieb fassungslos zurück.

Ein paar meiner Jungs gingen auf die Straße raus, um zu versuchen, Marquise einzuholen und zu sagen: »Warum bist du so nervig?

Das ist dein Vater. Komm und rede mit ihm«, aber Marquise war schon verschwunden. Er wollte nicht, dass man ihn findet. Ich konnte meinen Jungs nicht einmal auf die Straße folgen – ich war wie vor den Kopf gestoßen und konnte nicht mehr klar denken. Ich brauchte einige Minuten, um mich zu beruhigen.

Es gibt nur sehr wenige Momente, in denen ich völlig aus dem Konzept gebracht werde, aber wenn, dann geht es immer um die Familie. Wenn ich einen Rapper treffe, der mich gedisst hat, oder einen CEO, mit dem ich eine schwierige Verhandlung hatte, geht es mir gut. In der Tat, mir geht es dann großartig. Diese Momente bringen mich nicht aus der Fassung – dafür lebe ich. Nur die Familie scheint mich aus der Fassung zu bringen.

Es geht auch nicht nur um meine Beziehung zu Marquise. Ich fahre nicht mal mehr gerne über die Feiertage nach Hause, weil es mich so stresst, meine Familie zu sehen. Ich fahre einen Tag vor Weihnachten zum alten Haus meiner Großmutter, um mit meinem Großvater zu feiern. Aber an den eigentlichen Feiertagen komme ich nicht. Selbst wenn ich nur gute Laune ins Haus bringe, wird irgendjemand unweigerlich mir gegenüber seine negativen Vibes zum Ausdruck bringen. Eine Tante oder ein Cousin wird am Ende sagen: »Ich habe es satt, dass alle ihm in den Arsch kriechen, weil er 50 Cent ist. Scheiße, *so* besonders ist er auch wieder nicht.« Anstatt zu feiern, wird sich der ganze Abend darum drehen, was ich für den einen getan habe, aber nicht für alle anderen. Bei dieser Art von Spannung fühle ich mich extrem unwohl.

Ich weiß, dass meine Angst vor dem Familienleben nicht gesund ist, und ich arbeite daran. Es kann Jahre dauern, aber ich habe mich diesem Prozess verschrieben. Wenn ich dann im Alter meines Großvaters bin, hoffe ich, dass ich eine solide Beziehung zu meinen Kindern habe und vielleicht auch zu deren Kindern.

MACH AUF DICH AUFMERKSAM!

Ich weiß, ich habe den Ruf, ein Hitzkopf zu sein, aber in Wirklichkeit bin ich immer entspannt, egal, in wessen Privatjet ich fliege oder in welchem Sitzungssaal ich sitze. Ich bin jemand, der so gut wie keine Angst hat. Ich bin zuversichtlich, dass nichts, was in diesen Gesprächen gesagt, angedroht oder versprochen wird, mich verletzen kann. Sicher, ich würde gerne den 30-Millionen-Dollar-Vertriebsdeal abschließen oder die Rolle meines Lebens bekommen. Aber ich habe keine Angst, dass sie mir vielleicht entgehen könnten. Warum sollte ich Angst haben? Ich habe schon einige der schlimmsten Sachen durchgemacht, die das Leben zu bieten hat.

Wie also kannst du es schaffen, dir ebenso ein Selbstvertrauen anzueignen, wie ich es habe? In Situationen cool zu bleiben, bei denen andere Blut und Wasser schwitzen? Das ist gar nicht so kompliziert. Der einzige Weg, diese Art von Selbstvertrauen zu erlangen, ist, sich anzustrengen. So einfach ist das.

Hast du dich voll und ganz deinem Metier gewidmet, um wirklich alles darüber zu erfahren und zu lernen? Gibst du einhundert Prozent, wenn du ins Büro kommst, dich in einen Unterrichtsraum setzt oder eine Bühne betrittst, um vorzusprechen? Wenn dem so ist, wovor solltest du dann eigentlich noch Angst haben?

Du hast bereits alles getan, was du tun kannst. Jetzt musst du nur noch dafür sorgen, dass die Welt es auch erkennt.

Das kann eine Herausforderung sein, vor allem, wenn einem nicht von klein auf beigebracht wurde, dass man auch einer von denen ist. Wenn du kein Weißer bist oder nicht auf die »richtige« Privatschule gegangen bist, musst du dich vielleicht ein bisschen mehr anstrengen, um die Anerkennung zu bekommen, die du verdienst. Es sollte nicht so sein, aber es ist, wie es ist. Im Moment.

Du wirst das entsprechende Selbstvertrauen ausstrahlen müssen, das vermittelt, dass du dazugehörst, dass du die Antworten hast, auch wenn die Leute, mit denen du sprichst, dir nicht die Anerkennung zollen. All deine harte Arbeit wird einen Scheiß wert sein, wenn du nicht bereit – nein, entschlossen – bist, sie der Welt mitzuteilen.

Ich gebe dir ein Beispiel: Ein Typ in der Musikindustrie, den ich seit Jahren kenne, war nicht in der Lage, seinen immensen Einsatz, seine Arbeit und sein Talent in den Erfolg umzumünzen, den er verdient hätte. Ich werde seinen Namen hier nicht nennen, weil er ein patenter Bursche ist und ich sein Vertrauen nicht missbrauchen möchte. (Siehst du, ich habe schon dazugelernt.)

Er begann seine Laufbahn als Straßenmusiker, aber dank seines Charismas, seiner Intelligenz und seiner Arbeitsmoral war er in der Lage, im Musikbusiness Fuß zu fassen. Er kam einigen der großen Player, mich selbst eingerechnet, richtig nahe, und seinem Urteil und seinem Geschmack vertrauten wir alle. Er verdiente gutes Geld und wurde in der Branche respektiert, aber es gelang ihm nie, selbst eine große Nummer zu werden. Und ich wusste, dass ihn das frustrierte.

Er fragte mich um Rat, aber ich konnte ehrlich gesagt nicht sagen, was ihn ausbremste. Dann, eines Tages, gingen wir zu einem Meeting mit ein paar wichtigen Managern bei einem Plattenlabel. Glatte Typen in Anzügen, mit feschem Haarschnitt und edlen Lederschuhen. Typen, die extrem selbstbewusst waren.

Sie waren zwar selbstbewusst, aber sie verstanden trotzdem nicht wirklich das Projekt, das wir dort besprechen wollten. Mein Mann allerdings schon. Durch und durch. Bis ins kleinste Detail. Wir verbrachten Stunden damit, darüber zu reden, und er verstand es sowohl inhaltlich als auch intuitiv. Deshalb hatte ich ihn mitgenommen, denn er konnte besser erklären, was zu tun war, als ich es gekonnt hätte.

Ich hatte erwartet, dass er sie vom Tisch fegen würde, aber als diese Leute anfingen, Fragen zu stellen und Ideen zu äußern, saß er einfach nur da. Machte keinen Mucks. Man hätte meinen können, er sei nur ein Kumpel von mir, der mitfährt, anstatt das zu sein, was er war, nämlich der einzig wahre Experte im Raum.

Anfangs verstand ich nicht, was er da tat (oder nicht tat). Dann dämmerte es mir: Er hatte Angst. Er traute sich nicht, seine Meinung zu sagen, weil er nicht die falsche Antwort geben wollte. Er hatte sich zwar die größte Mühe gegeben, aber angesichts des Selbstbewusstseins dieser Führungskräfte hatte er den Glauben an sich selbst verloren.

Und das bedeutete, dass die Geschäftsführung ihn einfach nicht wahrnahm. Niemals nahmen sie sich vor, ihn im Auge zu behalten. Sie boten ihm nie die Plattform, die er suchte – und eigentlich verdient hatte.

Stattdessen kam er nicht von der Stelle. Es war ein ziemlich guter Platz, einer, den eine Menge anderer Menschen gerne erreicht hätten, aber eben nicht das, was er sich vorgenommen hatte. Er steckte auf einem Level fest, das nicht seinem Können entsprach.

Als das Geld im Musikgeschäft allmählich versiegte, geriet er in eine sehr prekäre Lage. Wenn er es bis in die Chefetage geschafft hätte, wäre es ihm gut gegangen. Er hätte bereits sein Geld für schlechte Tage beiseitegelegt. Stattdessen stand er nun im Regen und wurde klitschnass. Er war einer der Ersten, die ihren Job verloren. (Es ist toll, ein hoch bezahlter Manager zu sein, aber wenn die Dinge anfangen, den Bach runterzugehen, sind das die ersten Leute, deren Köpfe rollen. Manchmal ist es tatsächlich besser, ein wenig unterbezahlt zu sein.) Heute versucht er, als Consultant zu arbeiten, aber er steht in einem Bereich, der ganz auf die Jugend setzt, als Mann in fortgeschrittenem Alter eher außen vor.

Du solltest nicht denselben Fehler machen. Wenn du dir Mühe gegeben hast und dich auskennst, mach auf dich aufmerksam! Jedes einzelne Mal. Es gibt nichts Schlimmeres, als jemand zu sein, der stundenlang – auch außerhalb der Arbeitszeit, zu Hause – die Berichte seiner Firma liest, aber in dem Moment, wenn der Chef nach diesen Informationen fragt, anderen Leuten den Vorrang lässt.

Vielleicht hast du Kollegen, die nicht annähernd so viel Arbeit investiert haben wie du, aber sie haben keine Angst, Fehler zu machen. Wenn deine Chefin also auf diese Person schaut, sieht sie jemanden, der sich engagiert. Der mitdenkt. Der leidenschaftlich zu sein scheint. Wenn sie dich ansieht, weiß sie nicht, was sie denken soll. Vielleicht denkt sie überhaupt nichts.

Es ist nicht fair, aber die Person, die stets auf sich aufmerksam macht, wird vor dir befördert werden. Sie wird vor dir ein eigenes Büro bekommen. Sie wird sich den besser bezahlten Job bei einem Mitbewerber schnappen, bevor du selbst überhaupt eine Gehaltserhöhung bekommst. Du bist vielleicht besser ausgebildet, besser vorbereitet. Aber du hast die Welt nicht darauf aufmerksam gemacht, weil du Angst hattest. Diese Angst wird dich davon abhalten, die volle Anerkennung für deine Arbeit zu bekommen. Lass das nicht zu.

Auf der anderen Seite der Medaille stehen die Leute, die ihre Meinung *zu* schnell kundtun. Sie tun es, weil sie Angst haben, dass jemand anderes vor ihnen die Lorbeeren ernten wird. Selbst wenn sie also die Antwort nicht wissen, werden sie trotzdem etwas sagen.

Ich kannte auch so einen Typen. Wir gingen in ein Meeting, und er posaunte schon eine mögliche Lösung heraus, bevor jemand das Problem überhaupt erkannt hatte. Er wollte sich einfach nur Gehör verschaffen. Jedes Mal, wenn er damit anfing, schüttelte ich nur den Kopf und dachte: »Yo, was ist los mit dir, Bruder?« Es ging so weit, dass ich Chris Lighty, meinem damaligen Manager, sagen musste, dass er diesen Typen nicht mehr zu Meetings mitbringen sollte. Das war bedauerlich, denn er war klug und talentiert. Aber er war einfach zu überdreht. Er hatte so viel Angst davor, dass ein anderer glänzen könnte, dass er sich damit selbst Chancen verbaut hat.

Angst zu haben, kann uns in vielerlei Hinsicht zum Verhängnis werden, sowohl im beruflichen als auch im privaten Leben. Deshalb ist es so wichtig, dass du die Dinge, vor denen du Angst hast, herausfindest und dich anstrengst, diese Angst zu überwinden. In deinem

Privatleben wird es eine große Erleichterung sein, den ganzen Ballast loszulassen.

Du wirst nicht wissen, wie schwer die Last war, die du all die Jahre mit dir herumgetragen hast, bis du sie endlich ein für alle Mal ablegst. In dem Moment, in dem du das tust, wirst du nichts als Freiheit spüren.

KAPITEL 2

DAS HERZ EINES HUSTLERS

»Wer wartet, auf den kommen vielleicht manche Dinge zu, aber nur die Dinge, die die zupackenden Menschen übrig gelassen haben.«

ABRAHAM LINCOLN

Im Jahr 1978 erhielt eine junge Brasilianerin namens Maria das Graças Silva ein Praktikum bei Petrobras, dem größten Öl- und Gasunternehmen des Landes. Bezahlt wurde es nicht, aber das Praktikum bot Graças Silva eine große Chance. Sie war in einer der berüchtigten Favelas von Rio geboren worden, den Armenvierteln der Stadt, gegen die die Southside von Queens wie Beverly Hills aussieht. Ihre Kindheit verbrachte sie mit dem Sammeln von Lumpen und Schrott, um ihrer Familie zu helfen, ihre Ausbildung zu finanzieren. Das Praktikum war ein Weg aus den Slums in eine bessere Welt. Sie war entschlossen, alles dafür zu geben.

Graças Silva (später bekannt als Graças Foster) arbeitete über dreißig Jahre lang bei Petrobras. Es war nicht leicht, die Karriereleiter zu erklimmen – Brasilien hat eine berüchtigte Macho-Kultur, in der Frauen regelmäßig diskriminiert und belästigt werden. Davon ließ sie sich aber nicht bremsen. Sie hatte in den Favelas schon viel Schlimmeres erlebt, und war fest entschlossen, alle Männer, die ihr

Konkurrenz machen könnten, zu übertreffen. Sie war so zielstrebig, dass sie sich den Spitznamen »Caveiaro« verdiente – so nennen die Brasilianer die Panzerfahrzeuge, mit denen die Polizei regelmäßig Kriminelle aus den Favelas vertreibt. Mit anderen Worten: Sie war wie ein Panzer. Langsam, beständig und stark. Eine unermüdliche Arbeiterin, die einfach immer weitermachte, egal welche Hindernisse ihr in den Weg gelegt wurden.

Als Graças Silva bei Petrobras anfing, wurde sie alles andere als bevorzugt behandelt. Sie stammte schließlich aus den Slums, nicht aus einem der noblen Viertel des Landes. Es war von Anfang an klar, dass sie bei Petrobras nie in den »Club der Führungskräfte« würde aufsteigen können. Ihre Karrierechancen waren denkbar schlecht. Doch sie setzte sich darüber hinweg, indem sie besser arbeitete als die Konkurrenz. Es dauerte über dreißig Jahre, aber ihre Arbeitsmoral brachte sie an die absolute Spitze ihrer Branche.

Im Jahr 2012 wurde sie zur Geschäftsführerin von Petrobras ernannt und war damit die erste Frau an der Spitze eines großen Ölkonzerns weltweit. *Forbes* setzte sie auf Platz 16 der mächtigsten Frauen der Welt, während das *TIME* Magazine sie in seine Liste der hundert einflussreichsten Menschen der Welt aufnahm. Von einer Kindheit, die sie mit dem Sammeln von Müll verbrachte, hat sie es geschafft, einer der mächtigsten Menschen der Welt zu werden.

Auf die Frage, wie sie es geschafft habe, so viele Hürden zu überwinden, sagte sie, die Antwort sei einfach: »Es war eine sehr lange Geschichte, geprägt von harter Arbeit und persönlichen Opfern.«

Es klingt wie ein Klischee, wenn man sagt, dass harte Arbeit die wichtigste Zutat für Erfolg ist, aber es ist eine fundamentale Wahrheit, die man immer und immer wieder wiederholen muss. Wenn du nicht dein absolut Bestes gibst, wirst du niemals dein volles Potenzial im Leben ausschöpfen können.

Keine der Strategien in diesem Buch, bei denen es darum geht, intelligenter zu agieren, also ein richtig guter Hustler zu sein – wie etwa, ein starkes Team aufzubauen, sich stets weiterzuentwickeln, das Wissen um den eigenen Wert oder Selbstkontrolle – kann erfolgreich umgesetzt werden, wenn man nicht auch zuerst sein Bestes gibt.

Eine starke Arbeitsmoral ist die eine Eigenschaft, die *alle* erfolgreichen Menschen gemeinsam haben. Ich habe noch nie jemanden an der Spitze seiner Branche getroffen, der sich nicht voll und ganz seinem Job verschrieben hat, der nicht bereit war, sein Bestes zu geben.

Ja, es gibt einige Menschen, die durch Talent, Glück, günstige Umstände oder sogar durch Erbschaft zum Erfolg kommen. Aber genau diese Menschen schaffen es nie, ihren Erfolg aufrechtzuerhalten.

Vielleicht hast du mal ein Foto von meinem neuen Auto oder eine Aussicht von meiner Wohnung auf Instagram mit dem Hashtag #workhardplayharder gesehen. Die Autos und die Aussicht sind echt, aber der Hashtag ist der pure Fake. Die Wahrheit ist, dass ich viel härter arbeite, als ich vorgebe. Das liegt daran, dass ich ungeheuren Spaß an der Arbeit habe. Meine Einstellung zu meiner Karriere ist, »mit einem Pfeifen auf den Lippen zu arbeiten«. Jeder Achtzehn-Stunden-Tag am Set ist für mich die pure Freude. Jede durchgemachte Nacht im Studio ist ein Genuss. Jeder Weckruf um 4:30 Uhr ist ein Segen, das Signal, dass ich eine weitere Chance bekomme, etwas zu tun, was ich liebe.

Ich langweile mich schnell, wenn ich nicht arbeite. Es gibt Orte, an die ich gerne in den Urlaub fahre, wie Montego Bay, Miami und Dubai, aber das Erste, was ich einpacke, ist nicht mein Schwimmzeug – es ist immer mein Computer. Ich weiß, dass ich nach dem ersten Tag auf Jetskiern oder in einem Spa bereit sein werde, wieder an die Arbeit zu gehen. Den nächsten Deal auszufeilen, am nächsten Drehbuch zu arbeiten oder das nächste Album zu planen, ist für mich spannender als jeder Strand oder jedes Fünf-Sterne-Resort.

Meine Arbeitsmoral kann für die Menschen um mich herum hart sein. Es ist schon oft vorgekommen, dass mich mein Fahrer nach einem langen Tag im Büro, gefolgt von einer Nacht im Studio, um 3 Uhr morgens zu Hause abgesetzt hat. Und immer wieder muss er sich dann Folgendes anhören: »Mann, du kannst mich gleich um 5 Uhr wieder abholen und zum Fitnessstudio fahren.« Ich weiß, das bedeutet, dass er nicht mehr als ein Stündchen in seinem Auto ausruhen kann, aber wenn man mit mir unterwegs ist, muss man auf solche Nächte vorbereitet sein. Ich kann einfach nicht anders, als aufs Tempo zu drücken. Das ist der Grund, warum mich viele Leute, die mit mir zusammenarbeiten, mit einem Roboter oder einer Maschine vergleichen. Ich bin aus Fleisch und Blut, wie alle anderen auch, aber mein Wille ist stärker. Was mich wirklich von der Masse abhebt, ist, dass ich bereit bin, härter zu arbeiten und mehr Opfer zu bringen als 99 Prozent der Bevölkerung.

Denk mal drüber nach: Ich habe ein gutes Ohr und einen eingängigen Style, aber ich gebe zu, dass ich nicht der talentierteste Rapper bin, den es gibt. Ich werde nie so wortstark sein wie Nas oder so witzig wie Biggie. Und obwohl ich stolz darauf bin, dass ich stets in Form bleibe, weiß ich, dass ich auch nicht der bestaussehende Entertainer bin, den es gibt.

Auch wenn ich stolz auf *Power* bin, weiß ich, dass ich noch einen weiten Weg vor mir habe, bevor ich in einem Atemzug mit einigen legendären Fernsehproduzenten genannt werde.

Wie schaffe ich es also, in so vielen verschiedenen Bereichen erfolgreich zu sein, obwohl ich nicht der Talentierteste, der Attraktivste oder der Erfahrenste bin? Ich arbeite so hart wie möglich, tagein, tagaus.

Es gibt sicher mehr als genug Leute, die sich vornehmen, besser zu rappen, besser auf der Bühne zu performen als ich oder die sogar klüger sind, aber niemand – und ich meine wirklich niemand – wird jemals mehr arbeiten als ich.

VERPFLICHTE DICH ZU EINEM SOLIDEN LEBEN

Es reicht nicht aus, nur zu sagen, dass du hart arbeiten *willst*. Du musst dich für einen Lebensstil entscheiden, der es dir ermöglicht, die Energie, die Konzentration und das Durchhaltevermögen zu haben, um die Arbeit auch tatsächlich erledigen zu können. Viele Menschen räumen dem Lebensstil Vorrang vor der Arbeit ein und wundern sich dann, dass sie nicht weiterkommen.

Es hat schon seinen Grund, dass ich nach nur ein paar Stunden Schlaf aufstehen und ins Fitnessstudio gehen kann. Oder dass ich die Ausdauer habe, an mehreren Tagen hintereinander achtzehn Stunden lang zu arbeiten: Ich lege Wert darauf, einen soliden, asketischen Lebensstil zu führen.

Anders als die meisten meiner Altersgenossen verzichte ich weitgehend auf Alkohol. Ich trinke zwar ab und zu mal einen, aber das war's dann auch schon. Ich habe noch nie ein Training im Fitnessstudio, ein Meeting oder einen Flug am frühen Morgen verpasst, weil ich am Vorabend zu viel getrunken hatte.

Das hält mich aber nicht davon ab, auszugehen und zu feiern. Ich gehe immer noch gerne in Clubs. Ich brauche nur keine Drinks, um mich zu amüsieren. Wenn ich auf einer Veranstaltung bin, um für Branson-Cognac oder »Le-Chemin-du-Roi«-Champagner oder eine meiner anderen Alkoholmarken zu werben, habe ich ein Ritual, dem ich immer folge: Zuerst schenke ich allen, die mit mir im VIP-Bereich sind, aus meiner Flasche Champagner ein.

Wenn die Flasche leer ist, gebe ich sie einem meiner Jungs und lasse ihn sie in einer stillen Ecke mit Ginger Ale auffüllen. Für den Rest des Abends halte ich dann die Flasche in der Hand. Ab und zu nehme ich einen Schluck, um keine schlechte Stimmung aufkommen zu lassen, aber ich trinke nichts außer Canada Dry.

Der Energiepegel ist derselbe wie bei allen anderen. Ich amüsiere mich und lache viel, vielleicht lege ich sogar einen kleinen Two-

Step zur Musik hin. Ich beobachte auch alles, was um mich herum passiert, und stelle hunderte von kleinen Berechnungen in meinem Kopf an.

Viele Künstler halten sich von den Clubs fern, sobald sie berühmt sind. Diese Welt erscheint ihnen plötzlich zu unberechenbar, zu gefährlich. Sie bleiben lieber zu Hause, als in einem heißen, verschwitzten Raum zu landen, wo der Energiepegel bis zum Anschlag aufgedreht ist. Wo immer etwas Schlimmes passieren kann. Das ist für mich nie ein Thema. Ich habe immer einen klaren Kopf, und mein Urteilsvermögen ist nie getrübt. Ich sehe Probleme schon aus einer Meile Entfernung und bin längst weg, bevor eine Situation eskalieren kann.

Dass ich immer noch mit den Leuten abhängen kann, ist der eigentliche Vorteil für mich. Die Clubs waren schon immer und werden auch immer die Brutstätte für alles sein, was im Hip-Hop als Nächstes kommt. Es ist sehr schwer, relevant zu bleiben und den Finger am Puls der Zeit zu haben, wenn man sich nicht traut, auszugehen und in einem Club Musik zu hören.

Nüchtern zu bleiben in einer Umgebung, in der alle anderen trinken, kann dir alle Arten von Möglichkeiten eröffnen. Nehmen wir an, dein Chef lädt dich und alle deine Kollegen an einem Freitagabend auf einen Drink ein. Normalerweise würdest du die Firmenkreditkarte voll ausnutzen und dich vollaufen lassen. Das ist verständlich – du hast die ganze Woche hart gearbeitet und möchtest etwas Dampf ablassen. Wenn du das auch noch auf Kosten der Firma tun kannst, macht es das noch viel reizvoller.

Aber wenn du das nächste Mal so eine Offerte bekommst, so verlockend es auch sein mag, dir von deinem Chef das Bier oder den Wodka mit Cranberry ausgeben zu lassen, nimm stattdessen einfach ein Mineralwasser. Du musst nicht einmal groß darüber reden, was du tust. Lass dir eine Limette reingeben, und es wird so aussehen, als würdest du einen Gin Tonic trinken.

Im Laufe des Abends wirst du wahrscheinlich bemerken, wie locker alle anderen werden, wie sie anfangen, ihre Fassade fallen zu lassen, die sie im Büro so angestrengt aufrechterhalten haben. Wenn es Informationen gibt, die du aus deinen Kollegen – oder sogar deinem Chef – herausbekommen möchtest, ist jetzt der richtige Zeitpunkt, sie zu bekommen. Deine normalerweise wortkargen Mitarbeiter werden dir gerne erzählen, an welchen Projekten sie gerade arbeiten oder was sie von deinem Chef über die Zukunft der Firma gehört haben. Gib den meisten Menschen ein paar Drinks, und sie werden dir nach ein wenig gutem Zureden fast alles erzählen.

Abgesehen von dem Wettbewerbsvorteil, den man sich durch den Verzicht auf Alkohol verschafft, bin ich mir auch des Schadens, den Alkoholmissbrauch verursachen kann, sehr bewusst. Ich weiß es aus erster Hand. Als ich nach dem Tod meiner Mutter in das Haus meiner Großmutter zog, waren einige meiner Tanten und Onkel Alkoholiker, wie sie im Buche stehen.

Es gab besonders einen Onkel, der die meiste Zeit über ein cooler Typ war, aber nach ein paar Drinks mutierte er regelrecht zu Marvellous Marvin Hagler.* Jeder Kommentar, egal wie harmlos, wurde als Beleidigung aufgefasst, und schon ballte er die Fäuste. Sogar gegenüber einem Neunjährigen.

Ich versuchte daher, ihm so weit wie möglich aus dem Weg zu gehen, aber selbst aus der Entfernung war klar zu erkennen, dass der Alkohol nur seine Schwächen zum Vorschein brachte und seinen wankelmütigen Charakter offenbarte. Und es war nicht nur er; generell schienen die Menschen in meiner Verwandtschaft anfällig für Alkoholsucht zu sein.

Es gibt viele Belege dafür, dass Alkoholismus erblich bedingt ist. Wenn es in deiner Familie zu liegen scheint, könnte es für dich nicht nur wichtig sein, durch Verzicht einen Wettbewerbsvorteil zu erlan-

---

* *Dem legendären Mittelgewichtsboxer, Anm. d. Übers.*

gen, sondern auch, dich vor einem lebenslangen Zustand psychischer Störungen und Sucht zu bewahren.

Ein weiterer Vorteil, den ich gegenüber der Konkurrenz habe, besonders im Hip-Hop, ist, dass ich auch nichts mit Drogen am Hut habe.

Manche Rapper meinen, dass Drogen ein Weg zur Kreativität seien. Sie behaupten, sie würden ihre besten Arbeiten hinbekommen, wenn sie high sind. Das mögen sie so empfinden, aber meiner Erfahrung nach werden Drogen letztendlich zu einer Krücke. Etwas, worauf sich Rapper stützen können, wenn sie sich unsicher fühlen oder ihnen die Konzentration fehlt. Drogen mögen hilfreich sein, wenn man anfängt, aber man wird nie weit kommen, wenn man eine Krücke braucht, um voranzukommen.

Ich erlebe das die ganze Zeit über im Studio. Ich kenne so viele Rapper, die glauben, dass sie in Wahrheit keine gute Musik machen können, ohne auf die eine oder andere Weise high zu sein. Sie würden nicht im Traum daran denken, in die Aufnahmekabine zu gehen, wenn es keinen Schnaps zu kippen oder Gras zu rauchen gibt. Sie haben totale Angst, dass sie ohne diese Hilfsmittel nicht auftreten oder sich nicht richtig mit der Musik, die sie machen wollen, verbunden fühlen können.

Mein Gedanke war immer: »Was ist, wenn diese Krücke nicht mehr zur Verfügung steht?« Was ist, wenn du im Studio bist und plötzlich den Anruf bekommst, dass Dr. Dre vorbeikommt und dich bittet, eine Strophe für ihn aufzunehmen? Oder dass Just Blaze, Timbaland oder Mustard reinschneien werden? Du wirst wohl kaum einem dieser Typen sagen, dass du nicht bereit bist für eine Aufnahme, es sei denn, jemand besorgt dir eine Flasche oder lockt deinen Dealer ins Studio? Deine große Chance wird schon vorbei sein, bevor dein Mann zurückkommt.

Wenn du ein wahrhaft kreativer Mensch bist, musst du in der Lage sein, dein Handwerk in jeder Situation auszuüben. Es ist zwingend notwendig, dass du dich in deiner eigenen Haut wohlfühlen kannst, ohne auf irgendeine Substanz als Hilfe angewiesen zu sein. Ja, du glaubst vielleicht, dass das Kiffen dich zu einem besseren Autor macht oder dass der Alkohol es dir leichter macht, du selbst zu sein, aber du brauchst auch das Selbstvertrauen zu wissen, dass du es ohne sie schaffen kannst. Andernfalls wirst du nie die totale Kontrolle über deine eigene Lage haben.

Egal, in welcher Situation oder Umgebung du dich befindest, du willst dich niemals von irgendetwas – oder einer anderen Person – abhängig machen – nichts oder niemand soll beeinflussen, ob du die Kontrolle behältst und dich wohlfühlst. Dieses Gefühl der Zuversicht sollte immer tief aus deinem Inneren kommen. Nicht von einer externen Quelle.

Um das klarzustellen: Ich urteile nicht über Leute, die gerne trinken oder rauchen. Ich verkaufe dir auch gerne eine Flasche von meinem Le Chemin du Roi, damit du das nächste Mal, wenn du feiern gehst, es so richtig krachen lassen kannst. Alles, worum ich dich bitten würde, ist, dass du ehrlich bist bei der Einschätzung der Rolle, die Drogen und Alkohol in deinem Leben spielen. Manche Menschen sind in der Lage, wirklich nur in Gesellschaft zu trinken, oder sie sind »Partyraucher«. Sie genießen dies bei gesellschaftlichen Anlässen, aber sie können auch genauso gut darauf verzichten. Sie könnten eine Flasche Schnaps in ihrer Küche oder eine Tüte Gras in ihrer Kommode haben und nie den Drang verspüren, sie zu konsumieren.

Ich kann Kisten mit Branson-Cognac oder »Le-Chemin-du-Roi«-Champagner in meinem Büro haben und nie daran denken, bis es an der Zeit ist, eine Veranstaltung auszurichten. Jemand anderes könnte versucht sein, jedes Mal, wenn er vorbeikommt, eine Flasche zu öffnen. Und manch einer fängt sogar an, jeden Tag heimlich eine ganze Flasche zu trinken.

Wenn Alkohol oder Drogen eine solche Anziehungskraft auf dich ausüben, ist es wichtig, dass du das Problem direkt angehst. Es wird eine Menge Disziplin und Konzentration erfordern, aber du kannst dir einen Lebensstil aufbauen, bei dem du nicht von Alkohol oder Drogen angetrieben werden musst, um Dinge erledigt zu bekommen.

Ich verstehe auch, dass es sich sehr erdrückend anfühlen kann, wenn du der einzige Mensch in deiner Umgebung bist, der nicht trinkt oder raucht. Es kann hart sein, aber ich bin schon seit Jahren so, und ich schaffe es immer, abstinent zu bleiben, es ist also durchaus machbar.

Ich bezweifle, dass es jemanden in der Weltgeschichte gibt, der mehr Blunts oder Drinks abgelehnt hat als ich. Ich habe Stunden in Cafés in Amsterdam verbracht, wo mir jeder aus der G-Unit riesige Spliffs ins Gesicht geblasen hat. Ich bin vielleicht vom Passivrauchen ein wenig high geworden, aber ich habe nie einen Zug genommen. Snoop Dogg, B-Real, Redman, Method Man, Wiz Khalifa – ich habe mit all diesen Typen abgehangen. Ich genieße die Zeit mit ihnen, aber ich habe mich entschieden, nicht mit ihnen zu kiffen. Und bitte komm mir nicht mit: »Nun, sie lassen dich wahrscheinlich in Ruhe, weil du 50 Cent bist.« Nichts könnte weiter von der Wahrheit entfernt sein. Jeder will derjenige sein, der mich endlich zum Kiffen animiert. Ich bin wie das hübsche Mädchen, das sich mit niemandem verabredet, also will jeder mit mir ausgehen, aber ich sage einfach immer nein.

Zum Beispiel habe ich kürzlich meine Tycoon-Party in New York City veranstaltet, und Snoop war einer meiner Special Guests. Als er also versuchte, mir einen seiner Joints zu reichen, feuerten mich alle um uns herum an, ich solle dran ziehen. Um die Stimmung nicht zu verderben, nahm ich einen großen Zug ... und ließ dann den Rauch in meinem Mund herumwirbeln, bevor ich ihn wieder ausblies. Das war's dann auch schon. Bill Clinton hat wahrscheinlich mehr Marihuana inhaliert als ich.

Alle waren begeistert, dass ich einen Zug genommen hatte, aber auf keinen Fall hätte ich das Gras inhaliert, vor allem nicht so etwas Starkes wie das Zeug, das Snoop raucht. Die wenigen Male, die ich geraucht habe, machten mich extrem paranoid. Warum sollte ich also high sein, wenn ich von tausend Leuten umgeben bin, die dicht an dicht gedrängt stehen, und ich derjenige bin, der die ganze Veranstaltung leitet? Ich hätte die Musik nicht genießen können, wenn ich inhaliert hätte – ich wäre total ausgeflippt wegen all der Dinge, die bei meinem Event schiefgehen könnten. Ich fühle mich immer dann am wohlsten, wenn ich die komplette Kontrolle über meine Umgebung habe. Und das ist sehr schwer umzusetzen, wenn man high ist.

Um wirklich in der Lage zu sein, tagein, tagaus sein Bestes zu geben, reicht es nicht aus, nur Alkohol und Gras zu vermeiden (oder zumindest stark zu reduzieren). Du musst auch, besonders wenn du älter wirst, proaktiv versuchen, deinen Körper fit zu halten. Der beste Weg, das zu tun, ist, sich richtig zu ernähren und zu trainieren.

Meine Ernährung ist ziemlich unkompliziert. Ich vermeide Kohlenhydrate und Fertigprodukte, wann immer ich kann, und konzentriere mich darauf, so viel Vollwertkost und Gemüse wie möglich zu essen. Ich bin nicht wirklich ein Frühstückstyp, also reicht mir ein Smoothie oder eine Art Proteinshake. Zum Mittagessen gibt es normalerweise einen Salat. Wenn ich zum Abendessen auswärts esse, was sich bei mir nur schwer vermeiden lässt, bestelle ich sowas wie einen Wrap mit Hähnchen und Salat oder ein Steak mit Spargel. Vielleicht ist es nicht die aufregendste Kost, aber sie ist so einfach und grundlegend, dass ich fast jeden Tag eine Variante davon ausprobieren kann, und sie enthält Zutaten, die auf den meisten amerikanischen und europäischen Speisekarten zu finden sind. Beständigkeit und Verfügbarkeit sind wichtig, wenn man viel unterwegs ist und mit ständigen Verlockungen, mal eine Ausnahme zu machen, zu kämpfen hat.

Auch wenn ich von Zeit zu Zeit bei der Ernährung schummele, ist mir das Training absolut heilig. Egal, wie lange ich am Vorabend im Studio oder Club geblieben bin, am nächsten Morgen gehe ich ins Fitnessstudio. Manchmal wechsle ich das Fitnessstudio (ich bin sogar Mitglied von zwei Studios in der Nähe meiner Wohnung), damit es sich nicht zu dröge anfühlt und langweilig wird. Wenn ich unterwegs bin, gehe ich in den Fitnessraum in meinem Hotel oder miete ein privates Studio. Es spielt keine Rolle, ob ich unter Jetlag leide, Probleme mit der Anpassung an die Zeitzonen habe oder nicht gut schlafe, weil ich mein eigenes Bett vermisse. Keine Ausreden. Ich muss trotzdem trainieren.

An den meisten Tagen absolviere ich eine Trainingseinheit mit meinem Trainer, mit Übungen ohne Gewichte wie Liegestützen und Klimmzügen, Seilspringen, Hantelschwingen und dem Bearbeiten eines Sandsacks.

Wenn die Trainingsstunde vorbei ist, bleibe ich im Fitnessstudio und stemme allein ein paar Gewichte.

Meine übliche Routine besteht aus leichten Gewichten mit sehr kurzen Ruhepausen zwischen den Sätzen. Das hilft mir, meinen Körper zu straffen und gleichzeitig ein Cardio-Training zu absolvieren. Wenn ich mich auf eine Filmrolle vorbereite, bei der ich sehr durchtrainiert aussehen muss, arbeite ich auch mit schwereren Gewichten, um mehr Masse zu bekommen.

Wenn ich versuche, für eine Rolle oder ein Fotoshooting abzunehmen, baue ich Lauftraining in mein Programm ein. In der Regel versuche ich, immer zwischen drei und vier Meilen zu laufen. Wenn ich zu Hause bin, trainiere ich normalerweise auf einem Laufband im eigenen Fitnessstudio. Aber wenn ich unterwegs bin, jogge ich oft in der Nähe meines Hotels. Das ist eine gute Möglichkeit für mich, nach draußen zu gehen, ohne zu viel Aufmerksamkeit zu erregen. Es ist schon vorgekommen, dass Fans vor meinem Hotel Schlange standen, um mich zu sehen, und ich bin an ihnen vorbeigejoggt, ohne dass mich jemand erkannt hat. Sie erwarten alle, dass ich in einer Limousine vorfahre, nicht, dass ich in Jogginghose und Hoodie an ihnen vorbeilaufe.

Im Gegensatz zu vielen Menschen versuche ich nicht, meine Energie durch Koffein zu steigern. Kaffee war noch nie mein Ding, und du wirst mich auch nicht dabei ertappen, wie ich tagsüber Cola Light herunterkippe (obwohl ich gerne ein Ginger Ale zu meinem Salat trinke). Ich beziehe meine Energie aus dem Training, und diese ein oder zwei Stunden am Morgen tragen mich durch den Rest des Tages.

Trainieren ist nicht nur gut für meine Gesundheit, sondern hilft mir auch enorm für mein Business. Im Fitnessstudio kann ich am klarsten denken. Ich schaue nicht auf mein Handy, werde nicht durch Anrufe abgelenkt, und niemand stört mich mit einer Frage, wie es schon mal im Büro der Fall ist. Die Zeit im Fitnessstudio gibt mir die Möglichkeit, über alles nachzudenken, was für den Tag ansteht. Anstatt mir den Schlaf aus den Augen zu reiben und mich dösig zu fühlen, wenn ich ins Büro komme, habe ich schon das Gefühl, alles unter Kontrolle zu haben, berste vor Energie und bin mental gut vorbereitet. Das ist die einzige Möglichkeit, wie man im Büro auch sicher etwas erreichen kann.

Ein Aspekt meines Lebenswandels, bei dem ich weiß, dass ich ihn optimieren muss, betrifft die Menge an Schlaf. Wenn ich mit einem Projekt beschäftigt bin, werde ich regelrecht zum Roboter. Ich kann achtzehn Stunden am Stück arbeiten und werde kaum müde. Ich liebe das Gefühl, dass ich besser arbeite als der Rest, aber mir ist auch klar, dass ich dem Schlaf mehr Priorität einräumen muss. Viele Fans von Nas fühlten sich von folgender Songzeile geradezu befeuert: »I never sleep, 'cause sleep is the cousin of death.« Das klang so tiefgründig und geheimnisvoll, dass viele Leute anfingen, die Nacht durchzumachen, weil sie meinten, man sei ein guter Hustler, wenn man die Kerze von beiden Seiten abfackelt.

Ich selbst habe viele Jahre lang zu diesem Missverständnis mit beigetragen. Ich pflegte Dinge zu sagen wie: »Schlaf ist was für Schwächlinge« oder »Ich schlafe nicht gerne, weil ich die Chance verpassen könnte, mir einen Traum zu verwirklichen.« Die Grundmotivation hinter diesen Aussagen war richtig – dass man bereit sein muss, härter zu arbeiten als die Konkurrenz, wenn man auf der Seite der Gewinner stehen will. Aber ich hätte »härter arbeiten« nicht mit »weniger schlafen« in Verbindung bringen sollen. In den letzten Jahren habe ich gelernt, dass einige der erfolgreichsten Menschen, die es überhaupt gibt, großen Wert auf einen gesunden Schlaf legen. Jeff Bezos sagt, für ihn sei es wichtig, jede Nacht acht Stunden zu schlafen, weil er dann viel klarer denken könne. Sheryl Sandberg, die Geschäftsführerin von Facebook, legt ebenfalls großen Wert auf ausreichenden Schlaf und sagt, dass die ganze Nacht aufzubleiben einem vielleicht hilft, kurzzeitig mehr Dinge zu erledigen, sich aber auf lange Sicht als sehr kontraproduktiv erweist, weil es »ängstlich, reizbar und konfus« macht. Eine Strategie, die auch der ehemalige Google-CEO Eric Schmidt vertritt: »Das wahre Geheimnis ist, dass die erfolgreichsten Menschen wissen, was ihr Körper braucht, und schlafen, wann immer es nötig ist.«

Ich versuche, von diesen Vorbildern zu lernen und meinen eigenen Ansatz zu finden. Als ich jünger war, kam ich vielleicht mit wenig Schlaf aus, vor allem, weil ich nicht trinke oder rauche, aber jetzt weiß ich, dass das ein Irrweg ist, von dem ich mich fernhalten werde.

Eine Methode, mit der ich versucht habe, mein Schlafverhalten zu verbessern, ist, jeden Samstagabend gegen Mitternacht schlafen zu gehen. Dann erlaube ich mir, am Sonntag lange zu schlafen – bis etwa neun oder zehn –, da dies der einzige Tag ist, an dem ich morgens keine Termine habe. Mein Ziel ist es, diese neun Stunden noch zwei- oder dreimal pro Woche zu erreichen. Ich bin zuversichtlich, dass ich mit diesen zusätzlichen Stunden noch produktiver sein werde, als ich es ohnehin schon bin. Jetzt kann sich meine Konkurrenz noch mehr sputen, wenn sie mit mir mithalten will!

Viele der Schritte, die ich in diesem Kapitel empfehle – Nüchternheit, Sport, richtige Ernährung und ausreichender Schlaf – hören sich vielleicht entmutigend an, wenn sie derzeit nicht zu deinem gewohnten Verhalten gehören.

Aber lass dich davon nicht abschrecken. Ich bin der festen Überzeugung, dass es nur sehr wenige schlechte Angewohnheiten gibt, die man nicht innerhalb von dreißig Tagen ablegen kann, egal wie schwer es dir erscheinen mag, sie zu durchbrechen. Wann immer ich versuche, einen Aspekt meines Lebens zu verbessern, sind dreißig Tage das Ziel, das ich mir setze. Und ich habe es bislang immer geschafft, mein Ziel in diesem Zeitrahmen zu erreichen.

Der Schlüssel liegt darin, wie du die Veränderung der Gewohnheit angehst. Nehmen wir an, du versuchst, deine Ernährung zu verbessern, weniger zu trinken oder die Zeit, die du mit sozialen Medien verbringst, zu reduzieren. Es ist nicht hilfreich, eine pauschale Verallgemeinerung wie »Ich rauche ab jetzt kein Gras mehr« oder »Ich werde mich vegan ernähren« zu machen. Solche Aussagen mögen im Moment gut klingen, aber sie können sich auch so anspruchsvoll anfühlen, dass du aufgibst, bevor du mit deiner Veränderung überhaupt angefangen hast.

Statt zu sagen: »Ich rauche ab jetzt kein Gras mehr«, sage dir einfach: »Ich rauche den nächsten Monat nicht.« Dann fokussiere dich einfach auf die erste Woche, die vor dir liegt. Wenn du siehst, dass du auf eine Party eingeladen bist, von der du weißt, dass alle dort kiffen werden, entscheide dich, nicht hinzugehen. Mach stattdessen an diesem Abend etwas mit den Freunden, die nicht kiffen.

Schau dir anschließend an, was du für die folgende Woche geplant hast. Gehört es zu deinen Ritualen, high zu werden, bevor du in den Club gehst? Dann plane eine Woche, in der du am Abend andere Dinge tust. Oder bleib einfach zu Hause und sieh fern, wenn du denkst, dass die Nähe von kiffenden Freunden zu verlockend ist. Schau dir ein paar Serien an, die du schon lange sehen wolltest. Oder noch besser, geh jeden Abend ins Fitnessstudio. Ehe du dich versiehst, hast du schon die Hälfte geschafft.

Wenn du mit innerer Überzeugung dein Unterfangen angehst, wirst du in der dritten Woche auf Touren gekommen sein. Deine Entwicklung hat dann bereits einen gewissen Schwung entwickelt. Anstatt ständig zu sagen: »Verdammt, ich will mir jetzt einen Joint reinziehen«, wirst du in der Lage sein, zu sehen, wie dein Leben ist, wenn du nicht immer wieder high bist. Vielleicht fühlt es sich so normal an, dass du dein Leben jetzt immer so führen willst. Oder du könntest dir sagen: »Ich muss das Gras nicht ganz aufgeben. Ich muss mir nur ein paar Grenzen setzen, wie und wann ich es konsumiere.«

Das ist ein innerer Dialog, der gegen Ende der dreißig Tage schon viel produktiver sein wird als am ersten Tag. Was auch immer du verbessern oder korrigieren willst, verpflichte dich für dreißig Tage dazu und beobachte, wie es deine Perspektive verändert. Gib dir die Möglichkeit, dich mit etwas anderem zu beschäftigen. Du wirst feststellen, dass dein Leben ohne manche Dinge, von denen du meintest, dass du »ohne sie nicht leben kannst«, viel besser ist. Wenn du mit diesen Gewohnheiten brichst, wirst du erstaunt sein, wie viel du erreichen kannst, wenn du frei bist, um dich zu fokussieren, und alles, was du hast, in deine Arbeit zu stecken.

FINDE DEINEN FOKUS

Harte Arbeit und Hingabe sind zwei Eigenschaften, die man bei allen echten Hustlern findet. Eine weitere ist Fokus. Denn wenn du nicht in der Lage bist, dich zu konzentrieren und deine harte Arbeit zu koordinieren, kannst du vielleicht hart arbeiten, aber du wirst nicht smart sein.

Eines meiner Lieblingsbeispiele für jemanden, der es geschafft hat, harte Arbeit und Fokus zu kombinieren, ist ein Mann namens Isaac Wright Jr. In den frühen 1990er-Jahren wurde Isaac in New Jersey zu Unrecht zu einer lebenslangen Haftstrafe verurteilt, weil er angeblich ein Drogenbaron war. Er war einer der ersten Menschen, die nach diesem neuen Gesetz in New Jersey verurteilt wurden. Das einzige Problem daran war, dass er eigentlich unschuldig war.

Isaac weigerte sich, sein Urteil zu akzeptieren, und suchte nach Möglichkeiten, es aufheben zu lassen. Obwohl er keine juristische Ausbildung hatte, machte er sich daran, in der Bibliothek des Gefängnisses die Gesetze zu studieren. Er wurde so versiert, dass er begann, als Anwaltsgehilfe an den Fällen anderer Gefangener zu arbeiten und mehreren von ihnen zu helfen, ihre Urteile revidieren zu lassen.

Schließlich gelang es ihm, die Revision seiner lebenslangen Haftstrafe durchzusetzen, aber er hatte immer noch einige andere Straftaten auf dem Kerbholz, die ihn für siebzig Jahre hinter Gitter zu bringen drohten. Isaac wollte trotzdem nicht aufgeben. Schließlich schaffte er es, einen Polizeibeamten zu finden, der gegen ihn ausgesagt hatte und bereit war, zuzugeben, dass er sich nicht korrekt verhalten und Dinge vertuscht hatte. Niemand bringt Polizisten dazu, sich selbst zu verpfeifen, außer Isaac. Es war ein unglaublicher Sieg – wirklich beispiellos – und nach neun Jahren hinter Gittern und dem Selbstmord des Staatsanwalts, der an seinem Fall beteiligt gewesen war, wurde Isaac schließlich freigelassen. Heute ist er praktizierender Anwalt in New Jersey, dem Staat, der ihn zu Unrecht eingesperrt hatte. Isaacs Geschichte war für mich so fesselnd, dass ich ein erfolgreiches Drehbuchprojekt mit dem Titel *For Life* für ABC in Auftrag gab, das auf seiner Geschichte basiert.

Es gibt viele Menschen – viel zu viele –, die zu Unrecht im Knast sitzen, aber nie die Chance hatten, gegen das ihnen widerfahrene Unrecht zu kämpfen, wie es Isaac tat. Die einzige Hoffnung für die meisten Menschen in dieser Situation ist, eine Stiftung für die Rechte von Gefangenen oder eine große Anwaltskanzlei zu finden, die ihren Fall pro bono übernimmt. Isaac war nicht bereit, darauf zu warten, dass jemand anderes entscheidet, ob es sich lohnt, für sein Leben zu kämpfen. Er nahm sein Schicksal selbst in die Hand.

Was also ermöglichte es Isaac, das zu erreichen, was all die anderen Häftlinge nicht konnten? Seine Verbindung von harter Arbeit und Fokussierung. Als Isaac inhaftiert wurde, verbrachte er seine Zeit nicht damit, mit anderen Häftlingen darüber zu diskutieren, wer die besten Rapper sind, oder in seiner Zelle an alte Freundinnen zu schreiben, oder auf dem Hof irgendwelchen Mist zu machen. Er verbrachte jeden freien Moment, den er hatte, damit, sich in die Gesetzgebung einzuarbeiten. Er weigerte sich, irgendwelche Zerstreuungen zwischen sich und seinem Ziel zuzulassen. Es gab keine Zweifel daran, was er mit seiner Zeit anstellte: Wenn er nicht gerade aß, schlief oder Dienst hatte, saß er über den Gesetzestexten.

Am Anfang war es ziemlich schwer. Diese Bücher sind nicht für Amateure gedacht – man kann sie einfach nicht verstehen, wenn man keine entsprechende Ausbildung genossen hat. Aber mit der Zeit fiel es ihm leichter, die Gesetzestexte zu begreifen. Als Isaac anfing, an den Schriftsätzen zu arbeiten, und sah, wie sie anderen Gefangenen halfen, war er ganz begeistert. Das erzeugte eine Eigendynamik, die ihn dazu brachte, sich noch intensiver mit der Fachliteratur zu beschäftigen. Am Ende absolvierte er den Stoff von vier Jahren Jurastudium in weniger als zwei Jahren, weil es ihn vollkommen gefangen nahm (das Wortspiel ist hier nicht beabsichtigt). Sobald er all diese Informationen zur Verfügung hatte, konnte er den Prozess in Gang setzen, der schließlich zu seiner Entlassung führte.

Nichts davon wäre möglich gewesen, wenn Isaac nachgelassen, sich geschlagen gegeben hätte. Wenn er an irgendeinem Punkt des Prozesses unsicher geworden wäre, was genau er zu tun versuchte. Dann wäre er niemals in der Lage gewesen, sich seinen Weg in die Freiheit zu bahnen. Dies geschah nur, weil er so entschlossen war, sich selbst zu retten. Isaacs Geschichte war wie geschaffen für das Fernsehen. Als wir die Pilotfolge ausstrahlten, erhielt sie eine der stärksten positiven Zuschauerreaktionen in der Geschichte des Senders. Das überrascht mich nicht – Isaacs Eifer, sein Leben zurückzubekommen, ist eben ungemein inspirierend.

Zur Erinnerung: Isaac legte sich nicht für Juwelen, Autos oder Häuser so ins Zeug.

Er legte sich für das wichtigste aller Ziele ins Zeug: Freiheit. Er kämpfte für das wichtigste Ziel: Freiheit. Und dank seiner Fokussierung war er imstande, dieses Ziel zu erreichen, trotz eines korrupten Systems, das gegen ihn gerichtet war. Ja, Isaac war ein Hustler. Er war eine zentrale Figur. Aber nicht in dem Sinne, wie die Regierung ihn darzustellen versucht hatte. Er war ein Hustler, der um die Freiheit kämpfte.

Nachdem du Isaacs Geschichte gehört hast, solltest du dich fragen: »Was kann ich mit einer solchen Fokussierung in meinem eigenen Leben erreichen?« Was wäre, wenn du sieben oder acht Stunden am Tag auf etwas hinarbeiten würdest, ohne irgendwelche Ablenkungen? Ohne dass Wärter dir sagen, du sollst um 22 Uhr das Licht ausmachen? Ohne dass du von dem lausigen Gefängnisessen Magenschmerzen hast und dir der Rücken von der löchrigen Gefängnismatratze wehtut? Ohne dass der in der Nachbarzelle dich die ganze Nacht mit seinem Gebrüll wachhält? Oder sich lautstark mit Mayonnaise aus der Gefängniskantine einen runterholt? Was würdest du ohne *diese Art* Ablenkungen erreichen?

Überlege dann mal, welche Dinge dich möglicherweise davon abhalten, dein Bestes zu geben. Jetzt in diesem Moment. Kümmerst du dich um irgendeinen Bullshit in den Social Media? Streitest du dich mit deiner Freundin oder deinem Freund? Hast du gerade Lust, dir einen Joint zu drehen? Schläfst bis in die Puppen, weil du letzte Nacht zu viel getrunken hast?

Wenn du auch nur einen kleinen Teil der Fokussierung anwenden könntest, die Isaac aufbringen konnte, würdest du schon nach einem

Monat den gleichen Schwung und die gleiche Energie erleben wie Isaac. Diese Welle könnte dich mitreißen und dich zu jedem Ziel tragen, das du anstrebst.

MIT LEIDENSCHAFT ZUR PERFEKTION

Eine Sache, die ich immer versuche, bei neuen Geschäftspartnern einzuschätzen, ist ihre Leidenschaft für bestimmte Dinge. Wie leidenschaftlich sind sie, wenn es darum geht, diese Sache in die Tat umzusetzen? Jemand mit wenig Leidenschaft wird wahrscheinlich gleich beim ersten Mal, wenn er auf ein wenig Widerstand stößt, aufgeben. Ich habe keine Lust, mich mit Menschen zu umgeben, die eine derart schwache oder negative Energie ausstrahlen.

Ein Mensch mit einer starken Leidenschaftlichkeit wird sich dagegen richtig ins Zeug legen. Solche Menschen stehen mit beiden Beinen fest auf dem Boden und gehen sichtbar selbstbewusst durchs Leben. Egal, wie sehr die Welt sie unter Druck setzt oder wie viel negative Vibes auf sie einwirken, sie weichen keinen Zentimeter ab. *Das* ist die Art von Energie, mit der ich arbeiten möchte. Die Art von Leuten, in die ich bereit bin, mein Geld zu investieren. Eine starke Leidenschaftlichkeit ist das, was die Hustler, die auf der Gewinnerseite stehen, von den Leuten unterscheidet, die immer auf der Stelle zu treten scheinen.

Leidenschaft ist das, was es mir erlaubt hat, mehr als zwanzig Kilo abzunehmen, um in dem Film »All Things Fall Apart – Wenn alles zerfällt ...« einen an Krebs sterbenden Footballspieler zu spielen. Binnen neun Wochen verringerte ich mein Gewicht von 97 auf 73 Kilogramm, indem ich eine Flüssigdiät machte und täglich drei Stunden aufs Laufband stieg. Das war vielleicht etwas einfacher für mich als für den Durchschnittstypen – ich kam mit einer Flüssigdiät besser zurecht, weil ich nach meinen Schussverletzungen eine solche Diät gemacht hatte –, aber es waren trotzdem zwei extrem anstrengende Monate. Ich habe abgenommen wie verrückt, aber jeden Tag, wenn ich in den Spiegel schaute, dachte ich nur: »Ich muss noch dünner werden.« Ich war mit Leidenschaft dahinter, diese Rolle an Land zu ziehen.

Zum Teil war es etwas Persönliches. Die Story basierte auf der Geschichte eines sehr guten Freundes von mir, und ich musste seiner Geschichte gerecht werden. Aber es hatte auch einen professionellen Hintergrund. Ich hatte als Schauspieler nie die Anerkennung erhalten, die ich im Musikgeschäft bekommen hatte. Daher hatte ich als Schauspieler nicht das gleiche Selbstbewusstsein wie als Rapper oder Unternehmer. Meine Leidenschaft für die Schauspielerei ist aber mindestens genauso groß wie die für die Musik oder das Business.

Es gibt etwas an diesem Handwerk, das mich schon immer fasziniert und meine Fantasie beflügelt hat. Wie viele aus meiner Generation haben mich besonders Schauspieler wie Robert De Niro und Al Pacino in ihren Gangsterrollen inspiriert. Ich fand es großartig, wie sie durch ihre Körpersprache eine bestimmte Art von Aggression vermitteln konnten. Ich wollte diese Art von Energie auf die Leinwand bringen.

Ich wusste, dass ich nicht die gleichen schauspielerischen Fähigkeiten wie De Niro habe – und wahrscheinlich auch nie haben würde. Das hielt mich aber nicht davon ab, alles zu geben. Ich hatte gelesen, dass er für seine Oscar-prämierte Rolle in »Wie ein wilder Stier« vierzig Pfund zugenommen hatte. Als ich also sah, dass meine Rolle in »All Things Fall Apart« verlangte, dass meine Figur während der Chemotherapie sehr viel Gewicht verliert, beschloss ich, mich körperlich auf meine Rolle so vorzubereiten, wie es De Niro für seine Rolle in »Wie ein wilder Stier« getan hatte.

Ich habe keinen Oscar – oder sonst irgendeinen Preis – für »All Things Fall Apart« gewonnen. Es war mir auch egal. Ich hatte mir selbst bewiesen, dass ich leidenschaftlich genug für die Schauspielerei war, um alles für die Rolle zu tun. Ich erlebte, wie einige Leute sich über mich lustig machten – »Der Clown denkt, er sei De Niro oder sonst wer. Absolut lächerlich« –, weil ich so viel Arbeit in einen Film gesteckt hatte, der am Ende gar nicht in die Kinos kam, sondern direkt auf Video veröffentlicht wurde. Solche Witze bremsen mich nicht eine Sekunde lang. Ich weiß verdammt gut, dass ich nicht De Niro bin. Ich werde trotzdem arbeiten, um auf dieses Niveau zu kommen. Und selbst wenn ich nie einen Oscar gewinne, haben meine Filme über 500 Millionen Dollar an der Kinokasse eingespielt. Man kann durchaus sagen, dass viele andere Schauspieler davon träumen würden, wenn eine solche Zahl mit ihrem Namen in Verbindung gebracht würde.

De Niro war auch einer der Menschen, die mir vermittelten, wie wichtig Leidenschaft für die Schauspielerei ist. 2008 sollte ich mit ihm in einem Film namens »Streets of Blood« mitspielen. Er lud mich zu einem Treffen in seine Wohnung ein und fragte mich unverblümt, ob es mir mit dem Film ernst sei. Er wollte wissen, ob ich es nur wegen des Geldes oder wegen des Images machen würde. Ich sagte ihm, dass ich es absolut ernst meinte – wenn ich nur Geld wollte, könnte ich leicht mehr verdienen, wenn ich zwei Monate lang auf Tournee ginge, als am Filmset zu sein. Ich nutzte die Gelegenheit, ihm zu sagen, wie sehr ich seine Arbeit schon immer geliebt habe, und dass ich mich geehrt fühlte, mit ihm zusammenarbeiten zu dürfen.

De Niro konnte den Film wegen Terminüberschneidungen schließlich doch nicht machen (er wurde durch Val Kilmer ersetzt, einen anderen Schauspieler, vor dem ich großen Respekt habe), aber wir wurden nach diesem kurzen Zusammentreffen Freunde. Später arbeiteten wir zusammen mit Forest Whitaker an dem Film »Freelancers«.

Dieser kurze Besuch bei De Niro hat mich jedoch sehr beeindruckt. Er gehört zu den größten Namen in der Geschichte des Films, und »Streets of Blood« wäre für ihn ein unbedeutender Film gewesen, aber er nahm sich trotzdem die Zeit, mich zu empfangen, um sich zu vergewissern, dass ich wirklich leidenschaftlich bei der Sache war, die vor uns lag. Das ist einer der Gründe, warum er ein ganz Großer ist. Er versteht, dass der Film nicht erfolgreich sein wird, wenn auch nur eine Person in der Besetzung lediglich auf den Gewinn aus ist. Jeder am Set muss die gleiche Leidenschaft für das Projekt mitbringen.

Musik ist ein weiterer Bereich, in dem die Leidenschaft an erster Stelle steht. Nimm Tupac. Ich will nicht respektlos erscheinen, aber er war kein großartiger MC, wenn man ihn streng nach seinen Fähigkeiten beurteilt. Er konnte das wahre Leben auf der Straße nicht so zum Ausdruck bringen wie Nas, nicht so aalglatt daherreden wie Jay-Z oder so witzig sein wie Biggie. Er konnte nicht so hart spitten wie Eminem. Aber was er in Hülle und Fülle hatte, war Leidenschaft. Wenn er reimte, strömte seine Leidenschaft einfach so heraus. Selbst wenn er eigentlich ein Kunststudent war, der die Rolle eines Gangsters spielte, trug er seine Zeilen mit so viel Intensität vor, dass man jedes Wort spürte, das er sagte. Das ist es, was ihn zu einem der ganz Großen machte.

Viele Rapper haben versucht, Stars zu werden, indem sie die Rolle des Gangsters annahmen – Ja Rule zum Beispiel –, aber sie waren einfach nicht so überzeugend wie ’Pac. Klar, Ja grummelte viel und nannte sich selbst einen »Mörder«, aber er war nicht glaubwürdig. Er hatte nicht den gleichen Hunger wie ’Pac.

’Pac hat sich seiner Leidenschaft so verschrieben wie De Niro seiner Rolle in »Casino« oder »GoodFellas – Drei Jahrzehnte in der Mafia«. Man könnte sagen, dass ’Pac so besessen war, dass er letztendlich mit seinem Leben dafür bezahlen musste.

Ich suche nach der gleichen Art von Leidenschaft bei den Leuten, mit denen ich arbeite. Natürlich bedeutet das nicht, dass sie ihr Leben aufs Spiel setzen, aber zumindest, dass sie bereit sind, es in Betracht zu ziehen. Es mag dramatisch klingen, aber dieses Maß an Hingabe ist oft das, was es braucht.

WAS IST DEIN ZIEL?

Vor nicht allzu langer Zeit verließ ich nach einem hektischen Morgen voller Meetings, Vertragsverhandlungen und einem Fotoshooting mein Büro in Manhattan, um zu einem Filmgelände auf der anderen Seite des Flusses in Queens zu fahren. Als sich mein Auto durch den Verkehr auf dem FDR Drive schlängelte, bemerkte ich einen einsamen Mann, der auf einem Bolzplatz am Straßenrand Handball spielte. Der Typ schmetterte den Ball immer und immer wieder hart gegen die Wand, während um ihn herum das urbane Chaos herrschte. Die Szene beeindruckte mich so sehr, dass ich mein Telefon in die Hand nahm und Folgendes auf Instagram postete:

> *Yo, ich habe gerade einen erwachsenen Mann gesehen, der mitten am Tag Musik hört und für sich allein Handball spielt. Ich war am Telefon und habe gearbeitet, sein Leben ist vielleicht besser als meines.*

Natürlich warf man mir im Internet vor, ich würde einfach nur provozieren wollen – so schnell wird man online verurteilt. Wie konnte 50 Cent in seinem klimatisierten, von einem Chauffeur gesteuerten Luxusschlitten sitzen und auf einen Typen neidisch sein, der Handball spielt?

Ich konnte verstehen, warum manche so gedacht haben, aber ich schwöre, dass es mir nicht darum ging, mich wichtigzumachen. Als ich diesen Mann sah, sah ich jemanden, der ein gutes Training absolvierte, der die Musik hörte, die ihm gefiel, frische Luft atmete und seinen Spaß hatte – und das alles, ohne einen Cent auszugeben.

Ich meine, wer weiß? Der Typ könnte dort draußen gewesen sein, weil seine Frau ihn aus der Wohnung geworfen hat und er nirgendwo anders hinkonnte. Oder vielleicht hatte er gerade seinen Job verloren und schmetterte den Ball immer und immer wieder gegen die Wand, um sich abzureagieren.

Ich weiß nur, dass in dem kurzen Moment, in dem ich ihn durch meine getönte Scheibe hindurch sah, die einzige Energie, die ich von ihm spürte, seine Zufriedenheit war. Es brachte mich dazu, mich zu fragen: »Yo, genießt dieser Typ sein Leben etwa mehr als ich?«

Ich fühlte diese Mischung aus Neid und Konkurrenzdenken, weil er das zu haben schien, was ich mir immer mehr als alles andere gewünscht habe.

Freiheit.

Die Freiheit, zu tun, was ich will, wann ich will und wie ich will.

All der Schmuck, die Uhren, die Autos und die Villen, die du in meinen Videos oder auf Instagram sehen kannst – das war nie das, wofür ich wirklich gearbeitet habe.

Wofür ich gearbeitet habe und immer noch arbeite, ist Freiheit.

Um ein erfolgreicher Hustler zu sein, musst du fähig sein zu erkennen, was du willst. Es muss nicht unbedingt ein großes Konzept wie Freiheit sein. Es könnte etwas viel Spezifischeres sein, das du ins Auge gefasst hast. Dein Ziel könnte sein, der erste Mensch in deiner Familie zu sein, der einen College-Abschluss macht. Oder dein eigenes Restaurant zu eröffnen. Oder genug Geld zu sparen, um die Welt zu bereisen.

Ich habe einen Freund, der mit seiner Familie in einer Wohnung in Brooklyn lebt, und sein Ziel ist es, genug zu verdienen, um ihnen ein Haus mit Garten zu kaufen. Nichts allzu Verrücktes, nur genug Platz für einen Hund, und wo man bei schönem Wetter mit einer Tasse Kaffee draußen sitzen kann. Wenn er bis spät in die Nacht oder am Wochenende arbeitet, hat er immer das Bild dieses kleinen Gartens vor Augen, das ihn antreibt, wenn er müde ist oder wenn die Dinge nicht so laufen, wie er es sich wünscht. Wenn er das Gefühl hat, dass er beruflich gerade nicht weiterkommt und die Orientierung verloren hat, ist das Bild des kleinen Gartens sein Polarstern, der ihn wieder auf Kurs bringt.

Du musst dir selbst ein Ziel setzen. Frage dich selbst: Was will ich wirklich? Sei ehrlich. Es könnte etwas sein, das vielen Menschen helfen wird. Oder es könnte etwas unglaublich Egoistisches sein. Es könnte ein scheinbar unmögliches Ziel sein. Oder etwas, das fast zum Greifen nahe ist.

Es könnte ein Plan sein, auf den du stolz bist, von dem du denkst, die ganze Welt sollte davon wissen. Oder etwas, von dem du nie mehr als einer Handvoll Menschen erzählen wirst.

Jedes dieser Szenarien ist völlig in Ordnung, solange *du* dir über das, was es ist, im Klaren bist. Ohne diese klare Vision wirst du nie etwas Bedeutendes erreichen, egal, wie sehr du dich anstrengst.

Es ist auch wichtig zu begreifen, dass sich deine Vision ändern kann – das *sollte* sie sogar. Als ich anfing, Crack zu verkaufen, waren meine Ziele sehr einfach. Zuerst brauchte ich unbedingt neue Sneakers. Nicht die KangaROOs, die meine Großmutter mir gekauft hatte, sondern Adidas und FILAs. Sobald ich die Sneakers und Klamotten hatte, die ich mir gewünscht hatte, kam der Schmuck dran. Sobald ich die richtigen Ketten hatte, konzentrierte ich mich auf einen fahrbaren Untersatz. Zuerst wollte ich nur ein Auto, damit ich kein Taxi bezahlen musste, das auf mich wartete, wenn ich mit einem Mädchen ins Kino ging. Ein einfacher Honda würde genügen. Aber bald brauchte ich ein auffälliges Gefährt, um der ganzen Nachbarschaft zu zeigen, dass ich eine ernst zu nehmende Größe war. Also arbeitete ich weiter auf der Straße, bis ich einen Benz 400 SE kutschierte. (Seitdem habe ich wahrscheinlich tausend weitere Autos gekauft, aber diesen Benz vermisse ich bis heute.)

Nachdem ich alle typischen Statussymbole eines Drogendealers beisammenhatte, konzentrierte ich mich darauf, einen Plattenvertrag zu bekommen. Sobald ich den hatte, brauchte ich einen Hit. Das war mein größter Wunsch. Und er ging in Erfüllung. Und wie!

Trotzdem wollte ich mich nicht zufriedengeben. Selbst mit Grammys und Platinschallplatten im Rücken nahm ich mir vor, meinen eigenen Film zu machen. Und so weiter und so fort, bis hin zu meiner heutigen Arbeit fürs Fernsehen.

Ich würde sagen, mein größtes Ziel ist es derzeit, etwas zurückzugeben. Wenn man ein bestimmtes Einkommen erreicht hat, wird man sich dessen bewusster, was in der Community, aus der man kommt, passiert. Anstatt sich darüber Gedanken zu machen, was man als Nächstes tun wird, konzentriert man sich auf sein Vermächtnis und darauf, wie die Leute sich an einen erinnern werden. Wird man sich an mich erinnern, weil ich berühmte Songs gemacht und aromatisiertes Mineralwasser verkauft habe? Oder weil ich einen positiven Einfluss auf die Welt hatte? Ich hoffe, dass es Letzteres sein wird. Deshalb setze ich mein Geld auf lokaler Ebene für Projekte ein, die Spielplätze auf Vordermann bringen und bei jungen Menschen eine gesunde Lebensweise fördern. Auf globaler Ebene habe ich Projekte mitentwickelt, die den »bewussten Kapitalismus« fördern (dazu später mehr), und unterstütze das Welternährungsprogramm der Vereinten Nationen, das mit jedem Energydrink, der über unser Projekt verkauft wird, eine Mahlzeit bereitstellen wird.

Ein neues Paar Sneaker zu kaufen, ist ein ganz anderes Unterfangen, als den Hunger in der Welt zu bekämpfen, aber auf meinem Weg waren beide irgendwann mal gleich wichtig und haben mich dazu inspiriert, mich zu konzentrieren und hart zu arbeiten.

Der Mangel an Klarheit darüber, was sie wirklich wollen, ist das, was so viele Menschen ausbremst. Sie wissen nicht einmal, wie sie um das bitten können, was sie wollen, wenn sich ihnen eine Gelegenheit bietet. Es reicht nicht aus, zu sagen, dass man möchte, dass jemand »einen mitmachen lässt«, oder noch schlimmer, jemandem zu sagen, dass man das Ziel hat, »berühmt zu werden«. Um das Beste aus deinem Hustle herauszuholen, musst du in der Lage sein, klar zu definieren, wofür du arbeitest.

Beispiele dafür, wie man es nicht machen sollte, findest du auf meiner Instagram-Seite: Du musst nicht weit scrollen, um Dutzende von Leuten zu finden, die betteln: »Yo Fif, nimm mich als Musiker unter Vertrag!« oder »Mann, du musst mich bei *Power* mitmachen lassen. Ich bin Schauspieler!« Tut mir leid, aber diese Art von lächerlichen Bitten machen noch lange keinen Hustler aus dir.

Im wahren Leben ist es sogar noch schlimmer. Die Leute halten mich auf der Straße an oder sprechen mich sogar bei Fernseh- und Videodrehs an. Sie denken, sie machen sich die Mühe oder nutzen eine Gelegenheit, indem sie auf mich zugehen und mich bitten, »einen Freund zu engagieren«. Aber in der Sekunde, in der ich diese Art von vagen Bitten höre, weiß ich, dass ich es mit jemandem zu tun habe, der keine Investition wert ist. Wenn du mir nicht einmal erklären kannst, was du eigentlich vorhast, warum sollte ich dann versuchen, dir zu helfen?

Es mag für mich untypisch klingen, aber ich glaube, dass Vision Boards ein sehr wirkungsvolles Werkzeug sind, um das, worauf man hinarbeitet, zu konkretisieren. Wenn du dich zwingst, deine Vision in Worte zu fassen, setzt du einen starken Energiefluss in Bewegung. Du räumst etwas, das nur ein Gedanke war, oder vielleicht sogar nur ein Gefühl, eine reale Präsenz in der Welt ein. Du machst es zu einer realen Sache.

Der Einstieg ist ganz einfach am Computer möglich. Gib bei Google Images alles ein, was du dir für dein Leben wünschst: »Grundstück am Strand«, »Range Rover«, »Pitbull-Welpe«.

Aber was ist, wenn dein Traum keine physische Sache ist? Wenn du eine Beförderung in deinem Job anstrebst, dann suche ein Bild von einem größeren Büro, vielleicht eines, das über Eck geht. Wenn du deine eigene Streetwear entwerfen willst, suche ein Bild von Ronnie Feig oder Virgil Abloh. Wenn du zur Uni willst, visualisiere die

Abschlusszeremonie von Harvard – du solltest deine Ziele immer hoch ansetzen. Wenn du dich verlieben willst, nimm ein Bild von deinem Lieblings-Promipärchen. Oder nimm sogar ein Bild deiner Großeltern, wenn sie schon seit über fünfzig Jahren ein Paar sind.

Ich denke, dass Vision Boards sogar eine großartige Möglichkeit für Paare sind, sich gegenseitig besser zu verstehen. Stell dein eigenes Board zusammen und lass deinen Partner das Gleiche tun. Dann vergleicht die Aufzeichnungen. Die Dinge, die auf deinem Board auftauchen, aber nicht auf dem deines Partners, sind die Dinge, die der andere lernen muss, an dir zu akzeptieren. Und andersherum. Gemeinsam solche Boards aufzustellen, ist eine großartige Möglichkeit, viele unausgesprochene Dinge ans Licht zu bringen. Ich habe einmal einem Journalisten von GQ geraten, ein solches Board mit seiner Freundin zu machen. Er tat es und schrieb, es habe »mehr Babys als ein Waisenhaus«. Sie hatten noch nicht über ihre mögliche Familienplanung gesprochen, aber dieses Vision Board machte ganz deutlich, was ihre innigsten Wünsche waren.

Ich habe festgestellt, dass Vision Boards im Leben von Menschen tatsächlich etwas bewirken, und die Statistiken geben mir recht. Eine Studie der Dominican University fand heraus, dass man seine Ziele mit zweiundvierzigfacher Wahrscheinlichkeit erreicht, wenn man sie aufschreibt. Und eine Studie im *Psychological Bulletin* ergab, dass Menschen Ziele, die ambitioniert und präzise formuliert sind, mit 90 Prozent höherer Wahrscheinlichkeit erreichen.

Das heißt nicht, dass dir aus heiterem Himmel der goldene Apfel in den Schoß fällt, weil du es dir so in den Kopf gesetzt hast. Du musst schon viel Arbeit reinstecken. Sehr viel sogar. Aber indem du deine Vision erkennst und ihr einen Namen gibst, machst du einen großen Schritt in Richtung Verwirklichung deines Ziels.

Wenn du dir auch nur ein kleines bisschen unsicher bist, was du willst, nimm dir die Zeit, ein Vision Board zu erstellen. Die Kraft von Vision Boards ist greifbar und sehr hilfreich.

LASS DICH NIEMALS ABBRINGEN

Wie du sicherlich wissen wirst, werden Drogendealer ebenfalls als Hustler bezeichnet, so wie *Hustling* eben das Verkaufen von Drogen ist. Meine Mutter war in diesem Sinne ein Hustler. Ich selbst ebenso. So wie viele meiner Freunde – und Feinde – damals in Queens.

Ich werde dir hier keinen Crashkurs übers Drogendealen verabreichen. Ich habe darüber in meinem ersten Buch, meinem Film und in vielen meiner Songs zur Genüge erzählt. Vermutlich kennst du diese Geschichten also schon.

Was ich hier ansprechen möchte, ist die *Einstellung*, die man entwickeln muss, um ein erfolgreicher Drogendealer zu sein. Die Mentalität, dass man nicht aufgeben darf, egal, was einem auf der Straße passiert. Sagen wir, du hast etwas Koks gekauft, von dem du dachtest, es sei rein, aber in Wirklichkeit war es mit Abführmitteln gestreckt. Statt zu lamentieren und zu jammern, solltest du dich der Situation stellen und dir sagen: »Na gut, mit dem nächsten Päckchen werde ich mir mein Geld zurückholen.« Das muss deine grundsätzliche Einstellung auf der Straße sein: »Beim nächsten Mal hole ich es mir zurück.«

In der sogenannten »bürgerlichen Welt« gibt es viele Menschen, die mit Rückschlägen im Leben hadern. Aber anstatt den nächsten Schritt zu machen, verharren sie auf der Stelle. Wenn ein Geschäft, an dem sie interessiert waren, nicht zustande kommt, oder wenn sie eine Beförderung nicht bekommen, von der sie dachten, dass sie sie verdient hätten, dann lassen sie sich dadurch in ihrem Elan bremsen. Sie fangen an, sich selbst zu bemitleiden. Sie geben anderen Menschen die Schuld, mutmaßen dunkle Machenschaften, dass ihr Chef es auf sie abgesehen hat, oder dass ihre Lehrer voreingenommen waren und etwas gegen sie hatten. Die Liste der Ausreden und Mutmaßungen ist endlos. Wenn sie auf der Straße des Lebens nur in ein einziges Schlagloch geraten, halten sie an, machen kehrt und fahren nach Hause.

Das wahre Leben auf der Straße erlaubt dir keine Entschuldigungen – das ist ein Luxus. Wenn etwas schiefläuft und deine Reaktion darin besteht, mit dem Finger auf jemand anderen zu zeigen, ja klar, kannst du machen. Bis diese Person mitbekommt, was du gesagt hast, und beschließt, dir den Kopf wegzublasen!

Willst du dich darüber beklagen, dass das ganze System sich gegen dich verschworen hat? Auch wenn du dir deswegen die Lunge aus dem Hals schreist, wird auf der Straße niemand Mitleid mit dir haben. Ohne Scheiß – natürlich ist das ganze System korrupt! Wer wüsste das nicht? Doch statt darüber zu lamentieren, solltest du dich daranmachen, all den Polizisten, Ordnungshütern, Richtern und Politikern, die dich gerne hinter Gittern sehen würden, ein Schnippchen zu schlagen.

Die Straße lässt dir keine Zeit für defätistisches Gewinsel. Deine grundsätzliche Einstellung muss sein: »Ich werde es beim nächsten Mal wieder schaffen«, oder du wirst auf eine von drei Arten enden: pleite, tot oder im Kittchen.

Wir verbringen viel Zeit damit, über Privilegien in diesem Land zu sprechen, darüber, wie bestimmte Leute Dinge geschenkt und die besten Posten zugeschanzt bekommen. Da ist viel Wahres dran, aber wir sehen nicht die Kehrseite der Medaille für die Privilegierten. Die Jungen und Mädchen, die auf die besten Schulen und Colleges geschickt werden und dann in die besten Unternehmen kommen, haben sicherlich viele Möglichkeiten. Aber was ihnen fehlt, ist *Widerstandsfähigkeit*. Sie sind nie wirklich auf die Probe gestellt worden. Okay, sie wurden schulisch geprüft – sie müssen natürlich eine gute Punktzahl bei den Aufnahmeprüfungen erzielen, sonst kommen sie nicht auf das College ihrer Wahl. Aber was ist das schon im Vergleich dazu, wenn die alleinerziehende Mutter sagt: »Verdammt, sie werden uns diesen Monat den Strom abdrehen?« oder der Vater sagt: »Sie haben gesagt, wenn wir die letzten zwei Monatsmieten nicht bezahlen, setzen sie uns vor die Tür.« Das ist eine ganz andere Art von

Überlebenskampf. (Und um fair zu sein, es gibt Verhältnisse in anderen Ländern, die wir uns gar nicht vorstellen können. »Sie werden uns den Strom abdrehen« ist nichts im Vergleich zu »Wenn der IS es über die Berge schafft, werden sie unser ganzes Dorf massakrieren«.)

Wenn du deine Kindheit damit verbracht hast, dir Sorgen über fällige Rechnungen, Familienangehörige, die im Gefängnis sitzen, oder Schüsse an der nächsten Straßenecke zu machen, aber immer noch da draußen rumturnst und versuchst, deine Träume zu verwirklichen, dann besitzt du echte Widerstandskraft. Darauf kannst du wirklich stolz sein. Und dann nutze es zu deinem Vorteil.

Im Gegensatz dazu ist dein Arbeitskollege sein ganzes Leben lang bevorzugt worden, ob er es nun weiß oder nicht. Vielleicht hat er den Job bekommen, weil der Vater eines Klassenkameraden aus der Grundschule den ganzen Laden leitet.

So ein Typ fühlt sich wohl mit seinem Erfolg – und er erwartet auch nichts anderes. Mit Problemen fühlt er sich weniger wohl. Selbst wenn es nur ganz kleine sind. Wenn es einfach nicht mehr so läuft, wird er nicht wissen, was er tun soll. Vielleicht beginnt er zu trinken oder sein Geld für Koks auszugeben, weil er so von der Rolle ist. Verlieren war nicht Teil seines Masterplans. Ich habe gesehen, wie Wall-Street-Typen und hochkarätige Anwälte einen unerwarteten Verlust einstecken mussten und drauf und dran waren, aus dem Fenster ihres Büros zu springen. Ein Rückschlag, und sie sind kurz davor, alles zu beenden.

Bei allem, was ich schon erlebt habe und wo ich herkomme, würde ich niemals zulassen, dass eine Niederlage oder ein Rückschlag eine solche Wirkung auf mich hat. Und wenn du einen ähnlichen Background hast, solltest du das auch nicht. Sollte ich eines Tages irgendwie alles verlieren, ich schwöre, dass mich das nicht aus der Ruhe bringen würde.

Während ich das hier schreibe, sitze ich am Schreibtisch in meinem Büro. Wenn ich aus dem Fenster schaue, sehe ich einen Mann auf dem Gehweg, der Erdnüsse verkauft. Falls ich morgen alles verlieren würde, würde ich nicht aus diesem Fenster springen. Nein, am nächsten Tag wäre ich an der gegenüberliegenden Straßenecke und würde meinen eigenen Erdnussstand aufstellen. Nennen wir ihn »50's Nuts«. Um mich von der breiten Masse abzuheben, würde ich vielleicht auch schokoladenüberzogene Nüsse und ein paar mit Kirschen anbieten. Da ich eine größere Auswahl als die Konkurrenz haben würde, würde ich in der Nachbarschaft für ein wenig Aufsehen sorgen. Dann würde ich einen Weg finden, diese Begeisterung zu nutzen, um 50's Nuts ins Yankee-Stadion zu bekommen und meine Nüsse auf der Tribüne verkaufen. Und danach würde ich ein Restaurant in der Bahnhofshalle aufmachen. Und dann noch eins in Manhattan. Und ehe man sich versieht, hätte ich eine Kette. Und damit bin ich wieder im Spiel, Baby!

Mit meiner Mentalität eines Hustlers würde ich mir nie erlauben zu denken: »Mist, ich habe gerade alles verloren. Meine Feinde werden mich zu einer Witzfigur erklären. Das ist ein großer Tag für die, die mich eh auf dem Kieker haben. Ich glaube, ich kann das nicht mehr.« Nein, wenn alles den Bach runtergeht, hole ich mir mein Geld zurück – so viel ist sicher. Wenn nicht noch mehr.

Diese Mentalität ist der Grund, warum Leute wie ich, Jay-Z, Puffy, Nas und so viele andere so gut in der Geschäftswelt Amerikas zurechtgekommen sind. Wir haben immer wieder Erfolg, weil wir uns von den unvermeidlichen Rückschlägen des Lebens nicht aus der Bahn werfen lassen. Wir haben schon mal das Leben geführt, das einem droht, wenn man alles verliert. Wir wissen, dass es uns nicht für immer zerstören wird. Also machen wir einfach weiter.

Sieh dir Puff Daddy an. Die landläufige Meinung ist, dass er seit 25 Jahren an der Spitze steht, aber er hat in Wahrheit viele Rückschläge in seiner Karriere erlebt. 1991 wurden bei einem Konzert, das er im City College in New York gab, neun Menschen zu Tode getrampelt. Das hätte seine Karriere beenden können. Hat es aber nicht. Dann wurde er von Uptown Records – wo er die Karrieren von Künstlern wie Mary J. Blige und Jodeci auf den Weg gebracht hatte – gefeuert, weil er ein Hitzkopf ist. Das wäre für viele Leute das letzte Kapitel gewesen. Nicht für Puffy. Er gründete Bad Boy Records und machte das Label ganz groß. Dann wurde Biggie, der Künstler, um den er eine ganze Bewegung aufgebaut hatte, ermordet. Ein solcher Tiefschlag hätte viele Leute völlig ausgebremst. Puffy hat nicht eine Sekunde lang innegehalten. Ein paar Jahre später verwickelte er Jennifer Lopez, einen der größten Popstars der Welt, in einen Fall von versuchtem Mord. Derselbe Fall, wegen dem sein damaliger Top-Artist Shyne für zehn Jahre in den Knast wanderte. Das wäre für die meisten Leute der letzte Tropfen gewesen. Nicht für Puffy. Er schluckte all diese Kalamitäten, spülte sie wahrscheinlich mit einem Schuss Pink Grapefruit Cîroc herunter und machte weiter. Bad Boy hat keine Hits mehr, die Leute tragen keine Streetwear von Sean John mehr, und Cîroc verliert Marktanteile, aber Puffy schaut immer noch nach vorne. Jetzt, wo seine Kinder erwachsen sind, versucht er, sie ins Spiel zu bringen. Wenn Puffy sagt: »Ich kann nicht aufhören, ich will nicht aufhören«, dann meint er das wirklich. Er ist ein echter Hustler, und ich respektiere ihn zutiefst.

Unterm Strich heißt das: Ganz gleich, ob du ein Rapper, Broker, Wissenschaftler, Lehrer oder Drogendealer bist, du wirst Höhen und Tiefen erleben. Selbst wenn du meinst, dass du alles hinter dir hast, wirst du feststellen, dass es immer noch plötzlich irgendeinen Scheiß gibt, mit dem du dich herumschlagen musst.

Eine der wichtigsten Erkenntnisse, zu der ich früh in meiner Karriere kam, ist, dass ich durch einen endlosen Tunnel laufe. Was ich damit meine, ist, dass ich verstanden habe, dass es kein »glücklich bis ans Lebensende« gibt. Egal, wie viele Platten ich verkaufe, wie viele Kisten Hochprozentigen ich vertreibe und wie viele erfolgreiche Fernsehsendungen ich produziere, es wird nie einen Moment geben, an dem ich sage: »Okay, das ist das Ende des Tunnels.

Ich habe es endlich geschafft«, und dann den Fuß vom Gaspedal nehme.

Ich weiß, dass schon an der nächsten Straßenecke die nächste Herausforderung warten kann. Und die übernächste folgt gleich auf dem Fuß.

Manche Menschen mag die Idee des endlosen Tunnels überfordern oder ihnen sogar deprimierend erscheinen. Sie haben ihr ganzes Leben damit verbracht, darauf hinzuarbeiten, endlich das »Licht am Ende des Tunnels« zu sehen, daher kann es schwierig sein, zu akzeptieren, dass es das nie geben wird. Aber es gibt nun mal keines.

Ich finde es eigentlich befreiend, zu wissen, dass ich mein Leben lang arbeiten werde. Zu akzeptieren, dass ich mit siebzig genauso hart arbeiten werde (wenn auch vielleicht ein bisschen langsamer) wie jetzt, macht mich glücklich. In vielerlei Hinsicht gibt mir dieses Wissen die Freiheit, nach der ich immer gesucht habe.

Ich hoffe, dass du das Wesen und die Eigenschaften eines Hustlers, wie ich sie da draußen entwickelt habe, verstehst und in deinem Leben anwenden kannst. Dass du dir diese Art Widerstandsfähigkeit und diese positive Einstellung aneignen kannst, ohne die emotionalen Verletzungen und die körperliche Gewalt, die ich an Leib und Seele erfahren habe, miterleben zu müssen. Dass du dich wie der Hustler verhalten kannst, der früher als 50 Cent bekannt war, aber in einem Umfeld, in dem sich Curtis Jackson heutzutage bewegt.

VERTRAUE DEINEM INSTINKT

Ein weiterer Vorteil, den ich durch mein Leben und Arbeiten auf der Straße gewonnen habe, ist, dass ich gelernt habe, meinem Instinkt zu vertrauen. Wollte mich ein anderer Dealer abzocken? Ich musste mich auf meinen Instinkt verlassen. Wird die Gegend, in der ich mich niederlassen will, ins Visier der Polizei geraten? Ich musste mich auf meinen Instinkt verlassen. Konnte ich jemandem vertrauen, dass er nicht redet, nachdem er verhaftet worden ist? Ich musste meinem Instinkt vertrauen.

Ich habe festgestellt, dass viele Leute, für die die Straße nicht die Schule des Lebens war, diese Verbindung zu ihrem Instinkt verloren haben. Sie gehen auf die Wirtschaftsschule und lernen, wie man sich in der Berufswelt verhält.

Vielleicht verinnerlichen sie das, was ihre Professoren ihnen beibringen, lange genug, um die Prüfungen zu bestehen. Und dann vergessen sie es prompt nach ein paar Monaten.

Aber selbst wenn sie am Ende das Gelernte behalten, werden sie sich immer noch auf die Anweisungen anderer verlassen und nicht auf ihre Intuition. Ein Wirtschaftsprofessor hat vielleicht ein paar gute Tipps, aber nichts, was er oder sie einem beibringen kann, wird jemals mehr wert sein als die Fähigkeit, einfach auf den eigenen Instinkt zu hören.

Die Gegend, in der du aufwächst und lebst, lehrt dich, immer dem stärksten Instinkt zu folgen. Es ist eine unschätzbare Fähigkeit, die man besitzen sollte. Wenn du nicht das Glück hattest, deinen Instinkt auf der Straße entwickeln zu müssen, mach dir keine Sorgen. Es ist eine Fähigkeit, die du immer noch entwickeln kannst.

Wann immer du mit einer Situation nicht zurechtkommst, musst du einen Weg finden, die innere Unruhe abzustellen und dich wieder mit dem zu verbinden, was du wirklich fühlst. Mir hilft das Fitnessstudio, wieder zu mir selbst zu kommen. Irgendwann während des Trainings scheint die körperliche Anstrengung, der ich mich unterziehe, den ganzen Mist aus meinem System zu spülen. Ich kann buchstäblich spüren, wie ich all die Störfaktoren aus meinem Kopf ausatme. Wenn sie verschwunden sind, bleiben nur noch meine guten Ideen zurück. Meine wahren Instinkte. Die Gedanken, auf die ich genauer hören muss.

Es ist sehr wichtig, dass du etwas Ähnliches in deinem eigenen Repertoire hast. Manche Menschen können diesen Zustand durch einen Spaziergang im Park erreichen. Oder bei der Gartenarbeit. Oder sogar durch Malen. Was auch immer es ist, du musst eine Tätigkeit in deinen Alltag einbauen, die es dir erlaubt, dich vom Ballast der Vergangenheit und der Gegenwart zu lösen und dich wieder mit dem zu verbinden, was du in diesem Moment in deinem Bauch spürst.

Ein abschließendes Wort zum *Hustling*: Nur weil ich dich ermutige, deinem Instinkt zu vertrauen, heißt das nicht, dass ich nicht glaube, dass Strategie beim Hustling eine große Rolle spielt. Wenn Menschen hören, wie Hustler Dinge sagen wie »Lebe deinen Traum« oder »Wer nicht wagt, der nicht gewinnt«, meinen sie, dass dies mit einer gewissen Sorglosigkeit in deren Einstellung einhergeht. Das ist aber nicht der Fall.

Das hättest du vielleicht auch gedacht, wenn du dem Rapper namens 50 Cent zugehört hättest. Die Leute liebten es, wenn ich reimte:

Have a baby by me, baby, be a millionaire
I'll write the check before the baby comes
Who the fuck cares
I'm stanky rich,
I'ma die trying to spend this shit

Klingt, als würde ich mit Geld nur so um mich werfen, oder? Aber ich will hier einfach nur die *Wahrnehmung* schärfen. Die *Wahrheit* ist, dass *Curtis Jackson* überhaupt nicht leichtsinnig mit seinem Geld umgeht. In der Tat stecke ich mein Geld nur in Dinge, für die ich (a) eine Leidenschaft habe und (b) *alle* meine Hausaufgaben gemacht habe. Auch wenn Hustler immer aggressiv sind, setzen sie nicht immer alles aufs Spiel. Ein erfahrener Hustler wird immer strategisch alle Risiken und Chancen abwägen, bevor er sich auf etwas einlässt.

Ich muss etwas komplett verstehen, bevor ich einen Scheck dafür ausstelle. Ich verbringe Stunden damit, Branchen online zu recherchieren, ihre Geschichte zu verfolgen und herauszufinden, wer die wichtigsten Akteure sind. Dann rufe ich jeden klugen Menschen an, den ich kenne und der Erfahrung in diesem Bereich hat, und frage ihn aus. Glauben Sie, dass es noch Raum für Wachstum gibt? Oder ist der Markt gesättigt? Werde ich auf Widerstand stoßen, wenn ich etwas in dieser Richtung unternehme? Wie sähe dieser Widerstand aus? Wen brauche ich als Verbündeten?

Sobald ich diese Antworten habe, lese ich Klatschseiten, Blogs und alle anderen Quellen, die mir helfen können, das zu erfahren, was in der Mainstream-Presse nicht berichtet wird.

Wenn ich all diese Informationen habe und immer noch das Gefühl habe, dass ich etwas erreichen kann, hänge ich mich voll rein. Für mich ist das nicht wirklich ein Glücksspiel. Das ist eine todsichere Wette.

Wenn ich diese Mischung aus Leidenschaft und Verständnis spüre, handele ich mit größtem Selbstvertrauen. Das ist so stark, dass ich mir nicht einmal die Mühe mache, einen Plan B aufzustellen. Warum sollte ich einen Plan B brauchen, wenn ich mir hundertprozentig sicher bin, dass Plan A funktionieren wird?

Ich lasse mich nur dann auf etwas ein, das ich nicht vollständig verstehe, wenn ich nicht mein eigenes Geld einsetze. Wenn jemand an mich herantritt, um ein Projekt als ausführender Produzent zu leiten oder meinen Namen im Tausch gegen Eigenkapital zur Verfügung zu stellen, bin ich mit einem etwas größeren Risiko einverstanden. Wenn es bereits ein gut eingespieltes Team gibt und sie nur noch einen kleinen Schubser von mir brauchen, um die Sache ganz nach vorne zu bringen, bin ich eher bereit, mich blind auf etwas einzulassen.

Aber selbst dann werde ich mich nur engagieren, wenn ich eine Leidenschaft für das, was ich tue, verspüre. Ich verpflichte mich zu nichts, nur um einen Scheck zu bekommen. Das ist der einfachste Weg, deine Marke zu verwässern und dein Geld zu verlieren. Deine Fans werden sofort merken, dass das, was du tust, nicht stimmig ist, und werden dir ihre Unterstützung verweigern.

Und wenn du nicht für eine Idee brennst, wirst du dich nicht per E-Mail nach Updates erkundigen. Du hörst dich nicht bei deinen Partnern um, ob sich etwas geändert hat. Du hoffst im Grunde nur, dass du einen Scheck ausstellen kannst und eines Tages aufwachst und feststellst, dass dir jemand einen großen Sack voll Geld vor die Tür gestellt hat. Das ist nicht einmal mehr ein Glücksspiel. Im Grunde genommen steuert man damit sehenden Auges in den Verlust.

Das einzige Mal, dass ich dem Glücksspiel beinahe etwas abgewinnen konnte, war, als ich viel mit Floyd Mayweather abhing. Er wettete auf alles: 250 000 Dollar darauf, ob jemand bis zur Halbzeitpause eines Basketballspiels einen Treffer landen würde, eine Million Dollar auf ein Footballspiel in der Vorsaison – weil dies sein Adrenalin steigen ließ.

Wenn er eine dieser Wetten gewann, konnte diese Energie ihn tagelang befeuern. Partys bis tief in die Nacht, gefolgt von Fahrten zum Autohaus am nächsten Morgen. Aber wenn er verlor, war es eine andere Geschichte. Wenn sein Team um acht Uhr verlor, mochten zwar dreißig Leute in seiner Suite Lust haben, noch etwas zu feiern, aber er war um neun Uhr im Bett. Die Niederlage saugte das ganze Leben aus ihm heraus. Ein paar Tage später war die Depression vorbei, und er wettete wieder auf irgendetwas Verrücktes.

Ich bin aus anderem Holz geschnitzt. Ich versuchte es damals mit kleinen Wetten, 20 000 Dollar hier oder da, nur um ihm Gesellschaft zu leisten, aber ich hielt die Anspannung nicht aus. Erstens: Wetten auf Dinge, über die ich mich nicht umfassend informieren kann, machen mir Angst. Warum sollte ich mir das antun? Die andere Sache ist, dass Mannschaftssportarten mir nie so wichtig waren. Es interessiert mich nicht wirklich, wer den Super Bowl gewinnt. Ich vergieße nicht mein Herzblut für die orange-blauen Vereinsfarben der Knicks. Ich hatte zu diesen Wetten einfach keinen emotionalen Bezug.

Die einzige Ausnahme ist Boxen. Ich habe alles richtig gemacht, als ich gewettet habe, dass Floyd gewinnen würde. Aber dann habe ich 20 000 Dollar verloren, als ich darauf wettete, dass Adrien Broner 2019 Pacquiao schlagen würde. Danach war ich mit dem Glücksspiel so gut wie fertig. Es ist nun mal so, ich wette gerne auf sichere Dinge. Und die einzige sichere Sache, auf die man sich immer verlassen kann, zu 100 Prozent, ist man selbst.

KAPITEL 3

WIE MAN EIN GUTES TEAM ZUSAMMENSTELLT

»Wenn man nicht die richtigen Leute um sich hat und man sich mit Blitzgeschwindigkeit bewegt, kann man sich leicht verlieren.«

DAVE CHAPPELLE

Fragt man einen erfolgreichen Unternehmer, was seine herausragendste Eigenschaft ist, so wird man von seiner Antwort möglicherweise überrascht sein.

Es ist nicht Verhandlungsgeschick, strategische Planung oder die Fähigkeit, neue Technologien zu verstehen.

Nein, sie werden dir alle dasselbe sagen: Ihre größte Stärke ist es, über gute Menschenkenntnis zu verfügen.

Niemand, nicht einmal ein Rapper, schafft es allein. Ja, ich bin allein in der Aufnahmekabine, wenn es Zeit ist, vom Leder zu ziehen, aber außerhalb der Kabine gibt es eine kleine Armee, die mich unterstützt. Manager, Anwälte, Agenten, Techniker, Produzenten, Roadies, Assistenten, Stylisten, Pressesprecher und Freunde, von denen ich erwarten kann, dass sie zu mir halten (das sind wahrscheinlich die wertvollsten Mitglieder meiner Crew).

Die Leute machen sich oft über die Entourage von Rappern lustig. (Ich gebe zu, dass es lächerlich ist, einen Typen im Schlepptau zu haben, der sich um das Gras kümmert. Ich kiffe nicht, aber wenn ich es täte, würde ich mir sicher meine Joints selbst drehen. Warum sollte ich wollen, dass jemand etwas anfasst und ableckt, was ich mir kurz darauf in den Mund stecke?) Aber man muss sich mit Menschen umgeben, die einem helfen, seine Vision zu verwirklichen, an dieser zu wachsen und sie zum Ausdruck zu bringen.

Suche dir die richtigen Menschen aus und du kannst ein Team aufbauen, das dich ganz weit nach vorne bringt.

Wenn du dir dagegen die falschen Menschen aussuchst, kann das deine Vision zunichtemachen, bevor sie überhaupt richtig auf Touren gekommen ist.

Du kannst es verschmerzen, wenn du ein lukratives Geschäft verpatzt, eine Veränderung auf dem Markt übersehen hast oder es versäumt hast, deinen Laden auf Vordermann zu bringen. Wenn du solche Dinge vergeigst, tut das weh, aber du wirst dich davon erholen – vorausgesetzt, du hast das Herz eines Hustlers.

Aber wenn du die falsche Person für einen Job auswählst, besonders für einen wichtigen, können die Resultate katastrophal sein. Das gilt für jede Art von Geschäft.

Damals, als ich Crack vertickte, war einer der Jobs, die in jeder Crew besetzt werden mussten, der sogenannte »Steerer«, der die Gegend zu sondieren hatte. Dieser Kundschafter hatte weder Geld noch Drogen bei sich, aber er verwies potenzielle Käufer an jemanden, der welche hatte. Viele Dealer überlegten nicht lange, wen sie für diesen Job einstellten – es war eine Einstiegsposition, und jeder, der sich einem Dealer für diesen Job anbot, kam infrage. Solange man kein Polizist war, herzlichen Glückwunsch: Man wurde eingestellt. Es gab keinerlei Bedenken, was den Charakter betraf, oder ob sich jemand für sie verbürgen könnte.

Dennoch bedeutete das Auskundschaften in dem ganzen Prozess eine enorme Verantwortung. Da die Steerer in der Regel nicht so lange in ihrem Job blieben, *hatten sie auch am wenigsten Bindung an die*

Crew. Das bedeutete, dass es für sie, wenn sie verhaftet wurden, kaum einen Grund gab, den Cops keine Namen zu nennen.

Da ich diese Schwachstelle erkannt hatte, versuchte ich, statt mir jeden zu greifen, der mir zufällig über den Weg lief, Leute auszuwählen, die einen starken Charakter zu haben schienen. Sie sollten unter Druck einen kühlen Kopf bewahren und darauf vertrauen können, dass ich ihnen aus der Klemme helfen würde (dazu später mehr).

Viele meiner Kundschafter sind erwischt worden, aber weil ich ihren Charakter sorgfältig unter die Lupe genommen hatte, bevor ich sie einstellte, haben sie mich normalerweise nicht verpfiffen. Dealer, die ihre Leute ohne viel nachzudenken anheuerten, hielten sich eigentlich nie lange.

Die Fähigkeit, den Charakter – oder den Mangel an Charakter – eines Menschen zu erkennen, ist auf Unternehmensebene nicht minder wichtig. Nehmen wir an, du bist der Geschäftsführer eines Fortune-500-Unternehmens und stellst einen neuen Mann ein, der die Finanzabteilung leiten soll. Jahrelang kann alles gut gehen. Du bist mit dem Mann völlig zufrieden. Er kann gut mit Zahlen umgehen, vielleicht sogar besser als du selbst. Du lernst seine Familie auch außerhalb der Arbeit kennen und bist sogar zum Geburtstag seines Kindes eingeladen. Er ist so kompetent, dass du dich nicht groß um das Tagesgeschäft kümmern musst und dich auf das große Ganze konzentrieren kannst: Fusionen, die dich zu einer Legende machen werden, und Gala-Events mit Prominenten, bei denen du deine Marke aufbaust.

Dann eines Morgens wachst du auf und findest heraus, dass der Finanzchef die Konten der Firma geplündert hat und mit seiner neuen Freundin nach Dubai abgehauen ist. Zeit, deinem legendären Status Lebewohl zu sagen. Vielleicht sogar auch deinem Job. Sicher, echte Hustler können so einen Schlag verkraften. Sie finden immer einen Weg, wieder Geld zu verdienen, denn sie kennen das ständige Auf und Ab zwischen Flaute und Überfluss. Aber ihnen wäre es auch viel lieber, gleich den Richtigen auf diesen Posten zu setzen und dadurch jedes potenzielle Drama zu vermeiden, als sich mit einem solchen Verrat auseinandersetzen zu müssen.

Den Charakter des anderen einschätzen zu können, ist in der Ehe besonders wichtig. Wenn man sich die Typen anschaut, die auf dem Cover von *Fortune* landen, steht in der Rubrik, die Aufschluss darüber gibt, wo sie ihre größten Verluste hinnehmen mussten, immer das Gleiche: Scheidung.

Milliardäre verlieren den Großteil ihres Vermögens nicht an die Konkurrenz oder an neue Technologien; sie verlieren es an ihre Ex-Frauen. Jeff Bezos von Amazon musste Berichten zufolge seiner Frau MacKenzie 38 *Milliarden Dollar* zahlen, als sie sich trennten. Es ist mir egal, was mit Amazon in der Zukunft passiert, aber das Unternehmen selbst wird ihn auf keinen Fall jemals so viel Geld kosten.

Menschen lassen sich aus allen möglichen Gründen scheiden, aber eine Menge reicher Menschen heiraten, ohne die wahren Motive ihrer Partner zu kennen. Ich kann dir versichern, dass *jeder* Millionär, der eine große Abfindung zahlen musste, sich wünschte, er hätte eine bessere Menschenkenntnis gehabt, als er sein Jawort gab.

LASS DICH LIEBER AUSRAUBEN

Ich musste noch nie die Scheidung einreichen, aber ich wäre der Erste, der dir freiheraus sagt, dass ich eine Menge Probleme in meinem Privatleben habe. Und ganz zuvorderst dreht es sich immer um eine Frage des Vertrauens.

Vor ein paar Jahren unterhielt ich mich mit einer Frau, die an der Uni Psychologie studiert hatte. Wir sprachen über eine Situation, in der ich davon überzeugt war, dass jemand, der mir nahestand, mir in den Rücken fallen würde.

Nachdem ich mir Luft gemacht hatte, schaute sie mich an und fragte: »Haben Sie schon mal von dem Wort ›Pistanthrophobie‹ gehört?«

»Nein, was soll das sein?«

»Genau das, was Sie haben. Schlagen Sie es nach.«

Ich tippte es in mein Handy ein und bekam folgende Definition: »Die Angst, anderen Menschen zu vertrauen, aufgrund vergangener Erfahrungen und misslungener Beziehungen.«

Ungelogen – das klang doch ganz genau nach mir.

Ich denke, jeder hat ein wenig Angst davor, zu vertrauensselig zu sein, aber ich bin definitiv schlimmer als die meisten. In meinem Leben habe ich stets das Gefühl, von Menschen betrogen worden zu sein, von denen ich etwas Besseres verdient hätte: Menschen, denen ich Geld, Chancen, Liebe und sogar das Leben gegeben habe. Deshalb war lange Zeit das Einzige, worauf ich vertraute, Geld. Ich vertraute nur dem Papier, auf dem »In God We Trust« stand.

Das ist einer der Gründe, warum das Thema »Verrat« in meiner Serie *Power* so präsent ist. Es ist ein Thema, das mich immer wieder beschäftigt, so sehr, dass ich die letzte Staffel sogar »The Final Betrayal« (Der ultimative Verrat) genannt habe.

Ich würde mich lieber mit vorgehaltener Waffe ausrauben lassen, als verraten zu werden (nicht, dass ich dir empfehlen würde, es zu versuchen). Wenigstens ist es aufregend, überfallen zu werden! Es gibt einen nicht zu leugnenden Adrenalinstoß, wenn jemand seine Waffe zieht und brüllt: »Runter auf den verdammten Boden!« Wenn es vorbei ist (vorausgesetzt, du wirst nicht erschossen), kannst du nach Hause gehen und deinen Freunden erzählen: »Yo, ich wurde gerade überfallen!« Deine Taschen sind jetzt zwar vielleicht leerer, aber du wirst insgesamt um eine Erfahrung reicher sein, die du überlebt hast.

Betrogen zu werden, ist etwas anderes. Man bekommt keine großartig reißerische Geschichte daraus gestrickt. Ich habe noch nie von jemandem gehört, der großes Aufheben um so etwas macht, seinen

Freunden zu erzählen: »Mensch, ihr werdet es nicht glauben, aber ich wurde gerade von meinen Leuten hintergangen!« Mit so einem Scheiß verdient man sich keine Lorbeeren. Wenn du dich jemandem öffnest, entweder finanziell oder emotional, und er dich im Stich lässt, ist das eine andere Art von Schmerz, viel dramatischer, als wenn dir irgendein bewaffnetes Bürschchen direkt etwas abnimmt. Wie Malcolm X sagte: »Für mich ist Verrat schlimmer als der Tod. Sehen Sie, ich könnte mir eher den Tod vorstellen als Verrat.«

Weil ich Verrat so schrecklich finde, mache ich mir unglaublich viele Gedanken über die Menschen um mich herum. Wie ich in diesem Kapitel erwähnte, habe ich zu Anfang meiner Karriere den Fehler gemacht, Loyalität und Herkunft zu verwechseln. Das ist eine Fehleinschätzung, die viele Leute machen – zu glauben, dass jemand, nur weil er aus der gleichen Gegend kommt wie man selbst, einem für immer den Rücken freihält. Ich habe auf die harte Tour gelernt, dass das nicht der Fall ist. Sicher, wenn man bestimmte Erfahrungen mit jemandem teilt, sind Loyalität und gegenseitiges Verständnis eher wahrscheinlich, aber das ist alles andere als garantiert.

Wenn der Erfolg von Dauer sein soll, musst du versuchen, dein Team so ausgeglichen wie möglich zusammenzusetzen. Wenn du dich nur mit Menschen aus deiner Vergangenheit umgibst, dann ist die Wahrscheinlichkeit groß, dass du in der Vergangenheit stecken bleibst. Aber wenn du diejenigen, die mit dir durch dick und dünn gegangen sind, für andere aufgibst, die du gerade erst kennengelernt hast – die vielleicht charismatisch sind, *dir* aber nie etwas bewiesen haben –, dann wirst du dir wahrscheinlich die Finger verbrennen.

Wenn du dir mein heutiges Team ansiehst, wirst du eine Mischung aus altem Eisen und frischem Blut finden, verdiente Recken neben beeindruckenden Menschen, die ich am Anfang meiner Karriere kennengelernt habe. Wenn du in das Büro von G-Unit Records gehst, wirst du wahrscheinlich Typen treffen, die mit mir auf den

Straßen von Southside abhingen und bewiesen haben, dass sie auch in gefährlichen Situationen cool bleiben.

Manche Menschen bilden eine derartige Verbundenheit, wenn sie mit jemandem zusammen zur Schule gegangen sind oder in einer Sportmannschaft spielen. Auf jeden Fall durch den Militärdienst. Wenn dein Leben auf dem Spiel steht und die Kugeln dir um den Kopf sausen, schafft das eine sehr tiefe Verbindung zu den Menschen, die dir den Rücken freihalten.

Deshalb glaube ich, dass man in zwei Minuten auf der Straße mehr über jemanden lernen kann als in zwanzig Jahren in der Vorstandsetage.

Im Geschäftsleben braucht man lange, um die wahre Natur eines Menschen zu erkennen. Du hast selten den Luxus, dass du beobachten kannst, wie jemand sich verhält, sondern musst dich mehr auf deinen Instinkt verlassen. Aber sobald du dich von der Loyalität und Arbeitsmoral einer Person überzeugt hast, solltest du diese Person für dein Team gewinnen. Das ist eine seltene Konstellation in der Geschäftswelt, aber eine, die extrem wertvoll ist.

Deshalb habe ich versucht, zusätzlich zu den Homies der ersten Stunde meinen Mitarbeiterstab mit intelligenten Experten zu besetzen, denen ich vertrauen kann – trotz all meiner Vorbehalte. So wie mein Rechtsberater Steve, der sich um meine rechtlichen und geschäftlichen Angelegenheiten kümmert. Oder meine Pressesprecherin Amanda, die nicht jedes Mal ausflippt, wenn ich etwas in den sozialen Medien poste, und die alles in Ordnung bringt, wenn ich Mist baue. Oder mein Literaturagent Marc, der geholfen hat, dieses Projekt auf die Beine zu stellen. Keiner von ihnen hat je einen Fuß in die Southside gesetzt, aber sie alle haben entscheidend dazu beigetragen, dass mein Markenname an Bedeutung gewinnt und sich in die richtige Richtung bewegt.

Ein großartiges Beispiel für jemanden, den ich erst in den letzten fünf Jahren kennengelernt habe, der mir aber wirklich geholfen hat, mich weiterzuentwickeln, ist Chris Albrecht, der ehemalige Geschäftsführer von Starz Networks. Chris hat HBO zu dem gemacht, was es heute ist, bevor er Starz übernahm. Er hat mir enorm viel darüber beigebracht, wie Fernsehen funktioniert, und mir gleichzeitig die Freiheit gegeben, ich selbst zu sein. Außerdem ist er auch aus Queens, also ist es fast so, als wäre unsere Beziehung vorbestimmt.

Ich werde Chris' Nummer niemals aus meinem Handy löschen. Es ist mir egal, wohin er geht; ich werde versuchen, mit ihm Geschäfte zu machen. Ich betrachte das Fernsehen als meine zweite Karriere nach der Musik, und ich hätte niemals das Niveau erreicht, auf dem ich heute bin, ohne eine Beziehung zu ihm aufzubauen. Ja, wir kommen aus verschiedenen Ecken von Queens und haben ziemlich unterschiedliche Backgrounds, aber wir haben uns vom ersten Tag an gut verstanden und haben uns wirklich gegenseitig unterstützt. Chris ist vielleicht nicht einer meiner Homies der ersten Stunde, aber wir haben bereits einige gemeinsame Schlachten hinter uns, und wir wissen, dass wir uns aufeinander verlassen können.

Wenn ich nicht offen dafür gewesen wäre, neue Menschen wie Chris und ihr Know-how in mein Leben zu integrieren, gäbe es keine zweite Etappe in meiner Karriere. Was auch immer danach noch kommen mag.

Hätte ich meinen Kreis ausschließlich auf meine frühen Homies beschränkt, wäre alles stagniert. Ich wäre nur ein Rapper wie viele andere, der nach ein paar Alben an Drive verliert und nie wieder wirklich relevant wird. Vielleicht würde ich in Fernsehshows und Podcasts die Runde machen und meine Zeit damit verbringen, zu monieren, dass die Rapper von heute wirklich nichts mehr draufhaben. Vielleicht würde ich sogar in ein oder zwei Reality-Shows auftreten.

Aber dieses Schicksal habe ich vermieden. Der Schlüssel war, die richtige Balance zwischen dem Bewährten und dem Neuen zu finden, um voranzukommen, ohne dabei den Halt zu verlieren.

In diesem Kapitel werde ich meine Strategien darlegen, wie man ein tatkräftiges, engagiertes und vertrauenswürdiges Team zusammenstellt, das dir helfen soll, auf dem aufzubauen, was du bereits entwickelt hast, und dir neue Möglichkeiten verschafft.

DIE *HOOD* IM HERZEN

Als ich in der Southside von Queens aufwuchs, wusste ich, dass ich, sobald ich es geschafft hatte, meine *Neighborhood* mitnehmen würde. Auf der Straße wird einem von klein auf beigebracht, dass man umso stärker ist, je stärker die eigene Crew ist. Die Straße ist ein Dschungel, und du willst als Teil eines starken Rudels wahrgenommen werden. Nicht als Beute.

Deshalb identifizierten sich fast alle Top-Rapper in den Neunzigern mit ihren Herkunftsvierteln. Nas setzte Queensbridge auf seine Agenda. Als Biggie einen Deal bekam, verkörperte er Bedford-Stuyvesant. In L.A. haben N.W.A. Compton ins Gespräch gebracht, und Snoop zog ein paar Jahre später für Long Beach ins Feld.

Ich war entschlossen, das Gleiche für Southside zu tun. In den ersten Jahren meiner Karriere als Rapper folgten mir die Jungs aus Southside, wohin ich auch ging. Tony Yayo und Lloyd Banks von der G-Unit waren nicht irgendwelche Typen, die ich auf irgendeinem Branchenmeeting kennengelernt hatte – sie sind einen Häuserblock von mir entfernt aufgewachsen. Die Hood war in meinen Videos und bei meinen Liveshows präsent, und am wichtigsten war, dass man sie in meiner Musik hörte. Ich wollte diesen Vibe immer spüren. Heute nenne ich das den »Homeboy-Komplex«: wenn man das Bedürfnis hat, seine Homies so nah wie möglich bei sich zu haben.

Mein »Homeboy-Komplex« war der Hauptgrund, warum ich Mike Tysons Villa in Connecticut gekauft habe. Als ich von meiner ersten Tour für *Get Rich or Die Tryin'* zurückkam, hatte ich plötzlich

38 Millionen Dollar in der Tasche, die musste ich irgendwie investieren. Etwa zur gleichen Zeit wurde ich von einem Journalisten interviewt, der beiläufig erwähnte, dass Tyson sein Haus verkaufen wolle. »Oh, dann werde ich es kaufen«, antwortete ich.

Ich hatte nur dahergeredet, aber ein paar Wochen später fand ich mich in Hartford, Connecticut, wieder. Ich halte Hartford für ein Musik-Mekka. Es liegt in der Nähe von New York, aber gerade weit genug weg, dass es seinen eigenen Vibe und seine eigene Aura hat. Ich habe festgestellt, dass, wenn ein Song eines New Yorker Künstlers in Hartford für Furore sorgt, die Chancen gut stehen, dass er sich auch im Rest des Landes durchsetzt. Also versuche ich, so oft wie möglich vorbeizuschauen und mitzubekommen, was die Leute hören.

Auf diesem Ausflug stellte ich fest, dass ich nicht weit von Tysons Haus entfernt war, also ließ ich jemanden den Makler anrufen und fuhr dann hin, um es mir mit eigenen Augen anzusehen. Sobald ich dort war, schienen mir die Atmosphäre und die Größe des Anwesens genau richtig zu sein. Das Geld war kein Problem. Ich kaufte es gleich in der darauffolgenden Woche.

Zu der Zeit lebte ich ohne Familie, also brauchte ich nicht wirklich ein Haus mit achtzehn Schlafzimmern und fünfundzwanzig Badezimmern (ganz zu schweigen von einem Kino, einem Innen- und Außenpool, Innen- und Außenbasketballplätzen, einem Nachtclub namens TKO und siebzehn Hektar Land). Aber ich kaufte es, damit die Southside buchstäblich unter einem Dach mit mir sein könnte!

Es gab Nächte, mitten auf dem Land (die nächste Stadt, Hartford, Connecticut, war zehn Meilen entfernt), wo man, wenn man die Augen schloss, schwören konnte, dass man an einer Ecke des Sutphin Boulevards stand. Musik lief, die Leute tanzten, und es wurde gewürfelt. Die gleichen Leute, mit denen ich aufgewachsen war und die auf Treppenstufen sitzend ihr chinesisches Take-away verzehrt hatten, wurden nun von Kellnern an *meinem* Esstisch bedient. Und anstatt auf einer schmuddeligen Couch zu sitzen und eine raubkopierte Film-DVD anzusehen, konnte ich nun in meinem eigenen Kino Premierenfilme zeigen. Solche Dinge für die Menschen zu tun, mit denen ich meine ersten Erfolge erlebt hatte, gab mir mehr Bestätigung, als Millionen von Platten zu verkaufen.

Zu der Zeit schien es ein folgerichtiger Schritt zu sein. Heute habe ich begriffen, dass es eine Entscheidung war, die ich nicht hätte treffen müssen.

Erstens kostete das Haus viel zu viel Geld im Unterhalt. Ich habe fast 70 000 Dollar im Monat allein für die Instandhaltung ausgegeben. Egal wie reich man ist, man kann sich nie damit anfreunden, *jeden Monat* eine Rechnung von 70 000 Dollar für Nebenkosten und Wartung zu bezahlen – vor allem nicht, wenn man die meiste Zeit unterwegs ist. Bill Gates würde sich eine solche Rechnung ansehen und sagen: »Müssen wir *jede* Nacht die Klimaanlage laufen lassen?«

Es war toll, achtzehn Schlafzimmer zur Verfügung zu haben, aber ich konnte immer nur in einem davon schlafen. Ich musste mir eingestehen, dass ich das Haus nicht richtig nutzte.

In vielerlei Hinsicht wurde das Anwesen zu einer Metapher für meine Beziehung zur Hood. Ja, anfangs erfüllte es einen Zweck für mich. Meine Ursprünge gaben mir eine Menge Halt. Und ich habe vielen Menschen Möglichkeiten geboten, die sie sonst nie gehabt hätten.

Doch es war Zeit, die Nabelschnur zu kappen. Ich habe mich nicht von allen getrennt – der harte Kern, den ich erwähnt habe, ist immer noch ein großer Teil meines Lebens und meiner geschäftlichen Aktivitäten. Aber ich habe eine Menge Leute, die mich lange Zeit begleitet hatten, entlassen.

Anstatt der Villa mit achtzehn Schlafzimmern habe ich nun eine Wohnung (wenn auch eine verdammt schöne). Anstatt zwei Stunden fahre ich nun zwanzig Minuten zur Arbeit.

Ich bin mir nicht sicher, warum ich überhaupt so lange mit dem Umzug gewartet habe. Zuerst spielte das Geld eine Rolle. Irgendwann ließ ich mich überreden, das Haus für über 15 Millionen Dollar zum Kauf anzubieten, was ein unrealistischer Preis war. Wenn einem jemand eine Zahl in den Kopf setzt, fühlt es sich jedes Mal, wenn man von dieser Zahl abweichen muss, wie ein Verlust an. Man darf sich nicht dazu verleiten lassen, so zu denken.

Ich habe vielleicht nicht das bekommen, was ich für die Immobilie wollte, aber am Ende war es mir egal, ob ich dabei Geld verlor (ich habe meinen Erlös am Ende sowieso für wohltätige Zwecke gespendet). Ich hatte allein dadurch gewonnen, dass ich mich dafür entschieden hatte, mich im Leben weiterzuentwickeln. Ich hatte klar Schiff gemacht und konzentrierte mich nun wieder auf die Zukunft, anstatt mir ein Relikt der Vergangenheit ans Bein zu hängen.

GEFANGEN IN DEN EIGENEN WURZELN

Ein weiterer Fehler, den Menschen immer wieder machen, ist, dass sie, nachdem sie zu etwas gekommen und erfolgreich sind, das Gefühl haben, dem Ort, aus dem sie stammen, noch etwas schuldig zu sein. Dies ist besonders in der afroamerikanischen Community verbreitet. Wenn ein Schwarzer aus der Hood ein gewisses Maß an Erfolg erreicht hat, scheint er sich verpflichtet zu fühlen, seine Wurzeln zu pflegen.

In anderen Communities sieht man das nicht annähernd so oft. Wenn ein chinesischer Einwanderer sich jahrelang den Arsch aufreißt und eine eigene Ladenkette aufbaut, wird er wahrscheinlich bei der ersten Gelegenheit in ein großes Haus in der Vorstadt ziehen. Er wird nicht das Gefühl haben, dass er seinen Landsleuten in Chinatown etwas schuldig ist. Er wird das tun, was sie auch tun würden, wenn sie zu Geld kämen: in das größte Haus in der sichersten Nachbarschaft mit den besten Schulen ziehen, die sie bekommen können.

Dasselbe gilt für die Mexikanerin, die im Barrio aufgewachsen ist, und die durch harte Arbeit und Fleiß zu einer Immobilienmagnatin geworden ist. Sie wird wohl kaum in ihrem alten Viertel bleiben. Nein, sie nimmt sich ebenfalls ein großes Haus in der netten, sicheren Nachbarschaft. Ohne jegliche Schuldgefühle.

Als die irischen, italienischen und jüdischen Einwanderer zu Geld kamen, machten sie sich als Erstes auf den Weg in die Vorstädte.

Es scheint, als ob es nur der afroamerikanischen Community schwerfällt, unsere schwierige Vergangenheit hinter uns zu lassen. Wenn wir nicht mit unseren Wurzeln verbunden bleiben, verlieren wir das, was uns erfolgreich gemacht hat, was auch immer es war.

Ich kenne dieses Gefühl sehr gut. Die Angst, die Nabelschnur zur Hood zu kappen, war der Grund, warum ich das Haus von Mike Tyson gekauft habe. Aber wenigstens war ich so klug, die Hood zu mir zu holen, anstatt in der Hood selbst zu bleiben. Ich habe viele Menschen gekannt, die diesen Fehler gemacht haben, und einige haben letztlich für ihre Weigerung, wegzugehen, mit dem Leben bezahlt.

Ein tragisches Beispiel war mein Freund und Mentor Jam Master Jay, der aus Hollis, Queens, stammte. Als Mitglied von Run-DMC verkörperte Jay in unserer Nachbarschaft den Gipfel des Erfolgs. Er verkaufte Millionen von Platten. Er tourte um die Welt und stürmte die Bühnen von Europa bis Asien. Als Teil der ersten Hip-Hop-Formation, die den Durchbruch schaffte, war er eine Inspiration für Millionen schwarzer Kids in Queens und im ganzen Land.

Als sie den Durchbruch schafften, verließ der Rest von Run-DMC Queens und blickte nicht mehr zurück – Rev Run und DMC gingen nach New Jersey, und ihr Manager Russell Simmons ließ sich in Manhattan nieder. Aber Jay blieb sein ganzes Leben lang in Queens. Er eröffnete ein Aufnahmestudio in Jamaica, wo er aufstrebenden Rappern aus dem Viertel – mich eingeschlossen – die Feinheiten beibrachte, wie man einen Song aufbaute.

Es klingt nach einer tollen Geschichte. Ein lokaler DJ wird berühmt, tourt durch die Welt und kommt zurück in sein altes Revier, um sein Talent mit der nachfolgenden Generation zu teilen.

In Wirklichkeit war es ein Todesurteil. Dadurch, dass Jay in Queens blieb, löste er sich nie von den negativen Einflüssen, die mit dem Hip-Hop einhergingen, besonders in unserer Hood. In Queens waren die Drogendealer die Ersten, die richtig Geld verdient hatten. Hip-Hop war ein Hobby, etwas, das man mit seinen Homies auf der Treppe oder im Park praktizieren konnte. Das richtige Geld lag im Verkauf von Drogen. Jays Generation wurde von dem inspiriert, was die Drogendealer hatten: schicke Klamotten, schnelle Autos und schöne Frauen an ihrer Seite. Die Peacoats und Fedoras, mit denen Jay den Look von Run-DMC berühmt gemacht hat? Das hatte er von den Dealern abgeschaut. Dasselbe gilt für die Goldketten, die Run-DMC und später LL Cool J zu einem Markenzeichen machten. Sie waren ursprünglich der Style der Drogendealer, bevor sie vom Hip-Hop vereinnahmt wurden.

Heutzutage ist das Gegenteil der Fall: Rapper können viel mehr Geld verdienen als Drogendealer, nicht zuletzt, weil frühe Pioniere wie Jam Master Jay mit ihrem Weg dafür die Bahn freigemacht haben. Jays Fehler war, dass er sich nicht weiterentwickelt hat. Wäre er Run, Russell und DMC nach Jersey, Long Island oder Manhattan gefolgt, wäre er heute zweifellos noch am Leben.

Stattdessen verkehrte er einfach zu oft mit den falschen Leuten – Leute, die nicht nur nicht gerade sein Bestes im Sinn hatten, sondern sogar neidisch auf seinen Ruhm und Erfolg waren. Sie feierten ihn nicht dafür, dass er in der *Neighborhood* geblieben war und aufstrebende MCs unter seine Fittiche nahm. Sie hassten ihn sogar dafür. Indem er sich in der Nähe solcher Leute aufhielt, hat er unweigerlich sein trauriges Schicksal besiegelt.

Ganz ähnlich war es mit Nipsey Hussle. Ich kannte Nipsey nicht so gut, wie ich Jay kannte, aber er schien ein rechtschaffener Bursche zu sein. Als ich zustimmte, das Video für YGs »Toot It and Boot It« zu drehen, in dem Nipsey mitspielen sollte, sagte ich zu dem Typen von der Plattenfirma: »Hey, sorge bitte dafür, dass du den Kleinen mitbringst, der so aussieht wie Snoop.« So lernten wir uns persönlich kennen. Nipsey war ein prima Junge, der sich um seine Community und seine Familie zu kümmern schien.

Leider holte derselbe Mist, der Jay dahingerafft hatte, auch Nipsey ein. Als Nipsey umgebracht wurde, gaben die Leute allen die Schuld, *nur nicht* diesen Arschlöchern. Auf Twitter oder Instagram war das Erste, was man las: »Die Regierung hat Nipsey getötet!« Die Begründung hierfür war, dass Nipsey an einem Dokumentarfilm über Dr. Sebi gearbeitet hatte, den berühmten honduranischen Kräuterheilkundler, von dem einige Leute glaubten, dass er wegen seiner umstrittenen Ansichten über die westliche Medizin inhaftiert und später von der Polizei getötet worden war. Dr. Sebis Lehren waren eine Bedrohung für die Pharmaindustrie, also musste Nipsey sterben, bevor er helfen konnte, sie in der Welt zu verbreiten.

Nach Ansicht einiger Leute war Nipsey eine Bedrohung für die Regierung, weil er den Jugendlichen im Viertel etwas über finanzielle Unabhängigkeit und soziale Gerechtigkeit beibrachte. Wenn sich zu viele arme Jugendliche aufgrund von Nipseys Arbeit engagieren würden, würde das den Status quo in Los Angeles bedrohen. Also musste er ausgelöscht werden.

Zweifellos hat Nipsey in seinem Viertel großartige Arbeit geleistet, vor allem mit Vector90, einem Co-Working-Space und MINT-Trainingszentrum, wo technisches Know-how vermittelt wird. Und auch wenn ich mich nicht für die Lehren von Dr. Sebi interessiere, wäre ich nicht schockiert, wenn es bestimmte Kreise in der Pharmabranche gäbe, die seine Erkenntnisse unter Verschluss halten wollten.

Aber wenn Leute erzählen, dass die Regierung Nipsey umgebracht hat, sind sie einfach nicht ehrlich oder realistisch. Nicht die

Regierung hat Nipsey umgebracht. Mutmaßlich hat ihn ein Spinner namens Shitty Cuz getötet. Das ist die deprimierende Wahrheit.

Er hat Nipsey nicht ermordet, weil Nip eine Bedrohung für irgendeinen Status quo war. Und niemand hat ihn dafür bezahlt, Nipsey zu töten, damit Pfizer oder Johnson & Johnson geschützt werden. Nein, Shitty tötete Nipsey, weil er schlicht und einfach ein von Hass erfüllter Mensch war. Er war ein Verräter, und als Nipsey ihn darauf ansprach, reagierte Shitty mit Gewalt. Er konnte es nicht ertragen, dass jemand, der so erfolgreich und beliebt war wie Nipsey, jemanden, der so erfolglos und verlogen war wie Shitty, nicht um sich haben wollte.

Neid und Missgunst haben Nipsey das Leben gekostet, genau wie Jay und so viele andere erfolgreiche Schwarze, die in ihrer Community geblieben sind, nachdem sie Erfolg hatten, und daran zugrunde gingen. Deshalb habe ich, als ich anfing, richtiges Geld zu verdienen, das Viertel verlassen und habe es nie bereut. Sicher, ich schaue von Zeit zu Zeit mal vorbei. Aber ich würde niemals dauerhaft zurückziehen. Wenn ich das getan hätte, hätte es ohne Frage einen negativen Einfluss auf mich gehabt.

Weil ich diese Mentalität verstanden habe, bereue ich es auch nicht, nicht dort geblieben zu sein. Gebe ich durch meine gemeinnützige Stiftung eine Menge Geld an die Straße zurück? Absolut. Setze ich mich dafür ein, dass die Kinder dort bessere Chancen bekommen, als ich sie hatte? Zweifellos. Aber ich mache mir keine Illusionen. Auf der Straße gibt es einfach nicht genug Platz für beides: für die Erfolgreichen und die Versager. Je schneller du das verstehst, desto schneller wirst du das Beste aus deinem Leben machen.

FORDERE DISZIPLIN EIN

Ich will damit nicht sagen, dass du alle deine Homeboys der ersten Stunde fallen lassen sollst, sobald sich ein bisschen Erfolg einstellt. Das sind die Menschen, die dich am besten kennen, und wenn sie wahre Freunde sind, werden sie ganz offen und ehrlich zu dir sein. Sie werden dir sagen, wenn deine Texte der letzte Mist sind. Oder dein Shirt albern aussieht. Oder wenn dieser »Influencer«, der große Dinge verspricht, in Wirklichkeit nur Scheiße labert.

Das gehört zu den positiven Eigenschaften, die deine ältesten Freunde in deinem Team beitragen können. Aber sie können auch die negativen Seiten der Hood mitbringen: Streitereien, Dramen und Machtkämpfe. Um sicherzustellen, dass das nicht passiert, musst du deinem Team zuerst einen Sinn für Disziplin einimpfen – und diese dann auch konsequent einfordern.

Das wurde mir schon früh in meiner Karriere klar, als ich einmal mit Nas bei einem Konzert im Central Park auftreten sollte. Mit ihm die Bühne zu teilen, war eine große Sache für mich. Als Superstar, der aus Queens kam, war Nas jemand, zu dem ich wirklich aufschaute.

Als ich dort ankam, war Nas schon da. Und es sah aus, als hätte er ganz Queensbridge mitgebracht. Es müssen ein paar Dutzend Jungs aus der Bridge gewesen sein, die im Backstagebereich herumstanden, tranken, rauchten und sich für Nas' Auftritt aufputschten. Ich merkte, dass sie nicht wussten, wohin mit der Energie, die sie erzeugten. Es war, als würden sie ein Feuer entfachen, das sie dann nicht mehr kontrollieren konnten. Natürlich fingen sie an, sich gegenseitig die Köpfe einzuschlagen. Es war Queensbridge gegen Queensbridge. Auch wenn seine Crew sich nur untereinander stritt, war Nas entweder nicht willens oder nicht in der Lage, für friedliche Stimmung zu sorgen. Bald wurde die Polizei gerufen, und das Konzert wurde abgebrochen, bevor Nas überhaupt die Bühne betreten hatte.

Meiner Ansicht nach hatte Nas das Ganze falsch gehandhabt. Ich verstand, warum er so viele Jungs aus Queensbridge mitgebracht hatte – Central Park ist Niemandsland, und man weiß nicht, wem man dort alles begegnen könnte. Einer Crew aus Brooklyn. Ein paar Typen aus der Bronx. Oder vielleicht Rivalen aus einer anderen Hood in Queens. Es war klug von ihm, auf Nummer sicher zu gehen und seine eigenen Leuten um sich herum zu haben.

Was nicht so schlau war, war sein Unvermögen, seine Leute in Schach zu halten. Da er die Heißsporne, die er selbst mitgebracht hatte, nicht kontrollieren konnte, verpasste er die Chance, an diesem Tag aufzutreten. Es hat ihn zudem wahrscheinlich auch Geld gekostet. Wenn Promoter hören, dass es an einem hochkarätigen Venue wie Central Park ein Problem gab, werden sie es sich zweimal überlegen, ob sie dich noch einmal buchen. Obwohl der Impuls, Queensbridge mitzunehmen, verständlich war, ging die Anwesenheit seiner Gang auf Kosten seiner allgemeinen Reputation.

Als ich sah, wie diese Typen aus Queensbridge sich gegenseitig an die Gurgel gingen, schwor ich mir, dass ich, wenn meine Crew und ich auf Tour gehen, *null* Toleranz für solche internen Konflikte haben würde. Ich wusste, wenn ich meine eigenen Leute nicht unter Kontrolle habe, könnte ich mir nur schwer einen guten Namen machen.

Außerdem war mir klar, dass es keine »kleinen« Streitereien gibt, wenn man gemeinsam in einem Viertel lebt. Sagen wir, zwei Typen streiten sich wegen eines Mädchens. Einer von ihnen schlägt dem anderen schließlich ins Gesicht. Derjenige, der einen abbekommen hat, wird sich noch lange, nachdem der körperliche Schmerz abgeklungen ist, gedemütigt fühlen. Jedes Mal, wenn er den anderen Kerl im Bus, hinter der Bühne, in der Hotellobby oder im Wartebereich am Flughafen sieht, wird er sich wieder revanchieren wollen. Diese Art von Ressentiments kann unter der Oberfläche kochen, bis es aus einem herausbricht. Und die Folgen eines solchen Überkochens können im schlimmsten Fall eine ganze Tournee frühzeitig kippen.

Deshalb machte ich, bevor die G-Unit auf Tour ging, eine ganz klare Ansage, was ich davon halte, wenn sich die Jungs untereinander streiten. Ich sagte ihnen: »Wir werden auf viele Leute treffen, die uns unseren Erfolg nicht gönnen. Wenn ihr etwas Dampf ablassen müsst, dann legt euch mit einen von denen an. Ich werde euch unterstützen, egal was passiert. Verdammt, ich halte zu euch, wenn ihr irgendeinem Fremden aufs Maul haut. Aber wenn ihr euch *untereinander* prügelt, geht ihr am nächsten Tag nach Hause. Basta!«

Eine Zeit lang befolgten alle meine Anweisung. Ja, es gab Momente, in denen es so aussah, als würde etwas hochkochen, aber ich war immer schnell dabei, die Streithähne zu erinnern: »Ich mache keine Scherze. Ihr werdet nach Hause geschickt, wenn ihr aufeinander losgeht!«

In den ruhigeren Momenten nahm ich die Jungs dann zur Seite und erklärte ihnen meine Beweggründe. Ich versuchte nicht, sie kleinzuhalten, sondern ihnen nur zu helfen, am Erfolg teilzuhaben. »Wir versuchen, mit G-Unit etwas aufzubauen«, sagte ich dann. »Diese Tour und die Aufmerksamkeit, die sie erzeugen wird, werden die Bausteine für etwas Besonderes sein. Aber wenn diese Bausteine anfangen zu wackeln, wird alles, was wir aufbauen wollen, zusammenbrechen. Dann werden wir wieder zu Hause an der Straßenecke stehen, statt hier draußen Hummer zu essen, in schönen Hotels zu wohnen und uns in jeder Stadt mit Mädchen zu treffen!«

Diese wenigen aufmunternden Worte kamen normalerweise bei den Jungs an, und ich musste niemanden nach Hause schicken. Das heißt, bis wir nach Philadelphia kamen.

Das Problem begann, als Mitchell & Ness, die legendäre Sportbekleidungsfirma aus Philadelphia, ein paar kostenlose Trikots in unser Hotel schickte. Es war die Zeit, als ein Mitchell-&-Ness-Trikot im Grunde die offizielle Uniform des Hip-Hops war. Jeder wollte darin gesehen werden, und manche von den selteneren Exemplaren waren Tausende von Dollar wert.

Obwohl die Shirts für mich bestimmt waren, landete das Paket in den Händen eines Typen namens Marcus, unserem Tourmanager. Er wusste, dass ich mir immer meine Klamotten selbst kaufe, also beschloss er, ein paar der Trikots für sich zu behalten. Er war der Meinung, da er der Tourmanager war, seien die Shirts eine Art »Beute«, die ihm zustehe.

Bang 'Em Smurf sah das allerdings anders. Bang 'Em war von der Southside, und ich überlegte, ihn für G-Unit unter Vertrag zu nehmen, also nahm ich ihn mit auf Tournee, um ihm zu helfen, auf sich aufmerksam zu machen. Bang 'Em hatte Potenzial, aber er machte den Fehler zu denken, dass er es schon geschafft hatte, nur weil er mit auf Tour war. Er fing an, sich in seinem eigenen Licht zu sonnen, bevor er überhaupt etwas bewiesen hatte. Er hatte noch nicht einmal eine Single veröffentlicht. Niemand sprach über ihn. Die Mädchen sahen ihn nicht an und fragten sich nicht: »Wer ist denn der Süße?« Für die Welt war er nur einer von vielen Rappern auf der Bühne, der ein paar Zeilen am Ende meines Songs abfeuerte. Doch allein diese Erfahrung putschte ihn derart auf, dass er dachte, die festgelegten Regeln würden für ihn nicht gelten.

Am Morgen nach der Show in Philly sollten wir um 5 Uhr morgens in den Bus steigen und in die nächste Stadt fahren. Aber anstatt von meinem Wecker wurde ich frühmorgens von einem lauten Streit geweckt, der sich direkt unter meinem Fenster abspielte. Ich zog die Jalousien hoch und sah etwas, das ich nicht erwartet hätte: Marcus und Bang 'Em liefen wild gestikulierend über die Straße und lieferten sich einen lautstarken Schlagabtausch um ein Mitchell-&-Ness-Trikot. »Das ist meins«, hörte ich Bang 'Em schreien. »Nein, das ist nicht deins!«, schrie Marcus. »An deinem klebte ein Stück Gummi an der Seite. Das ist meins!«

Offensichtlich war Bang 'Em der Meinung, dass eines dieser Trikots ihm gehörte. Und als Marcus es nicht herausgeben wollte, wollte Bang 'Em es sich einfach nehmen. Mit solchen Streitereien wollte ich mich nicht in aller Herrgottsfrühe beschäftigen müssen. Ich lief nach draußen und trennte die beiden sofort voneinander. Dann fragte ich Bang 'Em, was zum Teufel er sich dabei gedacht habe. »Wieso ich, Fif«, begann Bang 'Em zu erklären. »Er hat versucht, mir mein Shirt wegzunehmen. Ich musste ihn zur Vernunft bringen.« Ich wollte das alles nicht hören. »Mann, du weißt doch, dass ich allen gesagt habe, keine Prügeleien auf dieser Tour!« Dann sah ich Marcus an und sagte, auf Bang 'Em zeigend: »Besorge diesem Punk ein Busticket. Er fährt nach Hause.«

Erst in diesem Moment merkte Bang 'Em, dass ich keinen Spaß machte. Doch als ich von »null Toleranz« gesprochen hatte, hatte ich *null* gemeint. Wenn du die Kontrolle über dein Team behalten willst, musst du die Leute dazu bringen, die Konsequenzen zu respektieren. Selbst wenn es bedeutet, eine Beziehung zu beenden.

Also wurde Bang 'Em auf der Stelle nach Hause geschickt. In Queens würde er genug Zeit haben, sich in seinem eigenen Licht zu sonnen. Bang 'Em dachte, er sei wichtiger als die Crew, aber er wusste nicht, wie man auf eigenen Beinen steht. Er fing an, mit ein paar anderen Rappern aus der Gegend zu arbeiten und versuchte von Zeit zu Zeit, mich dazu zu bringen, sie zu unterstützen, aber nichts davon interessierte mich. Ohne meinen Support schien ihm niemand eine Chance geben zu wollen. Anstatt mit mir auf Tournee zu sein, ordentlich Geld zu verdienen und die Welt zu sehen, geriet er in Queens schließlich auf die schiefe Bahn und wurde straffällig. Er bat mich, die Kaution für ihn zu stellen, aber ich erklärte ihm, dass das nicht meine Aufgabe sei. Schließlich wurde er zurück nach Trinidad abgeschoben, woher er stammte. Bis heute gibt er mir und nicht sich selbst die Schuld an seiner Situation.

Wann immer man im Leben Erfolg hat, wird es Leute geben, die glauben, dass etwas davon *ihnen* gehört. Bang 'Em war diese Art Mensch. Wenn du sie aus deinem Leben entfernst, werden sie wütend auf dich, anstatt in den Spiegel zu schauen.

Hätte ich Bang 'Em mit einer Verwarnung davonkommen lassen, hätte ich meine Autorität untergraben. All die anderen Egoshooter auf der Tour – und davon gab es viele – hätten auch angefangen aufzubegehren. Bald hätten sie sich nicht nur um Mitchell-&-Ness-Trikots gestritten, sondern auch um Mädchen, darum, wer die meiste Zeit auf der Bühne verbringen durfte, oder darum, wer was bezahlt bekam. Diese Art von Uneinigkeit hat schon viele Tourneen, früher wie heute, frühzeitig gekillt. Ich wollte nicht, dass solche negativen Vibes unser ganzes Unternehmen gefährden.

Fast zwanzig Jahre später toure ich immer noch um die ganze Welt. Ich bin in unzähligen Ländern vor Millionen von Menschen aufgetreten. Kürzlich hat mich jemand für mehrere Millionen Dollar zu einem Konzert nach Übersee geflogen. Kein schlechter Deal für einen Flug in einem Privatjet und einen Tag Arbeit. Aber es war auch die Art von Deal, die man nur angeboten bekommt, wenn man sich als erfahrener, profitabler und *zuverlässiger* Tournee-Act etabliert hat – also genau den Ruf hat, auf den ich schon vor all den Jahren in Philadelphia hingearbeitet habe.

Derartige Entscheidungen müssen nicht gleich so dramatisch sein, wie jemandem ein Busticket nach Hause zu besorgen. Wenn du eine große Firma leitest, könnte es einfach bedeuten, jemanden in eine andere Abteilung zu versetzen. Wenn du der Manager in einem Einzelhandelsgeschäft bist, bedeutet es vielleicht, die betreffende Person an einen anderen Standort zu versetzen. Wenn du dein eigenes kleines Unternehmen führst, bedeutet es wahrscheinlich, die Person sofort zu feuern. Du wirst dir den Luxus nicht leisten können, jemanden zu halten, der nicht sein Bestes gibt.

Egal, in welcher Position du bist: Wenn du Regeln aufstellst, die dem Allgemeinwohl dienen, musst du diese auch durchsetzen. Lass nicht zu, dass jemand, der nur auf seinen eigenen Vorteil aus ist, die Sache für alle anderen ruiniert. Es können harte Regeln sein, nach denen man lebt, aber es wird sich auf lange Sicht immer auszahlen, sie einzuhalten.

KÜMMERE DICH ZUERST UM INTERNE PROBLEME

Egal wie groß du dein Imperium gestaltest, du wirst es nie halten können, wenn dein Gebäude von innen nicht stabil ist. Genau wie ich es Bang 'Em damals gesagt habe: Wenn die Bausteine im Fundament nicht solide sind, ist es nur eine Frage der Zeit, bis alles zusammenbricht.

Ein klassisches Beispiel dafür ist das, was dem Brooklyn-Rapper Tekashi 6ix9ine passiert ist. Tekashi ist ein halb mexikanischer, halb puerto-ricanischer Rapper aus Brooklyn. Mit seiner bunten Frisur und seiner überdrehten Art gewann er Millionen von Fans im ganzen Land – vor allem weiße Kids. Sie konnten sich vielleicht nicht die Haare flechten wie die Latinos, aber sie konnten sie sich definitiv in allen Farben des Regenbogens färben wie Tekashi. Er hat sich innerhalb von knapp einem Jahr von einem nahezu unbekannten SoundCloud-Rapper zu einem der größten Stars entwickelt.

Tekashis Image war das eines harten, rücksichtslosen Aufwieglers, aber im Herzen war er eigentlich ein total lieber Junge. Viel mehr wie ein WWF-Wrestler, der eine Rolle spielt, als ein richtiger Gangsta. Doch um sein Image zu verstärken, begann er, sich mit zwielichtigen Typen zu umgeben.

Aber für diese Jungs war das alles andere als Jux und Tollerei. Sie waren knallhart. Als sie merkten, dass Tekashi nicht war, was er vorgab zu sein, fingen sie an, ihn als gefundenes Fressen anzusehen. Und von solchen toughen, schrägen Typen will man *als Allerletztes* als gefundenes Fressen wahrgenommen werden.

Während sein Stern aufging, freundeten Tekashi und ich uns an. Mir gefiel, dass er draufgängerisch war. Dass er keine Angst vor dem Hier und Jetzt zu haben schien. Viele Leute sagten sogar, dass Tekashi sie an mich in jungen Jahren erinnerte.

Eines Tages rief er an und fragte, ob er in mein Büro kommen könne. Er war mit dem Gesetz in Konflikt geraten, und die Promoter trauten sich nicht mehr, ihn zu buchen. Er brauchte meinen Rat.

Als er vor mir stand, sah ich keinen forschen jungen Mann. Und keinen arroganten Rapper. Ich sah einen verängstigten Jungen.

Tekashi setzte sich und kam direkt zur Sache: »50, was soll ich nur machen?«

Eines musste ich ihm lassen: In der Öffentlichkeit spielte er den Wilden, aber vor mir war er bereit, sich verletzlich zu zeigen. Er war klug genug, zu wissen, dass er sich übernommen hatte. Er und ich hatten nie darüber gesprochen, was da vor sich ging, aber als erfahrener Beobachter hatte ich eine ziemliche Ahnung davon, wo die Wurzel seiner Probleme lag.

»Dein größtes Problem wird intern sein«, sagte ich ihm. »Du hast zu viele Leute um dich herum, und sie unterstützen dich nicht wirklich. Sie sollten dein Team sein, aber du liegst ihnen nicht wirklich am Herzen. Wenn du diese Situation nicht in den Griff bekommst, wird es ein Problem werden.«

Ich sagte ihm das, weil ich gehört hatte, dass er die Crews oft austauschte. In einem Monat hatte er eine Gruppe von Jungs um sich, im nächsten Monat wurden sie durch eine neue Gruppe ersetzt. Er tauschte die Crews so aus, wie manche Leute ihre Autos tauschen. Man fährt eine Weile mit dem einen, dann tauscht man es gegen ein anderes.

Wahrscheinlich dachte er, das gehöre alles zur Show, aber ich wusste, dass dies eine schwerwiegende Fehleinschätzung war. Wenn man sich als Rapper mit einer Entourage von anderen Künstlern umgibt, erwarten sie von einem, dass man ihnen Chancen bietet. Ihnen hilft, selbst als Künstler wahrgenommen zu werden oder sich als Akteur hinter den Kulissen zu etablieren. Sie anderen etablierten Musikern vorstellt, bei denen sie Geld verdienen können.

Man hat nur eine begrenzte Zeit, solche Erwartungen zu erfüllen. Wenn man das nicht tut, wird es zu Irritationen kommen. Diese werden umso stärker, wenn sie sehen, dass man anderen eine Chance bietet. Wenn das passiert, wird sich das ursprüngliche Team zunehmend überflüssig fühlen. So eine Atmosphäre will man auf alle Fälle vermeiden.

Wenn sich jemand als überflüssig empfindet, verschwindet jegliches Gefühl der Loyalität. Anstatt auf irgendeine Chance zu warten, werden die Betroffenen aggressiv hinter einem her sein, um das zu bekommen, von dem sie glauben, dass es ihnen »zusteht«. Sie werden diese Rechnung so gut es geht zu begleichen suchen.

Da Tekashi ein aufgeweckter Bursche ist, erkannte er, wie wertvoll mein Ratschlag war und räumte ein, dass er in einer prekären Lage sei. Er begann dann auch gleich, die Typen zu ersetzen, von denen er wusste, dass sie es auf ihn abgesehen hatten. Aber da war es schon zu spät.

Nicht lange nach unserem Gespräch wurde Tekashi wegen Gründung einer kriminellen Vereinigung (nach dem RICO-Gesetz) und Schusswaffenmissbrauchs verhaftet. In der Anklageschrift der Staatsanwaltschaft wurde sogar angeführt, dass mehrere Mitglieder seiner Crew geplant hatten, ihn zu töten. Das war sicher eine beängstigende Erkenntnis für einen Jungen, der dachte, er sei ein WWF-Wrestler und nicht jemand, der tatsächlich mit Leben und Tod spielt. Während ich dies schreibe, hat Tekashi gerade seine Aussage gegen seine eigene Crew beendet und ist zu zwei Jahren Gefängnis verurteilt worden.

Ich glaube, eines der Dinge, die Leuten wie Tekashi und Ja Rule einen Strich durch die Rechnung gemacht haben, ist, dass sie am Rande der *Hood* aufgewachsen sind. Sie stammten nicht aus der *Hood,* aber sie waren ihr ausgesetzt. Das hat ihnen vorgegaukelt, dass sie für Situationen gerüstet seien, für die sie eigentlich nicht gemacht sind.

Im Gegensatz zu jemandem wie Drake, der nicht einmal aus den Außenbezirken der *Hood* stammt. Er kommt aus einer ganz anderen Gegend. Ich sehe Drake nie sehr eng mit den Künstlern zusammenarbeiten, die er engagiert. Er hält immer eine gesunde

Distanz zwischen sich und demjenigen, mit dem er gerade zusammenarbeitet. Er ist klug genug, seinen eigenen Charakter einzuschätzen und sich einzugestehen, dass es Kräfte gibt, die er nicht beherrschen kann.

Tekashi konnte sehr gut einschätzen, was weiße Kids hören wollten, um ihre Eltern auf die Palme zu bringen, aber er war nicht so gut darin, den Charakter und die Absichten seiner Mitmenschen einzuschätzen. Noch trauriger ist, dass ich Tekashi wirklich für einen scharfsinnigen Jungen halte. Wenn er sich die Zeit genommen hätte, die Leute um sich herum zu studieren, ein Gefühl für ihre Intentionen zu bekommen, dann hätte er erkannt, dass sie nicht zu ihm passen. Stattdessen machte er Druck. Die Instagram-Likes und Re-Tweets überschlugen sich so schnell, dass er wahrscheinlich anfing, die sozialen Medien mit der Realität zu verwechseln.

In den sozialen Medien tun die Typen, die am lautesten behaupten, zu deiner Gang zu gehören, so, als würden sie bis zum bitteren Ende zu dir stehen. »Auf Gedeih und Verderb«. Im echten Leben sind die Dinge nie so einfach.

Eifersucht und Neid breiten sich sehr leicht aus, besonders wenn Menschen anfangen, Erfolg zu wittern. Wenn man einen Haufen Wölfe in seinen Kreis holt, sollte man verdammt noch mal dafür sorgen, dass sie gefüttert werden. Ansonsten wird es nicht lange dauern, bis sich das Rudel gegen einen wendet.

Wenn man ein Paradebeispiel für den *richtigen* Weg sucht, eine bestehende Crew durch eine neue zu ersetzen, sollte man sich einmal anschauen, was Jay-Z tat, als er Präsident von Def Jam Recordings war. Damals konnten viele Leute nicht verstehen, wie ein so erfolgreicher Künstler wie Jay-Z die Rollen tauschen und einen Schreibtischjob annehmen konnte.

Ich muss zugeben, dass ich es anfangs auch nicht ganz verstanden habe. Eine Zeit lang habe ich G-Unit Records geleitet und fand das unglaublich anstrengend. Egal wie hart man für Künstler arbeitet, sie sind nie glücklich. Da er selbst ein Künstler war, musste Jay das wissen.

Aber als ich ihn in der Zeit seines Wirkens bei Def Jam beobachtete, wurde mir langsam klar, was er vorhatte. Er war nicht da, um das Label zu leiten. Er war dort, um ein neues Team aufzubauen! Bevor er Def Jam übernahm, bestand Jays Crew größtenteils aus Rappern aus Philadelphia, die er im Rahmen des State-Property-Franchise rekrutiert und aufgebaut hatte: Künstler wie Beanie Sigel, Freeway, Chris und Meek sowie Omillio Sparks.

Diese Jungs waren sicherlich (und sind es immer noch) respektierte Künstler, aber keiner von ihnen schaffte den kommerziellen Durchbruch, den Jay sich erhofft hatte. Sein Plan war, dass einer von ihnen der nächste Jay-Z werden sollte (so wie ich gehofft hatte, dass Tony Yayo der nächste 50 Cent werden würde). Aber das ist nie passiert.

Durch die Übernahme von Def Jam sicherte Jay sich eine gute Ausgangslage, um die bereits existierenden Superstars des Labels zu seiner neuen Crew zu machen. Anstatt eng an Beanie Sigel und Freeway gebunden zu sein, wurde er nun mit Kanye und Rihanna in Verbindung gebracht. Es war ein großes kommerzielles Upgrade. Und im Gegensatz zu seiner Zeit bei Roc-A-Fella Records musste Jay sich nicht um die beiden kümmern oder Geld in ihre Karrieren investieren. Das hatte Def Jam *bereits* getan. Es war, als würde man in ein komplett eingerichtetes Haus einziehen. Und noch besser: Nachdem er den Chefposten bei Def Jam abgegeben hatte, sahen Kanye und Rihanna Jay immer noch als ihren Boss an. Er durfte die ganzen Möbel mitnehmen, als er auszog!

Ich ziehe meinen Hut vor Jay für diese ausgeklügelte Strategie. Da war nichts Unmoralisches oder Illoyales dabei. Er hat diesen Künstlern aus Philadelphia viele Chancen geboten, als sie bei Roc-A-Fella Records waren.

Aber als sie seine Erwartungen nicht erfüllt hatten, war er klug genug, sich um seine eigene Entwicklung zu kümmern. Viele Menschen zögern, solche Schritte zu machen. Sie bleiben lieber mit der gleichen Gruppe von Leuten in Verbindung, selbst wenn diese Leute sie dem Erfolg nicht näherbringen. Jay ist nicht in diese Falle getappt. Ist er immer noch nicht.

ARBEITE MIT POSITIVEN VERSTÄRKERN

Um eine wirklich effektive Führungskraft zu sein, muss man nicht nur für Disziplin und Stabilität innerhalb seines Teams sorgen, sondern auch in der Lage sein, die Leute durch positive Verstärker zu motivieren.

So hart ich zu Leuten sein kann, die aus der Reihe tanzen, so stolz bin ich auch darauf, dass ich immer wieder aufmunternde Worte finde, wenn es nötig ist. Wenn man in erster Linie als jemand bekannt ist, der die anderen diszipliniert, haben die Momente, in denen man aus dieser Rolle heraustritt und zeigt, dass man sich wirklich Sorgen um jemanden macht, besonderes Gewicht.

Meine besten positiven Ansprachen habe ich vor Boxkämpfen gehalten. Irgendetwas an dieser Umgebung bringt den Motivator in mir hervor. Eine Rede, an die ich mich besonders gut erinnere, war, als ich mich in der Umkleidekabine im Barclays Center mit Deontay Wilder vor seinem Rückkampf gegen Bermane Stiverne befand.

Einer der Schlüssel zu einer wirkungsvollen Ansprache ist die Fähigkeit, die Energie im Raum zu lesen. Und mein Eindruck von der Energie in diesem Moment war, dass sie nicht da war, wo sie sein sollte. Deontay hatte sein ganzes Gefolge bei sich, und es mangelte an jeglicher Konzentration. Alle lachten und redeten durcheinander, als wären sie auf einer Party. Deontay hatte Stiverne schon einmal besiegt, und es war mir klar, dass jeder dachte, der Kampf sei schon gelaufen, bevor er überhaupt begonnen hatte. Aber das ist eine sehr gefährliche Art, einen Kampf anzugehen. Ja, Deontay hatte Stiverne besiegt, aber der Kampf ging über die Distanz – das erste Mal in Deontays Karriere. Er musste sich auf die Aufgabe konzentrieren, die vor ihm lag. Viele Kämpfer sind ausgeknockt worden, weil sie ihren Gegner nicht ernst genug genommen haben.

Ich wartete, bis ich Deontay in eine Ecke der Umkleidekabine bugsiert hatte, wo nicht so viele Leute waren. »Du bist nicht fokussiert«, erklärte ich ihm gleichmütig. »Ich sehe, dass du dich mit deinen Boxhandschuhen warmschlägst und alles, aber du bist gedanklich nicht dabei, Mann.« Deontay brauchte nichts zu sagen. Er wusste, dass ich recht hatte. »Mach dir nichts vor. Dieser Stiverne steht dem im Weg, was du willst. Zum zweiten Mal. Willst du das zulassen?«

»Nein, auf keinen Fall«, antwortete Deontay.

»Gut. Dann lassen wir ihn eben für seinen Fehler bezahlen«, sagte ich, und meine Stimme wurde lauter. Plötzlich merkten alle um uns herum, wie sich die Energie im Raum veränderte. Es wurde ganz still.

»Hör zu, Mann«, fuhr ich fort, wobei meine Stimme einen bedrohlichen Unterton annahm. »Du wirst ihn dafür bezahlen lassen, dass er denkt, er könne wieder gegen dich in den Ring steigen. Du wirst diesen Mann in die Tiefe ziehen. Und ihn dann ertränken.«

Jetzt hatte ich Deontays Aufmerksamkeit auf den Kampf gelenkt. Er ballte wieder die Fäuste, dieses Mal mit einem Ziel. Dann führte ich ihn in den Ring hinaus, während ich »Many Men« zum Besten gab. Der Spaß war vorbei. Jetzt wurde es ernst.

Der Kampf dauerte nicht lange. Deontay schlug Stiverne in der ersten Runde dreimal zu Boden, bevor der Ringrichter den Kampf abbrach. Der Ringrichter musste buchstäblich auf Deontays Rücken springen, um ihn von Stiverne runterzuholen.

Es ging alles so schnell, dass ich nicht einmal Zeit hatte, vom Ring zurück zu meinem Platz in der Skybox zu kommen. Hinterher sagte Deontay, dass er sich im Ring wie »besessen« gefühlt habe. »Ich stand außerhalb meines Körpers und sah zu, wie ich diesen Mann besiegte«, sagte er dem Interviewer des Podcasts *In the Corner*. Ich weiß, dass er sich in diesen Zustand versetzen konnte, weil ich geholfen hatte, ihn dorthin zu bringen. Bevor ich mit ihm gesprochen hatte, wollte Deontay unfokussiert in den Kampf gehen. Nach unserem Gespräch stieg er mit der Konzentration eines Laserstrahls in den Ring, und die braucht man, wenn der Gegner versucht, einen richtig fertigzumachen.

Ein ähnliches Gespräch habe ich mit Floyd Mayweather vor seinem Kampf gegen Victor Ortiz geführt. Als ich vor dem Kampf in die Umkleidekabine kam, überkam mich sofort ein ungutes Gefühl, weil Floyd sich offensichtlich wohlfühlte. Es war mir klar, dass Floyd und sein Team dachten, dieser Kampf würde ein Kinderspiel werden. Aber ich hatte nicht vor, Floyd in die Falle tappen zu lassen.

Ich war nicht der Einzige, der bemerkte, dass Floyds Einstellung zu gelassen war. »Es scheint wirklich so, als wäre das hier sein Zuhause«, bemerkte der TV-Sprecher, als Floyd sich langsam auf den Weg zum Ring machte. »Er ist völlig unbekümmert. Er hat keine Angst. Und kein Muffensausen.«

Selbstvertrauen ist großartig, aber zu viel davon kann einen Kämpfer verwundbar machen. Vor einem Kampf *sollte* ein Boxer Muffensausen haben. Er *sollte* ein wenig nervös sein. Er sollte sich fühlen, als würde er gleich auf jemanden treffen, der ihn umbringen will, denn genau das wird passieren. Selbst jemand wie Floyd, der wohl größte Defensivkämpfer aller Zeiten, sollte sich nie erlauben zu glauben, dass sein Gegner nicht in der Lage ist, ihn k.o. zu schlagen.

Ich musste Floyd aus diesem Zustand wachrütteln. Wenn ich ihm schon keine Angst einjagen konnte, dann doch wenigstens Wut. Ortiz hatte im Vorfeld des Kampfes keinerlei Feindseligkeit gegenüber Floyd gezeigt – wenn überhaupt, hatte Ortiz den Eindruck vermittelt, als sagte er: »Danke, Floyd, ich weiß die Chance wirklich zu schätzen.« Ich befürchtete, dass Floyd anfangen würde, sich Ortiz gegenüber freundlich zu verhalten. Ich musste Floyd in einen angemesseneren, aggressiveren Bewusstseinszustand versetzen.

Wenn du dir die Aufzeichnung des Kampfes ansiehst, als Floyd und ich uns dem Ring nähern, siehst du, wie ich ihm etwas ins Ohr flüstere. Die Kameras haben den Ton nicht eingefangen, aber ich habe ihm Folgendes gesagt: »Scheiß auf diesen Penner. Er will dafür sorgen, dass du deine Kinder nicht ernähren kannst.«

»Was sagst du, Five?«, fragte Floyd.

»Dieser Wichser versucht, deinen Kindern das Essen wegzunehmen. Lass – das – nicht – zu.«

Als ich ihm das sagte, fiel er förmlich in Trance. Erst stampfte er mit den Füßen auf, dann stürmte er in den Ring, ein Mann mit einer Mission.

Floyd schlug Ortiz in der vierten Runde k.o. Nach dem Kampf stiegen wir alle in einen Van, um in Floyds Hotel zurückzufahren.

In dem Moment, als wir losfuhren, brüllte Floyd: »Yo, Five hat irgendeinen Scheiß zu mir gesagt!« Er war glücklich, weil er wusste, dass ich ihn in den richtigen Zustand versetzt hatte. Bevor ich ihm ins Ohr geflüstert hatte, hatte er sich wahrscheinlich wegen Ortiz schlecht gefühlt. Wahrscheinlich wollte er nicht zu hart mit ihm ins Gericht gehen. Ich korrigierte diese Denkweise. Schlag ihn k.o. und sorg dafür, dass das Geld weiter fließt. Und genau das hat Floyd getan.

Als ich das erste Mal Castings für *Power abhielt,* hatte ich schon jemanden im Kopf, der die Hauptfigur »Ghost« spielen sollte: Omari Hardwick. Ich hatte Omari in dem Film *Next Day Air* gesehen und erkannte in ihm jemanden, der die Hauptrolle in einer erfolgreichen Fernsehserie spielen könnte.

Der Sender hatte ein paar andere Schauspieler im Sinn, aber ich war auf Omari fixiert. Für mich verkörperte er die Kombination aus Intelligenz, Männlichkeit, Unberechenbarkeit und Gewalt, die Ghost ausmacht. Ich musste Starz nur helfen, das auch zu sehen.

Als es an der Zeit war, mit dem Casting anzufangen, luden wir zuerst Joe Sikora ein, um für die Rolle des Tommy vorzusprechen.

Es wird dich kaum überraschen, dass Joes Performance absolut umwerfend war. Von der ersten Zeile an ging er vollkommen in der Rolle auf. Die Energie im Raum war spürbar, als er seinen Text durchging. Als er fertig war, brauchte niemand mehr ein Wort zu sagen. Joe hatte die Rolle.

Als Nächstes war Omari an der Reihe. Ich war aufgeregt, weil ich ihn wochenlang bei den Verantwortlichen des Senders angepriesen hatte. Jetzt war es an der Zeit, mir zu beweisen, dass ich richtiglag.

Aber im Gegensatz zu Joe war Omaris Vorstellung sehr flach. Er las den Text, aber es fehlte ihm an Spannung. Es wurde deutlich, dass er sich nicht mit dem Charakter verbunden fühlte. Irgendetwas stimmte nicht. Als Omaris Vorsprechen vorbei war und er den Raum verließ, schaute mich einer der Führungskräfte an und sagte: »Sorry, aber wir sind uns nicht sicher, ob das der richtige Mann ist.«

Ich verstand, warum sie so dachten, aber ich glaubte immer noch an meine Vision von Omari als Ghost. Ich musste Omari nur helfen, es auch zu erkennen. Also rief ich ihn am selben Abend noch an.

»Und, alles in Ordnung bei dir?«, fragte ich ihn. »Du hast heute nicht den Eindruck gemacht, als ob du in Stimmung gewesen wärst.«

»Doch, doch, mir geht's gut.«

»Okay, aber sie haben mir gesagt, dass sie nicht sicher sind, dass du der Richtige bist. Was sollen wir dagegen tun?«

»Naja, wenn sie so denken, dann sollten sie wahrscheinlich einfach jemand anderen nehmen.«

Das war nicht die Antwort, die ich erwartet hatte. Es bedeutete, dass das Gespräch in die falsche Richtung ging. Ich musste Omari dazu bringen, seine Meinung zu ändern und bereit zu sein, um die Rolle zu kämpfen, anstatt sich geschlagen zu geben.

Jetzt war Schluss mit lustig. Ich musste ganz ehrlich zu ihm sein. »Du sprichst davon, dass sie die Rolle einfach jemand anderem geben sollen, aber was machst *du* dann als Nächstes?«, fragte ich ihn. »Bist du schon so weit in deiner Karriere, dass du einfach eine Hauptrolle ausschlagen kannst, ohne dein Bestes gegeben zu haben? Hast du einen vernünftigen Plan B für das, was passiert, wenn jemand anderes die Rolle und den ganzen Ruhm bekommt? Wenn ja, gut. Aber wenn nicht, dann gehst du besser noch einmal hin und liest die Rolle so, wie ich weiß, dass du es kannst.«

Omari sagte mir immer wieder, dass es ihm egal sei, wenn er die Rolle nicht bekäme, aber ich wusste, dass er es nicht so meinte. Da log er sich unbewusst selbst in die Tasche. Er war bloß enttäuscht, dass man nicht positiv auf sein Vorsprechen reagiert hatte. Omari wusste, dass er ein guter Schauspieler war, er hatte alles Nötige verinnerlicht, spielte es jedoch nicht richtig aus.

»Hör zu, es gibt einen Grund dafür, dass du ganz oben auf der Liste stehst«, sagte ich ihm. »Ich habe darauf bestanden, dass dein Name an erster Stelle steht. Und der Grund dafür ist, dass ich dich in *Next Day Air* gesehen habe. Ich weiß, du kannst alles aus dieser Rolle herausholen. Wir haben sie mit dir im Hinterkopf geschrieben. Du wirst der Star dieser Fernsehserie sein und Ghost spielen. Mach dich nicht kleiner, als du bist. Wenn die Verantwortlichen denken, dass du nicht der Richtige für die Rolle bist, dann wird es jetzt Zeit, ihnen zu beweisen, dass du es doch bist.«

Endlich begann er, die Dinge auf meine Art zu sehen. Wir fingen an, über Ghosts Motivationen und zukünftige Handlungsstränge zu reden. Seine positive Einstellung wurde zunehmend stärker. Omari begann zu sehen, was ich sah. »Du hast recht, 50«, sagte er mir. »Ich kann in dieser Rolle aufgehen.« Am Ende des Gesprächs war er begeistert und bereit, wieder vorzusprechen. Wir verabredeten uns für den nächsten Tag, und diesmal war er voll bei der Sache. Er hatte eine gewisse Arroganz und wirkte bedrohlich, aber in seinen Augen lag auch eine tiefe Intelligenz. Er war ganz und gar in der Rolle drin. Er war Ghost.

Heute ist es fast unmöglich, sich jemand anderen als Omari in dieser Rolle vorzustellen. Aber es gab durchaus einen Moment, in dem Omari bereit war, diese Chance verstreichen zu lassen, kampflos aufzugeben. Was für ein Fehler das gewesen wäre! Es hätte sich nicht nur negativ auf *Power* ausgewirkt, sondern es hätte Omari auch so viele Möglichkeiten gekostet, die damit verbunden sind, der Star einer erfolgreichen Fernsehserie zu sein. Er ist jetzt ein Star und hat mehrere Filme in petto, die bald herauskommen. Alles wegen seiner Paraderolle als Ghost.

Um das Beste aus den Menschen um dich herum herauszuholen, musst du manchmal klar und deutlich die Möglichkeiten aufzeigen und ansprechen, die du für sie siehst. Nur weil du etwas für sie siehst, kannst du nicht davon ausgehen, dass sie es auch sehen. Wenn jemand nicht auf die Chancen, die du ihm bietest, reagiert oder sie nicht nutzt, musst du ihm den Weg ebnen. Das ist ja auch der buchstäbliche Sinn von »Führen«.

Man kann nicht ein Team zusammenstellen und dann erwarten, dass jeder instinktiv weiß, welche Rolle er spielen und welche Position er einnehmen soll. Das führt nur zu Missverständnissen und später zu Frustration. Wenn jemand nicht weiß, wie man sich in eine Hierarchie einfügt, dann ist es an dir als Führungspersönlichkeit, für klare Verhältnisse zu sorgen und dies deutlich zu machen. Vom obersten Leutnant bis zum kleinsten Glied in der Kette musst du nicht nur in der Lage sein, jedem von ihnen klarzumachen, wohin er gehen soll, sondern auch die Schritte zu erläutern, denen er folgen soll, um dorthin zu gelangen.

Um Menschen auf den richtigen Weg zu bringen, ist es in den meisten Fällen notwendig, ihr Konkurrenzdenken und ihren Übermut etwas runterzufahren. Ihnen zu helfen, wie im Fall von Bang 'Em Smurf, realistischer einzuschätzen, wozu sie fähig sind und wo sie stehen. Aber gelegentlich, wie in der Situation mit Omari, muss man auch den umgekehrten Weg gehen. Du musst sie ermutigen und positiv bestärken. Erinnere sie daran, wozu sie fähig sind. Glaube mit so viel Überzeugung an sie, dass sie schließlich anfangen, an sich selbst zu glauben.

Der Schlüssel ist, zu verstehen, dass unterschiedliche Menschen unterschiedliche Taktiken brauchen. Man kann nicht jeden in seinem Team auf die gleiche Weise motivieren. Wenn ich Omari so angeblafft hätte, wie ich es bei Bang 'Em gemacht habe, wäre er nie aus seinem Schneckenhaus herausgekommen. Im Gegenzug wäre Bang 'Em auf der Stelle eingeknickt, wenn ich ihn auf die gleiche Art wie Omari gepusht hätte. Du musst erkennen, dass jeder in deinem Team seine eigenen Probleme und Schwächen hat, und für jeden ein entsprechendes Maß finden. Wenn es um effektive Führung geht, kannst du nicht alle über einen Kamm scheren. Du musst einen individuellen Ansatz für jede einzelne Person in deinem Team entwickeln, um das Beste aus jedem herauszuholen.

LERNE, WIEDER ZU VERTRAUEN

Am 30. August 2012 saß ich in meinem Büro und arbeitete an Promo-Plänen für »New Day«, einen Track, den ich gerade mit Alicia Keys aufgenommen hatte, als ich einen dringenden Anruf von einem Freund erhielt. Er hatte verheerende Nachrichten: Chris Lighty, mein langjähriger Freund und Manager, war tot.

Ich stand im Büro, um mich herum herrschte der übliche Trubel, aber als ich die Worte »Chris ist tot« hörte, war es, als seien alle Geräusche um mich herum plötzlich verstummt. »Ich kann das kaum glauben, was du gerade gesagt hast«, sagte ich zu meinem Freund. »Sag das noch mal, damit ich sicher bin, dass ich dich richtig verstanden habe.«

Aber es gab keinen Zweifel, kein Missverständnis. Chris Lighty, der Mann, der mich auf meinem Karriereweg durch dick und dünn begleitet hatte, war mit einem Mal nicht mehr da.

Noch niederschmetternder war, dass man mir sagte, er habe sich erschossen. Dass Chris Lighty, einer der klügsten, selbstbewusstesten und motiviertesten Menschen, die ich je kennengelernt hatte, beschlossen hatte, sich das Leben zu nehmen.

Bis zum heutigen Tag fühlt sich das für mich nicht richtig an.

Chris' Tod war auf vielen Ebenen ein schwerer Schlag. Am verheerendsten war natürlich das Wissen, was sein Verlust für seine Kinder bedeuten würde. Vor allem Chris' Tochter Tiffany und ich standen uns sehr nahe, und ich wusste, wie sehr sie ihn vergötterte. Als ich erfuhr, dass er gestorben war, schwor ich mir, von nun an für das Wohl von Tiffany Sorge zu tragen. Ich habe versucht, dieses Versprechen einzuhalten, indem ich mein Testament umgeschrieben habe, um sie mit zu berücksichtigen. Ich habe Tiffany so sehr ins Herz geschlossen, dass ich nicht einmal ausflippte, als sie den Spiegel von einem der Lamborghinis abfuhr, den ich sie fahren ließ. Daran erkennt man, dass man jemanden wirklich liebt!

Abgesehen von den Auswirkungen auf Chris' Familie machte ich mir auch Sorgen darüber, was sein Tod für mich bedeuten würde. Von all meinen Geschäftspartnern war Chris nun mal derjenige, dem ich mich am nächsten fühlte. Ich hatte Chris schon früh in meiner Karriere kennengelernt, als ich zum ersten Mal mit meinen Mixtapes hausieren ging. Obwohl er in der Bronx aufgewachsen und etwas älter war als ich, hatte ich das Gefühl, ihn schon mein ganzes Leben zu kennen. Wir waren uns sehr ähnlich, was unsere Herkunft und unsere Motivation betraf.

Chris, der sich Baby Chris nannte, war in einer Bronx-Crew namens The Violators aufgewachsen. Nachdem er anfangs noch Clubbesuchern die Halsketten stibitzt hatte, avancierte er zum Assistenten für den legendären DJ Red Alert. Diese Beziehung führte dazu, dass er Tourmanager für Gruppen wie A Tribe Called Quest und De La Soul wurde. Später arbeitete er mit Erfolg in der Führungsebene von Def Jam, bevor er mit Mona Scott seine eigene Managementfirma Violator gründete.

So wie ich immer versucht habe, die Balance zwischen 50 Cent und Curtis Jackson zu finden, hatte auch Chris zwei verschiedene Seiten. Chris Lighty, der Leader, konnte sich in einen Sitzungssaal setzen und hatte kein Problem damit, einen Multimillionen-Dollar-Deal abzuschließen. Aber Baby Chris aus der Bronx wollte dir immer noch eine verpassen, wenn du ihm auf den Pelz rücktest. Wir bewegten uns beide ständig auf dem schmalen Grat zwischen dem Respekt für unsere Wurzeln in der *Hood* und dem Stolz auf unsere unternehmerischen Fähigkeiten.

Allein schon deshalb verstanden wir einander von Grund auf. Mit Chris hatte ich zum ersten Mal in meinem Leben jemanden außerhalb meiner unmittelbaren Familie gefunden, dem ich bedingungslos vertraute. In Bezug auf mein Geld. In Bezug auf meine Visionen. Und in Bezug auf meine Zukunft. Ich habe ja schon erwähnt, wie schwer es mir fällt, jemandem voll und ganz zu vertrauen.

Mir war nicht klar gewesen, wie sehr ich Chris vertraut hatte, bis ich kurz nach seinem Tod zu einer eidesstattlichen Aussage über eines meiner Unternehmen erscheinen musste. Als ein Anwalt mich darüber ausfragte, wie der Betrieb geführt wurde, wurde mir klar, dass meine Antwort auf fast jede Frage lautete: »Darum hat sich Chris immer gekümmert.« Das hat mir wirklich vor Augen geführt, welche große Rolle Chris in meiner Karriere gespielt hat.

Seit Chris gestorben ist, habe ich hart daran gearbeitet, diese Lücke zu füllen. Ich weiß, dass ich nie wieder einen Manager wie ihn finden werde, aber es gibt sicher irgendwo jemanden mit ähnlichen Qualitäten, der mir helfen kann. Der mir etwas von der Last abnehmen und mir ermöglichen kann, mich auf das große Ganze zu konzentrieren. Der mich beraten kann. Der mich zu noch größeren Leistungen anspornen wird. Der sowohl 50 Cent als auch Curtis Jackson versteht.

Zu Beginn dieses Kapitels habe ich gesagt, dass die wichtigste Eigenschaft der meisten erfolgreichen Unternehmer darin besteht, sich ein genaues Urteil über den Charakter eines Menschen bilden zu können. Die Frage, die ich mir also stellen muss, ist: Habe ich den Glauben an meine Fähigkeit verloren, Menschen richtig zu beurteilen? Oder habe ich mich nicht getraut, jemandem mein Leben und meine Karriere anzuvertrauen, so wie ich es bei Chris getan habe? Denn wenn ein Manager wirklich seine bestmögliche Arbeit leisten soll, muss man ihn in fast alle Aspekte seines Lebens einweihen.

Ich glaube, die Antwort ist, dass ich bei der Suche nach einem neuen Chris zu zurückhaltend war. Eines der Ziele, die ich mir setzen muss, ist, das Vertrauen in meine Fähigkeit, Menschen einzuschätzen und zu beurteilen, wiederzugewinnen. Ich war in dieser Hinsicht schon immer selbstbewusst, also muss ich mir diese Fähigkeit zu eigen machen und den Prozess beginnen, dieses Vertrauen zu jemand Neuem aufzubauen. Es kann einem Angst machen, sich einem neuen Menschen gegenüber zu öffnen, aber wenn man sich die richtige Person ausgesucht hat, kann es auch von unglaublich großem Vorteil sein.

KAPITEL 4

Kenne deinen Wert

»Kenne deinen Wert. Dann schlag Steuern drauf.«

UNBEKANNT

Wäre es nicht großartig, wenn du immer das bezahlt bekämst, was dir zusteht? Ohne, dass du darum kämpfen müsstest? Wenn du bei der Bewerbung um eine neue Stelle, bei Verhandlungen um eine Lohnerhöhung, bei Bitten um eine Bonuszahlung, immer bekommen würdest, was dir fairerweise zusteht?

Natürlich funktioniert das Leben normalerweise nicht so. Vielmehr ist meistens das Gegenteil der Fall.

Egal, für wen du arbeitest: Er wird stets versuchen, dir weniger zu zahlen, als dir zusteht, als du wert bist. Es spielt keine Rolle, ob es sich um einen »netten Kerl«, einen Freund oder sogar ein Familienmitglied handelt. Wenn er die Chance hat, auf deine Kosten ein bisschen Kohle zu sparen, dann wird er es versuchen. Und du darfst nicht mal sauer sein – schließlich ist es rein geschäftlich.

Aber eine Option bleibt immer: strategisch vorgehen. Statt übersehen, übergangen oder übervorteilt zu werden, kannst du dafür sorgen, dass du immer die maximale Wertschätzung bekommst. Das ist leichter, als es scheint. Und was noch überraschender ist: Der beste Weg, diese Wertschätzung zu bekommen, ist oft, auf zähes Verhandeln zu verzichten.

»Gimme the loot«

»I got my mind on my money,
and my money on my mind.«

»Fuck you, pay me!«

Klassische Hip-Hop-Texte wie diese haben schon vielen dabei geholfen, die ihnen zustehende volle Wertschätzung mit einer völlig neuen Grundeinstellung einzufordern. Diese Grundeinstellung mit der nötigen Energie zu versehen, gehört zu den größten kulturellen Beiträgen des Hip-Hops. Die Isley Brothers sind zwar höllisch funky, aber sie haben keine »Fuck-you,-pay-me!«-Grundeinstellung. Und auch wenn ich Earth, Wind & Fire noch so abfeiere, sie bringen niemanden auf die Idee, eine Lohnerhöhung zu fordern.

Der Hip-Hop hat den Menschen diese Energie gegeben – und zwar auf Steroiden, und mit einem Red Bull runtergespült. Wir haben das Thema »maximale Bezahlung« zu einem Eckpfeiler unserer Kultur erhoben. Die Kritiker wollen es zwar nicht zugeben, aber mehr als jede andere Kunstform hat der Hip-Hop die Menschen dazu ermächtigt, für sich selbst einzustehen.

Als 50 Cent habe ich diese Mentalität nach Kräften propagiert. Seit ich das erste Mal zum Mikrofon griff, habe ich darüber gerappt, wie man zu Geld kommt. Wenn man bei der Google-GIF-Suche »Pay me« in die Maske tippt, ist mein Gesicht buchstäblich eines der ersten Bilder, die erscheinen. Dass ich dazu beitragen konnte, den Menschen diese Energie zu geben, erfüllt mich mit Stolz.

Obwohl die »Pay-me«-Grundeinstellung eine so unglaubliche Wirkmacht hat, lernte ich als Curtis Jackson im Lauf der Jahre, dass man sie mit Bedacht einsetzen muss. Denn wenn ich mit dieser Haltung in ein Gespräch gehe und »Gimme the loot«* schreie, dann entspricht das zwar zweifellos dem Image von 50 Cent, aber es bedeutet auch für so manche Verhandlung das Ende, bevor sie überhaupt in Gang gekommen ist.

Wenn sich mir heute eine Gelegenheit bietet, dann gehe ich extrem strategisch vor. Ich konzentriere mich nicht bloß auf das schnelle Geld. Um den größtmöglichen Vorteil aus der Situation zu ziehen, wäge ich sorgsam alle Möglichkeiten ab. Auch solche, bei denen nicht sofort ein fetter Scheck winkt.

Neben meinen Erfolgen als Rapper zeichnet meine Karriere vor allem eines aus: meine Fähigkeit, den Wert einer sich bietenden Gelegenheit richtig einschätzen zu können. Ich hätte jenseits der Musik wohl kaum großartig Erfolg gehabt, wenn ich den ausgetretenen Weg einer durchschnittlichen Rap-Karriere gegangen wäre: ein paar Endorsement-Deals ... und dann ab ins Hip-Hop-Altersheim.

Meine Pläne sahen immer schon anders aus. Ich hatte vor, sämtliches Geld einzustreichen, das mir aufgrund meiner Talente zustand. Auch wenn ich dafür ein paar unorthodoxe Wege einschlagen müsste.

DER RICHTIGE DEAL IST ZUM GREIFEN NAH – HAB GEDULD

Ich bin als ziemlich aggressiver Typ bekannt. Als einer, der nicht lange fackelt. Da erscheint es vielleicht überraschend, welche meiner Eigenschaften ich für meine größte Verhandlungsstärke halte: Geduld.

Egal, wie viel Geld auf dem Tisch liegt oder wie groß der Druck ist, und egal, wie mies oder erfolgreich mein letztes Geschäft gelau-

* Deutsch: »Her mit dem Zaster!«, Anm. d. Übers.

fen ist – bevor ich mich festlege, warte ich immer erst das attraktivste Angebot ab.

Das beste Beispiel dafür ist meine Entscheidung, den Plattenvertrag bei Interscope beziehungsweise Eminems Firma Shady Records zu unterzeichnen. Im Nachhinein scheint das auf der Hand zu liegen – als hätte jeder diese Entscheidung treffen können. Nur war das damals längst nicht so selbstverständlich, wie es heute vielleicht aussieht. Ich hatte im Vorfeld bereits eine ganze Reihe Angebote abgelehnt. Und viele Leute – darunter im Musikbusiness sehr namhafte Leute – hielten mich deshalb für verrückt. Um das zu verstehen, müssen wir den Gesamtkontext betrachten: Meinen ersten Vertrag hatte ich bei Jam Master Jays Label JMJ Records unterschrieben. Damals war ich knapp 21 Jahre alt. Jay hat mir beigebracht, wie man einen Song aufbaut. Bevor ich ihn traf, habe ich bloß zu Beats daher geplappert, ohne zu wissen, worum es eigentlich geht. Jay hat sich um mich gekümmert. Er hat mich in meinem Überschwang gebremst und mir gezeigt, wie man die Melodie und Struktur eines Tracks herausarbeitet, um ihn zum Hit zu machen.

Das waren entscheidende Skills, die ich erst einmal entwickeln musste. Aber am Ende des Tages war JMJ kein *richtiges* Label. Es war eher wie eine Produktionsfirma. Jay hatte ein Studio, in dem er Künstler aufnahm (und wo er später leider ermordet wurde). Sobald er der Meinung war, dass ein Künstler dafür bereit sei, ging er mit dessen Musik zu einem »richtigen« Label wie Atlantic oder Def Jam. Dort versuchte er, die A&R-Abteilung von den Qualitäten seines Protegés zu überzeugen. Wenn Jay das Label für die Musik begeistern konnte, schloss er einen Vertrag für JMJ ab. Der Künstler wurde dann praktisch über Jays Vertrag bezahlt.

Anfangs war mir nicht bewusst, dass es so läuft. Da dachte ich noch, wenn ich bei JMJ einen Vertrag unterschriebe, hätte ich es offiziell »geschafft«. Ich würde nie behaupten, dass ich klüger bin als der Rest. Aber ich bin ziemlich schnell von Begriff. Als mir klar wurde, dass JMJ meine Platten nicht direkt herausbringen würde, winkte ich ab. Ich bat Jay, mich aus dem Vertrag zu entlassen. Doch der wollte mich nicht ungeschoren davonkommen lassen, und am Ende musste ich ihm 50 000 Dollar zahlen, um aus dem Deal herauszukommen.

Anschließend tat ich mich mit dem Produzentenduo Trackmasters zusammen. Durch sie zog ich einen »richtigen« Deal an Land und nahm eine Reihe von Songs für Columbia Records auf. Doch bevor mein Debütalbum erscheinen konnte, kamen die Dinge zum Erliegen (mehr dazu später). Ich wurde angeschossen. Als die Gerüchte über die Hintergründe der Schießerei die Runde machten, bekam die Plattenfirma Panik, und sie ließen mich fallen wie eine heiße Kartoffel.

Zu diesem Zeitpunkt war ich fast 25. Für einen Lehrer, Arzt oder Anwalt ist das kein Alter, aber in einer jugendorientierten Kultur wie Hip-Hop sieht das ganz anders aus. Noch schlimmer war, dass ich als beschädigte Ware betrachtet wurde. Ich war nicht nur angeschossen worden, ich hatte mich auch schon aus einem Vertrag gekauft und war von einem Major-Label gedroppt worden. Offenbar dachten nicht wenige in der Branche, ich sei die Mühe nicht wert.

Viele Rapper wären in meiner Lage sicher ziemlich beunruhigt gewesen. Sie hätten Angst bekommen, ihr Traum könne ihnen entgleiten, und vermutlich noch am selben Tag voller Panik unterschrieben, wenn ihnen ein Label – irgendein Plattenlabel – einen Vertrag angeboten hätte.

Aber ich war nicht so. Was ich hinter mir hatte, zählte für mich nicht. Ich hätte schon damals niemals etwas unterschrieben, von dem ich nicht fest überzeugt war, dass es das Beste für mich sei – und zwar nicht nur für den Augenblick, *sondern auch für die Zeit danach*. Ich konnte nicht zulassen, dass die Vergangenheit meinen Zukunftsvisionen im Wege stand.

Den ersten Deal bot mir das Universal-Tochterlabel Def Jam. Vorgeblich ging es ihnen zwar allein um mich, aber als ich den

Vertrag von einem Anwalt überprüfen ließ, erfuhr ich, dass der angebotene 1,3-Millionen-Dollar-Deal eine Mogelpackung war. Neben einem Soloalbum verpflichteten sie mich auch zu einem G-Unit-Projekt. Ich durchschaute sofort, was dahintersteckte: Sie wollten zwar mit mir arbeiten, aber nicht ohne Netz und doppelten Boden.

Ein Label, das sich nicht traute, mit mir aufs Ganze zu gehen, war kein geeigneter Partner für mich. Also gab ich Def Jam einen Korb.

Dann meldete sich ein Typ von Capitol Records. Er nannte sich 3H und ließ mich nach L.A. einfliegen – mein erster Trip an die Westküste. Dort angekommen, stellte ich überrascht fest, dass 3H ein Weißer und außerdem fast noch ein Kind war. Ich war beeindruckt von so viel Mumm, aber noch irrer fand ich, dass er es als so junger Bursche bereits in eine derart verantwortungsvolle Position geschafft hatte. Er war wie ich: ambitioniert und großspurig. Ich hätte wirklich gerne mit ihm gearbeitet.

Doch dann bekam sein Chef bei Capitol kalte Füße. Er fand mich »zu furchteinflößend« – zumindest war es das, was er gegenüber 3H äußerte – und er wollte »keine Bodyguards« in seinem Haus. Ganz falsch lag er damit nicht: Ich strahlte damals durchaus etwas Bedrohliches aus, und meine Bodyguards folgten mir auf Schritt und Tritt. Aber warum sollte ich jemanden überzeugen, der meinen Wert nicht erkennen konnte? So sehr ich 3H auch mochte, ich wusste, dass ich bei Capitol nicht gut aufgehoben war.

Mein damaliger Manager war Chris, der für Violator arbeitete, und den ich als Ratgeber sehr schätzte. Als ich diese Deals ausschlug, unterstützte er mich weiter. Aber mir war klar, dass er sich damit schwertat.

Chris musste sich allmählich ernsthaft fragen, ob sich seine Investition in mich je auszahlen würde. Mag sein, dass ich mit meinen Mixtapes auf der Straße für gewaltiges Aufsehen gesorgt hatte, aber ich war auch vorbelastet. Hätte ich auf Nummer sicher gehen wollen, dann hätte ich einen dieser Deals angenommen, um endlich mein Debütalbum herauszubringen.

Als Todd Moscowitz, Chris' Kollege bei Violator, mir einen Deal mit J Records verschaffte, verkomplizierte das die Lage nur noch weiter. Todd sah darin eine einmalige Gelegenheit. Ich sollte mit Branchenlegende Clive Davis zusammenarbeiten. Das versprach, die Befürchtungen vieler Leute in der Branche zu zerstreuen. Deshalb setzte Todd alles daran, mich zu einer Unterschrift bei J Records zu bewegen.

Etwa zu dem Zeitpunkt, zu dem Todd sich bemühte, mich von dem Vertrag mit J Records zu überzeugen, bekam ich Wind davon, dass Eminem mich für sein Interscope-Sublabel Shady Records gewinnen wollte. Mir war sofort klar, dass ich es nicht besser treffen könnte. Die Verkaufszahlen seines Albums *The Marshall Mathers LP* hatten gerade die 22-Millionen-Marke überschritten. Die Gelegenheit zu einer Kooperation wie dieser bietet sich nur einmal im Leben – und das nur, wenn man sehr viel Glück hat.

Ich stand vor einer schwierigen Entscheidung. Heute meinen die Leute, ich wäre quasi zum Erfolg verdammt gewesen. Ganz gleich, zu welchem Label ich gegangen wäre. In Chatrooms oder Online-Foren fallen immer wieder Sätze wie »50 war damals dermaßen heiß und angesagt, er hätte auch bei Koch unterschreiben können und nicht weniger Platten verkauft«.

Ja, stimmt, ich war angesagt, aber auch wenn mein Ego das nicht so recht wahrhaben will, wäre meine Karriere nicht annähernd so steil verlaufen, wenn ich bei einer anderen Plattenfirma als Interscope unterschrieben hätte. Weder bei Koch noch bei Def Jam und auch nicht bei J Records. Das war nicht allein Eminems Verdienst: Dank Interscope hatte ich Zugang zu Dr. Dre, einem der größten Produzenten aller Zeiten. Kein Deal der Welt hätte es mit der Schlagkraft dieser Kombination aufnehmen können.

Ich wusste: Das war der Moment, auf den mich all meine Fehl- und Rückschläge vorbereitet hatten. Als sich diese Tür öffnete – selbst als es nur ein Spalt war –, musste man mich nicht zweimal auffordern, hindurchzugehen.

Doch bevor ich diesen Schritt gehen konnte, musste ich mich um Todd Moscowitz kümmern. Der Deal mit J Records hätte Violator viel Geld eingebracht. Der mit Eminem nicht. Und Todd wollte nicht klein beigeben. Also mussten ein paar Jungs aus meiner Crew und ich die Situation mit Violator besprechen.

Todd trat sehr aggressiv auf und bestand darauf, dass wir seinen Deal unterschreiben müssten. Ich warf Chris einen hilfesuchenden Blick zu, aber der zuckte bloß mit den Schultern. So, als wären ihm die Hände gebunden. Chris war hin- und hergerissen zwischen dem, was seiner Meinung nach das Beste für seinen Künstler war, und dem, was in Todds Augen das Beste für die Firma war. Es war eine surreale Situation: Dieser Typ in Sakko und feinen Lederschuhen, der mich davon überzeugen wollte, die Chance meines Lebens sausen zu lassen, um einen – wie ich wusste – schlechteren Deal einzugehen.

Todds Worte kamen bei meinen Jungs und mir nicht gut an. Wir brachten unsere Bedenken zum Ausdruck. Möglicherweise haben wir sie sogar etwas aggressiv formuliert. Ich erinnere mich an das laute Klacken seiner Schuhe, als Todd irgendwann aus seinem Büro raus- und die Treppe zur Straße runterrannte. Was soll ich sagen? Der Vertrag mit J Records kam nie wieder zur Sprache. Interscope sollte meine neue Heimat sein.

Jeder weiß, was die Folgen dieses Deals waren: Er machte mich zu einem der größten Stars in der Geschichte des Hip-Hops. Trotzdem muss ich es noch einmal betonen: Damals war das alles andere als eine glasklare Entscheidung.

Was Todd Moscowitz wollte, ging mir am Arsch vorbei. Aber Violator eine Absage zu erteilen, fiel mir deutlich schwerer. Denn Chris war ein guter Freund. Dass ich den Deal mit J Records ausschlug, brachte ihn in eine schwierige Lage. Als viele andere mir den Rücken gekehrt hatten, hatte er loyal zu mir gestanden. Als andere mir

Zucker in den Arsch bliesen, hatte er sich nicht verbiegen lassen. Es wäre sehr viel einfacher gewesen, bei J Records zu unterschreiben, einen fetten Scheck zu kassieren und alle glücklich zu machen. Es wäre ein Kompromiss gewesen, und viele hätten damit leben können.

Ich nicht.

Wenn es um deine Vision geht, darfst du unter keinen Umständen Kompromisse eingehen. Selbst auf die Gefahr hin, dass du damit Freundschaften aufs Spiel setzt, musst du stets bereit sein, gegen den Strom zu schwimmen und hohe Geldsummen abzulehnen. So lange, bis du sicher sein kannst, dass die richtige Gelegenheit gekommen ist.

Würdest du einen Mann heiraten, nur weil er dir einen Antrag gemacht hat? Oder eine Frau heiraten, nur weil deine Freunde sie klasse finden? Ich hoffe nicht. Eine solche Verpflichtung geht man nicht ein, nur weil jemand anderes das so will. Es ist egal, ob du mit 37 noch Single bist und deine Mutter dich andauernd fragt: »Wann bescherst du mir endlich einen Enkel?« Du wartest, bis du dir hundertprozentig sicher bist, dass er der Richtige ist, bevor du auch nur darüber nachdenkst, ihm das Jawort zu geben.

Würdest du ein Kaufangebot für ein Haus abgeben, nur weil dein Makler keine Lust mehr hat, dir weitere Häuser zu zeigen, und endlich seine Provision einstreichen will? Teufel, nein! Du engagierst einen neuen Makler und besichtigst ein Haus nach dem anderen, bis du endlich das gefunden hast, das du dir leisten kannst und in dem du den Rest deines Lebens verbringen möchtest.

Wenn du klein beigibst, beweist das einen Mangel an Selbstvertrauen. Wenn dein Weg steinig war, fragst du dich womöglich, ob es das wert ist. Ob du vielleicht besser die nächstbeste Gelegenheit ergreifen solltest, bevor sich gar keine mehr bietet. Wenn du so denkst, dann hast du nicht mehr das Gespür eines Hustlers.

Kürzlich sprach ich mit einem Freund, dem es schwerfiel, ein solches Selbstvertrauen zu entwickeln. Er hatte aus dem Nichts eine eigene Firma aufgebaut und sein ganzes Herz und seine Seele hineingesteckt. Als sich nach Jahren harter Arbeit endlich der Erfolg einstellte, machten ihm diverse größere Unternehmen Kaufangebote. Er schaute sich die Entwicklungen seiner Branche genau an und kam zu dem Schluss, dass der Zeitpunkt für einen Verkauf günstig sei. Also nahm er mit einem der Kaufinteressenten Verhandlungen auf und verbrachte Monate damit, die Bedingungen des Deals durchzugehen. Er gab Unsummen für Anwälte aus. Doch gerade, als er seine Unterschrift unter den Vertrag setzen wollte, trat die andere Firma von ihrem Angebot zurück. Das Geschäft war gestorben.

Mein Freund war fassungslos. Das hat ihn echt fertiggemacht. Er hatte sich schon das Traumhaus ausgemalt, das er sich von dem Erlös kaufen wollte. Die gemeinsamen Urlaubsreisen mit seinen Kindern. Die vielen Nullen auf seinem Bankkonto. Und jetzt war alles futsch.

Er war deprimiert. Er hatte das Gefühl, seine Zeit und sein Geld verschwendet zu haben. Ihm graute vor der Vorstellung, noch einmal ewig lange verhandeln zu müssen. Also beauftragte er seine Anwälte, so schnell wie möglich einen Verkauf zu sichern. Langfristige Perspektiven interessierten ihn genauso wenig wie die bestmögliche Wertschöpfung. Er wollte es einfach nur noch erledigt haben. Er hatte sein Selbstwertgefühl verloren.

Es war Zeit für ein paar aufmunternde Worte. Mein Freund musste sein Hustler-Gespür wiederfinden. Den Kampfgeist, der ihn dazu gebracht hatte, überhaupt erst seine Firma zu gründen. »Denk mal darüber nach: Wenn auch nur eine einzige Person daran interessiert war, dann bedeutet das, dass deine Idee einen Wert hat,« versicherte ich ihm. »Bleib ruhig. Keine Panik! Lass dich niemals auf etwas ein, von dem du nicht überzeugt bist, dass es das Richtige für dich ist. Da draußen gibt es Unternehmen, die Leute in deiner Situation ausnutzen. Lass dich von denen nicht über den Tisch ziehen. Mach dich wieder an die Arbeit und warte, bis der passende Vertragspartner auftaucht.«

Ich konnte seine Unsicherheit so direkt ansprechen, weil ich genau nachempfinden konnte, wie er sich fühlte. Wenn man alles für eine Sache gibt und dann damit scheitert, stellen sich Selbstzweifel ein. Man ist verwundbar. Es gibt Menschen, die Selbstzweifel sofort wittern und dann versuchen, diese Schwäche auszunutzen.

Nachdem Columbia Records mich fallen gelassen hatte, fühlte ich mich genauso verletzlich wie er. Meine Selbstzweifel raubten mir jegliche Energie. Vermutlich haben meine Fans nichts davon bemerkt, aber so war es. Zum Glück erwies sich mein Hustler-Spirit als stärker als der Pessimismus.

Ich hatte das nötige Selbstvertrauen und die Geduld, auf den passenden Deal zu warten. Ich war mir meines Werts bewusst, und dafür wurde ich letztendlich belohnt.

Innerhalb weniger Jahre entwickelte ich mich von dem jungen Künstler, den die Plattenfirma fallen gelassen hatte, zu dem Mann, der eines der meistverkauften Hip-Hop-Alben aller Zeiten veröffentlichte. Und die anderen Hustler, die Jungs, die damals mit mir in den Startlöchern gestanden hatten? Die sagten, ich hätte Schwein gehabt, dass sich Interscope für mich interessiert hatte. Aber, wie sagte schon meine Großmutter: »Du warst wahrlich gesegnet.«

Es mag wie eine Binsenweisheit klingen, aber viele Menschen können den Wert einer starken Partnerschaft nicht erkennen. Manchmal – und das gilt besonders für Künstler – sind sie von ihrem eigenen Hype so geblendet, dass sie denken, sie bräuchten niemanden, der sie unterstützt. Sie glauben, ihr Hype und ihr Talent würden mehr als ausreichen. Selbstvertrauen zu besitzen ist großartig. Trotzdem: Lass dich nie von deinem Ego blenden, wenn es um eine Partnerschaft geht, die dich weiterbringen kann, als du es allein je schaffen würdest.

Das habe ich mit eigenen Augen bei einem Rapper aus Philadelphia gesehen, der Gillie Da Kid hieß. Cosmic Kev, der legendäre Radiomoderator aus Philadelphia, hatte mich auf ihn aufmerksam gemacht. Dank meiner ersten beiden Alben ging meine Karriere damals durch die Decke, und ständig wollten mir irgendwelche Leute ihre Künstler schmackhaft machen. Kev war ein alter Hase, und er wusste, dass es besser war, bescheiden aufzutreten, wenn man etwas von mir wollte. »Yo, ich habe dich nie um etwas gebeten«, sagte er, und das stimmte. »Aber tu mir einen Gefallen: Hör dir Gillies Track mal an, denn der wird durch die Decke gehen.«

Ich hatte eine Menge Respekt vor Kev, also kam ich seiner Bitte nach. Und er lag goldrichtig: Die Nummer hatte definitiv das Zeug zum Hit. Gillies Song gefiel mir so gut, dass ich beschloss, seine Musik nicht nur an einen der A&Rs von Interscope weiterzuleiten, sondern sie den geschäftsführenden Managern persönlich vorzuspielen.

Als Künstler ist es ein absoluter Glücksfall, wenn sich jemand so persönlich für einen einsetzt. Es ermöglicht einem, die vielen hierarchischen Schritte zu umgehen und direkt mit den hohen Tieren ins Gespräch zu kommen. Wenn derjenige, der einen so protegiert, dann auch noch 25 Millionen Platten für das Label verkauft hat, kann man sich sicher sein, jedermanns ungeteilte Aufmerksamkeit zu besitzen.

Ich habe Gillies Song einem der Top-Manager vorgespielt. Anfangs war er nicht so begeistert wie ich. Dann erzählte ich ihm, was ich vorhatte: »Gillie zur G-Unit zu holen, scheint mir nicht sinnvoll,« sagte ich. Denn ich war mir nicht sicher, ob Gillies Sound zu dem passte, was wir damals machten. »Aber wenn ihr ihn unter Vertrag nehmt, hat das Projekt meine volle Unterstützung. Ich lege mein ganzes Gewicht mit in die Waagschale.« Darauf antwortete der Manager: »Okay, das ändert die Sache. Wir machen's.« Denn sie wussten: Wenn ich den Vertrag mit unterschrieb, würde sich sein Zeug verkaufen.

Wir ließen Gillie wissen, dass ein Vertragsangebot von Interscope vorlag. Ich weiß nicht mehr genau, wie viel sie geboten haben, aber es war ein fairer Deal. Gillie sah das offensichtlich anders. »Nee, drauf geschissen,« erwiderte er, als Kev ihm die Summe nannte. »Die müssen mir 'ne Million geben, damit ich unterschreibe.«

Seine Antwort überraschte mich, aber aus Respekt vor Kev leitete ich seine Forderung an die Bosse weiter. Denen war das zu viel Geld, für einen Künstler ohne große Erfolgsbilanz. Sie hätten Gillie unter Vertrag genommen, aber eben nicht für eine Million Dollar auf die Hand.

Gillie blieb stur. Sämtliche Versuche, ihn davon zu überzeugen, dass er die Gunst des Augenblicks nutzen müsse, blieben fruchtlos. Er wollte unbedingt die Million Dollar haben. Und als Interscope sie ihm nicht geben wollten, schlug er den Deal aus. Das war ein großer Fehler.

Sein Fehler bestand darin, sich nur für das Geld zu interessieren und nicht über den Tellerrand zu blicken. Seine Vision war zu beschränkt. Auch sein Umfeld spielte eine Rolle dabei. Philly ist zwar eine große Stadt, aber die Rapper-Community dort ist ziemlich klein. Dort kennt jeder jeden. Gillie wusste wahrscheinlich von Beanie Sigels Vertragsbedingungen oder was Philly's Most Wanted kassiert hatten, und dachte deshalb, er müsse auf seiner Forderung beharren, um in der gleichen Liga zu spielen wie sie.

So darf man einen Deal nicht angehen. Statt sich darauf zu fokussieren, was andere bekommen haben, hätte er erkennen müssen, dass meine Unterstützung für sein Projekt die deutliche größere Chance barg. Mit meinem Gewicht hätte ich ihm die nötige Aufmerksamkeit verschafft ... und nicht nur das. Mit mir als Co-Unterzeichner – daran habe ich nicht den geringsten Zweifel – hätte Gillie am Ende weit mehr als eine Million Dollar von Interscope bekommen.

Stattdessen unterschrieb er woanders und veröffentlichte einige Jahre später ein Album, das nicht genug Unterstützung und Aufmerksamkeit bekam. Das war's dann. Obwohl er erwiesenermaßen über das nötige Talent verfügte, ist er nie richtig durchgestartet. Heute ist Gillie ein anerkannter O.G.* in der Hip-Hop-Szene von Philly und Host eines beliebten Podcasts. Aber der Erfolg, der ihm als Rapper zugestanden hätte, der blieb ihm verwehrt.

---

* »Original Gangsta« im Hip-Hop-Jargon, Anm. d. Red.

BEHALTE STETS DAS POTENZIAL IM AUGE – NICHT DAS SCHNELLE GELD

Kommen wir zurück auf meine Einschätzung des Deals mit Eminem und betrachten vor allem die positiven Aspekte, auf die ich mich dabei fokussiert habe: die Zusammenarbeit mit Ausnahmetalenten, die fehlende interne Konkurrenz und den Zugang zu einer neuen Fan-Basis.

Fällt auf, dass etwas fehlt? Genau: das Geld.

Mir war klar: Im Vergleich zu dem, was ich mit einem richtig ausgearbeiteten Plan langfristig verdienen konnte, würde die Summe, auf die wir uns geeinigt hatten, nicht ins Gewicht fallen. Mein Signing-Bonus bei Shady Records betrug »nur« eine Million Dollar. Am Ende habe ich mit diesem Deal allerdings so viel Geld verdient, dass der Bonus kaum noch ins Gewicht fiel.

In einem Kapitel, das den Titel »Kenne deinen Wert« trägt, mag das deplatziert klingen, aber die Höhe deines ersten Schecks sollte niemals deine größte Sorge sein. Stattdessen solltest du dich immer auf das langfristige Potenzial konzentrieren.

Das war auch das Prinzip hinter einer der besten Geschäftsentscheidungen, die ich jemals getroffen habe: dem Deal, den ich 2004 mit Vitamin Water einging. Heute werde ich dafür gefeiert, aber genau wie damals, als ich bei Eminem unterschrieb, haben sich erst einmal viele Leute gewundert.

Auch Chris Lighty war skeptisch, als ich ihm davon erzählte, dass ich in eine Firma investieren wollte, die Wasser vertrieb. »Du willst Wasser verkaufen? An wen?«, fragte er. Damals verdienten viele Rapper gutes Geld mit Werbung für Spirituosen wie Hennessy und Courvoisier. Chris hielt es für cleverer, in die Alkohol-Branche zu investieren.

Aber mein Wahnsinn hatte Methode. Aus persönlicher Erfahrung wusste ich, dass die Leute bei Live-Veranstaltungen nicht immer Alkohol konsumieren. Zum Beispiel, weil sie unter einundzwanzig sind oder keine 20 Dollar für ein abgestandenes Bier ausgeben wollen. Wasser ist dagegen auf jedem Konzert zu haben und wird gerne getrunken. Auf Veranstaltungen ist es immer das meistverkaufte Getränk, und daran wird sich nichts ändern.

Eines Tages schlenderte ich im Supermarkt an den Trinkwasserangeboten vorbei und bemerkte eine Premiummarke, die für 3 Dollar verkauft wurde. Dann sah ich, dass die No-Name-Marken eher bei 75 Cent lagen. *Wenn man mir die Augen verbinden würde*, dachte ich damals, *dann könnte ich nicht sagen, welches Wasser welches ist*. Die Premium-Marken hatten beim Marketing und der Werbung einfach bessere Arbeit geleistet. Das war ein Augenöffner. Bis dahin war mir nie in den Sinn gekommen, dass man Wasser, genau wie Alkohol, zum Luxusartikel aufwerten kann. Und Wasser repräsentiert meinen Lebensstil sehr viel authentischer. Denn ich konsumiere eigentlich keinen Alkohol, aber ich trinke definitiv viel Wasser. Und deshalb weiß ich aus persönlicher Erfahrung, dass es langweilig werden kann, immer nur reines Wasser zu trinken. Um ein bisschen Abwechslung zu haben, fing ich irgendwann an, aromatisiertes Wasser zu trinken. Einmal trainierte ich in einem Fitnessstudio in L.A. und der Trainer reichte mir eine Flasche »Vitamin Water«. Ich nahm einen Schluck, und es schmeckte mir so gut, dass ich spontan beschloss, in die Marke zu investieren. Um sicherzugehen, dass ich es nicht vergesse, warf ich die leere Flasche sogar in meine Sporttasche.

Sobald ich wieder im Hotel war, rief ich Chris an und erzählte ihm von dem schmackhaften aromatisierten Wasser. Er recherchierte ein wenig und fand heraus, dass es von einer Firma namens Glacéau vertrieben wurde, die ihren Sitz ausgerechnet in Queens hatte. Ich überzeugte ihn von der Idee, eine Kooperation zwischen mir und dieser Marke in die Wege zu leiten, und wir heckten einen Plan aus.

In den Werbespot für meine Adidas-Turnschuhe, der mich beim Training in einem Boxstudio zeigte, schmuggelten wir eine kurze Sequenz hinein, in der ich einen Schluck Vitamin Water trinke. Die Szene dauerte kaum eine halbe Sekunde, aber das reichte aus. Ein Bekannter von Chris arbeitete bei Glacéau und sah den Spot. Er fragte mich, ob ich an einem Werbedeal interessiert sei. Glacéau hatte soeben ein neues Produkt entwickelt, das Formula 50 hieß (weil es 50 Prozent der empfohlenen Tagesdosis von sieben Vitaminen und Mineralien enthielt). Wer, bitteschön, hätte einen Artikel mit dem Namen Formula 50 besser an den Mann bringen können als 50 Cent?

Ich willigte in das Angebot ein, bat mir aber einen anderen Deal als den Standard-Werbevertrag aus. Statt ein fünf- oder knapp sechsstelliges Honorar zu kassieren, wollte ich in das Unternehmen investieren. Ich verlangte kein Geld, sondern eine Beteiligung an der Firma.

Mit dieser draufgängerischen Forderung habe ich Glacéau kalt erwischt. Sie waren zwar nicht grundsätzlich gegen die Idee, aber die Vorstellung, mit mir auf dieser Ebene ins Geschäft zu kommen, machte sie nervös. Sie kannten mich nur als den Rapper, der neunmal angeschossen wurde, und mit diesem Image wollten sie eigentlich nicht in Verbindung gebracht werden.

Ich musste sie erst einmal beruhigen, also arrangierte ich ein Meeting mit dem Geschäftsführer der Firma. Ich ging ohne Entourage zu dem Termin, nur in Begleitung von Chris. Im Gespräch brachte ich dann meine Bewunderung für ihr Produkt zum Ausdruck. Ich machte deutlich, dass ich bereits ein treuer Kunde war und hart daran arbeiten würde, die Marke so bekannt wie möglich zu machen. Ich vermittelte nicht die Arroganz oder Aggressivität, die sie vermutlich erwartet hatten, sondern präsentierte mich als jemand, der eine besondere geschäftliche Perspektive sah. Der bereit war, sich für die Vision den Arsch aufzureißen, um das Beste daraus zu machen. Und das war die Wahrheit.

Durch mein Auftreten gelang es mir, ihre Befürchtungen zu zerstreuen, sodass es uns schließlich gelang, eine Eigenkapitalvereinbarung zu treffen. Mein nächstes Ziel war die Neuausrichtung des Produkts. In meinen Augen war Vitamin Water nur eine gehobene Variante des sogenannten »Quarter Water«, jene aromatisierten Getränke, die man in kleinen Läden für 25 Cent bekommt. Fragt man jemanden auf der Straße, welche Geschmacksrichtung er am liebsten trinkt, lautet die Antwort stets »Traube«. In meiner Hood trank niemand Quarter Water mit Litschi- oder Passionsfruchtgeschmack, wie er Glacéau vorschwebte. Formula 50 musste nach Traube schmecken, um bei meinen Fans anzukommen. Das Unternehmen respektierte meine Vision und änderte den Geschmack zu Traube.

Nachdem alles geklärt war, rührte ich für Vitamin Water nach Kräften die Werbetrommel. Ich war auf Plakatwänden und Bushaltestellen im ganzen Land zu sehen. Ich drehte einen kultigen Werbespot, in dem ich ein Symphonieorchester dirigiere, das »In Da Club« spielt, während ich einen Schluck Formula 50 trinke. Wo man auch hinsah, ich pries die Vorzüge von Vitamin Water an.

Der Marktanteil von Glacéau stieg. Das erregte die Aufmerksamkeit der Getränkeindustrie. So sehr, dass Coca-Cola das Unternehmen im Jahr 2007 für 4,1 Milliarden Dollar kaufte. Davon erhielt ich natürlich einen Anteil. Leider kann ich die genaue Summe nicht nennen, denn ich habe eine Geheimhaltungsvereinbarung unterschrieben. Sagen wir einfach, ich habe an diesem Deal sehr, sehr gut verdient.

Es war der größte Karriereschritt meines Lebens, den ich später in meinem Song »I Get Money« feierte:

I took quarter water sold it in bottles for 2 bucks
Coca-Cola came and bought it for billions, what the fuck?

»What the fuck?«, fragte sich auch der Rest der Hip-Hop-Community, als sich herumsprach, wie viel Geld ich gemacht hatte. Bahnbrechende Hip-Hop-Deals hatte es schon vorher gegeben – Run-DMC und Adidas, LL Cool J und FUBU –, aber das war ein völlig neues Level. Obwohl jeder in dieser Szene auf der Suche nach dem nächsten großen Deal ist, war ich auf eine verborgene Goldader gestoßen, die niemand sonst bemerkt hatte.

Da ich felsenfest an meine Vision glaubte, zerbrach ich mir wegen des Startkapitals nicht den Kopf. Fairerweise muss ich sagen, dass ich schon damals in einer außerordentlich glücklichen Situation war: Dank des Erfolgs meiner Musik spielten 100 000 Dollar mehr oder weniger keine große Rolle für mich. Mir ist natürlich klar, dass nicht viele Menschen in so einer glücklichen Lage sind. Trotzdem, unabhängig von der finanziellen Situation, in der man sich befindet, würde ich jedem, der von etwas wirklich überzeugt ist, immer empfehlen, sich um eine Aktienbeteiligung zu bemühen, anstatt eine bloße Vorauszahlung anzunehmen.

Wer sich um eine Unternehmensbeteiligung bemüht, wettet im Grunde genommen auf sich selbst. Als ich meinen Deal mit Vitamin Water abschloss, war das noch eine ziemlich ungewöhnliche Wette. Heute ist es dank des Booms der Start-ups eine Vergütungsform, für die sich viele Menschen interessieren, besonders in der Tech- und Medienbranche. Einen Beteiligungsdeal auszuhandeln ist immer klug, dennoch sollte man sich vorher genau informieren, welches Stück vom Kuchen man eigentlich bekommt. Denn nicht immer sind alle Stücke des Unternehmenskuchens gleich.

Wer im Begriff steht, mit einem Unternehmen einen Deal auszuhandeln, der eine Eigenbeteiligung beinhalten könnte, sollte unbedingt einen Anwalt hinzuziehen. Auch wenn man glaubt, man könnte sich keinen leisten: Ein Anwalt ist unentbehrlich. Wenn es nicht anders geht, muss man sich das Geld eben leihen. Und vorher sicherstellen, dass er sich im Bereich der Unternehmensorganisation auskennt. Engagiere bloß niemals einen Cousin, der Immobiliengeschäfte macht, oder den Mann, der deine Scheidung abgewickelt hat, nur weil diese Typen ein bisschen billiger sind. Hol dir jemanden, der auf diese Art von Verträgen spezialisiert ist. Auch wenn es ein schmerzhaftes Loch in den Geldbeutel reißt: Wer in dieser Phase des Geschäfts ein paar Dollar mehr investiert, kann später eine Menge Geld sparen.

Außerdem sollte man sich mit einigen grundlegenden Fragen vertraut machen, damit man ausreichend informiert ist, wenn die Verhandlungsgespräche beginnen. Nur die wenigsten sind in einer so günstigen Position, wie ich es bei Vitamin Water war, wo ich tatsächlich eine direkte Unternehmensbeteiligung bekommen habe.

Es ist eher wahrscheinlich, dass die Firma, für die du arbeitest, dir anbietet, einen gewissen Gehaltsverzicht durch Aktienoptionen auszugleichen. Um herauszufinden, ob du damit ein gutes Geschäft machst, musst du die Gesamtbewertung des Unternehmens kennen. Wenn das Unternehmen bereits an der Börse notiert ist, kannst du den Marktwert berechnen, indem du den Kurs mit der Anzahl der ausstehenden Aktien multiplizierst. Hat es noch keine Aktien ausgegeben, wird es schwieriger, den Wert zu berechnen. Du könntest die Geschäftsführer fragen, nach welcher Methode sie den Unternehmenswert ermittelt haben. Wenn sie keine Auskunft erteilen wollen oder nur ausweichend antworten, ist dieser Deal es vermutlich auch nicht wert, ihn weiterzuverfolgen.

Wenn dir Aktien angeboten werden, solltest du zuerst in Erfahrung bringen, ob die Optionen unverfallbar sind. Meistens ist das zutreffend. Das heißt dann, die Aktien müssen eine bestimmte Zeit lang gehalten werden, bevor man sie zu Geld machen kann. Werden die Optionen erst nach vier Jahren ausübbar, solltest du dich ernsthaft fragen, ob du wirklich vorhast, so lange für das Unternehmen zu arbeiten. Wenn nicht, ist eine solche Kapitalbeteiligung vermutlich wenig sinnvoll.

Wenn die Begriffe »Kapitalbeteiligung« oder »Aktienoptionen« fallen, denken viele, sie hätten einen Volltreffer gelandet. Kapitalbeteiligungen und Aktien bieten tatsächlich die Möglichkeit, ungewöhnlich schnell sehr viel Geld zu verdienen. Trotzdem sollte man nicht blindlings in irgendwelche Start-ups investieren. Es ist wichtig, sich vorher mit dem Unternehmen vertraut zu machen, und dabei gilt es, von Anfang an eine Menge schwieriger Fragen zu stellen. Erst dann ist man richtig aufgestellt, um schließlich die Früchte seiner Arbeit zu ernten, falls sich das Start-up als eines der wenigen Unternehmen erweisen sollte, dessen Wert tatsächlich in die Höhe schießt.

Ich habe viele Menschen getroffen, die einmalige Gelegenheiten verpasst haben, weil sie dem schnellen Geld hinterherjagten, anstatt sich um eine Unternehmensbeteiligung zu bemühen. Das hanebüchenste Beispiel ist mein ehemaliger Partner Sha Money XL.

Ich lernte Sha kennen, als ich gerade mit der Musik anfing. Bevor ich bei Interscope unterschrieb, habe ich viele der Songs für meine Mixtapes im Kellerstudio seines Hauses auf Long Island aufgenommen. Das Studio war weit davon entfernt, professionellen Ansprüchen zu genügen, aber es erfüllte seinen Zweck. Viel entscheidender war für mich allerdings, dass Sha mir einen sicheren und geschützten Aufnahmeraum zur Verfügung stellte, und das zu einer Zeit, als sich die meisten größeren Studios nicht mit mir abgeben wollten.

Aufgrund seiner Loyalität und weil er in einer schwierigen Zeit immer für mich da war, betrachtete ich Sha als meinen Partner. Diese Geschäftsbeziehung haben wir zwar nie formalisiert, aber für mich war es damals ausgemachte Sache, dass ich Sha am Profit beteiligen würde, sollte ich bei einem der großen Label unterschreiben.

Nun stell dir meine Überraschung vor, als Sha der Plattenfirma eine Rechnung über 50 000 Dollar präsentierte, nachdem ich den Vertrag bei Interscope unterzeichnet hatte. Er wollte die Aufnahme-Sessions bezahlt bekommen. Das hat mich gleich in mehrfacher Hinsicht umgehauen. Erstens hatten wir nie darüber gesprochen, dass er mir die Zeit in seinem Haus in Rechnung stellen würde. Und auch wenn er offensichtlich der Meinung war, dass ihm das zustand

– wie kam er auf so eine überzogene Summe? 50 000 Dollar für Aufnahmen in einem Keller? Das war unverschämt.

Ich versuchte, Sha zur Vernunft zu bringen. »Hör mal«, sagte ich zu ihm, »ich hätte nicht gedacht, dass du mir für die Aufnahmen in deiner Bude eine Rechnung aufs Auge drücken würdest. Aber wenn du meinst, du müsstest für diese Sessions bezahlt werden, dann nimm einfach 30 000 Dollar und einen Punkt vom Album.«

Damit bot ich ihm zwar weniger Geld an, als er haben wollte, aber es war trotzdem ein sehr großzügiger Deal. Der Begriff »Punkt« bezeichnet in der Musikindustrie ein Prozent der Tantiemen von jedem verkauften Exemplar einer Platte. Punkte sind in unserer Branche also das, was alle haben wollen. Wenn ein Album durch die Decke geht, dann können diese Punkte unendlich viel Geld einbringen. Und die brodelnde Gerüchteküche ließ damals kaum einen Zweifel daran, dass mein Album richtig durchstarten würde.

Doch Sha war nicht an diesem Punkt interessiert. Selbst sein Anwalt erklärte ihn für verrückt. »Nimm den verdammten Punkt«, sagte er zu ihm. »Ich gebe dir auf der Stelle 20 000 Dollar dafür. Was zum Teufel ist los mit dir?«

Sha wollte nicht einmal auf seinen eigenen Anwalt hören. Er bestand felsenfest darauf, seine 50 000 Dollar zu kassieren. Schließlich bekam er das Geld, aber es sollte ihn teuer zu stehen kommen. Dieser eine Punkt bei *Get Rich or Die Tryin'* war letztendlich 1,3 Millionen Dollar wert.

Und Sha hat mehr verloren als nur diese eine Million Dollar. Nachdem *Get Rich or Die Tryin'* sich wie geschnitten Brot verkaufte, bot mir Interscope einen 15-Millionen-Dollar-Deal für G-Unit Records an. Als der Deal unterschrieben war, hing Sha plötzlich auffällig oft in meinem Büro herum. Ich schätze, er spekulierte darauf, einen Teil dieses Budgets einzustreichen. Aber nicht mit mir. »Du kriegst keinen Cent von diesem Geld«, stellte ich schnell klar. »Du hast auf deine Chance auf eine Beteiligung verzichtet, als du die

Fünfzigtausend kassiert hast. Du bist für alles bezahlt worden, was du getan hast.«

Unsere Beziehung war danach nie mehr dieselbe. Innerhalb weniger Monate wurde Sha für mich von einem Partner, mit dem ich Millionen geteilt hätte, zu einem Dienstleister unter vielen anderen.

Weil er nicht verstand, wie man richtig verhandelt, hatte Sha seine eigene Position untergraben. Er hatte sich in diese verflixten 50 000 Dollar verbissen. Das ist einer der größten Fehler, den man in Verhandlungen begehen kann: Man darf sich niemals auf eine Summe fixieren. Natürlich will man seinen Verhandlungspartner *glauben* lassen, dass man nicht bereit ist, nachzugeben. Aber im richtigen Augenblick darf man natürlich trotzdem nicht zögern, ein gewisses Maß an Flexibilität zu zeigen. Das bedeutet keinesfalls, dass man sich unter Wert verkaufen sollte. Doch es ist wichtig, zu begreifen, dass erfolgreiche Verhandlungen immer auf einem Geben und Nehmen basieren. Wenn man sich rigoros dagegen sperrt, Zugeständnisse zu machen, führt das Gespräch nirgendwo hin.

Hätte Sha diesen Grundsatz verstanden, dann wäre ihm sicher klar geworden, dass es einen sehr einfachen Weg gibt, das zu kriegen, was er wollte – und sogar noch mehr. Ich werde dir zeigen, wie er hätte vorgehen sollen.

Statt die von mir angebotenen 30 000 Dollar und den Punkt rundheraus abzulehnen, hätte er etwas Demut zeigen und mir folgendermaßen antworten sollen: »Weißt du was, Fif? Mit der Rechnung hab ich's übertrieben. Vergiss die 50 000 Dollar.« Selbst wenn er in Wirklichkeit anders darüber dachte, hätte er meine Enttäuschung spüren und sich etwas nachgiebiger zeigen müssen.

Daraufhin wären meine Bedenken vermutlich beschwichtigt gewesen, was ihm wiederum erlaubt hätte, seine Forderung diesmal etwas selbstbewusster zu formulieren: »Ich weiß, dass meine Rechnung überzogen war. Aber ich habe eine Menge Zeit in dieses Album gesteckt, und wir sind dabei zusammen durch dick und dünn gegangen. Und ich weiß es wirklich zu schätzen, dass du mir einen Punkt anbietest. Aber könnten wir uns anstelle von einem vielleicht auf zwei Punkte einigen?«

Hätte er das so gesagt, wäre ich sicher nicht verärgert gewesen. Schließlich *war* er mit mir wirklich durch dick und dünn gegangen. Er hatte seinen Wert und seine Loyalität bewiesen. Ich hätte mir etwas Bedenkzeit erbeten, dann mit eineinhalb Punkten gekontert, und hier wären wir uns höchstwahrscheinlich einig geworden.

Allein dieser Deal hätte Sha fast zwei Millionen Dollar eingebracht. Da unsere Beziehung auf diese Weise unbeschädigt geblieben wäre, hätte er vermutlich auch für die folgenden Alben Punkte gekriegt.

Stattdessen bekam er nur einen Bruchteil davon. Ich hatte ihm die Chance eröffnet, in eine neue Steuerklasse aufzusteigen, und er ließ sich in den Verhandlungen von seinem Ego, von Unsicherheit und vielleicht sogar von Vertrauensmangel leiten. Das ist alles andere als ein schlauer, starker Hustler. Es machte ihn zu einem schwächeren Hustler.

Meiner Meinung nach war es Sha deshalb nicht gelungen, seinen richtigen Wert in die Waagschale zu werfen, weil er die Sache viel zu persönlich nahm. Vielleicht hat sein Stolz es ihm nicht erlaubt, mich um etwas zu bitten. Oder er hat mir einfach nicht getraut. Möglicherweise war es auch die nackte Gier.

Was auch immer seine Motivation war: Sha ließ die Dinge eindeutig persönlich werden. Das ist der zweite Kardinalfehler, den man in Verhandlungen begehen kann: Das Angebot der Gegenseite als unfair betrachten, weil man die eigene Leistung nicht genügend respektiert sieht.

Du musst diesen Grundsatz begreifen: Geschäftsverhandlungen sind nichts Persönliches. Ich betone es noch einmal: Es ist egal, ob man mit einem langjährigen Geschäftspartner, einem Freund oder einem Familienmitglied verhandelt; dein Gegenüber wird die Verhandlung *niemals* mit einer Summe beginnen, die du für angemessen hältst. So funktioniert das einfach nicht. Sie werden immer erst mit einem niedrigen Angebot starten und es erst dann erhöhen, wenn du konterst. Wie hoch das Angebot am Ende ausfällt, hängt allein von deinem Verhandlungsgeschick ab. Aber niemals wird dir jemand diese Summe *gleich am Anfang* anbieten.

Glaube mir. Ich habe an Tausenden solcher Verhandlungen teilgenommen, und keine einzige startete da, wo ich sein wollte. Obwohl ich als erfahrener Unternehmer und Entertainer einiges an Gewicht in die Waagschale legen kann, muss ich auch heute noch hart kämpfen, um das Ziel auszuhandeln, das mir vorschwebt.

Niemals emotional zu reagieren, ist der Schlüssel dafür. Ich bleibe innerlich cool. Selbst wenn der andere so angepisst ist, dass er kurz davorsteht, alles hinzuschmeißen. Ich warte einfach ab, wie er auf mich reagiert. Wenn mir die Gegenseite kein Stück entgegenkommt, egal wie viele Hebel ich in Bewegung setze, dann breche ich die Verhandlung ab. Aber meistens bringen mich ein paar taktische Züge ans Ziel. Und dann besiegeln wir den Deal. Wenn der schließlich eingetütet ist, verhalten sich alle, als hätte es das ganze Getue und die Drohgebärden nie gegeben. Man umarmt sich, stößt miteinander an und beteuert, wie sehr man sich freut, miteinander im Geschäft zu sein.

Ich will nicht lügen: Als ich meine ersten Schritte in der amerikanischen Geschäftswelt unternahm, war ich ziemlich überfordert. Auf der Straße gibt es Worte, die keinen Rückzieher erlauben, wenn sie erst einmal gefallen sind. In den Vorstandsetagen ist das anders. Die Leute nennen dich »unverschämt«, einen »Lügner«, »Wichser« oder sogar »Schwanzlutscher«. Aber wenn der Deal unter Dach und Fach ist, tun sie so, als wäre es nie passiert. Auf der Straße könnten das deine letzten Worte gewesen sein, wenn du sie zur falschen Person sagst. In der Geschäftswelt ist das völlig anders. Worte wie diese haben dort nicht wirklich Gewicht. Das alles gehört zum Verhandlungsprozess.

Man sieht darüber hinweg, um am Ende eine gemeinsame Basis zu erreichen.

Man sollte immer dafür kämpfen, sich nicht unter Wert zu verkaufen. Aber niemals beleidigt sein, dass man überhaupt kämpfen musste. Wer das tut, lässt sich zu sehr von seinen Emotionen leiten. Es mag *unfair* sein, aber um das zu bekommen, was du willst, bleibt dir keine andere Wahl, als einer Strategie zu folgen. Alles andere bringt dich nur in die Defensive.

WIE MAN RICHTIGE *POWER* SCHAFFT

Der Deal, den ich mit dem Sender Starz für meine Fernsehserie *Power* abgeschlossen habe, gehört zu den besten, die ich je ausgehandelt habe. Anfänglich war es aber so, dass er einer meiner am wenigsten lukrativen zu sein schien. Das hat mich allerdings nicht im Geringsten gestört. In meinen Gesprächen mit Starz verfolgte ich vom ersten Augenblick an nicht die Strategie, möglichst viel Geld zu verdienen, sondern mir die bestmöglichen Chancen zu erarbeiten.

Schon als mir die Idee für *Power* kam, wusste ich, dass ich etwas Besonderes anzubieten hatte. Mein Ziel war nicht bloß die Produktion einer einzelnen Fernsehserie. Ich wollte ein Franchise erschaffen, bei dem die Charaktere so fesselnd sind, dass sie irgendwann eigene Spin-offs haben können. Was Marvel im Kino gelungen war, wollte ich mit *Power* im Fernsehen erreichen. Mir ging es nicht nur darum, eine Welt zu erschaffen. Ich wollte ein Universum erschaffen.

Damit dieses Universum Realität werden konnte, musste ich mich mit meinen Forderungen zu Beginn sehr zurückhalten. Meine damaligen TV-Erfolge blieben noch weit hinter denen im Film- und im Musik-Business zurück. Mein einziger bisheriger Ausflug in die Welt des Fernsehens war eine Reality-Show nach dem Vorbild von *The Apprentice* gewesen. Sie hieß *The Money and the Power*, lief bei

MTV und war nach nur einer Staffel abgesetzt worden. Ich musste also akzeptieren, dass ich nicht über die nötige Erfolgsbilanz verfügte, um einen Scheck in Superstar-Größe zu verlangen. Bei Starz glaubte man zwar an meine Vision, war aber nicht bereit, dafür das Firmenkonto zu plündern. Das Budget, das sie mir anboten, war begrenzt. Ich wusste: Wenn die Serie ein Erfolg werden sollte, würde ich mir das Geld gut einteilen müssen.

Deshalb willigte ich ein, die erste Staffel für nur 17 000 Dollar pro Folge zu produzieren. Bei acht Folgen waren das 136 000 Dollar. Mit diesen 17 000 Dollar pro Folge war nicht nur meine schauspielerische Leistung, sondern auch meine Tätigkeit als ausführender Produzent abgegolten. Ich verbrachte Monate damit, an dem Skript zu schreiben und arbeitete dafür mit der Showrunnerin Courtney Kemp. Um Promotion für die Serie zu machen, war ich zu Gast bei *Good Morning America*, gab Radiosendern Telefoninterviews und schüttelte fleißig Sponsorenhände. Für mickrige 136 000 Dollar habe ich mich voll reingehängt.

Rein finanziell betrachtet, sah das also nach einem schlechten Deal für mich aus. Mit ein paar Club-Gigs oder einem zehnminütigen Auftritt hätte ich das Dreifache verdienen können. Von wegen »faire« Bezahlung! Wenn man bedenkt, wie viel Zeit ich investiert habe, habe ich quasi draufgezahlt, um diese erste Staffel von *Power* zu drehen.

Einige Leute waren schockiert, als sie erfuhren, mit welcher Summe ich mich zufriedengegeben hatte. Sie hatten wohl erwartet, dass ich zu Starz sage: »Mann, ich bin 50 Cent. Ich kann in einen Club gehen, fünf Minuten lang so tun, als würde ich ein Glas Champagner trinken, und dafür 50 000 Dollar kassieren. Ich werde den Teufel tun, das zu unterschreiben.« Das hätte zwar dem Image von 50 Cent entsprochen, wäre aber eine überaus kurzsichtige Strategie gewesen. Gut möglich, dass Sha Money oder Gillie Da Kid in dieser Situation so reagiert hätten. Aber nicht Curtis Jackson.

Als ich einwilligte, zu einem solchen Dumpingpreis *Power* zu machen, ging ich quasi eine weitere Wette mit mir selbst ein. Eine Wette, die sich auf spektakuläre Art und Weise auszahlen sollte. Es dauerte nicht lange, und *Power* war bei Weitem die Serie mit den höchsten Einschaltquoten bei Starz. In den letzten fünf Jahren zeichnete sie quasi alleinverantwortlich für den Erfolg des Senders. Ein Umstand, der mir bei den nachfolgenden Verhandlungen erlaubte, den Einsatz beträchtlich zu erhöhen. Als ich damals in die ersten Gespräche mit Starz gegangen war, war es wichtig, am Boden zu bleiben. Nachdem die Serie sich als Erfolg erwiesen hatte, konnte ich es mir nun leisten, aggressiver zu verhandeln.

Inzwischen habe ich so viel Einfluss aufgebaut, dass ich gerade erneut bei Starz unterschrieben habe: für 150 Millionen Dollar. Der Deal beinhaltet eine bindende Zusage für drei Serienproduktionen und ein Entwicklungsbudget für weitere G-Unit-Projekte. Ein Gesamtvolumen, dessen Wert am Ende vermutlich sogar diese 150 Millionen übertreffen wird.

Selbst während ich mich am Set, beim Drehbuchschreiben und bei den PR-Aktionen abrackerte, habe ich keine Sekunde geglaubt, dass ich und meine Leistung nur 17 000 Dollar pro Folge wert sind. Das war bloß die Summe, auf die ich mich einlassen musste, um die Sache ins Rollen bringen. Der wahre Wert meines Deals lag darin, dass ich der ausführende Produzent war und die Hauptrolle in einer erfolgreichen Fernsehserie hatte, die diverse Spin-offs und andere Einnahmequellen mit sich bringen sollte. Dieser Deal für die erste Staffel diente allein dem Zweck, mich in eine bessere Position zu befördern, um mein eigentliches Ziel zu erreichen.

Fairerweise muss ich zugeben, dass ich es mir natürlich leisten konnte, mich bei der ersten Staffel unter Wert zu verkaufen. Für andere kann es eine Menge Entbehrungen mit sich bringen, auf Geld zu verzichten. Das könnte zum Beispiel bedeuten, dass sie neben dem Projekt, das sie verfolgen, einen Zweitjob annehmen müssen.

Oder einen Kredit aufnehmen. Oder sogar ihre Wohnung aufgeben und in eine WG ziehen. Ich weiß, dass solche Einschränkungen demoralisierend sein können, aber ich garantiere, dass sie sich auf lange Sicht lohnen. Wenn es darum geht, langfristig Potenzial voll auszuschöpfen, sind kurzfristige Opfer den Einsatz Wert.

LEG EINFACH LOS

Nicht lange nach dem Serienstart von *Power* war ich auf einer Party bei Jamie Foxx in L.A. An diesem Abend erzählte ich Jamie und ein paar Leuten aus seinem Team die gleiche Geschichte, die ich eben beschrieben habe: Wie ich mit einer Vision zu Starz ging, mich von der schlechten Bezahlung nicht abbringen ließ und diese finanzielle Flexibilität nutzte, um meine Vision vollends umzusetzen.

»Seht ihr? Seht ihr, wie 50 das gemacht hat?«, sagte Jamie zu seinen Freunden, als ich fertig war. »Er *legt* einfach los. Wir müssen aufhören, alles zu hinterfragen, und auch einfach mal loslegen! Na los!«

Jamie ging es nur darum, sein Team zu motivieren. Denn in Wahrheit kriegt er natürlich eine Menge gestemmt, aber in jenem Moment schaffte er es, ein grundlegendes Erfolgsprinzip von mir in wenige Worte zu fassen: einfach mal *loslegen*!

Auf den ersten Blick scheint das ein naheliegendes Prinzip zu sein. Doch wir vergeuden viel zu viel Zeit damit, auf die Erlaubnis zu warten, etwas zu tun, statt einfach mal loszulegen. Wir tappen in die Falle, wenn wir glauben, dass die sogenannten *Gatekeeper* – Bosse, Führungskräfte, Kritiker, Manager und Agenten – uns erst die Tür öffnen müssen. Dabei steht sie meistens schon weit offen und wartet nur darauf, dass wir hindurchgehen.

Eine der besten Methoden, diese Gatekeeper zu vermeiden, besteht darin, mit seinen Ideen direkt zu den richtigen Leuten zu gehen. Je mehr Zeit ich in der Führungsetage von Unternehmen verbringe, desto öfter fällt mir auf, wie viel Ahnungslosigkeit dort herrscht, wenn es um die Frage geht, wie man die Menschen am besten erreichen kann. Sie bilden Arbeitsgruppen, geben Studien in Auftrag, engagieren Influencer – sie tun alles Mögliche, *aber* sie vermeiden den direkten Kontakt.

Meine Strategie war schon immer das genaue Gegenteil. Ich bemühe mich immer, die Menschen so direkt wie möglich zu erreichen. Exemplarisch dafür ist mein geschäftliches Engagement in der Spirituosenbranche. Als ich im Jahr 2015 bei Effen Vodka einstieg, galt es in der Branche als die erfolgreichste Verkaufsmasche, dem Wodka einen möglichst elitären Anstrich zu geben. Eine Premium-Spirituose hatte einen Lebensstil zu verkörpern, von dem die Konsumenten nur träumen konnten.

Offenbar war man zumindest in den Marketingabteilungen fest davon überzeugt, dass es nur so funktioniert. Ich ging die Sache trotzdem lieber anders an. Meiner Meinung nach ließ sich der Marktanteil von Effen viel besser erhöhen, wenn ich mich buchstäblich als Star zum Anfassen präsentierte. Mein Plan bestand darin, so viele Promotion-Events wie irgend möglich durchzuführen.

Als ich im Musikgeschäft einstieg, waren Meet-and-Greets ein unglaublich effektiver Weg, um CDs zu verkaufen. Wenn ich bei Tower Records, bei Best Buy oder einem Virgin Megastore Autogrammstunden gab, reichten die Schlangen vor der Tür oft bis um den Häuserblock. Die Leute wollten mir die Hand schütteln und ein Foto mit mir machen, um sich mir nahe zu fühlen – auch wenn diese Nähe nur fünf Sekunden währte.

Dann wurden die CDs von MP3s abgelöst. Da sich Musik nun nicht mehr persönlich an den Mann bringen ließ, kamen Meet-and-Greets weitgehend aus der Mode.

Mir war klar, warum das Musikgeschäft auf sie verzichtete, aber warum sollte ich auf diese Weise nicht Spirituosen promoten? Auch wenn die CD-Verkäufe zurückgingen, war es, soweit ich wusste, noch niemandem gelungen, eine Flasche Wodka zu *streamen*. Ich sah also keinen Grund, warum sich Meet-and-Greets beim Verkauf von Spirituosen nicht als extrem effektive Promotion-Maßnahme erweisen sollten. Die Fans verspürten schließlich immer noch die gleiche Sehnsucht nach Nähe zu ihrem Star.

Um meine Theorie auf die Probe zu stellen, plante ich im ganzen Land Meet-and-Greets. Dabei konzentrierte ich mich insbesondere auf Spirituosengeschäfte in kleineren Städten. Orte wie Milwaukee, Pittsburgh und Jacksonville, wo meine Anwesenheit, wie ich wusste, eine große Sache sein würde.

Diese Events waren extrem erfolgreich. Wenn die Leute hörten, dass ich in ihrer Stadt zu Gast war, standen sie vor dem jeweiligen Spirituosengeschäft Schlange. Genauso, wie sie es für CDs getan hatten. Aber es kommt noch besser: Wenn die Leute für eine CD angestanden hatten, kauften sie in der Regel auch nur ein Exemplar. Doch wer zwei Stunden vor einem Spirituosenladen wartet, um mich zu sehen, der wird wahrscheinlich nicht nur eine Flasche kaufen. Er sagt sich: »Eine Flasche kaufe ich für heute Abend. Bei der Gelegenheit könnte ich gleich noch ein paar Flaschen mehr mitnehmen. Immerhin steht Weihnachten vor der Tür, und es kommen eine Menge Leute zu Besuch.« Und tatsächlich: Im Schnitt habe ich drei Flaschen pro Person verkauft. Und die Schlangen reichten bis zur nächsten Straßenecke.

Meine Meet-and-Greets waren so erfolgreich, dass Puffy sie kopierte und für Cîroc in der Bronx einen In-Store-Event mit French Montana veranstaltete. Allerdings ging das in die Hose. Das Problem war, dass man French in der Bronx ständig über den Weg läuft. Es war nicht unwahrscheinlich, ihn an einem ganz normalen Tag vor dem Spirituosenladen zu begegnen. Warum sollte man also vor diesem Spirituosenladen Schlange stehen, um ihn zu sehen, wenn man ihn dort ohnehin jederzeit sehen konnte? Puffy hätte meinem Beispiel folgen und den Event in einem anderen Laden veranstalten sollen. Dann hätte er sicher ein paar Flaschen verkauft.

Um den direkten Kontakt mit meinen Fans zu etablieren, nutzte ich neben den Meet-and-Greet-Events auch die sozialen Medien. Hatte jemand auf Instagram ein Bild von sich mit einer Flasche Effen gepostet, dann veröffentlichte ich das Foto häufig als Repost auf meinem Insta-Account. Gewöhnlich ging daraufhin seine Follower-Zahl durch die Decke, was wiederum seine Bindung an die Marke stärkte. Wer das sah, fühlte sich ermutigt, ebenfalls Selfies mit einer Flasche Effen zu posten. Auf diese Weise schuf ich für meine Fans einen Anreiz, die Marke öffentlich zu supporten, und schon bald galt es als cool, sich mit einer Flasche Effen ablichten zu lassen. Ich hatte einen Online-Trend losgetreten, ohne dafür auch nur einen einzigen Marketing-Dollar auszugeben.

Wenn ich daran zurückdenke, wie wir früher vorgegangen sind, als wir Crack verkauft haben, erkenne ich viele Parallelen zu dem, was clevere Leute heute in den sozialen Medien anstellen. Die Menschen lassen sich zu etwas bewegen, indem man mit ihnen interagiert. Und nicht durch das, was ihnen irgendein Anzugträger erzählt.

Das Internet macht die Gatekeeper heute zunehmend irrelevant. Wer früher zum Beispiel eine tolle Idee für einen Film hatte, musste sie bei einem Studio vorstellen. Weil man auf dessen Geld und Reichweite angewiesen war, fungierte das Filmstudio als Gatekeeper, der darüber entschied, ob diese Idee etwas wert war.

Wenn man heute eine Idee für einen Film hat, von der man überzeugt ist, braucht man zur Umsetzung kein großes Filmstudio mehr. Man kann den Film mit dem Smartphone drehen, ihn auf dem Laptop schneiden und ihn dann mittels YouTube unter die Leute bringen. Wenn das Werk gut genug ist und die Leute anspricht, wird es auch ein Publikum finden. Das kann zwar eine Weile dauern, aber irgendwann spricht es sich herum.

Und dann werden die Studios von sich aus auf einen zukommen. Schließlich hat man bewiesenermaßen ein Publikum gefunden.

Noch wichtiger ist aber: Man hat bewiesen, dass man weiß, wie es geht. Darum geht es.

Alle möglichen Leute haben Ideen. Manche Leute haben sogar Drehbücher. Aber nur wenige Leute haben bewiesen, dass sie tatsächlich wissen, wie man einen guten Film daraus macht. Und zwar von Tag eins einer Filmproduktion an. Für ein Studio ist das aber das entscheidende Argument. Die Studios wollen sichergehen, dass du ihr Geld nicht verschwendest und sie wirklich ein Ergebnis bekommen werden, wenn sie dich unter Vertrag nehmen. Noch besser würde es ihnen gefallen, wenn der Film auch noch gut wäre, doch für sie ist es letztlich wichtiger, dass er überhaupt produziert wird. Warum werden in Hollywood wohl manche Regisseure immer wieder engagiert, obwohl sie seit Jahren keinen Hit mehr hatten? Weil das Studio darauf vertraut, dass sie einen fertigen Film abliefern.

Mit einem selbstproduzierten Film hat man diesen Test bereits bestanden. Er zeigt, dass man das Zeug hat, etwas auf die Beine zu stellen. Dass man nicht nur den Scheck einsackt, sondern dem Studio auch etwas dafür liefern wird. Wer darüber hinaus bereits ein Publikum hat, der besitzt ein Pfund, mit dem er wuchern kann, denn er ist eindeutig kein Träumer mit einer fixen Idee, der noch auf eine günstige Gelegenheit wartet, um sich zu beweisen. Vielmehr hat er seinen Wert bereits bewiesen und kann sich nun zurücklehnen und auf das beste Angebot warten.

Ich greife hier zwar auf das Beispiel »Filmproduktion« zurück, aber eine »Leg-los«-Mentalität ist in jeder Branche hilfreich. Anstatt herumzusitzen und darauf zu warten, dass jemand Hunderttausende von Dollar in eine Restaurant-Idee investiert, ist es allemal besser, für viel weniger Geld einen Food-Truck an den Start zu bringen. Wenn das Essen so gut ist, dass die Schlange sich um den ganzen Häuserblock zieht, dann ist es nur eine Frage der Zeit, bis ein Investor auftaucht und mit einem Scheck wedelt.

Ein weiteres Beispiel, das ich inspirierend finde, sind Reiseblogger. Diese Kids warten nicht, bis ihnen ein großes Reisebüro oder ein Fernsehsender Geld anbietet. Sie kaufen sich ein Flugticket und eine anständige Kamera, reisen an ein paar coole Orte und erstellen ihre eigenen Inhalte. Kein Gatekeeper sagt ihnen, was sie zu tun oder zu lassen haben. Sie machen es einfach. Viele ältere Typen konnten das anfangs gar nicht gutheißen. »Diese Kids wollen dafür bezahlt werden, dass sie Videos aus dem Urlaub posten?«, nörgelten diese Skeptiker. »Die sollen sich lieber einen richtigen Job suchen.« Aber die Kids hatten eine Vision. Sie blieben bei der Stange und bauten sich im Grunde ihre eigene Branche auf. Inzwischen konsultieren über 30 Prozent der Touristen zur Urlaubsplanung Reiseblogs. Deshalb zahlen Tourismusverbände diesen Bloggern Hunderte Millionen Dollar, damit sie für bestimmte Reiseziele werben. Resorts stellen ihnen kostenlos Zimmer zu Verfügung. Fluggesellschaften umgarnen sie mit Gratisflügen. Nicht ohne Grund zählt der Beruf des Reisebloggers unter Millennials zu den begehrtesten Jobs. Dazu wäre es allerdings niemals gekommen, wenn nicht ein paar junge Leute mit einem Langstreckenflug und einer Kamera eines Tages beschlossen hätten: »Lasst uns jetzt einfach loslegen!«

WAS DAS WERTVOLLSTE IST

Ich habe im Laufe der Jahre eine Menge Luxusartikel gekauft: mehr Uhren und Halsketten als ich zählen kann, genug Lamborghinis, Rolls-Royces, Maseratis und Ferraris, um ein Parkhaus zu füllen, und eine der opulentesten Villen in Amerika.

Aber das mit Abstand Kostbarste, was ich besitze, ist Zeit. Ich habe Halsketten zum Juwelier zurückgebracht (im Grunde den größten Teil). Einmal habe ich sogar einen Ferrari zurückgegeben, weil ich nicht herausfinden konnte, wie man ihn startet. Und ich habe die Villa verkauft.

Allerdings habe ich leider keine Quittung, die es mir erlauben würde, die Zeit zurückzubekommen, die ich in etwas investiert habe. Deshalb lege ich sehr viel Wert darauf, sorgsam abzuwägen, worauf ich meine begrenzte Zeit verwende.

Diese Lektion habe ich vor allem einem zu verdanken: Eminem. Vor vielen Jahren hing ich mit Em im Studio ab und schmiedete große Pläne für eine gemeinsame Welttournee. »Dr. Dre, Snoop, du und ich, wir könnten gemeinsam auf Tour gehen«, schlug ich ihm vor. »Diese Show würde auf der ganzen Welt für ausverkaufte Stadien sorgen. Es gibt niemanden, der diese Show nicht sehen wollen würde.«

Schon als ich Em davon erzählte, sah ich vor meinem geistigen Auge die mit begeisterten Fans gefüllten Stadien. Ich stellte mir vor, wie Millionen von Dollar unsere Bankkonten fluteten. Ich hatte es so plastisch vor mir, dass ich es fast mit Händen greifen konnte.

»Em, wir müssen das unbedingt machen!«, rief ich und sprang vor Enthusiasmus fast aus dem Sessel. Em hörte mir aufmerksam zu. »Klingt wirklich toll, Mann«, sagte er dann, »aber ich will das nicht machen.«

Zuerst dachte ich, ich hätte ihn falsch verstanden. Hatte er gerade wirklich gesagt, dass er auf die Tour und die Kohle verzichten wollte? Das konnte nicht sein. »Warum nicht?«, fragte ich ihn ungläubig.

»Ich möchte nicht monatelang auf Tournee gehen, um dann nach Hause zu kommen und festzustellen, dass Hailie gewachsen ist«, erklärte er, und dabei sprach er von seiner Tochter.

Damals begriff ich erst gar nicht, worauf Em hinauswollte. Ich war unfähig, über das hinwegzusehen, was ich als verpasste Gelegenheit betrachtete. Doch mit der Zeit verstand ich Ems Perspektive immer besser.

Natürlich ist es immer ein schönes Gefühl, einen Scheck zu kassieren. Aber ein Scheck ist niemals wichtiger als eine wertvolle Lebenserfahrung. Zugegeben, Em war in der luxuriösen Position, über ein millionenschweres Finanzpolster zu verfügen. Hailies finanzielle Unterstützung war gesichert. Um diesen Punkt musste er sich also keine Sorgen mehr machen. Er konnte sich voll und ganz darauf konzentrieren, seine Tochter emotional zu unterstützen.

Ich bin allerdings davon überzeugt, dass Em die gleiche Entscheidung getroffen hätte, wenn er immer noch in Detroit gelebt und ohne einen Cent in der Tasche in der Eight Mile Road gewohnt hätte. Em ist auch deshalb so erfolgreich, weil er niemals etwas hinterhergejagt ist. Er hat sich nie von Außenstehenden sagen lassen, was Sache ist. Er weiß immer genau, was ihm wichtig ist, und darauf konzentriert er sich. Ich gehe sogar so weit, zu behaupten, dass er nur deshalb so viel Geld verdient hat, weil er nicht auf Teufel komm raus drauf aus war. Wäre Em damals auf das »schnelle« Geld aus gewesen, dann hätte er sich als Kopie von Vanilla Ice präsentiert. Oder er hätte Rock'n'Roll-Platten aufgenommen, wie es ihm viele Leute geraten haben. Doch dafür besaß er zu viel Talent und respektierte Hip-Hop zu sehr. Er wollte sich seinen Erfolg verdienen und sich als echter MC einen Namen machen. Selbst, wenn das bedeutete, dass er noch eine ganze Weile aufs große Geld warten musste.

Klar geht es letztlich immer ums Geld, aber um dieses Ziel zu erreichen, muss man sein Gehirn erst wieder umpolen und die nötige Wertschätzung für eigene Erfahrungen entwickeln. Insbesondere dann, wenn man nicht mit einem silbernen Löffel im Mund geboren wurde. Manchen von uns ist es nicht vergönnt, an einem College zu studieren, wo die Mitschüler als Türöffner zur Firma ihrer Eltern fungieren und einem so einen guten Job verschaffen können. Wer solche Privilegien nicht genießt, muss selbst herausfinden, wie er einen Fuß in die Tür der Branche kommt, in der er seine Zukunft sieht. Und das geht häufig am besten mit unbezahlter Arbeit – als Praktikant.

Bei meinem Einstieg ins Musikgeschäft habe ich mehrere Praktika gemacht. Das erste bereits während meiner Zusammenarbeit mit-

Jam Master Jay. Damals war ich frustriert, weil ich die meiste Zeit in Jays Studio in Queens festsaß und vom Rest der Hip-Hop-Szene kaum etwas mitbekam. Also tat Jay mir einen Gefallen. Er war mit einem Typen namens Jesse Itzler befreundet, der in der Musikindustrie aktiv war. Neben einer Reihe von Songs für Künstler wie Tone Loc hat Jesse auch die Hymne der New York Knicks »Go New York Go« geschrieben. Das hat ihm einen Job als Leiter des Street-Teams der Knicks eingebracht. Nachdem Jay uns einander vorgestellt hatte, machte Jesse mir ein Angebot: Ich sollte ihm beim Street-Team der Knicks unter die Arme greifen, und er würde mir dafür die wichtigsten Dinge zum Musikgeschäft beibringen. Das klang für mich nach einem guten Deal, und so fuhr ich mit Jesse jeden Tag ein paar Stunden lang in einem Van durch New York, um Knicks-Armbänder und -Schlüsselanhänger zu verteilen. Anschließend ging es zurück in Jesses Studio, und ich assistierte ihm bei der Arbeit an dem Song, an dem er gerade saß. Etwa, indem ich ihm bei der Melodie für einen Refrain oder der Suche nach einem Sample half. Meine einzige Bezahlung war kostenloser Knicks-Kram, aber für einen Jungen, der begierig war, so viel wie möglich über Songwriting und das Musikgeschäft zu lernen, war das eine großartige Schule.

Das Praktikum, bei dem ich die wertvollsten Erfahrungen gemacht habe, folgte ein paar Jahre später. Ich hatte gerade bei Columbia unterschrieben. Als mir auffiel, dass das Label die Veröffentlichung meines Albums immer weiter hinauszögerte, sah ich mich vor die Wahl gestellt: Sollte ich mich einfach geschlagen geben, in meine Hood zurückkehren und darüber schimpfen, dass meine Plattenfirma mich schlecht behandelte? Oder sollte ich die Zeit nutzen, um etwas Konstruktives tun? Ich entschied mich für den konstruktiven Weg. Ich sah das so: Selbst wenn mich Columbia am ausgestreckten Arm verhungern ließen, war ich immer noch bei ihnen unter Vertrag. Das erlaubte mir, in ihren Büros weiterhin ein und aus zu gehen – diesen Zugang wollte ich bestmöglich nutzen.

Niemand hatte mich dazu eingeladen, aber ich beschloss, auf eigene Faust ein inoffizielles Praktikum bei Columbia Records zu beginnen – *einfach loszulegen*. Jesse Itzler hatte sich nur um seine eigenen Projekte gekümmert, aber selbst bei ihm hatte ich als inoffizieller Praktikant eine Menge wertvoller Dinge gelernt. Was konnte ich erst bei einer großen Firma wie Columbia lernen? Und was konnten die schon dagegen tun? Mich abweisen? Ich wusste, dass es dazu nicht kommen würde. Es war für sie viel einfacher, mich einfach machen zu lassen, als mir wieder einmal erklären zu müssen, warum es immer noch kein Veröffentlichungsdatum für mein Album gab.

Jeden Morgen fuhr ich mit der U-Bahn von South Jamaica zum Sony Building in Midtown Manhattan. Dort angekommen, verplemperte ich keine Zeit damit, herumzualbern, mit Assistentinnen zu flirten oder im Treppenhaus Gras zu rauchen, wie es die meisten Rapper taten, wenn sie die Büros ihrer Plattenfirma besuchten. Nein, ich machte mich sofort an die Arbeit. Ich schaute in jeder Abteilung vorbei und nahm dabei so viele Informationen wie möglich auf.

Ich besuchte OJ, der für die Street-Radio-PR verantwortlich war, und fragte ihm Löcher in den Bauch, weil ich verstehen wollte, wie er eine Single an die richtigen Leute bringt. Anschließend setzte ich mich zu meiner Presse-Promoterin Gail. Ich sah ihr dabei zu, wie sie mit Redakteuren und Journalisten telefonierte, um Storys in Magazinen zu lancieren. Dabei ging es zwar um die Projekte anderer Künstler, aber ich wollte lernen, wie die Publicity-Maschinerie funktioniert.

Dann folgte ich Julian auf Schritt und Tritt. Der war für die grafische Gestaltung zuständig, und mich interessierte sein Denkprozess beim Design eines Albumcovers. Welche Artworks kurbelten die Albumverkäufe an, und welche Art von Bildern erwiesen sich dabei als weniger effektiv?

So bin ich im Grunde in jeder einzelnen Abteilung vorgegangen. Überall habe ich Fragen gestellt und so viele Informationen gesammelt, wie ich konnte. Bis ich schließlich zu einer wichtigen Erkenntnis gelangte: Das Label konnte nicht alles für mich tun.

Diese Erkenntnis scheint vielleicht auf der Hand zu liegen, aber damals waren sich die meisten Rapper nicht bewusst, dass auch Plattenfirmen an ihre Grenzen kommen. Sie dachten, wenn sie erst einmal bei einem Major unter Vertrag wären, könnten sie die Dinge einfach laufen lassen. Die Leute in den Büros würden dann den Rest für sie erledigen. In ihren Augen waren die Plattenfirmen gottgleiche Institutionen. Nachdem ich mir einen persönlichen Eindruck verschafft hatte, kam ich allerdings zu dem Schluss, dass die Leute dort auch nur Menschen sind. Es gab Dinge, die Labels sehr gut erledigen konnten, aber auf andere Dinge hatten sie einfach keinen Einfluss.

Durch mein sogenanntes Praktikum lernte ich, dass ich mich erst einmal interessant machen musste, bevor OJ meine Songs ins Radio bringen und Gail mir Storys in Magazinen besorgen konnte. Ich erkannte, dass Labels zwar auf einen bestehenden Hype aufbauen konnten, aber nur begrenzte Möglichkeiten hatten, selbst einen zu verursachen.

Diese Erkenntnis war der Grund für meine Entscheidung, »How to Rob« zu veröffentlichen. Mir war klar geworden, dass ich einen Hype erzeugen musste, um das Label wachzurütteln. Ich musste meinen eigenen Generator anwerfen und selbst Energie erzeugen, statt bloß darauf zu hoffen, dass jemand einen Schalter für mich umlegt.

Ohne dieses Praktikum wäre ich niemals zu dieser Erkenntnis gelangt. Ich wurde zwar nicht dafür bezahlt, dass ich jeden Morgen ins Büro kam, aber das, was ich dort lernte, war von unschätzbarem Wert für mich. Eine realistische Vorstellung davon zu entwickeln, was eine Plattenfirma für mich leisten konnte, und wo sie an ihre Grenzen stieß, hat wahrscheinlich meine Karriere gerettet.

Heute haben Praktika offenbar einen schlechten Ruf. Viele junge Leute beklagen sich, dass unbezahlte Praktika ausbeuterisch seien. Es gibt sogar Bestrebungen, sie für illegal zu erklären.

Ich halte das für kurzsichtig. Wer ein Praktikum in einer Branche macht, für die er sich begeistert, der wird nicht ausgebeutet. Es liegt allein an ihm, aus dieser Erfahrung das Beste zu machen. Ein Praktikum öffnet eine Tür. Sobald man das Haus betreten hat, ist Eigeninitiative gefragt, wenn es darum geht, die einzelnen Räume zu erkunden, die sich hinter den Türen verbergen.

Nehmen wir mal an, du möchtest Designer von Turnschuhen werden. Mit viel Fleiß gelingt es dir, ein Praktikum bei Adidas zu ergattern – allerdings in der Marketingabteilung. Du interessierst dich aber nicht für Marketing. Trotzdem nimmst du die Stelle an. Glaube mir: Das ist ein kluger Schachzug, denn nun hast du den Fuß in der Tür.

Diesen Job im Marketing musst du angehen, als wäre es einer in der Designabteilung. So kannst du den Respekt deiner Vorgesetzten gewinnen. Einmal im Haus, nutzt du diesen Umstand, um weitere Kontakte zu knüpfen. Wenn du erst einmal weißt, wer in der Designabteilung arbeitet, sprich ihn in der Kantine an. Mach ihm Komplimente zu seinen Schuhen. Versuch, mit ihm ins Gespräch zu kommen. Bemüh dich, ihm immer wieder über den Weg zu laufen, bis ihr euch ein wenig nähergekommen seid. Dann lass ihn wissen, dass Design deine wahre Leidenschaft ist. Frag ihn, ob es in Ordnung wäre, bei Gelegenheit in seiner Abteilung vorbeizuschauen und ein wenig Mäuschen zu spielen.

Wenn diese Person dein aufrichtiges Interesse spürt, wird sie wahrscheinlich sagen: »Klar, komm einfach vorbei.« Damit hast du den Fuß in einer weiteren Tür. Und du bist unter Menschen, die genau das machen, wovon du träumst. Diese Gelegenheit musst du nutzen. Stell Fragen, sieh dich gut um und saug alles in dich auf. Selbst wenn das nicht zu einem richtigen Job führt – obwohl die Chancen nicht schlecht stehen –, gehst du aus einer solchen Erfahrung mit einem enormen Vorsprung vor deinen Mitbewerbern hervor. Immerhin verfügst du nun über Informationen darüber, wie du deine Leidenschaft in die Praxis umsetzen kannst.

Einer, der aus den Erfahrungen eines solchen Praktikums wirklich Kapital geschlagen hat, ist Corentin Villemeur, der Fotograf, den ich bereits erwähnt habe. Corentin wuchs in Frankreich auf und war schon immer ein großer Hip-Hop-Fan. Als er sich 2006 entschied, nach New York City zu ziehen, tat er das, weil er den Herzschlag dieser Kultur spüren und ihr so nahe wie möglich kommen wollte.

Kaum war er in New York angekommen, beschaffte sich Corentin die Nummer des G-Unit-Büros, denn er war ein großer Fan unserer Musik und unseres Lifestyles. Als er dort anrief und sich erkundigte, ob wir Leute einstellen, lautete die Auskunft: »Nein, wir haben momentan keine Jobs zu vergeben.« Corentin akzeptierte aber kein Nein als Antwort. Vielmehr klopfte er ein paar Tage später an die Tür des Büros, um sich persönlich vorzustellen. Er erzählte, dass er gerade von Frankreich nach New York gezogen und ein großer G-Unit-Fan sei. Dass er alles tun würde, um für uns zu arbeiten. Nikki Martin, die damals mit ihm sprach, war von seiner Geschichte fasziniert. Aber da wirklich keine Jobs verfügbar waren, sagte sie zu ihm: »Wir melden uns, wenn sich etwas ergibt.«

Normalerweise bedeutet dieser Satz das Ende einer Geschichte. Doch Corentin war noch nicht bereit, sich geschlagen zu geben. Er war nicht nur Hip-Hop-Fan, sondern auch ein geschickter Programmierer. Wir hatten gerade die Webseite ThisIs50.com an den Start gebracht, die damals noch Flashbasiert war. Corentin wusste, wie die Seite viel stabiler laufen würde. Nämlich mit HTML, wovon zu dieser Zeit nur wenige Leute etwas verstanden.

Also rief er erneut im Büro an und teilte uns mit, dass er die Performance unserer Website deutlich verbessern könne. Jetzt hatte er unsere ungeteilte Aufmerksamkeit. Als klar war, dass der Junge wusste, wovon er redete, boten wir ihm ein Praktikum an, um an der Website zu arbeiten. Corentin griff sofort zu, und er hielt Wort: Innerhalb kürzester Zeit verbesserte er die Performance der Seite enorm.

Somit hatte er seinen Wert für das Unternehmen bewiesen. Ich beförderte ihn vom Praktikanten zum Verantwortlichen für alle meine Internetplattformen. Da er darüber hinaus ein sehr begabter Fotograf war, wurde er mein Hausfotograf. In dieser Funktion reiste er mit mir um die ganze Welt. Von Afrika bis Australien machte er Fotos und erlebte Hip-Hop als globales Phänomen.

Corentin hat es geschafft, den Traum zu verwirklichen, der ihn von Frankreich nach New York geführt hatte, weil er zwei entscheidende Konzepte verstanden hatte. Das erste war Beharrlichkeit. Er hat nicht darauf gewartet, dass wir irgendwo eine Stelle ausschreiben. Stattdessen ergriff er die Initiative und rief in unserem Büro an. Als das zu nichts führte, schlug er persönlich dort auf. Dieser Besuch verschaffte ihm zwar keinen Job, aber er ermöglichte es ihm, eine gewisse Verbindung zu Nikki zu etablieren. Dadurch wurde er von einem Namen in einer E-Mail zu einem Menschen mit einem Gesicht und einer Geschichte – er hatte einen positiven Eindruck hinterlassen.

Corentins zweiter kluger Schachzug bestand darin, uns bei seinem nächsten Anruf nicht um ein Praktikum zu *bitten*, sondern er *bot* uns etwas an. Er hatte sich unser Unternehmen ganz genau angesehen, erkannt, wo wir Verbesserungsbedarf hatten, und einen Weg gefunden, daraus einen Mehrwert zu schöpfen.

Mir ist es völlig gleich, ob es sich um den Hip-Hop-, den Film- oder den Finanzsektor handelt: Wer überzeugend darlegt, dass er einen Mehrwert für ein Unternehmen bietet, für den wird man dort auch einen Platz schaffen. Hat man sich diesen Platz einmal gesichert, kann man sich daranmachen, seinen Wert zu steigern. Entweder für dieses Unternehmen, oder – wenn man genug Erfahrungen gesammelt und Positionen bekleidet hat – für ein anderes.

LASS ES DIR SCHRIFTLICH GEBEN

Noch ein letztes Wort dazu, wie du sichergehen kannst, immer möglichst fair entlohnt zu werden. Natürlich ist es wichtig, den anderen klarzumachen, welchen Mehrwert du dem Unternehmen bringst, aber dann besteht der nächste Schritt darin, alles schriftlich festzuhalten.

Sämtliche Vereinbarungen, Versprechen und Pläne vertraglich zu besiegeln, ist unverzichtbar. Du solltest dich niemals bloß darauf verlassen, dass dir jemand sein Wort gibt, deinen Wert angemessen zu honorieren.

Unmengen von Hip-Hop-Deals wurden nicht mit einer Unterschrift, sondern mit einem Handschlag oder einem Faustcheck besiegelt.

Ich habe von so vielen großen Versprechen gehört, die niemals eingelöst wurden. Es ist leicht, jemandem die Hälfte von nichts zu versprechen. Es ist leicht, jemandem zu versprechen, man werde sich bestens um ihn kümmern, »sobald wir im Geschäft sind«.

Aber sobald der Rubel richtig rollt, sind diese Zusagen vergessen. Handschlag-Vereinbarungen sind einen Dreck wert. Wenn die Kohle erst einmal fließt, werden die Messer gezückt.

Vor allem im Hip-Hop wird mit Worthülsen wie »Familie« und »auf ewig« um sich geworfen. Nur sind sie keinen Pfifferling wert. Fragt Freeway, Beanie Sigel oder Dame Dash, wie eng der Zusammenhalt bei Roc-La-Familia wirklich war. Nicht besonders eng.

Puffy liebte es, vom ewigen Zusammenhalt zu schwadronieren: »Bad Boy for Life« nannte er das. Frag doch mal Shyne oder Loon, wie lange »ein Leben lang« tatsächlich währte.

Verdammt, wenn man Young Buck oder Lloyd Banks reden hört, dann habe ich sie wahrscheinlich auch im Stich gelassen. Das ist nun mal ihre Perspektive. Ich sehe das natürlich anders – wie ich später auch noch darlegen werde.

Die Quintessenz lautet: Versprechen sind einen Scheiß wert, solange sie nicht schriftlich festgehalten werden.

Egal, ob man sich an einem Album, einem Drehbuch, einem Landschaftsbaubetrieb oder einer Brauerei beteiligt: Es ist essenziell, die Bedingungen und Erwartungen vorher zu Papier zu bringen, um zu verhindern, dass man zu viel Zeit und Kapital in das Projekt versenkt.

Glaube mir, am Anfang haben sich alle lieb. Zu Beginn scheint ein Handschlag unverbrüchlich zu sein. Doch Neid und Eifersucht gibt es überall. Manchmal schlummern sie bloß so tief in einem Menschen, dass es Jahre dauern kann, bis sie wieder zum Vorschein kommen. Doch wenn genug Geld im Spiel ist, werden sie zweifellos zum Vorschein kommen.

Sichere dich ab. Lass dir alles schriftlich geben.

KAPITEL 5

ENTWICKLE DICH WEITER ODER STIRB

»Sieh dich um. Alles verändert sich. Alles auf dieser Erde ist in einem ständigen Zustand der Entwicklung … Du wurdest nicht auf diese Erde gesetzt, um zu stagnieren.«

STEVE MARABOLI

Im Jahr 1974 studierte David Falk an der rechtswissenschaftlichen Fakultät der George Washington University. Er hatte sich in den Kopf gesetzt, bei ProServ zu arbeiten, einer kleinen Sportagentur in Washington, D.C., die sich auf die Vertretung von Tennis-Profis spezialisiert hatte. Monatelang rief er im Büro von ProServ an, um ein Treffen mit dem Gründer des Unternehmens, Donald Dell, zu bekommen. Er erhielt nie eine Antwort. Eines Tages rief er sogar innerhalb von drei Stunden 17-mal an. Dell muss entweder beeindruckt oder einfach nur genervt von Falks Hartnäckigkeit gewesen sein, jedenfalls nahm er den Anruf schließlich entgegen. Am Ende des Gesprächs hatte Falk ihn überredet, ihn ein unbezahltes Praktikum absolvieren zu lassen.

Als Praktikant machte Falk einen derart guten Eindruck, dass er nach Abschluss seines Jurastudiums eine Vollzeitstelle bei ProServ bekam. Falk war allerdings kein großer Tennis-Fan – Basketball war sein Lieblingssport. Während die anderen Mitarbeiter sich auf Tennisstars konzentrierten, nahm Falk College-Basketballspieler ins Visier. Er kooperierte mit Dean Smith, dem legendären Trainer von North Carolina, und nahm verschiedene Spieler aus dessen Trainingsprogramm unter Vertrag, als diese in die NBA wechselten.

Diese Kooperation zahlte sich eines Tages so richtig aus, nämlich als Falk einen jungen Star aus North Carolina unter Vertrag nahm. Sein Name war Michael Jordan. Im Sommer vor Jordans erster Saison bei der NBA machte es sich Falk zur Aufgabe, dem Spieler einen Deal für Sportschuhe zu verschaffen.

Damals waren diese sogenannten »Sneaker-Deals« für NBA-Spieler recht simpel gestrickt: Man suchte sich eine Marke aus – Jordan selbst bevorzugte Adidas –, handelte einen Vertrag aus und bekam dann einen Vorrat an Schuhen, die man während der Saison tragen konnte. Wenn man ein Superstar war, erschien man vielleicht auch auf einem Werbeplakat oder in einer Fernsehwerbung. Das war's dann auch schon.

Die Produzenten von Sportschuhen wollten sich nicht zu fest an bestimmte NBA-Spieler binden, denn es herrschte die unausgesprochene Überzeugung, dass sich afroamerikanische Athleten nur schlecht an den amerikanischen Mainstream vermarkten ließen.

Falk hatte keinerlei Interesse daran, alles genauso zu machen wie alle anderen. Ihm war aufgefallen, dass es um viel mehr ging als bloß um Turnschuhe, wenn die Tennisagenten in seinem Büro einen Deal mit einer Marke abschlossen. Wenn ein Tennisspieler bei Nike unterschrieb, stand er zusätzlich zu den Turnschuhen auch für Nike-Tennisschläger, -Trainingsanzüge, -Hemden, -Hosen und -Socken. Die Tennisspieler warben für einen kompletten Lebensstil, und Falk sah nicht ein, warum ein NBA-Spieler – vor allem ein so spektakulärer wie Michael Jordan – nicht dasselbe tun sollte. Die Agenten und Marken mochten in ihrer alten Denkweise festgefahren sein, aber Falk spürte, dass die Öffentlichkeit bereit war, schwarze Athleten zu akzeptieren und zu unterstützen, so wie sie weiße Ikonen wie Mickey Mantle und Joe Namath unterstützt hatte.

Falk schlug Nike einen Deal vor, der vorsah, dass Jordan das Gesicht seiner eigenen Nike-Lifestyle-Marke werden sollte, die Falk später »Air Jordan« nannte. Dann fügte er eine Besonderheit hinzu: Zu dieser Zeit erhielten Spieler normalerweise nur ein pauschales Honorar, aber Falk verlangte, dass Jordan Lizenzgebühren für alle verkauften Air-Jordan-Turnschuhe erhalten sollte. Nike stimmte Falks Bedingungen für einen Fünfjahresvertrag zu, allerdings mit einem Vorbehalt: Sollte das Unternehmen in den ersten drei Jahren nicht Air Jordans im Wert von mindestens vier Millionen Dollar verkaufen, konnte es von dem Vertrag zurücktreten. Bei Nike war man immer noch skeptisch, dass sich die amerikanische Öffentlichkeit wirklich mit einem schwarzen Sportler identifizieren würde.

Sie hätten nicht falscher und Falk nicht richtiger liegen können. Von wegen drei Jahre: Nach dem Launch im Jahr 1985 verkaufte Nike bereits innerhalb der ersten *zwei Monate* Air Jordans im Wert von 70 Millionen Dollar.

Wie sich herausstellte, konnten NBA-Spieler einer Lifestyle-Marke durchaus zum Erfolg verhelfen.

Falk wurde schließlich einer der erfolgreichsten und mächtigsten Agenten der NBA-Geschichte und verhandelte Honorare von insgesamt über 800 Millionen Dollar. Und Air Jordan, das weiß jeder, wurde zu einer der legendärsten Sportmarken aller Zeiten. Der erwartete Umsatz durch Verkäufe für das Jahr 2020 betrug rund 4,5 Milliarden Dollar.

Falks Air-Jordan-Deal war der Traum eines jeden Unternehmers. Was war es, das es ihm ermöglichte, seine Vision derart erfolgreich in die Realität umzusetzen?

Mehr als alles andere war es die Fähigkeit, sich nicht auf zugewiesene Rollen und Erwartungen zu beschränken, sondern über den Tellerrand hinauszuschauen und so ein völlig neues Modell zu entwickeln, mit dem er seine Klienten unterstützen konnte.

Nachdem es ihm gelungen war, ProServ von sich zu überzeugen, hatte Falk die Herausforderung gesucht, anstatt wie dort üblich nur

Tennisstars zu vertreten. Sicher, Tennis war damals extrem populär, aber er spürte, dass die NBA kurz vor dem Durchbruch stand. Als er den Fuß in der Tür hatte, drängte er das Unternehmen, sich weiterzuentwickeln. Dank der Veränderungen, die er herbeiführte, gelang Falk nicht nur eine steile Karriere, sondern er revolutionierte die gesamte Sportmarketing-Landschaft.

In jedem Berufsfeld oder jeder Branche sind stets diejenigen Menschen besonders erfolgreich, die sich mit dem Status quo nicht zufriedengeben, die trotz des Erreichten nicht selbstgefällig werden, sondern immer aufs nächste Ziel oder die nächste Herausforderung zusteuern.

Umgekehrt sind Menschen, die es sich zu bequem machen oder nicht bereit sind, sich neuen Herausforderungen zu stellen, meist diejenigen, die auf der Strecke bleiben.

WISSEN, WANN MAN SICH VERÄNDERN MUSS

Mit »Crack a Bottle« veröffentlichte ich im Jahr 2009 eine gemeinsame Single mit Eminem und Dr. Dre. Der Track war eine Riesennummer. Er erreichte Platz 1 in den USA, Großbritannien und Kanada. Später wurde er sogar mit einem Grammy für die beste Rap-Performance eines Duos oder einer Gruppe ausgezeichnet.

Um den Erfolg der Single optimal nutzen zu können, ging ich auf eine kurze Welttournee, die mich unter anderem in die Schweiz, nach Kroatien und Indien führte. Egal, wo ich auftrat, überall fuhren die Leute auf den Song ab. Es gibt nichts Besseres, als in einem fremden Land auf der Bühne zu stehen und zu hören, wie 50 000 Menschen deinen Text singen. Du spürst diese Energie, wenn sie wie elektrischer Strom durch deinen Körper fließt.

Zurück in den Staaten spielte ich eine Reihe einzelner Konzerte. Doch das amerikanische Publikum reagierte völlig anders auf den

Song. Das internationale Publikum war ausgelassen mitgegangen, doch das US-Publikum blieb lethargisch. Der Song war ein Nummer-1-Hit, aber die Leute reagierten nicht darauf. Eine simple Erklärung für die Reaktion der Zuschauer wäre schnell zur Hand gewesen: Eminem und Dre standen nicht mit mir auf der Bühne. Oder die Nummer wurde im Segment Urban Music nicht richtig promotet. Oder ich trat einfach an den falschen Orten auf.

Doch das wären bloß Ausreden gewesen. Denn es war nicht der erste gemeinschaftliche Track, den ich alleine auf die Bühne brachte. Genauso, wie ich vorher schon Songs gespielt hatte, die nicht richtig promotet worden waren. Ich hatte auch zuvor schon an Veranstaltungsorten gespielt, die nicht die richtige Größe hatten. Nichts davon hatte je eine Rolle gespielt. Ich hatte das Publikum bislang immer *gerockt*.

Ich interessiere mich nicht für Ausreden. Stattdessen will ich Fakten und Informationen analysieren und daraus Schlussfolgerungen ziehen.

Bei genauerer Betrachtung der Lage war die Antwort klar: Die Hip-Hop-Szene wollte es mir schwer machen. Ich war als Underdog ins Spiel gekommen, doch als solchen konnten sie mich nicht mehr anerkennen – jetzt, wo ich international erfolgreich war. Ich wusste, dass ich immer noch derselbe war, doch der Hip-Hop hatte sich weiterentwickelt. Wenn es finanziell und beruflich weiter bergauf gehen sollte, musste ich mich dringend verändern und breiter aufstellen.

Diese Erkenntnis zu akzeptieren fiel mir nicht leicht, aber ich verstand die Umstände. Als aufmerksamer Beobachter der Szene erkannte ich, dass meine eigene Karriere einem klaren Muster entsprochen hatte.

Der Hip-Hop liebt alles, was »kaputt« ist. Das ist so etwas wie ein Wesensmerkmal der Hip-Hop-Kultur. So ist das seit den Siebzigern, als auf den Park-Jams in der Bronx die ersten Jungs Reime raushauten. Und es sieht ganz so aus, als würde das auch so bleiben, bis sie unserer Sache die Lichter ausdrehen.

Denk mal darüber nach: Alle paar Jahre erscheint ein neuer »gefährlicher« und »krasser« Rapper auf der Bildfläche und erobert die Szene. Es begann in der Bronx in den frühen Achtzigern mit Bands wie Grandmaster Flash and the Furious Five. Mit ihren hautengen Jeans, kniehohen Lederstiefeln und Nietenarmbändern finden wir heute vielleicht, dass sie ganz schön dämlich aussahen, doch als sie damals die Szene betraten, waren sie brandgefährlich. So etwas hatte Amerika bis dahin noch nie gesehen. Das Wichtigste aber war, dass sie »kaputt« waren. »Don't push me, 'cause I'm close to the edge. I'm tryin' not to lose my head.« (Schubs mich nicht, ich stehe schon kurz vor'm Abgrund, ich versuche, nicht die Kontrolle zu verlieren). Sie setzten den Standard für das, was die Hip-Hop-Kultur von ihren Helden erwarten konnte.

Ende der Achtziger wurden Acts wie die Furious Five von Newcomern wie N.W.A. verdrängt. Niemand hatte zuvor eine so kaputte und gefährliche Truppe gesehen. Gegen N.W.A. wirkten die bisherigen O.G.s, die »Original Gangstas«, harmlos und knuddelig.

N.W.A. galten über mehrere Jahre hinweg als die krasseste Combo überhaupt – bis der Wu-Tang-Clan auf der Bildfläche erschien und sich die Krone schnappte. Der Clan war jung, wild und außer Kontrolle. Die Szene konnte gar nicht genug von ihnen kriegen. Dann unterschrieb 2Pac bei Death Row und brachte die Westküste zurück auf den Schirm. Keiner war aufregender und kaputter als er. Er schoss auf verdeckte Ermittler, stolzierte hoch erhobenen Hauptes durch Gerichtssäle und überlebte versuchte Attentate. Keiner weiß, wie lange er die Krone noch getragen hätte, wenn er nicht ermordet worden wäre.

Nach 2Pac war ich an der Reihe. Ich legte die Latte des »Kaputtseins« so hoch es eben ging: neunmal angeschossen und nicht totzukriegen. Aber irgendwann sah die Szene auch in mir etwas anderes.

Auch wenn ich abgelöst worden war, wurde der Stab immer weitergereicht, und das Muster blieb stets dasselbe. Der letzte Rapper, der diese kaputte Energie ausstrahlte, war Tekashi, aber er konnte die Energie nicht kontrollieren. Wenn dieses Buch herauskommt, ist wahrscheinlich inzwischen schon ein anderer junger Kerl in Tekashis Fußstapfen getreten. Oder vielleicht sogar eine junge Frau, denn heutzutage geben sich Rapperinnen wie Nicki Minaj und Cardi B alle Mühe, zu zeigen, dass sie genauso kaputt und krass drauf sind wie die Jungs.

Viele Rapper weigern sich, dieses Muster zu akzeptieren, und das ist ein fataler Fehler. Sie sehen sich weiterhin als denselben kaputten, gefährlichen Typen, als der sie die Hip-Hop-Szene anfangs aufgemischt haben. Aber, wie ich schon schrieb: Sobald du Erfolg hast, neigen die Leute dazu, dich mit anderen Augen wahrzunehmen. Wenn du es erst mal geschafft hast, bist du für die Öffentlichkeit abgestempelt. Dann sucht man sich den nächsten Star.

Schlaue Künstler akzeptieren diese Realität und entwickeln sich weiter. Wem der wache Blick fehlt, der kämpft weiter gegen das Unvermeidliche, bis er irgendwann in der Versenkung verschwindet. Schauen wir uns doch mal die Rap-Stars der Vergangenheit an: Wer ist denn heute noch relevant? Abgesehen von mir sind es Ice Cube, Dr. Dre, Method Man und Snoop.

Mit ihrer Musik hat das nicht unbedingt etwas zu tun: Die Zeiten ändern sich, und es kräht kein Hahn mehr danach. Nein, der Grund ist ein anderer: Die drei, die ich eben genannt habe, haben rechtzeitig erkannt, dass ihre große Zeit als Rapper nicht ewig währen würde, und sich deshalb anderen Dingen zugewandt: Method Man der Schauspielerei, Cube ebenfalls der Schauspielerei sowie der Big3-Basketball-Liga, und Dre hat mit seinem Kopfhörer-Deal und dem Einstieg bei Apple den Jackpot geknackt.

Diese Jungs waren clever und selbstkritisch genug, um einzusehen, dass die Öffentlichkeit immer recht hat. Wenn die Leute nicht mehr auf das reagieren, was wir ihnen bieten, dann sagen sie uns damit laut und deutlich, dass sie weitergezogen sind. Wer das nicht hört, der hört einfach nicht zu.

Ich mache immer noch leidenschaftlich gerne Musik, aber ich definiere mich nicht mehr darüber. Nehmen wir mal an, ich würde eines Abends ins Studio gehen und dort gelänge es mir tatsächlich, diese Magie festzuhalten, die einen großartigen Song ausmacht. Die Energie würde stimmen, die Beats knallen, und ich würde einige meiner besten Reime schreiben. Und wenn am Morgen die Sonne aufginge, hätte ich eine Handvoll echter Hits in der Tasche.

Diese Songs könnten noch so gut sein, ich würde sie höchstwahrscheinlich trotzdem nicht selbst veröffentlichen, sondern sie stattdessen einem vielversprechenden Youngster geben. So einem mit Tattoos im ganzen Gesicht. Drahtig und voll auf Molly.* Der immer wirkt, als wäre er im Zombie-Modus. Jemand, der aussieht, als wäre er *wirklich* kaputt.

Und warum? Weil ich realistisch genug bin, zu akzeptieren, dass das Publikum für so eine Stimme empfänglicher wäre als für meine eigene. Wieso sollte ich diesem talentierten jungen Künstler nicht etwas geben, das ihm hilft, die nächste Stufe zu erklimmen? Ich bekäme einen Anteil an den Songs, und er kann sich an den Geschmack des Erfolgs gewöhnen. In meinen Ohren klingt das nach einem guten Deal für alle Beteiligten.

Ich habe akzeptiert, dass ich in der Hip-Hop-Kultur nicht mehr dieselbe Rolle spiele wie früher. Trotzdem kann ich immer noch Einfluss ausüben. Ich muss nur andere Methoden anwenden.

Egal, was du tust: Du musst lernen zu akzeptieren, dass sich deine Rolle verändert. Wenn du deine ersten Schritte in einer Branche machst, betrachtest du diese zwangsläufige Tatsache als etwas Positives. Wenn sich die Mitarbeiter eines Unternehmens oder einer Organisation nicht weiterentwickeln würden, bekämst du noch nicht einmal eine Chance. Diese stetige Weiterentwicklung ist der Schlüssel, der uns die Türen öffnet.

---

* MDMA, ähnliche Droge wie Ecstasy, Anm. d. Red.

Dann arbeitest du ein paar Jahre und fühlst dich wohl in deiner Rolle. Du entwickelst Gewohnheiten. Wenn du gut bist, bringst du der Firma vielleicht Geld ein. Vielleicht sogar sehr viel. Dann fängst du an zu denken, dass die Firma dir zu irgendetwas verpflichtet sei. Nicht nur für das, wofür sie dich gerade bezahlen, sondern auch für all das, was du in der Vergangenheit für sie getan hast. Möglicherweise drosselst du dann dein Tempo ein wenig, weil du denkst, dass deine Erfolgsbilanz dir eine sichere Stellung garantiert.

Sorry, aber so funktioniert die Welt nicht. Dieselbe Veränderung, die dir die Tür geöffnet hat, kann dich auch wieder rauswerfen, wenn du aufhörst, dich neuen Herausforderungen zu stellen. Es spielt keine Rolle, wie oft du befördert wurdest, wie viele tolle Büros du bezogen hast, nicht einmal, wie oft dein Name in den Schlagzeilen war. Du darfst dich niemals zufriedengeben, sondern musst immer wieder neue Wege finden, dich selbst aus der Reserve zu locken.

Ray Dalio leitet Bridgewater Associates, einen der größten Hedgefonds der Welt. Sein persönliches Vermögen beträgt rund 18 Milliarden Dollar. Er weiß ein bisschen was über die Grundlagen für bleibenden Erfolg. Wie wichtig die persönliche Weiterentwicklung ist, beschreibt er hier:

> *»Haben wir erst einmal erreicht, wonach wir streben, sind wir selten damit zufrieden. Diese Ziele sind nur der Köder. Die Jagd nach ihnen zwingt uns dazu, uns weiterzuentwickeln. Und es ist die Entwicklung, nicht die Belohnung, die für uns und unser Umfeld entscheidend ist. Für die meisten Menschen bedeutet Erfolg also, sich so effektiv wie möglich vorwärts zu kämpfen und weiterzuentwickeln.«*

Glaube mir, Ray weiß ganz genau, was das bedeutet. Ich habe alles erreicht, wonach ich je gestrebt habe, sogar noch einiges mehr. Und ich bin immer noch nicht zufrieden.

Ich habe fast 30 Millionen Platten verkauft. Offensichtlich bin ich als Rapper ziemlich beliebt. Aber in der Gesangskabine des Studios versuche ich immer noch jedes Mal, die absolute Killer-Line zu droppen. Ich will immer noch beweisen, dass ich die besten Texte draufhabe.

Ebenso will ich noch mehr großartiges Fernsehen machen, mehr Bücher verkaufen und mehr Spirituosenmarken auf den Markt bringen. Und ich vermute, dass ich in ein paar Jahren ein völlig neues Projekt starten werde, das für mich genauso aufregend sein wird wie mein erster Plattenvertrag mit Interscope.

Der Moment, in dem ich mit meiner persönlichen Entwicklung zufrieden bin, ist der Moment, in dem ich mich zur Ruhe setzen muss. Ich denke nicht, dass der so bald kommt.

VERÄNDERE DICH MIT DEINEM UMFELD

Die Bereitschaft, sich in seinem Job oder seiner Position weiterzuentwickeln, ist nur ein Teil der Aufgabe. Man muss auch bereit sein, sich mit seinem kulturellen Umfeld zu verändern.

Dafür, dass *Power* ein Riesenerfolg geworden ist, gibt es eine Vielzahl von Gründen. Ich hatte eine Menge Hilfe von Starz. Unser Showrunner, Courtney Kemp, hat uns mit fantastischen Drehbüchern gesegnet. Darsteller wie Omari Hardwick, Joseph Sikora, Naturi Naughton, La Anthony und Lela Loren haben alle einen unglaublichen Job geleistet, um unsere Vision zum Leben zu erwecken.

Aber zu den wichtigsten Faktoren für den Erfolg der Serie gehört der Umstand, dass sie die Entwicklung meines Publikums widerspiegelt. Denn ich habe sie genau so konzipiert.

Ich habe *Power* exakt auf mein Publikum – und zwar nur auf mein Publikum – zugeschnitten. Ich habe gar nicht erst versucht, eine neue oder breitere Zielgruppe anzusprechen. Mir war klar: Wenn ich mit *Power* alles richtigmachen wollte, dann hatte ich nur eine Möglichkeit: Ich musste direkt meine Leute ansprechen.

Ich war sehr zuversichtlich, dass mir das gelingen würde. Ich bin ein aufmerksamer Beobachter und habe über die Jahre viel Zeit damit verbracht, mir meine Fans genau anzusehen. Als ich angefangen habe, war mein Stammpublikum jung: Kids im College-Alter oder Mittzwanziger, die zum ersten Mal in die Clubs gingen.

Was habe ich also getan? Ich habe Musik gemacht, von der ich wusste, dass sie ihrem Lebensstil entspricht. Nimm die berühmte Zeile: »Go shorty, it's your birthday / We're gonna party like it's your birthday!« Das *musste* einfach klick machen. Mein Publikum hing in den Clubs ab, und dort feierte jede Nacht jemand seinen Geburtstag! Diese Zeile reflektierte ihren Lifestyle, und deshalb würde der Song nie seine Relevanz verlieren.

Doch nach ein paar Jahren zog mein Publikum nicht mehr jeden Abend durch die Clubs. Wenn sie etwa im Jahr 2014 ihren Geburtstag feierten, taten sie das vermutlich in kleinerem Kreis, zu Hause mit ihrem Lebenspartner und ihren kleinen Kindern. Sie wurden älter.

Deshalb habe ich die Serie um Themenkomplexe konzipiert, die ein älteres Publikum ansprechen. Was passiert, wenn eine Jugendliebe überraschend wieder auf der Bildfläche erscheint? Welche Auswirkungen hat es, wenn ein Ehemann und eine Ehefrau nicht die gleiche Vision für ihre Zukunft haben, oder wenn ein Sohn seinen Vater verrät? Das sind Themen, die auch bei Erwachsenen ankommen.

Gleichzeitig wollte ich die Energie und die Euphorie einfangen, die mein Publikum damals empfand, als es noch regelmäßig um die Häuser zog und das Leben genoss, als es noch wild feierte und jede Nacht auf ein Abenteuer aus war. Deshalb bestand ich darauf, dass *Power* eher unverblümt angelegt ist und die Dinge so zeigt, wie sie sind, vor allem in sexueller Hinsicht. Es brauchte diesen Funken.

Als ich damals mit meiner Musik anfing und »I'll take you to the candy shop, let you lick the lollipop« rappte, galt das noch als gewagt.

Jetzt gibt es Frauen, die singen: »Eat the booty like groceries.« Das ist ein völlig neues Level. Und da musste *Power* mithalten.

Das war keine leichte Aufgabe. Der Samstagabend ist traditionell ein TV-Quoten-Friedhof. Abgesehen von *Saturday Night Live* gab es um diese Uhrzeit in den letzten vierzig Jahren nur sehr wenige erfolgreiche Sendungen. Es ist der Abend, an dem die wenigsten Leute zu Hause vor dem Fernseher sitzen. Als Starz beschloss, *Power* auf den Samstagabend zu legen, war die Serie im Grunde zum Scheitern verurteilt.

Stattdessen verblüfften wir mit unseren guten Einschaltquoten den Sender und die gesamte Branche. Die Verantwortlichen standen zuerst vor einem Rätsel, aber ich wusste genau, was passiert war: Mein Publikum blieb inzwischen am Samstagabend zu Hause. Ich gab ihnen ihre alte Energie zurück, die sie bequem und sicher von der Couch aus genießen konnten. Dann bekamen jüngere Leute Wind davon, und immer mehr von ihnen zeichneten die Serie auf, um sie sich am nächsten Morgen anzusehen. Oder sie schauten sie auf ihrem Handy über die Starz-App. *Power* ging auf allen Plattformen durch die Decke.

Das war auch für Starz eine gewinnbringende Neuorientierung. Ich habe es ihnen ermöglicht, ein für sie völlig neues Publikum anzusprechen. Vor *Power* mangelte es dem Sender an Identität, aber jetzt richten sie sich neu aus und werden zu einer jüngeren und vielfältigeren Alternative zu HBO. Das hat alles mit *Power* angefangen.

Und die Entwicklung von *Power* ist noch längst nicht abgeschlossen. Bei Starz werden vier Spin-offs auf Sendung gehen, darunter eins mit Mary J. Blige und Method Man in den Hauptrollen, auf das ich sehr gespannt bin.

Wir starten auch bald eine Drama-Serie über die Black Mafia Family. Ein sehr organisches Projekt, das die für Hip-Hop so grundlegenden Rap- und Musikelemente kombiniert. Ich bin sehr optimistisch, dass es ein Riesenerfolg wird, vielleicht sogar noch erfolgreicher als *Power*.

Während ich einer Generation als Rapper bekannt bin, wird eine andere folgen, die mich als TV-Mogul kennt. Aber nur, weil ich bereit war, mit der Zeit und mit meinem Publikum zu gehen.

WENN MAN SICH NICHT WEITERENTWICKELT

Während der Erfolg von *Power* sicher eine meiner größten Leistungen war, besteht eine meiner größten Enttäuschungen darin, dass es mir nicht gelungen ist, das Potenzial von Lloyd Banks und Tony Yayo von G-Unit auszuschöpfen.

Sowohl der Erfolg von *Power* als auch das Scheitern der G-Unit sind Zeugnisse dafür, dass Wachstum oft das Schlüsselelement jeder erfolgreichen Entwicklung ist. Mich beschlich immer so ein Gefühl, dass Banks und Yayo jetzt im Leben sehr viel besser dastünden, wenn ich ihnen beigebracht hätte, mit ihren Gewohnheiten zu brechen und sich weiterzuentwickeln. Stattdessen verharrten beide in ihren Routinen und Denkweisen, mit dem Ergebnis, dass ihnen der erhoffte Erfolg verwehrt blieb.

In Banks' Fall ist die Unfähigkeit, sich als Künstler weiterzuentwickeln, größtenteils seiner emotionalen Verfassung geschuldet. Banks wuchs in derselben Gegend auf wie ich, hat sich aber nie so eingebracht wie ich. Während ich als Hustler immer auf der Straße war (sogar zusammen mit seinem Vater), gab sich Banks damit zufrieden, die Welt von seiner Veranda aus zu beobachten.

Daran ist nichts auszusetzen, aber es verdeutlicht einen bestimmten Aspekt seiner Persönlichkeit: Anstatt sich etwas zu holen, wartet er lieber darauf, dass es zu ihm kommt. Ohne seinen Charakter schlechtreden zu wollen: Der Typ hat »Lazy Lloyd« auf den Arm tätowiert. Er trägt seine Faulheit buchstäblich zur Schau.

Banks kam immer mit so einer fatalen Mischung aus Introvertiertheit und Großspurigkeit daher. Die Sorte Mensch, die sich am wohlsten fühlt, wenn sie ein großer Fisch in einem kleinen Teich ist. Wenn Banks im Studio mit einem Haufen unbekannter MCs abhing, war sein Auftreten immer sehr selbstbewusst. Er genoss es, im Mittelpunkt der Aufmerksamkeit zu stehen. Wenn ich dann allerdings auftauchte, hatte er das Gefühl, degradiert worden zu sein. Er war verbittert, weil er nicht mehr im Mittelpunkt stand.

Ich verstehe das. Ich nehme eine Menge Raum ein, und die anderen schnappen nach Luft. Das Problem ist, dass er nie darum kämpfte, etwas von diesem Sauerstoff zurückzubekommen, aber genau das muss ein Star tun.

Ich glaube, dass ein wahrer Hip-Hop-Star vier grundlegende Fähigkeiten besitzen muss: großartige Tracks abliefern, ein elektrisierender Live-Performer sein, eine einzigartige Erscheinung haben und eine starke Persönlichkeit besitzen.

Tupac hatte alle vier. Genau wie Mary J. Blige. Chris Brown auch. Biggie hatte nicht alle vier, aber er schaffte es, die Bereiche, in denen er schwächer war, zu kompensieren. Sein Aussehen war anfangs sein Schwachpunkt, also besorgte sein Label Bad Boy ihm neue Sweater und setzte ihm eine Sonnenbrille auf die Nase, die ständig verrutschte. Auf der Bühne war er nicht sonderlich beweglich, also wurde sein Label-Chef kurzerhand zu seinem Tänzer. Das war eine geschickte Ablenkungstaktik. Biggies Runderneuerung funktionierte: Seinen ersten Aufschlag machte er mit überirdischen Tracks, und in den Bereichen, wo er Schwächen zeigte, wurde halt nachgebessert. Mit ein wenig Feintuning verwandelte er sich in einen Star.

Wenn ich bei der Einschätzung von Banks wirklich ehrlich bin, dann besitzt er von besagten Qualitäten vielleicht eine: Er ist ein sehr guter Texter. Unter den sogenannten »Punchline-Rappern« (Rapper, die ihre Strophen mit einer witzigen oder augenzwinkernden Zeile beenden) gehört er sicher zu den besseren. Deshalb nennt er sich gerne den PLK, oder den Punch Line King. Ich weiß nicht, ob Banks tatsächlich der King ist, aber ich muss zugeben, dass er sich so ins Gespräch gebracht hat.

Allerdings ist er weder ein großartiger Live-Performer noch sieht er sehr stylish aus, und er ist auch keine herausragende Persönlichkeit. Wenn er also diese drei Punkte nicht erfüllt, wie soll er dann im echten Leben über sich hinauswachsen und zu dem Star werden, der er in seiner Vorstellung schon ist?

Eine mögliche Antwort darauf bestand meiner Meinung nach darin, seine Kommunikation mit der Szene zu verändern. Deshalb habe ich Banks vor Jahren geraten, ein Video über sein Leben zu drehen und es auf YouTube zu veröffentlichen, um die Leute mit seinem Lifestyle vertraut zu machen. Die Kamera sollte ihn eine Zeit lang begleiten und zeigen, was er so treibt. Vielleicht würde ja etwas von dem, was er sagt oder tut, hängen bleiben, vielleicht sogar viral gehen und so zu dem Funken werden, der nötig war, um mal wieder einen Hype um ihn zu entfachen.

Ich wollte nicht, dass er bloß dasitzt, eine Punch Line nach der anderen schreibt und am Ende nachtragend wird, weil sich niemand mehr für seine Mixtapes zu interessieren scheint. Es heißt ja, Wahnsinn bestünde darin, dass man immer und immer wieder das Gleiche tut, aber ein anderes Ergebnis erwartet. Wenn das stimmt, war Banks vom Naturell her definitiv ein wenig verrückt.

Ich sage hier übrigens nichts, was ich Banks nicht auch schon ins Gesicht gesagt hätte. Als Instagram gerade begann, sich durchzusetzen, habe ich mich mal mit ihm hingesetzt und versucht, ihm diese Social-Media-Perle schmackhaft zu machen.

»Du musst auf Insta gehen«, redete ich ihm zu. »Wenn man mit dir persönlich spricht, bist du manchmal ein bisschen gehemmt, deshalb ist das für dich eigentlich ein besserer Kanal, um mit Leuten zu kommunizieren. Du stellst einfach Bilder von dem, was du cool findest, auf deine Insta-Seite. So kannst du die Konversation steuern, ohne dich dabei unwohl zu fühlen. Das ist perfekt für dich.«

»Nee, das will ich nicht machen«, erwiderte er.

»Warum nicht? Du lädst einfach die Bilder hoch und schreibst dann irgendeinen launigen Scheiß dazu. Du kannst richtige Punch Lines zu den Pics schreiben. Um neue Fans zu gewinnen, musst du nur das machen, was du eh super draufhast!«

»Nee, das ist total blöd«, sagte er, und dann: »Biggie und 2Pac haben den Scheiß nicht gemacht.«

»Die sind tot, mein Freund«, antwortete ich. »Die sind gestorben, bevor dieses Zeug überhaupt erfunden wurde. Und woher willst du wissen, dass sie nicht auch auf Instagram posten würden, wenn sie noch am Leben wären?« Aber Banks blieb stur. Biggie und 2Pac hatten keine sozialen Medien genutzt, also würde er es auch nicht tun.

Das war eine Denkweise, die mich echt umgehauen hat. Demnach müsste Tupac, wenn er noch am Leben wäre, immer noch Lederwesten und rote Bandanas tragen und würde den Girls die Nummer seines Pagers schicken. Biggie müsste dann immer noch Coogi-Pullis tragen und jeden Abend »Mortal Kombat II« zocken. Das ist doch lächerlich. Auch diese Jungs hätten sich in ihrer Musik, ihrem Stil und ihrer Persönlichkeit weiterentwickelt.

Biggie war urkomisch. Sein Instagram-Account wäre wahrscheinlich eine der beliebtesten Seiten auf der ganzen Welt gewesen. Ich glaube, 2Pac wäre irgendwann zu seinen revolutionären Wurzeln zurückgekehrt. Sein Einfluss auf die Gesellschaft hätte weltweit über die Musik hinausgereicht.

Verdammt, sogar *ich* habe meine Haltung gegenüber Instagram geändert. Als es noch neu war, fand ich es auch blöd. Der britischen Tageszeitung *The Guardian* sagte ich 2014: »Ich glaube, das macht vieles kaputt. Es verführt uns zu echt schrägen Angewohnheiten. Bilder von Sachen zu machen, die man eigentlich gar nicht mag.«

So habe ich das damals gesehen, trotzdem habe ich mich nicht davor verschlossen. Mit der Zeit sah ich ein, dass ich einfach nicht genug über die Plattform wusste. Ich hatte kein Gespür für den Rhythmus, in dem man postet, und hatte keine Ahnung davon, welche Inhalte gut ankommen. Vor allem aber war mir nicht klar, was für ein effektives Instrument sie war, um Menschen direkt zu erreichen. Also setzte ich mich intensiv mit ihr auseinander und stürzte mich voll hinein. Heute ist es für mich eines der wichtigsten Tools, die mir für die Öffentlichkeitsarbeit überhaupt zur Verfügung stehen.

Banks hat sich gegen eine solche Entwicklung gesträubt. Mental steckte er in der Mitte der Neunzigerjahre fest, und Banks hatte es nicht eilig, sich aus dieser Falle zu befreien. Fairerweise muss ich wohl sagen, dass das im Grunde ein ganz natürlicher Instinkt ist.

Laut jüngsten wissenschaftlichen Erkenntnissen hat die Musik, die wir als Teenager hören, einen größeren Einfluss auf uns als die Musik, die wir an irgendeinem anderen Zeitpunkt in unserem Leben hören. Im Alter zwischen zwölf und zweiundzwanzig Jahren entwickelt sich unser Gehirn am schnellsten, und offenbar bleibt uns alles, was wir in dieser Zeit hören, für immer im Gedächtnis.

Als Banks etwa 14 Jahre alt war, standen sowohl Biggie als auch 2Pac auf dem Höhepunkt ihrer Karriere. Es ergibt also durchaus Sinn, dass ihr Einfluss auf ihn von bleibender Wirkung ist. Ich kann das nachvollziehen – ich liebe die Musik aus meiner Jugend auch immer noch. Allerdings mit dem Unterschied, dass ich meine Karriere nicht nach dem Vorbild von KRS One und Kool G Rap ausgerichtet habe. Was hätte das auch für einen Sinn gehabt? Beide waren zu ihrer Zeit unglaublich, aber für mich war es immer wichtiger, eigene Momente zu schaffen, als deren Muster zu kopieren. Banks' Bemerkung machte mir klar, dass er sich nicht einen Schritt weiterbewegen konnte. Mehr ging nicht. Meine Reaktion darauf war, dass ich dachte: »In diesen Menschen kann ich keine Minute und keinen Dollar mehr investieren.«

Jeder kennt jemanden wie Banks. Jemanden, der nur eine bestimmte Ära respektieren kann und alles andere für Schrott hält. Dabei kann es um Musik gehen, aber auch um Fernsehen, Film, Sport oder Mode. Am Anfang findet man es vielleicht irgendwie cool, dass sie so leidenschaftlich an etwas festhalten, aber nach einer Weile wird es ermüdend. Die meisten Leute wollen nicht ständig darüber belehrt werden, warum das, worauf sie gerade abfahren, nicht so gut ist, wie das, was davor kam. Es ist großartig, die Vergangenheit zu respektieren, aber niemals so sehr, dass es einen verführen sollte, sich für die Zukunft zu sperren oder zumindest das Beste aus der Gegenwart zu machen.

Menschen, die in der Vergangenheit feststecken, altern vorzeitig. Auf ihrem Führerschein steht vielleicht, dass sie dreißig sind. Doch ihre Mentalität ist älter als die vieler Leute um die 50 oder 60. Beim Alter geht es nicht darum, in welchem Jahr man geboren wurde – es geht darum, wie man dem Jahr gegenübersteht, in dem man sich gerade befindet. Wer offen für neue Erfahrungen ist, neugierig auf neue Themen und bereit, Risiken einzugehen, der ist jung. Basta.

Wer dagegen an alten Gewohnheiten festhält, kein Interesse daran hat, neue Dinge auszuprobieren, oder denkt, er wüsste bereits alles, was es zu wissen gibt, der ist alt. Eigentlich liegt er schon im Sterben.

In meinem Bart sind ein paar graue Haare, aber ich bin jung. Ich fühle mich frisch und sehe auch noch so aus. Nicht, weil ich noch ein Sixpack habe oder coole Sneakers trage, sondern weil mein Geist jung geblieben ist. Der Gedanke, was in diesem Jahr alles passieren wird, ist für mich immer noch genauso aufregend, wie er es 2002 oder 2012 war.

Es könnte sein, dass mich morgen jemand mit einem neuen Rapper bekannt macht und ich genauso darauf abfahre wie damals, als ich zum ersten Mal Nas hörte. Genauso könnte ich eine neue Sitcom sehen und so laut lachen wie damals, als ich zum ersten Mal *Sanford and Son* geschaut habe. Ich werde mich neuen Erfahrungen niemals verschließen.

Ich habe wirklich versucht, Banks zu helfen, aber man kann niemandem helfen, der in einer Zeit oder einer Geisteshaltung feststeckt. Wenn man das Gefühl hat, dass man feststeckt, muss man den Mut aufbringen, aus dem engen Kokon auszubrechen, den man um sich gesponnen hat, um all die aufregenden Dinge zu erleben, die unsere Welt noch für uns bereithält.

Tony Yayos Probleme waren ein wenig anders gelagert. Wie Banks kommt auch Yayo aus meiner Gegend, aber im Gegensatz zu Banks blieb er nicht auf seiner Verandatreppe sitzen. Er war ständig auf der Straße und beteiligte sich an allem, was gerade abging.

Yayo war wild und unberechenbar und das schon, seit ich ihn kannte. In unserer Welt half ihm diese Einstellung zum Leben sehr. Er war jederzeit zu allem fähig, und deshalb machten die Leute einen großen Bogen um ihn. Damals unterstützte ich Yayo in seiner Wildheit und Unberechenbarkeit. Als Crew brauchten wir diese aggressive und unvorhersehbare Impulsivität.

Selbst als der Erfolg kam, pflegten wir diesen Lifestyle weiter. Wir sahen keinen Grund, daran etwas zu ändern. Wir scheuten vor nichts zurück, auch nicht vor aggressivem Verhalten, um uns das zu nehmen, was wir für unser Eigentum hielten. Wenn uns jemand keinen Respekt zeigte oder uns in die Quere kam, bestand unsere Reaktion gewöhnlich darin, ihn aus dem Weg zu schaffen. Mit allen Mitteln.

Ich habe das Talent, Informationen schneller aufnehmen und verarbeiten zu können als die meisten anderen Menschen. Obwohl wir damals ohne jede Rücksicht durch Amerikas Stadien, Nachtclubs und Hotels fegten, war ich schon empfänglich für die Signale, die nahelegten, dass wir unsere Herangehensweise ändern mussten.

Das offensichtlichste Zeichen bestand darin, dass überall, wo wir hinkamen, Polizei auftauchte. In den Stadien, den Hotellobbys, vor den Clubs – die Polizei war immer da. Sie rückten uns so oft auf die Pelle, man hätte glatt denken können, dass es in diesen Städten sonst keine Verbrechen gab.

Andere Hinweise waren weniger auffällig. Es herrschte eine angsterfüllte, angespannte Stimmung in unserem Umfeld. Das kann man leicht übersehen, wenn ständig alles in Bewegung ist. Aber auch wenn die Leute gute Miene zum bösen Spiel machten, war ihre Angst offensichtlich. Ich konnte sie in den Gesichtern der Radioleute, Studiotechniker, TV-Moderatoren, Clubmanager, Booking-Agenten und Programmmanager lesen. Sie wollten zwar mit uns ins Geschäft kommen, aber nicht, wenn sie befürchten mussten, dass jeden Moment eine Schießerei ausbrechen könnte.

Als mir das klar wurde, kam ich zu dem Schluss, dass ich lernen musste, mich bei Meinungsverschiedenheiten und Konfrontationen zurückzuhalten. Ich würde meine Unzufriedenheit anders zum Ausdruck bringen müssen. Künftig würde ich meine Ziele mithilfe von Managern und Agenten durchsetzen müssen. Ich würde mich mit Anwälten rumschlagen müssen. Wenn ich die Möglichkeiten optimal nutzen wollte, die der Erfolg uns eröffnete, würde ich andere Strategien nutzen müssen.

Ich erkannte auch, dass wir lernen mussten, anders mit Fristen und Terminen umzugehen. Wenn du auf der Straße um 13 Uhr anfangen willst, Crack zu verkaufen, dann fängst du halt um diese Zeit an. Wenn du um 17 Uhr eine Pause machen willst, dann machst du das eben. Du willst zwei Tage komplett aussetzen? Das liegt ganz bei dir. Du musst nur sicherstellen, dass du es schaffst, deine Ware zu verkaufen. Das ist ein Lifestyle, der dir erlaubt, zu tun, was immer du willst und wann immer du es willst, solange du den Stoff an den Mann bringst.

Allerdings ist diese Art Lifestyle nicht unbedingt geeignet für die Interaktion mit anderen Branchen und Unternehmen. Wenn ein Radiosender dich um 8 Uhr morgens erwartet, solltest du nicht erst um 13 Uhr dort hereinspazieren und dann immer noch denken, dass sie deinen Song spielen werden. Wenn ein Plattenlabel zwei Wochen lang ein Tonstudio für dich bucht, solltest du auch nicht bis zum zehnten Tag damit warten, dort aufzutauchen, um mit den Aufnahmen zu beginnen.

Wenn man in der Öffentlichkeit steht, muss man eine andere Haltung entwickeln, als man sie vom Leben auf der Straße gewohnt ist. Yayo schien das nicht zu kapieren. Wenn ich eine Auseinandersetzung mit einem anderen Künstler hatte, lautete Yayos Lösung: »Lass uns die Typen einfach vermöbeln«, denn genauso hätte er bei einem Streit in unserer Hood reagiert.

Wenn wir mit einer Reihe von Club-Auftritten 100 000 Dollar verdient hatten, kam Yayo überhaupt nicht auf die Idee, das Geld auf die Bank zu bringen. Sein erster Gedanke war eher: »Hey, damit könnten wir dreieinhalb Kilo Koks kaufen. Das verticken wir, dann scheffeln wir richtig Kohle.«

Ich musste ihm immer wieder aufs Neue sagen: »Yayo, das können wir nicht machen. Wenn wir nur rumrennen und so dummen Scheiß machen, wird alles andere nicht funktionieren. Wir sind hier genauso schnell wieder aus dem Spiel, wie wir reingekommen sind.«

Yayo sah das anders. Seiner Meinung nach war ich völlig unentspannt. Schließlich hatten wir immer getan, was wir wollten, wie wir es wollten und wann wir es wollten. Mit dieser Einstellung hatten wir uns ins Rampenlicht gekämpft. Warum sollten wir daran etwas ändern?

Rückblickend entpuppte sich der schnelle Erfolg für Yayo als maßgeblicher Teil des Problems. Bei der Veröffentlichung von *Get Rich or Die Tryin'* saß er gerade im Knast. Kaum war er wieder raus, brachte ich ihn auf die Bühne. Es gab keine Übergangsphase. Die Zeit, die ein unbekannter MC damit verbringt, sich die Hörner abzustoßen, habe ich ihm erspart. Er hatte keine Gelegenheit, zu lernen, wie man mit den Leuten aus der Branche umgeht, oder ein Gefühl dafür zu entwickeln, wie man sich in Unternehmerkreisen verhält.

Stattdessen habe ich ihn direkt ins Scheinwerferlicht geschoben und ihm zugleich einen Haufen Geld in die Hand gedrückt. Ich hätte erkennen müssen, dass das nicht gerade die idealen Voraussetzungen waren, um ihn aufzufordern, schlagartig seine Verhaltensweisen zu ändern, die er schließlich sein ganzes Leben über entwickelt hatte. Wenn überhaupt, hätte ich wissen müssen, dass ihn diese Gewohnheiten in der Folge nur noch fester im Griff haben würden.

Ich lernte, dass die meisten Menschen dazu neigen, sich an ihren alten Gewohnheiten festzuklammern, anstatt neue zu entwickeln, wenn sich ihr Leben allzu plötzlich verändert und sie ständig auf neue Situationen und Umgebungen reagieren müssen.

Nach Jahren des Bettelns, Schmeichelns und Drohens musste ich schließlich einsehen, dass Yayo und Banks einfach nicht in der Lage waren, etwas anderes zu tun als das, was sie gewohnt waren. Man kann einen Esel zur Tränke führen, ihn aber nicht zum Trinken zwingen. Diese Jungs hatten jahrelang an der Tränke gestanden und waren trotzdem am Verdursten.

Das war für mich sehr enttäuschend, aber ich musste akzeptieren, dass viele ihrer dominantesten Charaktereigenschaften – Leichtsinn, Missgunst und mangelnde Disziplin – ihrer Persönlichkeitsentwicklung immer im Weg stehen würden. Das zeichnete sie nun einmal aus.

Auch wenn es vielleicht nicht so klingt, aber ich habe hart gearbeitet, um ihnen Erfolg zu verschaffen. Wie ich schon sagte: Nichts hätte mich mehr gefreut, als zu erleben, wie Yayo der nächste 50 Cent wird. Hätte Yayo seine Chancen genutzt, dann hätte ihm das viele Türen geöffnet. Und mir hätte es erlaubt, noch schneller voranzukommen. Ich hätte mich sehr viel früher auf neue Tätigkeitsfelder konzentrieren können. Stattdessen musste ich am Ende viel länger 50 Cent sein, als ich es je vorhatte.

Und Yayo war nicht der Einzige, dem ich zu einer Karriere verhelfen wollte. Die Idee von G-Unit war, dass jeder, der dazugehört, irgendwann selbst zum Boss wird. Dafür hätten sie nichts weiter tun müssen, als meinem Beispiel zu folgen. Ich ebnete ihnen den Weg zum Erfolg durch Gast-Features auf meinen Alben und indem ich auf Tournee die Bühne mit ihnen teilte. Einmal etabliert, hätten sie nach genau diesem Muster weitermachen und den ganzen Prozess wiederholen können – diesmal mit neuen Acts, die sie ausgewählt hätten. Doch dazu kam es nicht. Entweder sie wollten es nicht, oder sie wussten einfach nicht, wie sie neue Künstler finden konnten, an deren Erfolg sie dann partizipieren würden.

Ich hatte mir die Mitglieder der G-Unit als die ersten Äste eines Stammbaums vorgestellt, der mit mir begonnen hatte, und dessen Zweige neue Generationen von Rappern hervorbringen würden. Stattdessen lebte mein Stammbaum nur eine Generation lang, bevor er starb. Er verdorrte. Ich habe zwar Söhne zur Welt gebracht, aber sie haben mir keine Kinder geboren. Alles endete mit ihnen.

DIE ZEICHEN DER ZEIT ERKENNEN

In den Zeiten des Alten Testaments gab es einen babylonischen König namens Belsazar. Sein Lebensstil war selbst für antike Verhältnisse dekadent. Er hielt sich einen Harem voller schöner Frauen und veranstaltete tagelange Trinkgelage.

Eines Abends beschloss der König, bis an die Grenzen seiner königlichen Befugnisse zu gehen. Normalerweise hielt er seine Partys in seinem Palast ab, doch in jener Nacht feierte er seine Orgie im heiligsten Tempel der Stadt. Auf dem Höhepunkt des Festes war er schließlich so betrunken, dass er seinen Wein aus heiligen Kelchen trank, die aus Jerusalem stammten und eigentlich nur von den Priestern des Tempels berührt werden durften. Aber Belsazar wollte wohl beweisen, dass es kein Tabu gab, das er nicht brechen konnte.

Fast unmittelbar, nachdem er aus den Bechern getrunken hatte, sah der König plötzlich eine körperlose Hand, die in flammender Schrift den folgenden Satz an die Wand des Tempels schrieb:

Mene mene tekel, u-parsin

Zuerst dachte er wohl, er hätte zu viel Wein getrunken, aber als er genauer hinschaute, sah er, dass die Worte wirklich an der Wand standen. Das machte ihn schnell wieder nüchtern. Er rief nach seinen Beratern, damit sie ihm das erklärten, aber auch sie verstanden nicht, was die Worte bedeuteten. Dann rief er den hebräischen Propheten Daniel herbei, der sie ihm übersetzte: »Gott hat die Tage deines Reiches gezählt und es zu einem Ende gebracht. Du wurdest gewogen ... und für zu leicht befunden.«

Das war eine ernste Warnung, aber Belsazar war nicht besorgt. Immerhin war er der König von Babylon. Kein hebräischer Gott würde ihm sagen, was er zu tun hatte. Also ließ er den Wein weiter fließen und feierte einfach weiter. Doch er hätte aufhorchen sollen. Der Gott der Hebräer hatte genug von der Respektlosigkeit des Königs. Er schlug Belsazar noch in derselben Nacht tot und legte sein Reich in Trümmer.

Ich erzähle diese Geschichte, weil sie den Ursprung des Begriffs »Menetekel« erklärt. Damals ging es dabei um einen König, der sich Gott widersetzte. Heute verwenden wir dieses Wort, um einen Moment zu beschreiben, in dem einem klar werden sollte, dass sich eine Situation zum Schlechten wendet.

Nehmen wir ein Beispiel dafür aus der Wirtschaft: Als das iPhone auf den Markt kam, war das gewissermaßen ein Menetekel für den Handy-Hersteller BlackBerry. Und als immer mehr Menschen ihre Filme bei Netflix bestellten, war das ein Menetekel für die Videothekenkette Blockbuster.

Natürlich ist es im Nachhinein leicht, den Niedergang von BlackBerry und Blockbuster zu erklären und zu erkennen, wann sich ihr Schicksal zum Schlechten gewendet hat. In Echtzeit zu bemerken, wann dieser Umschwung eintritt, vor allem, wenn es einen selbst betrifft, ist jedoch eine viel schwierigere Aufgabe.

Das liegt daran, dass *uns heutzutage eben keine Schrift an der Wand erscheint.*

Wäre das der Fall, dann wäre es ein Leichtes, zu erkennen, wann es Zeit wird, seinen Geschäftsplan umzustellen, sich nach einem neuen Job umzusehen oder auch eine unglückliche Beziehung zu beenden.

Aber es ist nun mal kein Flugzeug über das Blockbuster-Hauptquartier hinweggeflogen, das ein großes Banner hinter sich herzog, auf dem stand: »Hallo Geschäftsführer! Das Leihen von DVDs wird bald der Vergangenheit angehören! In der Zukunft wird jeder seine Filme streamen!«

Ebenso wenig findet man auf seinem Schreibtisch im Büro jemals einen Zettel, auf dem steht: »Aufgepasst: Wir werden im Laufe des nächsten Jahres Stellen abbauen, und dein Job wird gestrichen. Vielleicht solltest du dich jetzt schon mal nach etwas anderem umsehen.«

Du wirst auch definitiv nicht eines Abends nach Hause kommen und ein Post-it am Kühlschrank finden, auf dem steht: »Hey Schatz. Ich wollte dich nur wissen lassen, dass ich eine Affäre mit deiner besten Freundin habe.«

Nein, wenn du der Geschäftsführer von Blockbuster bist, musst du genug Weitblick haben, um zu sehen, wohin sich die Dinge entwickeln. Du musst dein Unternehmen auf ein Streaming-Modell umstellen, bevor Netflix den Markt erobert.

Und wenn du der erwähnte Büroangestellte bist, musst du deinen Finger am Puls der Branche haben, um früh genug zu erkennen, dass das Unternehmen nicht mehr so gut läuft wie früher, und dich nach einem neuen Job umsehen, solange du es noch in der Hand hast.

Wenn du die Ehefrau bist, die das Post-it am Kühlschrank findet, musst du den Kontakt zu dieser besten Freundin abbrechen und ein ernsthaftes Gespräch mit deinem Mann führen. Oder diesen Mann vielleicht sogar aus dem Haus werfen.

Es wäre großartig, wenn wir immer vorher informiert würden, wenn uns Probleme bevorstehen, aber leider wird keiner von uns jemals eine so deutliche Warnung erhalten, wie Belsazar sie bekam.

Es wird uns wahrscheinlich nie eine leuchtende Warnung an einer Wand erscheinen, aber was wir sehr wohl wahrnehmen können, ist die Energie in unserem Umfeld. Wenn wir aufmerksam hinsehen und zuhören, werden wir feststellen, dass die Veränderungen der Stimmung um uns herum fast so deutlich zu uns sprechen wie Belsazars Menetekel.

Gehen wir zum Beispiel zurück ins Jahr 2009, jenem Jahr, in dem ich zur Veröffentlichung von *Crack a Bottle* auf Tour ging. Ich hatte gespürt, dass das Publikum nicht mehr so auf meine Musik reagierte, wie ich es gewohnt war, und meine Plattenverkäufe bestätigten dieses Gefühl: Als ich später im Jahr das Album *Before I Self Destruct* herausbrachte, verkaufte es sich weltweit nur eine Million Mal. Für die meisten Künstler ist das sicher eine fantastische Zahl (besonders heutzutage), aber für mich war es damals ein dramatischer Einbruch. Immerhin hatte sich das 2003 erschienene *Get Rich or Die Tryin‘* weltweit 14 Millionen Mal verkauft und *The Massacre* von 2005 immerhin noch 11 Millionen Mal. Meine Absatzzahlen bewegten sich eindeutig in die falsche Richtung.

Aber wenn ich bei Interscope im Büro auftauchte, sprachen die Leute immer noch mit mir, als würde ich 10 Millionen Platten verkaufen. »Wir lieben dich, 50«, sagte mir ein Manager, während ein anderer den Arm um mich legte und erklärte: »50, wir wollen für immer mit dir im Geschäft sein.« Das war schön zu hören, aber es war nicht die Wahrheit.

Die unausgesprochene Wahrheit lautete: Die Plattenindustrie lag im Sterben. Nicht nur meine, sondern sämtliche Verkäufe gingen zurück. Kein einziges Label würde mit der Monetarisierung von Streams jemals auch nur annähernd so viel Geld verdienen wie mit dem Verkauf von CDs.

Im Gegensatz zu vielen seiner Kollegen erkannte der Interscope-Geschäftsführer Jimmy Iovine, was da auf ihn zukam. Ihm war klar, dass die meisten Menschen in Zukunft auf tragbaren Geräten Musik hören würden. Daraus folgerte er, dass der Markt für Kopfhörer zwangsläufig wachsen würde. Ausgehend von dieser intuitiven Annahme, wurde er von einem Unternehmer, der Schallplatten verkaufte, zu einem Unternehmer, der Kopfhörer verkaufte.

Diese Weitsicht zahlte sich für Jimmy aus, für die Künstler seines Labels dagegen nicht. Bei einem Plattenlabel unter Vertrag zu stehen, das sich nicht mehr auf den Verkauf von Platten konzentriert, erwies sich als suboptimal.

Gäbe es echte Menetekel, hätte bei meinem Besuch bei Interscope ein Plakat an der Wand gehangen und mich informiert: »Sorry, 50, aber auf dich gibt hier keiner mehr einen Scheiß.« Das war genau das, was sie dachten, aber wieder einmal wollte es mir niemand offen sagen.

Ich musste die Botschaft zwischen den Zeilen lesen, indem ich die veränderte Stimmung bei meinen Besuchen interpretierte. Ich musste lernen, die Unterschiede zu erkennen. Wie hatten sie sich mir gegenüber verhalten, als ich noch maßgeblich für den Umsatz des Unternehmens war, und wie verhielten sie sich jetzt, wenn sie nur so taten, als wäre ich es immer noch? Als das Geld noch floss, wurde ich behandelt, als wäre ich der Starspieler des Teams. Mein Marketingbudget war unbegrenzt. Kein Wunsch wurde mir abgeschlagen. Ich flog immer erster Klasse und bekam in jedem Hotel die Präsidentensuite. Wenn ich in den Büros des Labels auftauchte, wurde ich von vorne bis hinten bedient. Von der Empfangsdame bis zu Jimmy selbst freuten sich alle, mich zu sehen und überschütteten mich mit Aufmerksamkeit. Warum auch nicht? Immerhin füllte ich ihnen die Geldbörsen.

Als die Verkäufe allmählich zurückgingen, spürte ich, wie die Stimmung sich langsam veränderte, anfangs nur ganz subtil. Verhandlungen dauerten plötzlich länger. Meine Anrufe und E-Mails wurden nicht mehr so schnell beantwortet. Bei Meetings verbrachte ich mehr Zeit mit Junior-Managern als mit den großen Tieren.

Anders als viele Künstler bemühe ich mich, die Branche genau zu verstehen. Ich lese Publikationen wie *Billboard*, *Variety* und den *Hollywood Reporter*. Ich war mir der Tatsache bewusst, dass die Musikverkäufe in den zehn Jahren zwischen 1999 und 2009 um über 50 Prozent gesunken waren, von 14,6 Milliarden auf 6,3 Milliarden. Niemand verkaufte mehr so viel wie früher.

In Anbetracht der veränderten Stimmung, die ich im Büro wahrgenommen hatte – sowie der allgemeinen Entwicklung der Branche –, beschloss ich, aktiv zu werden.

Anstatt auf das Unvermeidliche zu warten, wollte ich Interscope zuvorkommen. Ich arrangierte ein Meeting mit Jimmy und eröffnete ihm, dass ich mich neuen Ufern zuwenden würde. »Ihr seid nicht mehr wirklich im Musikgeschäft«, sagte ich zu ihm. »Ich bin besser dran, wenn ich auf eigenen Füßen stehe. Außerdem plane ich, mich verstärkt im Film- und Fernseh-Bereich zu engagieren. Das interessiert mich gerade am meisten.«

»Oh, du willst also beides machen?«, fragte Jimmy. Er tat, als wäre er überrascht, aber ich merkte, dass er im Grunde eher erleichtert war. Ich schätze, sie wollten mich vom Hals haben.

Ich hätte in diesem Moment auch verbittert reagieren können. Jimmy war nie mein Chef. Er war mein Partner. Und als Partner hatten wir sehr, sehr gut zusammengearbeitet. Ich hätte stutzen und mich fragen können, warum er trotz dieses Erfolgs nicht bis zuletzt hinter mir stand. Warum er nicht mehr getan hatte. Warum er meine letzten Platten nicht tatkräftiger unterstützt hatte, sondern lieber viel Geld in eindeutig schlechtere Projekte wie Puffys *Last Train to Paris* investiert hatte (eigentlich *weiß* ich ja, warum, aber das hebe ich mir fürs nächste Buch auf). Aber ich hatte meinen Blick schon auf die Zukunft gerichtet. Eine Zukunft, in der ich mich verstärkt ins Film- und Fernsehgeschäft einbringen würde.

Ich spürte also die Stimmung im Haus, ahnte, wohin sich die Branche entwickeln würde, und nahm daraufhin meine Zukunft selbst in die Hand. Das ist immer ein besserer Plan, als bloß tatenlos abzuwarten, bis das Menetekel erscheint.

LASS DICH VON DEINEM UMFELD INSPIRIEREN

Immer, wenn ich Menschen sagen höre, dass das Geld, das sie verdienen, sie nicht verändert habe, denke ich immer dasselbe: Das heißt doch nur, dass sie noch nicht genug verdient haben!

Glaub mir: Wenn du richtig Kohle machst, dann ändern sich viele Dinge. Vor allem die Art von Leuten, mit denen du abhängst.

Ich habe in den letzten 15 Jahren eine Menge neuer Freunde gefunden. Viele sind nur Branchenbekanntschaften. Leute, die ich auf Veranstaltungen treffe, mit denen ich ein Selfie mache und ein paar Minuten quatsche, bevor ich weiterziehe. Aber es gibt ein paar wenige Menschen, die wirklich einen positiven Einfluss auf mein Leben hatten. Freunde, die ihre Erfahrungen, Einsichten und Philosophien mit mir geteilt und meine Weltsicht auf diese Weise drastisch verändert haben.

Von diesen neuen Freunden ist mir Robert Greene, der Co-Autor meines Buches *Geld Macht Freiheit*, einer der liebsten. Robert ist definitiv nicht die Sorte Mensch, die früher in meinen Kreisen verkehrt hätte. Er ist ein weißer Mann mittleren Alters, und es gibt überhaupt nichts »Streetmäßiges« an ihm. Er interessiert sich für Geschichte. Er ist am glücklichsten, wenn er lesen und etwas Neues lernen kann.

Bevor ich Robert begegnet bin, kannte ich niemanden, der so tickte wie er. Ich hatte Freunde, die ab und an mal ein paar Bücher lasen (einschließlich Roberts Klassiker *Power, die 48 Gesetze der Macht*), aber keiner war ein richtiger Gelehrter, der dank seines erworbenen

Wissens über viele geschichtliche Themen und Epochen sprechen konnte.

Vor meiner Freundschaft mit Robert hatte ich mich nie sonderlich für Themen interessiert, von denen ich dachte, sie würden mich nicht direkt betreffen. Ich war der Meinung, dass etwas, das im alten Rom oder im kaiserlichen China geschehen war, für mein Leben nicht von Bedeutung sein konnte.

Roberts Geschichten machten mir klar, wie engstirnig das war. Denn die Vergangenheit bot einen nahezu unbegrenzten Vorrat an Strategien und Techniken, aus denen ich schöpfen konnte. Robert machte mir klar, dass Napoleon oder Bismarck nicht nur alte weiße Männer aus verstaubten Geschichtsbüchern waren, sondern Genies, die es verstanden, ihre Strategien an ihre Umstände anzupassen. Und genau darum geht es beim Machterhalt wirklich.

Natürlich ist unsere Beziehung keine Einbahnstraße. Ich ließ Robert an meinen Erfahrungen teilhaben und half ihm, über den Buchrücken hinauszublicken. An meiner Seite konnte er aus erster Hand erleben, wie jemand einige der Strategien, die er studiert hatte, in die Praxis umsetzt. Ich glaube, das war für ihn eine aufregende Erfahrung. Einmal sagte er sogar zu mir: »Weißt du, in Amerika sollten wir beide eigentlich keine Freunde sein. Die Leute wollen, dass es Mauern zwischen uns gibt, weil wir angeblich aus verschiedenen Welten kommen. Geschichte und Hip-Hop sollten sich nicht treffen. Warum eigentlich nicht? Wir können beide eine Menge voneinander lernen. Unsere Freundschaft ist eine Möglichkeit, diese Mauern einzureißen.«

Zu den Dingen, die ich an Robert besonders schätze, gehört der Umstand, dass er alles andere als machtbesessen ist, und das, obwohl er sein Leben lang studiert hat, auf welche Weise Menschen Macht manipulieren. Jahr für Jahr wird er durch die Weltgeschichte geflogen, um Könige, Präsidenten und Staatsoberhäupter (welche, kann ich leider nicht verraten) in strategischen Fragen zu beraten. Er teilt sein Wissen mit ihnen und kehrt anschließend nach Hause zu seinen Büchern zurück. Wenn überhaupt, dann ist er manchmal ein wenig zu nachgiebig, besonders im Privatleben. Ich musste ihm ein paar Mal sagen, dass es in Ordnung ist, hin und wieder ein wenig rabiater zu sein, wenn es um Menschen geht. Es liegt einfach nicht in seiner Natur, jemanden fertigzumachen, bloß weil er es kann. Er weiß alles über Manipulation, ist aber ein von Herzen mitfühlender Mensch. Mit so jemandem befreundet zu sein, tut auch mir gut, denn seine positive Energie strahlt auf mich ab und hilft mir dabei, in bestimmten Situationen einfühlsamer zu sein.

Ein weiterer Mensch, mit dem mich eine ungleiche Freundschaft verbindet, ist der Bestsellerautor und Wellness-Experte Deepak Chopra. Wenn Robert Greene mein Lehrer in Sachen Geschichte ist, dann ist Deepak mein spiritueller Lehrer. Zu den wertvollsten Dingen, die er mich gelehrt hat, gehört die Kunst, mich mental zu entspannen und in eine höhere Bewusstseinsebene zu versetzen. Erst durch Deepak habe ich erkannt, wie wichtig das ist.

Zumal mir das immer schon extrem schwergefallen ist. Ich bin jemand, der immerzu nachdenkt und Strategien entwickelt. Ich war immer in Sorge, Konkurrenten könnten es ausnutzen und an mir vorbeiziehen, wenn ich mir auch nur ein paar Sekunden mentaler Entspannung gönnte.

Deepak half mir, zu verstehen, dass es keine bessere Garantie für einen scharfen Verstand gibt, als seinem Geist hin und wieder eine Atempause zu gönnen. Er lehrte mich, dass ich diese Ruhepause am besten durch Meditation erreiche. Es gibt viele verschiedene Arten der Meditation, er empfahl mir eine Mantra-Technik.

Ein Mantra ist ein Satz oder ein Wort, das man im Geiste wiederholt, bis man innerlich zur Ruhe kommt. Häufig ist es ein Wort aus dem Sanskrit, aber Deepak sagte mir, ich könnte auch einfach den Satz »Ich bin« verwenden. Er empfahl mir, mich immer, wenn ich das Gefühl habe, dass meine Gedanken schneller rasen, als mir lieb ist, in einen ruhigen Raum zu setzen, die Augen zu schließen und die Worte »Ich bin« im Geist so lange zu wiederholen, bis sich der Lärm in meinem Kopf gelegt hat.

Also habe ich versucht, seiner Anleitung zu folgen. Ich musste aber feststellen, dass mir nach ein paar Minuten so viele Gedanken durch den Kopf schossen, dass ich vergaß, was ich eigentlich tun wollte. Da ich nicht einfach aufgeben wollte, fragte ich Deepak um Rat. Der beruhigte mich und erklärte mir, das sei völlig normal. Der Zweck der Meditation bestehe nicht darin, »das Denken einzustellen« oder Gedanken zu verhindern, sondern vielmehr darin, die Lautstärke dieser Gedanken zu dämpfen. Wenn man sich von dem Lärm in seinem Kopf überwältigt fühlt, hat man auf diese Weise ein Werkzeug zur Verfügung, das einem hilft, sich mental zu beruhigen und klarer zu denken.

Das leuchtete mir so sehr ein, dass ich in meiner Wohnung nun einen kleinen Meditationsbereich eingerichtet habe. Immer, wenn ich mich gestresst fühle, setze ich mich in diesen Raum und wiederhole zehn oder fünfzehn Minuten lang mein Mantra. Das ist ein sehr einfacher Weg, um die Kontrolle über meine Gedanken zurückzugewinnen.

Ich weiß diesen Raum sehr zu schätzen, aber ich habe festgestellt, dass ich im Flugzeug am besten meditieren kann. In dem Wissen, dass ich ohnehin mehrere Stunden an meinen Platz gefesselt bin, versuche ich immer, einen Teil des Fluges mit Meditation zu verbringen. Klar ist es verlockend, meinen Laptop aufzuklappen und mir einen Film oder eine Fernsehsendung anzusehen, aber das tut mir nicht wirklich gut. Stattdessen verpflichte ich mich, mindestens eine halbe Stunde lang mein Mantra aufzusagen. Während der ersten zehn Minuten schweifen meine Gedanken immer wieder von meinem Mantra ab. Aber wenn ich dabeibleibe, verfalle ich nach einer Weile in einen gewissen Groove. Ich kann meine Gedanken vielleicht nicht ganz loslassen, aber mein Geist beruhigt sich definitiv ungemein. Nach der Meditation sind meine Gedankengänge und Entscheidungsprozesse sehr viel klarer. Das Meditieren ist eine tolle Möglichkeit, sich eine konstruktive Auszeit zu gönnen.

Als ich in Queens aufwuchs, hätte ich jeden ausgelacht, der mir erzählt hätte, dass ich einmal mit einem weißen Experten für Geschichte und einem indischen Meditationslehrer befreundet sein würde. Ich habe mich einfach auf niemanden eingelassen, der »anders« war als ich.

Heute kann ich mir keine Welt mehr vorstellen, in der ich nicht mit Leuten wie Robert und Deepak befreundet bin. Auf ganz unterschiedliche Weise haben beide maßgeblich dazu beigetragen, wie ich die Welt sehe und mich mit ihr austausche.

Ich gebe zu, dass ich mich in einer anderen Situation befinde als die meisten anderen Menschen. Du hast wahrscheinlich nicht die Gelegenheit, einen deiner Lieblingsautoren oder einen weltberühmten Heiler kennenzulernen.

Trotzdem hindert dich nichts daran, dir die unterschiedlichsten Freunde zu suchen und deine Welt durch sie zu bereichern. Nicht jeder deiner Freunde muss deine Interessen teilen.

Wenn du zum Beispiel jedes Mal, wenn du mit deinen Kumpels unterwegs bist, immer nur über Hip-Hop und die NBA redest, dann solltest du das ändern.

Oder wenn alle deine Homies immer noch zu jeder Veranstaltung Jeans und Turnschuhe tragen, dann solltest du auch daran etwas ändern. Ich war auch mal so. In meiner Hood waren Anzüge nur für Beerdigungen oder Gerichtstermine vorgesehen. Aber mit der Zeit habe ich mich angepasst. Ich habe eingesehen, dass es Anlässe gibt, bei denen ein schöner Maßanzug mit Lederschuhen angemessen ist. Es gibt immer noch Leute, die mich fragen: »Warum trägst du das?« Aber für mich kommt es nicht infrage, auf der Stelle zu treten, nur weil ich mich dort am wohlsten fühle. Selbst wenn mein natürlicher

Instinkt immer noch darin besteht, eine Baseballkappe, Jeans und Turnschuhe anzuziehen, weiß ich Menschen zu schätzen, die mich auf neue Designer oder schicke Läden aufmerksam machen, in denen ich tolle Anzüge kaufen kann.

Du brauchst in deinem Leben Menschen, die dich an Orte mitnehmen, wo du normalerweise nie hingehen würdest, die dir interessante Artikel schicken, die du normalerweise nicht lesen würdest, oder die dich im Restaurant überreden, Gerichte zu probieren, die du normalerweise nicht bestellen würdest.

Du musst Menschen finden, die dein Leben mit neuer Energie füllen. Denn wenn du Jahr für Jahr mit den gleichen Leuten die gleichen Gespräche führst, werden deine Ideen irgendwann schal und du verlierst deinen Schwung.

Ich erweitere nicht nur meinen Bekanntenkreis. Ich bemühe mich auch, den Kreis der Menschen zu erweitern, mit denen ich beruflich zu tun habe.

In nahezu jedem Raum, den ich in einem Unternehmen betrete, bin ich von Menschen umgeben, die vermutlich eine sehr viel bessere Schulbildung als ich genossen haben. Die mehr gelesen haben als ich, und die kulturell viel bewanderter sind als ich.

Zu Beginn meiner Karriere gab es eine Zeit, in der mich solche Situationen verunsichert haben. Ich hätte vielleicht nach einem Grund gesucht, den Raum gar nicht erst zu betreten – weil ich mich nicht dumm oder ungebildet fühlen wollte.

Ich habe es geschafft, diese Unsicherheit zu überwinden, indem ich mir klarmachte, dass diese Leute keineswegs kultivierter waren als ich; sie waren nur in einer *anderen* Kultur aufgewachsen. Die Kultur, mit der ich in South Jamaica groß geworden bin, ist genauso eine Kultur wie die eines Kindes, das in Beverly Hills oder an der Upper East Side von Manhattan aufwächst. Nur die Grundvoraussetzungen und Prioritäten sind andere.

Ich habe auch gelernt, dass ich nicht der Einzige war, den das Unwissen über die Kultur der anderen eingeschüchtert hat, sondern dass deren Unwissen über meine Kultur für sie genauso einschüchternd sein konnte. Ihre Kinder gingen vielleicht auf eine Privatschule in Beverly Hills, aber auf dem Weg dorthin hörten sie meine Musik im Auto. Das bedeutet, es gab kein kulturelles Ungleichgewicht: Wir waren auf Augenhöhe.

Heutzutage lasse ich mich nicht mehr so leicht einschüchtern. Ich suche sogar nach Orten, wo alle anderen über mehr Wissen und Bildung verfügen als ich. Ich bin verrückt danach. Nicht, weil ich meine eigenen Erfahrungen nicht schätze, sondern weil die Zeit, die ich in Gegenwart hochgebildeter Menschen verbringe, es mir erlaubt, aus ihrem Input einen echten Gewinn zu ziehen. Wenn ich die so gewonnenen Informationen mit meinen eigenen Instinkten und Erfahrungen kombiniere, ist das die perfekte Formel, um wirklich großartige Dinge zu schaffen.

Das Sammeln von Informationen ist niemals Zeitverschwendung. Deshalb gebe ich Informationen immer den Vorzug vor einem Scheck. Kürzlich bekam ich einen sehr ansehnlichen Scheck, um in Israel ein Konzert zu geben. Ich hätte erst am Tag der Show anreisen müssen, aber ich habe meinen Leuten gesagt, sie sollten den Trip so buchen, dass ich einen Tag eher ankäme. »Willst du dir etwa Sehenswürdigkeiten ansehen?«, fragten sie mich. »Das ist nicht der Grund«, antwortete ich. »Ich muss diesen Typen kennenlernen, der so einen fetten Scheck ausstellen kann!« Ich hatte keine Ahnung, womit der Kerl sein Geld verdient, aber ich wusste, dass ich etwas von ihm lernen konnte.

Das ist kein rein berufliches Interesse. Ich liebe es, mich mit Menschen auszutauschen, die mir neue Informationen geben können und das Potenzial haben, meine Perspektive zu verändern. Es kommt schon mal vor, dass ich bei einem bestimmten Thema absolut und unverrückbar von meiner Meinung überzeugt bin. Dann eröffnet mir ein kluger Mensch einen neuen Blickwinkel – eine Einsicht, die ich vorher nicht in Betracht gezogen hatte –, und plötzlich ändert sich alles.

Genau das ist mir kürzlich passiert. Ich sprach mit einem Freund darüber, dass Vizepräsident Pence gesagt hatte, er würde sich nicht mit einer Frau zum Essen verabreden, ohne seine eigene Frau dabeizuhaben. Viele Leute haben sich über seine Bemerkung aufgeregt, aber ich habe die Empörung nicht verstanden. »Was ist denn daran falsch?«, fragte ich meinen Freund. »Als er das gesagt hat, war da ein Teil von mir, der sich mit ihm identifiziert hat. Der Mann hat ein System, das für ihn funktioniert. Lasst ihn doch einfach in Frieden.« Aber mein Freund war nicht bereit, Pence' Äußerung so stehen zu lassen. Oder vielmehr mich und meine beschränkte Sichtweise.

»Hör zu, 50, du musst das mal aus meiner Perspektive sehen«, sagte er. »Ich habe zwei Töchter. Und ich werde keine weiteren Kinder bekommen. Die beiden sind meine Zukunft. Sagen wir, eine von ihnen ist eine ausgezeichnete Schülerin und will in die Politik gehen. Sie arbeitet sich nach oben, macht alles richtig und setzt sich engagiert für ein Thema ein. Nun hat sie die Chance, sich mit dem Vizepräsidenten zum Abendessen zu treffen. Und dessen Büro erklärt ihr, dass seine Frau mitkommen muss, sonst kann meine Tochter das Treffen vergessen. Das ist nicht fair!«

»Warum nicht?«, fragte ich. »Er will eben nicht abgelenkt werden. Er ist sich seiner Unvollkommenheit bewusst. Dafür sollten wir den Mann würdigen, anstatt ihn anzugreifen.«

»Nein, die Kritik hat er verdient«, erwiderte mein Freund. »Erstens geht er zu dem Dinner als Vizepräsident, nicht als Mann. Wenn er also sagt, dass er meine Tochter nicht treffen kann, ohne dass seine Frau anwesend ist, bedeutet das, dass er sie als Sexualobjekt ansieht. Nicht als Lobbyistin, als politische Expertin, als Senatorin, was auch immer sie sein mag. Er sieht sie in erster Linie als Sexobjekt.«

Da hatte er recht. Allmählich begriff ich, worauf er hinauswollte. Aber mein Freund war noch nicht fertig.

»Und jetzt kommt das andere Problem, 50. Du weißt, dass die Stimmung, wenn man unter vier Augen über Geschäfte redet, eine andere ist, als wenn einer der Ehepartner dabei ist. Ist man nur zu zweit, kann man zur Sache kommen. Über gemeinsame Gegner lästern. Zusammen Pläne schmieden. Bemerkungen und Gerüchte austauschen. Dinge zur Sprache bringen, über die man vor anderen Leuten nicht reden würde. So werden viele Geschäfte gemacht. Aber wenn ein Ehepartner dabei ist, ändert sich die Stimmung. Die Unterhaltung dreht sich um Kinder, um Urlaub oder darum, welche Fernsehsendungen man gesehen hat. Es geht nicht mehr ums Eingemachte.

Wenn meine Tochter mit dem Vizepräsidenten spricht, möchte ich, dass sie die Möglichkeit hat, ins Detail zu gehen. Ich möchte, dass sie in der Lage ist, mit jemandem in einer Machtposition darüber zu reden, wie man echte Veränderungen bewirkt. Ich will nicht, dass sie benachteiligt wird, weil sie eine Frau ist. Dass sie sich auf eine andere Art von Gesprächen beschränken muss, als es ein Mann in ihrer Position es tun würde. So geht das nicht!«

»Oh, Mist. Wie kann das sein, dass mir das entgangen ist?«, fragte ich mich. Als mein Freund mir die Sache von seiner Warte aus erläuterte, war das, als würde in meinem Kopf eine Bombe hochgehen. Er hatte mir geholfen, die Sache nicht nur in Schwarz-Weiß, sondern in Technicolor zu sehen.

Mein Blickwinkel war beschränkt gewesen, weil ich mich mit Pence als Mann identifiziert hatte. Als jemand, dem sexuelles Verlangen nicht fremd ist, konnte ich seine Position nachvollziehen. Ich hatte es versäumt, mich in dieser Situation in die Frau hineinzuversetzen und so zu erkennen, dass sie gegenüber Männern im Nachteil war. Sie wurde benachteiligt, obwohl sie nichts falsch gemacht hatte.

Ich lebe für solche Momente, in denen mir klar wird, wo ich mich bei einem Thema geirrt habe, und wie ich meinen Blickwinkel erweitern kann. Ich lebe nicht dafür, immer recht zu haben oder von einem Haufen Jasager Sätze wie »Da hast du recht, Boss« zu hören, wenn ich irgendeinen dummen Mist erzähle. Nein, ich möchte mich mit so vielen intelligenten Menschen wie möglich auseinandersetzen, um dazuzulernen, meinen Verstand zu erweitern und meine Perspektiven zu verändern. Überall, wo ich hingehe, beobachte ich die Menschen. Die Art, wie sie Dinge sagen, ihre Einstellung, die Informationen, die sie mit mir teilen. Wenn ich im Zug sitze und die Leute beobachte, kann es vorkommen, dass ich mir Notizen mache. Genau so habe ich gelernt, wie man Geschäfte macht: Indem ich Menschen, die ich bewundere, und ihr Verhalten genau studiert habe. Kluge Menschen können einem durch ihre Worte und Taten enormes Wissen vermitteln. Informationen von enormem Wert, die du sammeln solltest wie kostbare Edelsteine.

Hip-Hop hat in den USA eine Menge positiver Veränderungen bewirkt und das Leben unzähliger Menschen verbessert. Einer der Bereiche, wo die Hip-Hop-Kultur noch Verbesserungsbedarf hat, ist, dass Coolness im Hip-Hop schrecklich überbewertet ist. Wenn Rapper gefährlich und möglichst krass drauf sind, dann finden wir das gut. Wenn sie aber unsicher oder nerdig sind, gilt das als uncool. Das müssen wir ändern. Hip-Hop muss vermitteln, dass es okay ist, wenn man zugibt, etwas nicht zu wissen. Dass niemand alle Antworten parat hat. Dass man in manchen Situationen verunsichert ist. Nur wenn man sich selbst eingesteht, dass man noch dazulernen muss, kann dieser Prozess überhaupt beginnen.

Manche versuchen immer, als der Cleverste rüberzukommen. Sie tun das, um so gegen ihre Unsicherheit anzukämpfen. Sie ziehen es vor, auf Gernegroß zu machen, anstatt die Chance zu ergreifen, etwas dazuzulernen und wirklich über sich hinauszuwachsen.

Versuche, nicht so ein Mensch zu sein. Stelle dich neuen Herausforderungen und umgib dich mit Menschen, die über andere Informationen verfügen als du, die andere Erfahrungen gemacht haben als du, und die – was am wichtigsten ist – keine Scheu haben, dieses Wissen mit dir zu teilen. Diese Menschen werden dir enorm dabei helfen, das Allerbeste aus dir zu machen.

KAPITEL 6

DIE MACHT DER AUSSENWAHRNEHMUNG

»Die Welt nimmt dich so wahr, wie du dich selbst wahrnimmst. Und sie behandelt dich so, wie du mit dir selbst umgehst.«

BEYONCÉ

Als *Get Rich or Die Tryin‘* veröffentlicht wurde, stand ich noch mit einem Bein im alltäglichen Kampf der Straße. Diese Verbundenheit machte mich sehr glaubwürdig.

Als ich dann aber Erfolg auf höchstem Niveau hatte, ging diese Verbundenheit verloren. Als ich zu Ruhm und Reichtum gekommen war, hörte ich auf, wie ein Mensch zu agieren. Ich glich eher einer Comic-Figur als jemandem mit echten Gefühlen. Ich hatte den Eindruck, dass ich unverwundbar sei, dass nichts mich verletzen könnte.

Mit der Zeit ist es mir gelungen, mich nicht mehr darüber zu ärgern, dass die Leute dachten, ich könnte nicht die gleichen Nöte, Ängste und Enttäuschungen empfinden wie alle anderen. Ich habe eingesehen, dass es bestimmte Vorstellungen von mir gibt, die ich nicht beeinflussen kann. Was ich jedoch tun konnte, war, mich intensiver darum zu bemühen, diese Wahrnehmungen zu meinen Gunsten zu beeinflussen.

Ich habe festgestellt, dass es eine Tendenz in der Art und Weise gibt, wie die Medien über mich berichten. Wenn ich auf der Erfolgswelle reite, werde ich als »der Musikmogul 50 Cent« bezeichnet. Wenn etwas schlecht läuft, bin ich plötzlich wieder »der Rapper 50 Cent«.

Es wäre ganz leicht gewesen, sich jedes Mal darüber zu ärgern und aufzuregen. Stattdessen sah ich darin eine Chance. Indem ich von der Presse als Rapper bezeichnet werde, wann immer ich etwas Umstrittenes mache, bieten sie mir eine Art Narrenfreiheit, die andere Menschen in meiner Position nicht haben.

Wir leben in einer Zeit, in der die meisten Menschen Angst haben, ihre Meinung offen zu sagen, vor allem diejenigen, die Macht und Einfluss haben. Sie haben Angst, dass sie etwas verlieren könnten, wenn sie etwas Falsches in den sozialen Medien oder in der Presse sagen. Unterstützung. Prestige. Freunde. Vielleicht sehen sie sogar ihre Karriere in Gefahr. Sie haben Angst, »gecancelt« zu werden.

Ich habe mich nie davor gefürchtet, Opfer der »Cancel Culture« zu werden. Ich habe vom ersten Tag an offen und ehrlich über meine Probleme gesprochen, daher sind die Erwartungen an mich nicht die gleichen wie an meine Kollegen. Es wird förmlich davon ausgegangen, dass ich schon immer verkorkst war.

Wenn ich etwas Verrücktes sage, dient es mir als Schutzschild, als »der Rapper 50 Cent« bezeichnet zu werden. Daran prallt jedes »Cancel«-Gerede einfach ab. Selbst die härtesten Kritiker müssen zugeben: »Das ist einfach typisch 50.«

Diese Freiheit, ich selbst zu sein, mit allen Makeln und Fehlern, ist unglaublich wertvoll für mich geworden. Eines der wichtigsten Instrumente, die mir zur Verfügung stehen, ist meine Instagram-Seite, die 25 Millionen Follower hat. Warum stören sich so viele Leute an meiner Page? Weil sie immer wieder auffällt! Die Leute zieht es dorthin, weil die Seite unverfälscht und ungefiltert ist und tatsächlich von mir selbst geführt wird. Es gibt keinen Pressesprecher, der meine Beiträge überwacht oder mir vorschreibt, was ich löschen soll. Und keinen 25-jährigen Social-Media-Manager, der in einem winzigen Büro hockt und sich überlegt, wie er einen Post so klingen lassen kann, als wäre er von mir. Die Seite spiegelt mich so, wie ich bin – tagein, tagaus. Nur sehr wenige meiner Kollegen können das von sich behaupten.

Der springende Punkt dabei ist, dass die Popularität meiner Instagram-Seite die treibende Kraft hinter dem Erfolg von *Power* und meinem anschließenden Mega-Deal mit Starz war. Als die Presse über diesen Deal berichtete, war ich für sie natürlich plötzlich nicht mehr »der Rapper 50 Cent«. Mein Erfolg in dieser Sache hatte ihre Wahrnehmung verändert. Curtis Jackson, der Macher, der Geschäftsmann, der Entertainment-Mogul, hatte diesen Starz-Deal unter Dach und Fach gebracht.

Jetzt, wo ich die damit verbundenen Vorteile erkannt habe, fühle ich mich wohl damit, sowohl als 50 Cent als auch als Curtis Jackson bekannt zu sein.

50 Cent ist die Außenwahrnehmung. Curtis Jackson ist die nackte Realität. Das bedeutet nicht, dass 50 Cent ein Fake ist. Ganz und gar nicht. 90 Prozent der Dinge, über die ich gerappt habe, habe ich selbst erlebt. Ganz zu schweigen davon, dass es viele Dinge gibt, die ich erlebt habe, die nicht in meinen Songs auftauchen.

Ich kann jetzt die Rolle von 50 Cent – die Figur, die ich mir auf die harte Tour erarbeitet habe – zu meinem Vorteil nutzen, um Curtis Jackson sowohl zu schützen als auch aufzuwerten.

Die größte Angst, die viele Menschen haben, ist, einfach nur sie selbst zu sein. Es gibt wahrscheinlich einige von euch, die dieses Buch lesen und hoffen, dass sie »der nächste 50 Cent« werden könnten. Wenn dir das bekannt vorkommt, solltest du dieses Ziel sofort vergessen. So zu sein wie ich, entspricht nicht deinem individuellen Lebensweg – du solltest überhaupt nicht wie irgendjemand anderes sein wollen.

Wenn du dich zu sehr nach dem Vorbild eines anderen Menschen richtest, sendest du schwache, unwirksame Signale in die Welt hinaus. Du läufst vor deiner reichsten und nie versiegenden Energiequelle davon: du selbst zu sein.

Was du in diesem Kapitel lernen solltest, ist ein Verständnis dafür, dass es eine unglaubliche Auswirkung auf deinen Erfolg hat, wenn es dir gelingt, dich von deiner besten Seite zu zeigen.

Einfluss darauf zu nehmen, wie die anderen dich wahrnehmen, macht dich nicht zu einem Fake. Es macht dich nicht verlogen. Es macht dich zu jemandem, der weiß, wie man seine Energien zu seinem eigenen Vorteil nutzt.

Stellen wir uns vor, dass deine Energie wie Wasser ist. Seit Tausenden von Jahren haben die Menschen versucht, die Energie des Wassers zu kanalisieren. Die alten Griechen bauten Wasserräder, die die Kraft der Flüsse nutzten, um Weizen zu Mehl zu mahlen. Im alten China benutzten sie »Topfräder«, um Wasser aus Flüssen in Bewässerungskanäle zu leiten. Islamische Ingenieure in Afrika und dem Nahen Osten nutzten Wasser, um »Hebemaschinen« anzutreiben. In der Neuzeit wurden kolossale Projekte wie der Hoover-Damm gebaut, der die Kraft des Colorado River nutzt, um Millionen von Menschen mit Strom zu versorgen, dabei Überschwemmungen verhindert und für die Bewässerung von trockenem Land sorgt.

Keine dieser Maßnahmen, die die Zivilisation nachhaltig veränderten, änderte etwas an der grundsätzlichen Beschaffenheit des Wassers an sich. Das Einzige, was sie veränderten, war, wie es genutzt wurde.

Versuche, die Energie, die dadurch entsteht, wie du wahrgenommen wirst, auf die gleiche Weise zu nutzen. Die grundlegende Essenz dessen, was du bist, ändert sich nicht – du nutzt nur die Kraft, die in dir steckt, auf clevere Weise.

WIE MAN DIE AUSSENWAHRNEHMUNG BEEINFLUSST

Meine erste Erfahrung mit dem Versuch, die Wahrnehmung anderer zu beeinflussen, entstand aus der Not heraus. Ich war etwa zwölf Jahre alt und fing gerade an, mit Drogen zu dealen. Es war klar, dass ich damit Geld verdienen würde, aber ich hatte ein Problem: Ich hatte überhaupt keine Zeit, um irgendwo an einer Straßenecke herumzustehen.

Ich war zu der Zeit an der Middle School, und meine Oma wollte auf keinen Fall, dass ich von der Schule abgehe. Die einzige Zeit, in der ich meinen Geschäften nachgehen konnte, war zwischen 15 Uhr, wenn die Schule aus war, und 18 Uhr, wenn ich zu Hause sein musste.

Damals hatte meine Oma die Angewohnheit, mich zur Schule zu begleiten und auch wieder abzuholen, was es unmöglich machte, sich heimlich davonzuschleichen, um dealen zu gehen. Ich musste mir einen Grund einfallen lassen, um alleine raus zu dürfen. Ich wog damals schon an die 70 Kilo und sah fast aus wie ein junger Erwachsener, also erzählte ich meiner Oma, dass die Leute in der Nachbarschaft anfingen, sich über mich lustig zu machen. »Es gibt Kinder in der achten und neunten Klasse, die kleiner sind als ich und alleine nach Hause laufen«, sagte ich ihr. »Jeder denkt schon, ich sei zurückgeblieben oder so etwas. Du musst mich allein gehen lassen.«

Es fiel meiner Großmutter schwer, sich darauf einzulassen, denn der Weg zur Schule war zu unserem Ritual geworden. Wir sprachen dann immer über alles, was in meinem Leben vor sich ging, oder über alle Fragen, die mir durch den Kopf gingen. Diese Spaziergänge waren es, die uns wirklich zusammenschweißten.

Aber keine Großmutter will, dass ihr Enkel schikaniert wird, und so ließ sie mich schließlich alleine gehen. Das nächste Problem, das ich zu bewältigen hatte, war, wie ich erklären sollte, warum ich nicht gleich nach Schulschluss nach Hause kam. Ich konnte vielleicht eine

Stunde oder so herausschinden, indem ich behauptete, dass ich mit meinen Freunden Basketball spielte oder kurz noch Süßigkeiten kaufen war, aber es gab keinen logischen Grund, warum ich jeden Tag bis zum Abend draußen sein sollte.

Dann fand ich eine Lösung. Meine Schule hatte ein Nachmittagsprogramm, bei dem die Schüler Hausaufgaben nachholen oder an Aktivitäten teilnehmen konnten, das bis 18 Uhr lief. Ich meldete mich dafür an und brachte meiner Oma die Unterlagen mit nach Hause, aus denen hervorging, dass ich jeden Tag bis 18 Uhr bleiben würde. Sie war begeistert von der Idee, dass ich zusätzliche Hausaufgaben machen würde, und unterschrieb die Papiere. Ich ging die ersten paar Tage hin und dann nicht mehr. Die Schule war viel laxer, was die Anwesenheit nachmittags anging, als während des normalen Unterrichts. Wenn ich nicht erschien, schickten sie niemanden auf die Suche nach Schulschwänzern wie mir. Endlich konnte ich jeden Tag zwischen 15 und 18 Uhr meinen Drogengeschäften nachgehen.

Ich fand sogar einen Weg, mich vor dem sonntäglichen Kirchgang zu drücken, der im Haus meiner Großmutter verpflichtend war. Jeder befolgte ihr Gebot, bis zu dem Jahr, in dem sie sich einer neuen Kirche anschloss. Nach ein paar Sonntagen war klar, dass der neue Prediger ein kleiner Wichtigtuer war. Mein Großvater, der genauso ungern in die Kirche ging wie ich, sah seine Chance. »Ich muss nicht am Sonntag in die Kirche gehen und mir von diesem Typen etwas über Gott erzählen lassen«, sagte er zu ihr. »Ich werde stattdessen einfach zu Hause bleiben und selbst in der Bibel lesen.« Als sie sich nicht dagegen sträubte, ergriff auch ich die Initiative. »Ich will zu Hause bei Opa bleiben!«, sagte ich ihr. Mein Opa war verblüfft, da ich nie großes Interesse daran gezeigt hatte, mit ihm zusammen zu sein. »Der Kleine will bei mir bleiben?«, fragte er. Aber er muss wohl geahnt haben, dass ich ein Stück weit ein Mitverschwörer war, denn er war schnell von der Idee angetan und setzte sich über Omas Einwände hinweg. »Nein, nein, lass Curtis nur bei mir bleiben«, sagte er. »Das wird dem Jungen guttun.«

Eigentlich hatten wir beide nur nach einer Ausrede gesucht, um nicht in die Kirche gehen zu müssen, aber am Ende waren es genau diese Sonntagvormittage, die uns näher zusammenbrachten. Davor war er eher eine distanzierte Figur für mich, jemand, der die meiste Zeit auf der Arbeit war. An diesen Sonntagvormittagen lernten wir uns richtig gut kennen. Wir verbrachten viel mehr Zeit damit, Footballspiele zu schauen oder im Haus herumzuhängen, als die Bibel zu lesen, aber das musste meine Oma ja nicht wissen. Damals entstand eine Verbindung zwischen uns, die heute noch besteht.

Es war während dieser Zeit, dass mein Großvater mir eine weitere wertvolle Lektion darüber vorlebte, wie wichtig es ist, die Außenwahrnehmung zu steuern, besonders in einer Partnerschaft. Mein Großvater arbeitete in der örtlichen GMC-Fabrik, und er hatte ein bestimmtes Ritual, wenn er an jedem zweiten Freitag seinen Lohn erhielt. Sobald er am Zahltag zur Tür hereinkam, überreichte er meiner Großmutter seinen Scheck. Sie musste ihn nicht drängen oder schikanieren – er gab ihn ihr einfach so.

Als Kind habe ich das nie verstanden. »Du rackerst dich die ganze Woche ab, und dann gibst du jemand anderem deinen Lohn?«, dachte ich immer. »Welchen Sinn soll das haben?«

Aber kürzlich machten wir einen gemeinsamen Ausflug (ich nehme ihn jedes Jahr auf mindestens einen Ausflug mit), und ich sagte zu ihm: »Opa, ich habe nie verstanden, warum du ihr einfach immer das ganze Geld gegeben hast.«

»Du konntest das damals nicht verstehen, weil du zu jung warst«, erklärte er. »Aber ich gab ihr das ganze Geld, damit sie nicht auf die Idee kam, Dinge zu wollen, die ich ihr nicht geben konnte. Anstatt den Kopf voller Flausen zu haben, ließ ich sie *mit der Realität klarkommen*. Diesen häuslichen Frieden zu haben, war mir mehr wert als ein paar zusätzliche Dollar in der Tasche.«

Endlich verstand ich seine Strategie. Wenn er verschwiegen hätte, wie viel er verdiente, wäre es verständlich gewesen, dass meine Großmutter misstrauisch geworden wäre und vermutet hätte, dass er ihr etwas vorenthielt. Sie hätte ihm vielleicht ein schöneres Kleid oder ein teures Paar Schuhe abgenötigt. »Wahrscheinlich hat er das Geld«, hätte sie sich vielleicht gedacht. »Er ist einfach nur geizig.«

Indem er meiner Großmutter genau zeigte, was er verdiente, und ihr dann alles gab, hatte mein Großvater die Kräfteverhältnisse im Haus verschoben. Wenn sie das schönere Paar Schuhe oder das teurere Kleid haben wollte, musste sie diesen Kauf vor sich selbst rechtfertigen. Nicht vor ihm.

Und indem er ihr alles überließ, wurde mein Großvater zu einer zuverlässigen Größe im Leben meiner Großmutter. Die meisten Menschen halten sich immer an etwas fest, das ihnen Gewissheit bietet. Als ich es so betrachtete, machte sein Handeln plötzlich viel mehr Sinn für mich.

Während ich froh war, an diesen Sonntagen eine engere Beziehung zu meinem Großvater aufzubauen, gefiel es mir nicht besonders, meine Großmutter anzulügen, vor allem darüber, was ich nach der Schule wirklich tat. Aber ich begann zu verstehen, dass ich, um das zu bekommen, was ich damals wollte, lernen musste, wie ich ihre Wahrnehmung von mir mit dem, was ich auf der Straße aus mir machte, unter einen Hut bringen konnte. Ich hätte das tun können, was viele Kinder in meinem Viertel taten, nämlich einfach die Schule abbrechen und sagen: »Es ist mir scheißegal, ob es meiner Familie gefällt oder nicht.« Aber meine Liebe zu meiner Oma war zu stark. Ich musste sie in ihrer Wahrnehmung bestärken, und sie betrachtete mich immer noch als ihr Baby.

Mehr als jeder andere in meinem Leben verstand meine Oma mich, auch wenn ich versuchte, einen Teil meines Lebens vor ihr zu verbergen. Nachdem sie gestorben war, las meine Tante in der alten Bibel meiner Großmutter, und ihr fiel auf, dass sie ihre Gebete auf kleine Papierschnipsel geschrieben und zwischen die Seiten gesteckt hatte. Meine Tante zeigte mir eines der Gebete, in dem sie geschrieben hatte: »Bitte beschütze Curtis vor sich selbst, denn er ist ein Hitzkopf. Herr, es ist nicht seine Schuld, denn der Junge hat schon viel durchgemacht.«

Als ich diesen Zettel las, war das einer der emotionalsten Momente in meinem Leben. In diesem Augenblick hätte ich mein Leben gegeben, um ihres zu retten. So viel hat sie mir bedeutet.

Meine Liebe zu meiner Großmutter ist der Grund, warum ich mich entschloss, zwei Identitäten anzunehmen. Zu Hause wollte ich weiterhin Boo Boo sein, der süße Junge, der ihre Regeln befolgte, und in ihrem Haus zum Beispiel niemals fluchte. Der ihren Bohneneintopf mit Würstchen liebte. Der höflich und rücksichtsvoll war.

Außerhalb ihres Hauses entwickelte ich eine andere Persönlichkeit. Ich hieß zwar noch nicht 50 Cent, aber ich machte mir einen Namen als jemand, dem man nicht in die Quere kommen wollte, als jemand, der alles tun würde, um zu bekommen, was er wollte.

Während meine Oma mich vielleicht als ihr Baby betrachtete, wollte ich, dass die anderen in meinem Viertel auf mich aufmerksam würden und mich als jemanden ansahen, der Respekt verdiente. Ich wusste, dass ich viele Dinge nicht ändern konnte – ich war arm, hatte keine Eltern und sah vielleicht ein bisschen merkwürdig aus. Aber ich war entschlossen, dass die Merkmale, die ich beeinflussen konnte – mein Aussehen und mein Auftreten – Eindruck auf die Leute machen sollten.

Was ich als Erstes zu ändern begann, war mein Aussehen. Wie ich bereits erwähnt habe, war ich als Kind übergewichtig. Weißt du noch, als ich in »21 Questions« reimte »I love you like a fat kid loves cake«? Dieses fette Kind, das war ich selbst. Ich verbrachte viel zu viel Zeit auf der Couch und schaute Fernsehen, während ich Käsesandwiches verschlang und Cranberry-Saft trank. Ich steuerte direkt auf die Fettleibigkeit, auf Diabetes und so vieles mehr zu, woran viel zu viele Afroamerikaner leiden.

Das Boxtraining im Fitnessstudio verbesserte meine schlechte körperliche Verfassung immens. Nachdem ich mich erst einmal richtig ins Training reingekniet hatte, verwandelte ich mich von einem dicklichen zwölfjährigen Jungen in einen schlanken und kräftigen jungen Mann. Was mich am meisten überraschte, war, dass ich begann, mich mehr nach der Selbstdisziplin des Boxens zu sehnen als nach Kuchen, Keksen und Limo. Der Kuchen gab mir für einen Moment ein gutes Gefühl, aber dann war dieser Rausch wieder weg. Trainieren und in Form bleiben gab mir *permanent* ein gutes Gefühl.

Abgesehen von der körperlichen Stärke, die ich dadurch gewann, gefiel mir der Gedanke, dass mein Körper Einfluss darauf hatte, wie die Leute über mich dachten. Auch wenn andere Männer sich nicht unbedingt eingeschüchtert fühlten, behandelten sie mich zumindest mit mehr Respekt. Viele Frauen fühlten sich zu mir hingezogen, nicht nur wegen des Aussehens, sondern weil meine Muskeln etwas über mich aussagten – dass ich jemand war, der diszipliniert war, der sich nicht scheute, konsequent an etwas zu arbeiten, auf das er sich konzentrierte. Der Anschein dieser Qualitäten ist für Frauen enorm attraktiv und noch wichtiger als ein Bizeps oder breite Schultern, an die man sich anlehnen kann.

Seit ich begonnen habe, im Boxring meine Pfunde zu verlieren, ist es ein wesentlicher Teil meiner Persönlichkeit geworden, physisch in Form zu bleiben. Das einzige Mal, dass ich einen Ausrutscher hatte, war, als ich mit *Get Rich or Die Tryin'* auf Tour ging. Wir waren über ein Jahr lang permanent unterwegs, und ich war nicht richtig auf die Veränderungen vorbereitet, die das Leben auf Tournee mit sich bringt: häufiger Zimmerservice im Hotel und noch mehr Fast Food. Ich verfiel wieder in meine schlechten Gewohnheiten aus der Kindheit und begann zu essen, worauf ich gerade Lust hatte, während ich gleichzeitig immer weniger trainierte.

Es überrascht nicht, dass ich dadurch stark zunahm. Zu Beginn der Tournee sah ich aus wie der Headliner, aber am Ende sah ich aus wie mein eigener Bodyguard. Als es an der Zeit war, die Cover-Fotos für mein zweites Album, *The Massacre*, aufzunehmen, hatte ich ein Problem am Hals. Oder, genauer gesagt, vor der Brust.

Eines der nachhaltig prägenden Bilder von *Get Rich or Die Tryin'* war ein Foto von mir auf dem Cover, das mich mit nacktem Oberkörper zeigt, muskelbepackt und mit einem Diamantkreuz am Hals. Das ist das Bild, das die Leute mit 50 Cent assoziieren. Es hat erwiesenermaßen zur Erfolgsbilanz der Plattenverkäufe beigetragen.

Als es an der Zeit war, *Massacre* zu veröffentlichen, sah die Sache anders aus. Ich war nicht fettleibig, aber da, wo früher die Muskeln klar erkennbar waren, sah man nun Speck. Ich wollte auf das Motiv mit freiem Oberkörper nicht verzichten, also dachte ich mir etwas aus: Ich benutzte wieder ein Foto mit nacktem Oberkörper, aber diesmal nahm ich einen Stift und zeichnete meine fehlenden Muskeln ein. Um die Blicke der Leute von den Fettpölsterchen abzulenken, verlieh ich meinen Brustmuskeln, Schultern und Armen mehr Definition. Ich zog außerdem Handschuhe an, sodass das ganze Bild ein wenig wie ein Comic aussah.

Die Verfremdung funktionierte – niemand sprach über den »fetten 50 Cent«. Man sprach ausschließlich über die Musik. *The Massacre* verkaufte sich in der Woche, in der das Album herauskam, 1,5 Millionen Mal und wurde weltweit über 10 Millionen Mal verkauft. Trotzdem schwor ich mir, mich nie wieder in eine solche Situation zu bringen.

DAS EIGENE IMAGE ENTWERFEN

Seit ich meinen Stift für das Cover von *The Massacre* zücken musste, sind meine Muskeln echt. Ich gebe jedoch zu, dass es Zeiten gab, in denen ich die Art und Weise, wie mich die Leute wahrnehmen, auf andere Weise manipuliert habe, um meine Ziele zu erreichen.

Eines der ersten Male, als ich merkte, dass ich etwas dadurch erreichen konnte, dass ich es plante, war, als ich versuchte, vom Drogenverkauf auf Musik umzusteigen.

Ich war als Dealer sehr erfolgreich, aber niemand nahm mich als Rapper wirklich ernst. Ich wusste, dass ich die richtigen Leute kennenlernen musste, wenn ich vorankommen wollte. Mit dieser Mission im Hinterkopf beschlossen ich und ein paar meiner Jungs eines Abends, ins Bentley's zu gehen, einen gehobenen Hip-Hop-Club in Manhattan. Freitags gab es im Bentley's Partys, die im Radio übertragen wurden, und zu denen eine interessante Mischung aus Rappern, Sportlern, Prominenten und Models kam. Wenn man in der Szene Fuß fassen wollte, war das Bentley's ein großartiger Ort dafür – vorausgesetzt, man kam an den Türstehern vorbei. Sie waren speziell dafür da, um sicherzustellen, dass nicht jeder x-beliebige Kerl aus den fünf Bezirken, der einen Plattenvertrag wollte, über die Schwelle kam.

Wir fuhren mit meinem Mercedes 400 SE vor, ein enorm schicker Schlitten. So einen hatten nicht viele. Als ich langsam am Club vorbeifuhr, lief wie aus dem Nichts jemand auf mein Auto zu und schlug auf die Motorhaube. Ich mag es nicht besonders, überrascht zu werden, und mein Unmut muss sich in meinem Gesicht abgezeichnet haben.

»Sorry, Mann, meine Schuld!«, entschuldigte sich der Typ schnell. »Ich dachte, du wärst mein Kumpel Kenny. Er hat auch so eine Schleuder!«

Nachdem ich mich wieder beruhigt hatte, schaute ich mir genau an, wer mich da angesprochen hatte: Es war Jam Master Jay von Run-DMC! Einer meiner Helden!

Ich fuhr sofort rechts ran, sprang aus dem Wagen und gab Jay die Ghettofaust. Ich erzählte ihm, dass ich aus South Jamaica stamme und seine Karriere immer verfolgt hatte. Er lachte und entschuldigte sich noch einmal dafür, dass er mich derart überfallen hatte, und erklärte, er habe gedacht, ich sei der NBA-Star Kenny Anderson, der ebenfalls aus Queens stammte.

Ich fragte Jay, ob er im Begriff sei, ins Bentley's zu gehen. »Klar doch, ich wollte gerade in den Schuppen rein und mal schauen, was dort so abgeht.« Ich beschloss, die Gelegenheit beim Schopf zu packen. »Da kommen wir doch gleich mit«, sagte ich ihm. Jay sah mich an, dachte eine Sekunde lang nach und sagte dann: »Ach, das ist dein Plan. Na dann mal los.« Und schon waren wir an den Türstehern vorbei und drinnen im Bentley's. Ohne ihn wären wir nie reingekommen – *er hat mich buchstäblich ins Musikbusiness gebracht*. In dieser Nacht schlossen Jay und ich eine Freundschaft, die schließlich dazu führte, dass ich bei JMJ Records unterschrieb – der Rest ist Geschichte.

Die Sache ist die: Jay hätte mich nie eingeladen, mit ihm in den Club zu gehen, wenn ich nicht meinen 400 SE gefahren hätte. Wäre ich einfach auf dem Bürgersteig auf ihn zugegangen, hätte er nicht einmal angehalten, um mit uns zu reden, geschweige denn uns mit hineinzunehmen. Das ist kein Vorwurf an ihn oder sein Urteilsvermögen – überall, wo er hinging, kamen zufällig Leute auf ihn zu, und es ist unmöglich, dass Jay jemals allen hätte gerecht werden können.

Aber in dem Moment, als Jay mein Auto sah und dachte, ich sei Kenny Anderson, wurde ich schon ganz anders wahrgenommen. Selbst als sich herausstellte, dass ich kein NBA-Spieler war, war ich immer noch *jemand* für ihn – jemand, der seine Aufmerksamkeit verdiente. Sobald ich sie hatte, lag es an mir, daraus Kapital zu schlagen.

Was ich denn auch tat. Es gibt bestimmte materielle Güter – und Autos stehen ganz oben auf der Liste –, die anderen Menschen signalisieren, dass man jemand ist, der ernst genommen werden sollte. Dass man anders ist als der Rest der Meute. Besonders in New York City. Man kann zwar nicht mit seinem schicken Apartment oder Eigenheim den Broadway hinunterfahren, aber man kann dort verdammt gut langsam mit seinem teuren Schlitten herumfahren.

Man kann sich das so vorstellen: Ein älterer, reicher, weißer Mann fährt in einem Rolls-Royce herum, und ich fahre in irgendeiner Blechschleuder neben ihm her. Plötzlich bemerke ich, dass Flammen unter seinem Auto herausschlagen. Wenn ich ihm zu verstehen gebe, dass er sein Fenster herunterkurbeln soll, wird er einen Blick auf mich werfen und dann einfach geradeaus starren. Ich versuche vielleicht, sein Leben zu retten, aber er schenkt mir keine Aufmerksamkeit. Er nimmt mich nicht als jemanden wahr, mit dem er es zu tun haben will.

Nehmen wir nun an, ich fahre mit meinem Ferrari neben ihm her. Ich bemerke, dass sein Auto brennt, und fordere ihn auf, sein Fenster herunterzukurbeln. Er wird das Fenster öffnen und sagen: »Was kann ich für Sie tun?« In zehn von zehn Fällen. Ich könnte genauso aussehen und die gleiche Ausstrahlung haben, aber er lässt das Fenster nur runter, wenn ich selbst in einem luxuriösen Auto sitze. Das, worin ich sitze, bestimmt seine gesamte Wahrnehmung von mir.

Das betrifft nicht nur Autos. Ich habe mich kürzlich mit einer sehr berühmten Medienpersönlichkeit unterhalten, und er erwähnte, dass er immer darauf achtet, ob jemand eine gute Uhr trägt. Wenn er nicht weiß, wen er vor sich hat, versucht er, es herauszufinden: »Ich frage mich dann: ›Was zum Teufel macht er beruflich?‹ Und dann versuche ich, einen Weg zu finden, mit ihm zu reden. Denn irgendetwas muss an ihm dran sein.«

Es gibt manche Typen, die dasselbe mit Sneakers machen. Wenn du den Raum betrittst und die richtigen Schuhe trägst, wird er sofort auf dich aufmerksam. Du hast vielleicht noch kein Wort gesagt, aber der Typ wird dich sofort als jemanden ausmachen, der wahrscheinlich seine Aufmerksamkeit verdient.

Für viele Frauen haben Handtaschen einen ähnlichen Stellenwert. Die meisten Männer könnten den Unterschied zwischen einer 20 000-Dollar-Birkin und einer gefälschten Gucci-Tasche aus der Canal Street nicht erkennen. Aber für andere Frauen spricht die Tasche, die jemand trägt, Bände. Wenn man mit einer coolen Handtasche einen Raum betritt, kann man sich erhöhter Aufmerksamkeit sicher sein.

Du könntest einwenden: »Na ja, der Typ hätte dich immer gleich behandeln sollen, egal was für ein Auto du fährst«, oder »Man sollte sich nicht für jemanden interessieren, nur weil er eine teure Uhr trägt«, aber diese Aussage entspricht nicht der Realität.

Jedes Mal, wenn du die Straße entlanggehst, mit dem Auto irgendwo hinfährst, in den Supermarkt gehst, im Fitnessstudio trainierst oder ein Bild in den sozialen Medien postest, wirst du beurteilt – von ein paar Leuten, die du kennst, und von vielen anderen, die du nie kennenlernen wirst. Es hat keinen Sinn, sich darüber zu ärgern oder zu sagen, es sei ungerecht. Stattdessen ist es an dir, zu erkennen, dass du die Kontrolle darüber hast, wie du wahrgenommen wirst, und dich für die bestmögliche Aufmachung zu entscheiden.

Ich sage ganz offen, dass ich jede einzelne Person, die ich treffe, nach ihrem Aussehen beurteile. Während ich ihnen die Hand schüttele, scanne ich auch ihr gesamtes Outfit und suche nach aussagekräftigen Anhaltspunkten. Besonders, wenn wir uns zum ersten Mal treffen, um Geschäfte zu machen. Bevor sie den Mund aufmachen, hat ihr Erscheinungsbild schon zu mir gesprochen. Es sollte also im besten Fall die richtige Botschaft vermitteln.

Besonders achte ich auf Menschen, die sich in meiner Umgebung leger kleiden. Sagen wir, du kommst zu unserem Meeting und trägst ein T-Shirt und Jeans. Das sagt mir, dass du dich wohlfühlst. Das ist nicht unbedingt etwas Schlechtes. Wenn ich spüre, dass du großartige Arbeit leisten wirst, dann ist dieses komfortable Outfit angemessen. Wenn du jedoch keine Kompetenz ausstrahlst, dann sehe ich das als

Problem an. Es deutet darauf hin, dass du die Situation nicht ernst genug nimmst. Du wärst überrascht, wie viele Leute das tun.

Einmal schickte die Zeitschrift GQ einen Journalisten, der mich interviewen sollte. Er tauchte in T-Shirt und Jeans mit abgewetzten Turnschuhen auf. Unter seinen Freunden mag das ein hippes Outfit gewesen sein, aber für mich signalisierte es, dass er in seinem Job vielleicht nicht ganz bei der Sache war. Irgendwann fingen wir an, über die Bedeutung der Selbstdarstellung zu sprechen, und der Journalist fragte mich, was ich von seinem Outfit hielt. Ich sagte ihm, dass es für ihn vielleicht in Ordnung sei, mich in diesem Aufzug zu interviewen, aber ich vermutete, dass es den Eindruck, den seine Kollegen im Büro von ihm hatten, untergraben würde. »Hören Sie, GQ schickt Sie vielleicht zum Interview mit 50 Cent, weil Sie leger gekleidet sind«, erklärte ich. »Aber sie würden garantiert einen Typen im Anzug schicken, wenn es um ein Interview mit George Clooney ginge.«

Der Journalist gab zu, dass ich vielleicht richtiglag. Um das herauszufinden, führte er ein Experiment durch, bei dem er an einem Tag einen Anzug im Büro trug statt seines normalen Outfits aus T-Shirt, Turnschuhen und Jeans. Die Veränderung in der Art, wie die Leute ihn ansahen, folgte unmittelbar. Mehrere Kollegen machten ihm Komplimente für sein Aussehen, und einer seiner Redakteure machte sogar ein Foto von ihm und stellte es auf die Instagram-Seite von GQ. Das ist bei GQ schon ein kleiner Ritterschlag. Ich weiß nicht, ob sie ihn jemals zu einem Interview mit George Clooney geschickt haben, aber es besteht kein Zweifel daran, dass die Veränderung seiner Kleidung auch die Akzeptanz in seinem Job verändert hat. Wie ich ihm sagte: Wenn man sich zurechtmacht, werden die Leute das bemerken.

Wenn ich sehe, dass jemand sich Mühe gibt und über seine Garderobe nachdenkt, zeigt mir das, dass er unsere Beziehung schätzt. Ob ich den jeweiligen Stil mag oder nicht, ist nicht wichtig. Ich will nur sehen, dass er sich Mühe gegeben hat. Neulich traf ich mich mit einem Fernsehautor, um ein mögliches Projekt zu besprechen. Er hatte eine Jeans an, aber sie saß perfekt. Er trug Sneakers, die jedoch aussahen wie frisch aus dem Karton. Er trug ein locker sitzendes Sportjackett aus Baumwolle und hatte eine dunkel gerahmte Brille. Alles an seinem Outfit sagte »intelligent, geschäftstüchtig, lässig«. Er vermittelte die richtige Ausstrahlung für das, woran wir gerade arbeiteten.

Nachdem wir eine Weile geredet hatten und ich festgestellt hatte, dass er mir sympathisch war, sagte ich ihm, dass ich neugierig sei, warum er dieses Outfit gewählt habe. Wahrscheinlich war das nicht die Frage, die er bei einem Drehbuchmeeting erwartet hatte, aber er nahm es gelassen hin. »Oh, ich wollte, dass du mich ernst nimmst«, sagte er mir und fügte hinzu: »Aber ich wollte auch, dass du merkst, dass ich nicht zu formell bin. Dass ich ein flexibler Mensch bin, mit dem man gut zusammenarbeiten kann.« Er ergänzte, dass die Brille erst vor Kurzem zu seinem Look hinzugekommen sei. »Lange Zeit habe ich keine Brille getragen, weil ich dachte, dass sie mich alt aussehen lässt«, erklärte er. »Aber dann habe ich mich entschlossen, sie zu tragen, weil mir auffiel, dass sie mich klug erscheinen lässt, was wahrscheinlich von Vorteil ist, wenn ich will, dass die Leute mir eine Menge Geld für meine Dienste zahlen.«

»Du hast den Nagel auf den Kopf getroffen. Für mich drückt das nichts anderes aus als Intelligenz«, sagte ich ihm. »Ich sehe dich an und denke: ›Das ist ein kluger Kerl. Er hat diese Brille aufgesetzt, damit er verdammt noch mal sehen kann!‹«

Wohlgemerkt, es war nicht unbedingt ein Outfit, das ich selbst tragen würde. Die Sneakers waren ein wenig schlicht, und das Sakko hätte mir nicht gestanden. Aber es war nicht nötig, dass er sich so kleidet wie ich. Ich wollte nur feststellen, dass er die richtige Ausstrahlung für den Job hat.

Manche von euch können es sich vielleicht nicht leisten, sich schicke Klamotten oder jedes Mal ein Paar neue Schuhe zu kaufen, wenn ihr zu einem Meeting geht. Das ist trotzdem keine Entschuldigung. Unabhängig davon, wie deine persönliche Situation ist, kannst du dir ein Bügeleisen leisten. Selbst wenn deine Klamotten nicht die coolsten sind: Wenn ich bemerke, dass du sie am Abend zuvor gebügelt und vorbereitet hast, nehme ich deine Absicht zur Kenntnis. Es lässt mich wissen, dass du, auch wenn du kein großes Budget hast, die richtige Einstellung hast. Damit kann ich arbeiten.

Wenn ich dagegen jemanden sehe, der ständig schlampig rumläuft oder dem es nichts auszumachen scheint, verknitterte Klamotten zu tragen, dann sagt mir das, dass er sich selbst nicht zu schätzen weiß. Dass er oder sie nicht bereit ist, sich jeden Tag ein bisschen Mühe zu geben, um das Beste aus sich herauszuholen. Es braucht nicht viel, um sein Hemd zu bügeln oder seine Schuhe ein bisschen zu putzen. Wenn man seine Zeit und sein Erscheinungsbild nicht genug wertschätzt, um jeden Morgen diese kleinen Tätigkeiten zu verrichten, warum sollte ich dann erwarten, dass diese Person mich wertschätzt?

WIE MAN DAS GESPRÄCH STEUERT

Ich weiß, was die meisten Leute in der Geschäftswelt Amerikas von mir denken.

Sie halten mich für einen Gangster. Einen Rowdy. Einen Tyrannen. Wenn sie ein Meeting mit mir angesetzt haben, ist ihre oberste Priorität wahrscheinlich nicht, das Geschäft zum Abschluss zu bringen. Es ist, den Raum wieder zu verlassen, ohne erschossen zu werden.

Ich verstehe das, und zum Teil ist das meine eigene Schuld. Ich würde nicht behaupten, dass ich bewusst das Image eines Gangsters pflege – das klingt zu berechnend. Doch ich war immer sehr ehrlich, wenn es darum ging, über den Lebensstil zu reden, den ich damals in Queens geführt habe. Und Leute, die nicht aus diesem Milieu stammen, neigen dazu, sich an diesen Details festzubeißen.

Als ich anfing, öfter Geschäftstreffen zu haben, war ich überrascht, dass alle im Raum um mich herum immer so angespannt zu sein schienen. Wovor hatten sie Angst? Ich war da, um über Geschäfte zu reden. Nicht, um den Raum in die Luft zu jagen.

Mit der Zeit merkte ich, dass ich diese angespannte Stimmung beeinflussen konnte. Wenn ich den Raum wirklich beherrschen wollte, war das Beste, was ich tun konnte, so wenig wie möglich das Image des »Gangstas« zu bedienen.

Falls man von mir erwartet hatte, dass ich Aggression und Arroganz ausstrahle, gab ich mich stattdessen bescheiden. Ich lächelte viel. Ich schien sogar ein wenig schüchtern zu sein.

Die Manager hatten sich mental auf einen arktischen Wind eingestellt, aber alles, was sie bekamen, war eine frische Sommerbrise. Der Unterschied zwischen ihren Erwartungen und meiner tatsächlichen Ausstrahlung entwaffnete sie.

Ich habe die Erfahrung gemacht, dass es mir viel leichter fällt, meine Ziele zu erreichen, wenn ich die Stimmung im Raum steuern kann. Die Leute sind so verblüfft, wie nett ich bin, dass sie unterbewusst viel entspannter sind und empfänglicher für meine Vorschläge werden.

Selbst wenn ich lächle und liebenswürdig bin, finde ich immer noch Wege, die Anwesenden im Raum wissen zu lassen, dass ich das Sagen habe. Eine Technik, die ich dazu anwende, ist, den Arm meines Gesprächspartners zu berühren. Niemals auf eine plumpe oder aufdringliche Weise. Nur ganz leicht am Unterarm. Es scheint nicht von Bedeutung zu sein, aber es ist ein unglaublich effektiver Weg, um bei jemandem einen Eindruck zu hinterlassen.

Und das sage ich nicht nur so: Wissenschaftler haben Untersuchungen durchgeführt, die beweisen, dass eine leichte Berührung die

Menschen viel bereitwilliger auf die Bitten anderer eingehen lässt. In einer Studie der *Society for Personality and Social Psychology* wurde festgestellt, dass Kellner und Kellnerinnen, die die Leute, die sie bedienten, leicht berührten, bessere Trinkgelder bekamen als diejenigen, die das nicht taten. In einer anderen Studie, die im *Journal of Nonverbal Behavior* veröffentlicht wurde, kam heraus, dass eine leichte Berührung dazu führte, dass zufällig auf der Straße angesprochene Menschen eher bereit waren, bei der Suche nach verlorenen Gegenständen zu helfen oder sogar Petitionen zu unterschreiben. Kurz gesagt: Eine richtig eingesetzte Berührung bringt Menschen dazu, das zu tun, was man von ihnen will.

Warum ist das so? Wissenschaftler glauben, es liege daran, dass der Körper bei der richtigen Art von Berührung – also einer nicht aggressiven – Hormone wie Dopamin, Oxytocin und Serotonin freisetzt, die im Gehirn Glücksgefühle auslösen. Gleichzeitig sinkt der Spiegel von stressauslösenden Hormonen wie Cortisol (die durch eine aggressive Berührung freigesetzt würden). Das Ergebnis ist, dass eine einfache Berührung jemanden in eine entspanntere Stimmung versetzen kann, in der er eher bereit ist, einem Vorschlag zuzustimmen.

Der Trick besteht in der richtigen Ausführung der Berührung. Zunächst einmal solltest du Menschen *nirgendwo* anders als zwischen Ellenbogen und Handgelenk berühren. Das gilt besonders, wenn du ein Mann bist und es mit einer Frau zu tun hast. Berühre sie nicht an der Schulter, am Bizeps oder im Gesicht, und schon gar nicht unterhalb der Taille. Mach nicht einfach irgendeinen Mist und behaupte dann: »50 hat aber gesagt, ich soll das machen!« Wenn du jemanden berührst, dann nur am Unterarm. Null Ausnahme.

Und du darfst jemanden nur dann berühren, wenn du nah genug bei ihm sitzt oder stehst, sodass es nicht unangenehm wirkt. Wenn du dich über einen Tisch lehnen musst oder um jemanden herumfassen musst, wird es nicht funktionieren. Die Berührung muss beiläufig wirken, einfach als normale Ergänzung des Gesprächs. Wenn du den

Arm nach jemandem ausstreckst, wird er sich unwohl fühlen und in der Folge weniger empfänglich für dich sein. Das Gleiche gilt, wenn du versuchst, ihn oder sie am Arm zu packen oder in irgendeiner Weise physischen Druck ausübst.

Probiere diese Technik aus, wenn du das nächste Mal versuchst, jemanden zu überzeugen, dir bei etwas zu helfen. Anstatt deine Mutter einfach zu bitten, dich zum Supermarkt zu fahren, frage sie und berühre dabei leicht ihren Unterarm. Egal, in welcher Stimmung sie vorher war, ich verspreche dir, dass sich ihre Laune bessern wird und du gefahren wirst.

Oder wenn du bei der Arbeit bist und versuchst, deinen Chef davon zu überzeugen, dass du die richtige Person bist, um ein Projekt zu leiten, berühre ihn einfach ganz sanft am Unterarm, während du dein Anliegen vorbringst. Auch hier gilt, dass es nur am Unterarm sein darf, und es sollte niemals aufdringlich oder anzüglich wirken. Deine Ansprache muss völlig ruhig und beherrscht bleiben. Wenn dir das gelingt, egal wie schwierig oder widerwillig dein Chef in der Vergangenheit war, wirst du sehen, wie sich seine Einstellung zum Positiven verändert. Du wirst den Job bekommen.

Eine weitere Möglichkeit, die Atmosphäre im Raum subtil zu steuern, besteht darin, leise zu sprechen. Vielleicht ist das nicht der Rat, den man von einem Rapper erwartet, aber es ist ein weiterer Trick, der meiner Erfahrung nach wirklich gut funktioniert.

Auf die Idee hat mich der brillante Schauspieler Bruce Willis gebracht. Bruce und ich trafen uns zum ersten Mal am Set des Heist-Movies »Set Up – Freunde fürs Leben, Feinde für die Ewigkeit«. Eines Abends, während der Dreharbeiten, gingen die Schauspieler und die Crew zusammen essen. Ich saß am gleichen Tisch wie Bruce, und im Laufe des Abends kamen immer wieder Leute vorbei, um ihm ihre Aufwartung zu machen. Mir fiel auf, dass jedes Mal, wenn jemand ein Gespräch mit Bruce anfing, die Person sich weit zu ihm vorbeugen musste, um zu verstehen, was er sagte. Und wenn der ganze Tisch in ein Gespräch verwickelt war, antwortete Bruce fast flüsternd, wenn ihn jemand nach seiner Meinung fragte. Alle am Tisch mussten sich ihm zuneigen, um ihn zu verstehen.

Nach dem Essen lud Bruce mich ein, mit ihm in der Hotellobby eine Zigarre zu rauchen. Während wir rauchten, sprach ich ihn darauf an, was ich beobachtet hatte. »Sag mal,« fragte ich, »Wie kommt es, dass du jedes Mal, wenn dich jemand beim Abendessen etwas gefragt hat, fast flüsternd geantwortet hast? Jetzt sprichst du doch auch nicht mehr so.«

Bruce begann zu lachen. »Das ist dir aufgefallen?«, bemerkte er. »Das hast du gut beobachtet. Das habe ich mir vor Jahren angewöhnt. Wenn man mit vielen Leuten zusammen ist und jeder versucht, gehört zu werden, besteht der Trick darin, so leise wie möglich zu sprechen. Wenn jemand leise spricht, ist die natürliche Reaktion, sich der Person so weit wie möglich zuzuwenden. Wir sind uns dessen nicht bewusst, aber wenn wir das tun, lenken wir unsere ganze Aufmerksamkeit auf diese Person.«

»Verdammt«, sagte ich. »Das ist mir noch nie aufgefallen. Ich bin es gewohnt, dass man versucht, den Ton in einem Raum anzugeben, indem man so laut wie möglich ist.«

»Versuche es«, sagte Bruce. »Du wirst verstehen, was ich meine.« Also probierte ich es aus, und Bruce hatte absolut recht. Je leiser ich sprach, desto aufmerksamer hörten die Leute zu. Beim Einsatz dieser Technik stellte ich fest, dass es nicht nur in der verbalen Kommunikation, sondern auch bei der Körpersprache effektiv ist, den Leuten weniger zu bieten, als sie erwarten.

Ich habe zum Beispiel festgestellt, dass Führungskräfte immer auf nonverbale Hinweise reagieren, wenn sie vor versammelter Mannschaft in einem Raum sprechen. Wenn sie einen Standpunkt äußern, erwarten sie im Gegenzug etwas von einem. Das kann ein Lachen sein, ein leichtes Kopfnicken, eine hochgezogene Augenbraue oder auch nur eine Veränderung der Sitzhaltung. Etwas, das ihm signalisiert: »Ja, Chef, ich habe deine Botschaft registriert.« Selbst wenn wir uns dessen nicht bewusst sind, geben wir ihnen in der Regel irgendwann die Bestätigung, die sie haben wollen.

Ich beschloss, ein Experiment zu machen, als ich eine Runde von Meetings mit der Führungsriege eines Fernsehsenders hatte. Aus irgendeinem Grund schienen sie ein wenig eingebildeter und arroganter zu sein als andere Manager und versuchten, das Geschehen im Raum zu beherrschen. Ich wollte sehen, ob ich ihnen diese Kontrolle entreißen könnte, ohne dass sie es überhaupt merkten. Jedes Mal, wenn einer der hochrangigen Mitarbeiter des Senders über seine Pläne schwadronierte und Bestätigung haben wollte, saß ich einfach nur da, mit steinerner Miene. Kein Nicken. Kein Lachen. Ich bot ihm einfach nichts an.

Das brachte sie völlig aus dem Konzept. Sie wurden ganz nervös. Sobald ich sie so aus der Reserve gelockt hatte, war es viel einfacher, mein Anliegen durchzusetzen und das Gespräch in eine Richtung zu lenken, die für mich von Vorteil war. Ich strengte mich mehr an, aber buchstäblich ohne mit einem Muskel zu zucken.

Probiere es selbst einmal aus. Wenn du in einer Besprechung bist und dein Chef dich ansieht, um Bestätigung zu bekommen, solltest du sie ihm nicht geben. Das bedeutet nicht, dass du auf dein Handy oder ins Leere starrst, während er redet. Halte auf jeden Fall Augenkontakt und zeige deutlich, dass du zuhörst. Biete ihm aber darüber hinaus kein nonverbales Feedback.

Ich verspreche dir, wenn du das tust, wird dein Chef ganz automatisch auf dich fixiert sein. Unterbewusst wird er oder sie denken: »Jeder andere gibt mir Rückmeldung. Aber von diesem Menschen kommt gar nichts. Was ist da los?«

Du könntest der jüngste Mitarbeiter im Raum oder in der Firma sein, aber nach diesem Meeting wirst du einen besonderen Stellenwert im Bewusstsein deines Chefs einnehmen. Er wird denken:

»Das ist ein kluger Mitarbeiter. Ich muss ihn oder sie im Blick behalten.«

Du wirst einen positiven – und bleibenden – Eindruck bei deinem Chef hinterlassen. Jetzt liegt es an dir, aus dem Vorteil, den du dir verschafft hast, Kapital zu schlagen. Wenn du diesem Meeting nicht beeindruckende Ideen und eine starke Arbeitsmoral folgen lässt, wird der Eindruck nicht viel wert sein. Aber wenn du das neugeweckte Interesse deines Chefs nutzen kannst, um die großartige Arbeit, die du geleistet hast, sichtbar zu machen, wird das deine Karriere garantiert vorantreiben.

FAKE IT TILL YOU MAKE IT

Bill Gates und Paul Allen waren Computer-Nerds, die sich an der Highschool in Seattle kennengelernt hatten und sich beide gleichermaßen für frühe Computersysteme interessierten. Einige Jahre nach dem Schulabschluss arbeitete Allen in Boston für Honeywell, während Gates in der Nähe in Harvard studierte.

Eines Tages traf sich Allen mit Gates, um ihm die neueste Ausgabe der Zeitschrift *Popular Electronics* zu zeigen. Die Titelgeschichte handelte von etwas, das keiner von ihnen je zuvor gesehen hatte: ein »Personal Computer«. Bis dahin waren Computer nur etwas für große Unternehmen oder die Regierung gewesen.

Der Artikel präsentierte einen Paradigmenwechsel – den Altair 8800, einen Personal Computer, der von einer Firma aus New Mexico namens Micro Instrumentation and Telemetry Systems (MITS) entwickelt worden war.

Heute würden wir den Altair nicht einmal als Computer erkennen. Er hatte weder einen Bildschirm noch eine Tastatur. Er »kommunizierte« durch kleine rote Lichter, die auf der Vorderseite seines kastenförmigen Rahmens aufleuchteten. Für Allen und Gates schien er jedoch wie ein Zukunftsversprechen zu sein.

Sie sahen in seiner Vermarktung auch eine potenzielle Chance. Der Altair lief mit einem sehr langsamen und unzuverlässigen Betriebssystem. Allen und Gates arbeiteten gerade an einem Programm, das sie BASIC nannten. Sie waren davon überzeugt, dass ihr Programm den Altair viel benutzerfreundlicher machen würde.

Sie beschlossen, MITS zu kontaktieren und ihnen ihr Programm anzubieten. Sie bekamen den Geschäftsführer von MITS ans Telefon und erklärten, dass sie an dem Altair gearbeitet und ein neues Programm speziell für ihn entwickelt hatten. Ed Roberts, der CEO der Firma, war beeindruckt und lud sie nach New Mexico ein, damit sie ihm das Programm vorstellen konnten.

Allen und Gates waren überglücklich, nur hatten sie ein Problem: Sie besaßen gar keinen Altair, und das BASIC-Programm hatten sie niemals fertiggeschrieben. Sobald das Telefonat mit Roberts beendet war, rannten sie los und kauften einen Altair. Dann verbrachten sie die nächsten Monate damit, fieberhaft das eigentliche Skript für BASIC zu schreiben.

Natürlich war Roberts am Ende von dem Programm begeistert und stellte Allen sogar bei MITS ein. Diese Erfahrung führte dazu, dass Allen und Gates ihre eigene Firma, Microsoft, gründeten, die beide Männer später zu den reichsten Menschen der Welt machen sollte.

Bill Gates und Paul Allen hätten jedoch niemals diesen Weg einschlagen können, wenn sie nicht bereit gewesen wären, Ed Roberts bei diesem ersten Telefonat etwas vorzumachen. Sie logen nicht bezüglich ihres Talents als Computerprogrammierer oder ihrer Zuversicht, den Altair zu verbessern. Aber sie haben mit Sicherheit stark übertrieben, wenn es darum ging, was sie tatsächlich bis zu diesem Anruf bereits geleistet *hatten*, um den bestmöglichen Eindruck zu hinterlassen. Einer der Hauptgründe, warum sie beide so unglaubliche Karrieren machten, war neben ihren Fähigkeiten und ihrer

Arbeitsmoral, dass sie beide verstanden, wie wichtig es ist, ein Narrativ zu schaffen, sich selbst so darzustellen, als hätten sie bereits ein höheres Level an Erfolg erreicht, als es tatsächlich der Fall war. Mit der Zeit würden sie nichts mehr vortäuschen müssen. Aber wenn sie in der Anfangsphase nicht ein bisschen kühn mit der Wahrheit umgegangen wären, hätten sie ihr eigenes Unternehmen vielleicht nie auf die Beine gestellt.

Einer der beliebtesten Ausdrücke im Hip-Hop ist »Fake it till you make it«, was genau das ist, was Bill Gates und Paul Allen getan haben. Der Gedanke dahinter ist, dass es nur eine Frage der Zeit ist, bis der wahre Erfolg sich einstellt, selbst wenn die Umstände ungünstig sind oder es einem an Erfahrung mangelt, solange man das Selbstvertrauen und die Zuversicht eines erfolgreichen Menschen ausstrahlt.

Diese Redewendung wurde schon so oft benutzt, dass sie fast zu einer Binsenweisheit geworden ist. Aber lass dich nicht davon täuschen, dass sie so oft verwendet wird. Ich kann dir versprechen, dass dieses Prinzip echte Wirkung zeigt, auch nachdem du es »geschafft« hast.

Ein großartiges Beispiel dafür ist die Veröffentlichung meines Mixtapes *50 Cent Is the Future*. Es war das erste Projekt, das ich anging, nachdem ich von Columbia fallen gelassen worden war. Ich war in einer der heikelsten Situationen meines Lebens und wusste, dass ich etwas tun musste, um die Aufmerksamkeit der Musikindustrie auf mich zu ziehen.

Zu dieser Zeit war Raubkopieren ein großes Thema im Hip-Hop. Brancheninsider besorgten sich die Alben vor dem offiziellen Veröffentlichungsdatum und verkauften sie dann an sogenannte Bootlegger. Diese Schwarzhändler verkauften die Scheibe mit einem gefälschten Cover auf der Straße für 5 bis 10 Dollar pro Stück, anstatt der 20 Dollar, die eine CD bei Best Buy oder Virgin Megastore kosten würde. Der Künstler war damit finanziell komplett ausgehebelt.

Die Bootlegger waren scharf auf alles, was die Major-Labels veröffentlichten: Alben wie *Country Grammar* von Nelly oder *Stillmatic* von Nas. Diese Künstler – vor allem Nas – taten natürlich alles, um zu verhindern, dass ihre Musik in die Hände der Bootlegger geriet. Und wenn sie dann doch auf einen unglücklichen Immigranten stießen, der ihr Album illegal verkaufte, gab es meist eine Abreibung.

Ich sah die Situation völlig anders als die Künstler der großen Labels. Weil ich ein wenig Wirbel gut gebrauchen konnte, wollte ich unbedingt, dass meine Musik als Bootleg gehandelt wird. Um das zu erreichen, heckte ich einen Plan aus.

Niemand bot mir einen Plattenvertrag an, also beschloss ich, *The Future* auf eigene Faust zu veröffentlichen. Der entscheidende Punkt war, alles zu tun, um den Anschein zu erwecken, dass es sich um eine Major-Label-Veröffentlichung handelte. Ich engagierte einen Fotografen, der das Albumcover ablichtete und einen Designer, der ein Cover entwarf, das wie eine offizielle Veröffentlichung aussah. Ich klebte sogar einen gefälschten Barcode auf das Backcover, damit es so echt wie möglich aussah. Dann ließ ich meine Leute das Album an jeden Bootlegger »durchsickern«, der es nehmen wollte.

Mein Plan funktionierte perfekt. Die Schwarzhändler fingen schnell an, mein »Album« zu verkaufen, ohne zu merken, dass sie etwas gestohlen hatten, das ich eigentlich verschenken wollte. Überall in der Stadt, in verschiedenen *Neighborhoods* und an diversen Straßenecken, verbreitete sich die Nachricht von einem neuen 50-Cent-Album, das nicht im Handel erhältlich war. Man musste den richtigen Bootlegger kennen, um es in die Finger zu bekommen. Weil es so schwer zu finden war, wurde es sofort zum coolen Ding, das man haben musste. Die vermeintliche Exklusivität steigerte das Interesse nur noch mehr.

In einem Fall ging diese Irreführung jedoch zu weit. Einer meiner Homies hatte auf der Jamaica Avenue einen Afrikaner angetroffen, der auf einem Tisch *The Future* zum Verkauf anbot. Ohne meinen

Plan zu kennen, dachte mein Freund, der Typ würde mich abzocken. Er ging auf den Bootlegger los, kippte seinen Tisch um und schlug dem Kerl ins Gesicht. Dabei hat er ihm sogar ein paar Zähne ausgeschlagen.

Danach erzählte mein Freund mir, was er getan hatte, und dachte, ich wäre ihm dankbar. »Warum hast du das gemacht?«, fuhr ich ihn an. »Du Trottel, wir brauchen den Kerl, um die CD zu verkaufen, weil wir noch keinen Vertrag haben. Wir wollen für Aufsehen sorgen. Du sollst niemandem aufs Maul hauen! Du vermasselst die ganze Sache, Mann!«

Mein Freund entschuldigte sich sofort. »Oh, mein Fehler, 50. Ich dachte, der Typ wollte dich abzocken.«

»Nein, das ist Teil des Plans«, erklärte ich ihm. »Eigentlich solltest du jetzt noch mal rausgehen und ein paar Exemplare kaufen, nur damit er und seine Leute wissen, dass das Teil draußen heiß begehrt ist.«

Ich sah die Sache mit den Bootleggern viel entspannter. Einmal war ich auf dem Weg zu Chris Lightys Büro in Manhattan, als ich einen Typen mit einem Haufen CDs sah, die auf einem Laken auf dem Bürgersteig lagen. »Was hast du da?« fragte ich ihn. »Oh ja, ich habe die neue 50 Cent, Mann. Die ist der Hammer!«, sagte er mir, offensichtlich nicht wissend, mit wem er sprach. »Ach ja? Lass mal sehen«, sagte ich ihm. Natürlich hatte er *50 Cent Is the Future*. Ich war begeistert, dass meine CD diejenige war, die er als Erstes anbot. Ich schenkte dem Typen ein breites Grinsen und kaufte ihm zwei Exemplare ab. Ich musste ja die Nachfrage am Laufen halten!

Einer der größten Vorteile, die die Labels den Künstlern bieten konnten, war ihr Vertriebsnetz. Die Labels bestimmten, welche Alben in die passenden Läden kamen, und wie sie präsentiert und beworben wurden. Indem ich meine eigene Musik vertrieb, hatte ich einen Weg gefunden, das zu umgehen. Diese Bootlegger wurden zu meinem eigenen persönlichen Vertriebsnetz. Solange es eine Nachfrage gab, stellten sie weiterhin Kopien her und verbreiteten meine Musik (und meinen Namen).

Ich bin mir sicher, dass der Erfolg meines Bootleg-»Albums« dazu beigetragen hat, dass Eminem und Interscope auf mich aufmerksam wurden. Ich habe mich nicht damit begnügt, herumzusitzen und zu hoffen, dass jemand merkt, dass ich angesagt bin – sondern ich habe selbst das Feuer geschürt und den Markt angeheizt. Indem ich den Eindruck erweckte, dass ich genauso angesagt war wie die Major-Label-Künstler dieser Zeit, ebnete ich im Grunde den Weg, selbst einer zu werden.

TU SO, ALS HÄTTEST DU ES NICHT NÖTIG

Eine weitere Methode, die du anwenden kannst, um etwas zu bekommen, das du willst, ist, so zu tun, als ob du es nicht wirklich brauchst. Es ist eine Technik, die Feingefühl, Raffinesse und unerschütterliches Selbstvertrauen erfordert. Richtig eingesetzt, erzielt man damit sehr gute Resultate.

Angenommen, du hast ein Vorstellungsgespräch für einen Job, den du dir unbedingt an Land ziehen willst. Der Job ist ideal für dich und wird viel besser bezahlt als deine derzeitige Tätigkeit. Wenn du ihn bekommen würdest, würdest du nicht nur deine Karriere vorantreiben, sondern auch die hohen Kreditschulden loswerden, in denen du steckst. Ganz zu schweigen davon, dass sich dein Weg zur Arbeit von fünfundvierzig auf fünfzehn Minuten verkürzen würde. Es ist alles, was du schon immer wolltest.

Wenn du zum Vorstellungsgespräch kommst (natürlich in gebügelter Kleidung), wirst du instinktiv zum Ausdruck bringen, wie begeistert du von dem Angebot bist. Du hast bereits Wochen damit verbracht, dir vorzustellen, wie dein Leben aussehen wird, wenn du diesen Job bekommst. Jetzt willst du all diese Begeisterung vor der Person zum Ausdruck bringen, die dir den Job tatsächlich bieten kann.

Gib diesem Verlangen nicht nach.

Natürlich solltest du unmissverständlich zeigen, dass du an dem Job interessiert bist. Mach deutlich, dass du davon überzeugt bist, dass du die Erwartungen an dich nicht nur erfüllen, sondern übertreffen kannst.

Erwecke aber niemals den Eindruck, dass du die Stelle »brauchst« oder »um alles in der Welt haben willst« – auch wenn du *genau* das empfindest.

Du musst dieses Verlangen unterdrücken, denn es gibt eine fundamentale Wahrheit: Bedürftigkeit törnt jeden ab, außer besonders mitfühlende Menschen. Die überwiegende Mehrheit der Menschen wird von den Dingen angezogen, von denen sie glauben, dass sie sie *nicht* haben können. Egal in welchem Kontext: Unerreichbarkeit ist das ultimative Aphrodisiakum.

Wenn du nach jemandem Ausschau hältst, der Zeit, Geld oder Energie in dich investiert, darfst du diese Person niemals in dem Glauben lassen, sie tue *dir* einen Gefallen. Du musst sie in dem Glauben lassen, dass du ihr einen Gefallen tust – dass sie, wenn sie sich auf dich einlässt, für sich *selbst* einen Gewinn einfährt.

Dieses Phänomen wurde mir sehr schnell bewusst, als ich selbst Erfolg hatte. Als ich mich noch abstrampeln musste, wollte mir niemand eine Chance geben. Jetzt, wo ich es geschafft habe, bietet mir jedermann tolle Deals oder außergewöhnliche Angebote an. Wenn ich zu einer Preisverleihung gehe, bekomme ich Präsente im Wert von Zehntausenden von Dollar. Milliardäre laden mich ein, in ihren Privatjets zu fliegen oder in ihren Luxusvillen zu wohnen. Hedgefonds-Manager geben mir Anlagetipps. Jeder, so stellt sich heraus, will einem gerade dann einen Gefallen tun, wenn man ihn *nicht* braucht.

Wenn man von erfolgreichen Menschen hört, denen es bereits gut geht, und die Geschenke im Wert von 30 000 Dollar oder Gratisflüge in Privatjets bekommen, ist es leicht, sich zu beschweren: »Die Reichen werden immer reicher«, aber murren wird nichts an deiner realen Situation ändern. Es wird sich erst dann etwas ändern, wenn du herausfindest, wie du die Energie und das Selbstvertrauen ausstrahlst, dass die Menschen dich auf ähnliche Weise behandeln.

Einer der wahren Magier der »Tu so, als hättest du es nicht nötig«-Strategie war der Finanzier Bernie Madoff. Er ist der Typ hinter dem Schneeballsystem, der die Leute um mehr als 64 Milliarden Dollar gebracht hat. Richtig: 64 *Milliarden* Dollar.

Ich will nicht gutheißen, was Madoff getan hat. Er hat eine Menge unschuldiger Menschen und Unternehmen ruiniert und sogar dazu beigetragen, dass sein eigener Sohn Selbstmord begangen hat. Aber als ich seine Geschichte las, musste ich einfach zugeben, wie meisterhaft er darin war, eine »Ich-habe-es-nicht-nötig«-Mentalität an den Tag zu legen, um die Leute dazu zu bringen, ihm ihr Geld anzuvertrauen.

Ganz einfach ausgedrückt, funktionierte Madoffs Masche so: Er ermutigte Menschen, in sein Unternehmen zu investieren, aber anstatt ihr Geld tatsächlich an der Börse anzulegen, zahlte er es auf sein persönliches Bankkonto ein. Dann fälschte er Aktienberichte, die zeigten, dass seine Investoren eine unglaubliche Rendite für ihr Geld bekamen. Er ging davon aus, dass die Anleger ihr Geld bei ihm lassen würden, solange sie sahen, dass es über den Marktwert stieg, und dass sie die ganze Sache weiterlaufen lassen würden.

Das einzige Problem wäre, wenn die Leute ihr Geld zurückverlangen würden. Da Madoff das Geld nie wirklich investiert hatte, wäre es für ihn unmöglich, diese Forderungen zu erfüllen. Das Geld lag nicht mehr auf seinem Konto – er hatte es bereits für Häuser, Autos, Flugzeuge und all die anderen schönen Dinge ausgegeben. Um das System am Laufen zu halten, musste Madoff ständig neue Investoren anwerben und den Geldfluss in Gang halten.

Da er möglichst viele neue Investoren brauchte, um zu verhindern, dass sein System zusammenbricht, könnte man annehmen, dass Madoff sehr offensiv nach potenziellen Zielpersonen gesucht hat. Vor allem, wenn es darum ging, die Leute mit dem großen Geld zu gewinnen, die er auf Galas und Partys in Manhattan, Hollywood und den Hamptons kennenlernte. Man sollte annehmen, dass er sie mit einem guten Essen umgarnte, ihnen Plätze in der ersten Reihe bei Sportveranstaltungen organisierte, sie in seinen Jets herumflog, den Männern Escort-Girls besorgte, was auch immer nötig war, um sich bei ihnen beliebt zu machen.

Fehlanzeige. Madoff tat genau das Gegenteil. Wann immer einer dieser gut betuchten Leute auf ihn zukam, um in seine Firma zu investieren, lehnte Madoff erst einmal ab. Er sagte ihnen, dass sein Fonds voll sei und dass es keine Möglichkeit gäbe, neue Investoren anzunehmen.

Es täte ihm leid, er könne einfach keine Geschäfte mit ihnen machen.

Das trieb diese wohlhabenden Herrschaften in den Wahnsinn. Man bedenke, dass es sich um einflussreiche Leute handelte, die ein Nein nicht gewohnt waren. Anstatt aufzugeben, wollten sie jetzt erst recht mit Madoff Geschäfte machen. Sie waren zunehmend davon überzeugt, dass Madoff an einer lukrativeren Sache dran war, als sie ursprünglich gedacht hatten.

Nehmen wir an, ein vermögender Geschäftsmann wollte fünf Millionen Dollar investieren, als er Madoff zum ersten Mal kontaktierte – eine Investitionssumme, auf die die meisten Manager wie Madoff sofort anspringen würden. Nachdem er eine Absage erhalten hatte, könnte der Mann auf Madoff zukommen und ihm anbieten, seine Investition auf zehn Millionen Dollar zu erhöhen. Niemand lehnt eine Investition von zehn Millionen Dollar ab! Aber Madoff würde immer noch so tun, als sei er nicht interessiert. Dem Geschäftsmann würde nun der Kragen platzen – und er würde noch aufdringlicher. Er würde die gemeinsamen Bekannten dazu bringen, Madoff anzurufen und sich für ihn einzusetzen. Anstatt sich hofieren zu lassen, würde der Gute nun selbst anfangen, Madoff zu hofieren. Er wäre fest entschlossen, Madoff so viel von seinem Geld zur Verfügung zu stellen wie möglich, denn seine Einstellung überzeugte ihn, dass dieser Madoff eine Art Genie sein musste. Denn wer sonst würde so viel Geld ablehnen?

Erst als die Summe für ihn hoch genug war, tat Madoff so, als würde er einlenken: »Na schön«, sagte er dann vielleicht. »Sie können mit 15 Millionen Dollar einsteigen. Aber sagen Sie niemandem sonst, dass ich das getan habe. Es ist nur für Sie.« Und einfach so hätte er den Kerl über den Tisch gezogen. Der Typ hätte genauso gut sagen können: »Bernie, würden Sie bitte mein Geld stehlen?«

Madoff hat dies mit sehr klugen Leuten gemacht. Hollywood-Regisseuren. Besitzern von Profi-Baseball- und Football-Teams. Schauspielern und Schauspielerinnen. Leuten, die in ihren eigenen Berufsfeldern extrem gewieft und erfolgreich waren. Nichts davon spielte eine Rolle. Sie alle wurden von jemandem übers Ohr gehauen, der so tat, als hätte er es nicht nötig.

Madoff hat das in der High Society durchgezogen, aber ich habe gesehen, dass es auch auf der Straße funktioniert. Auf der Straße sind die Leute daran gewöhnt, ständig um etwas gebeten zu werden. »Komm, lass mich mal halten.« Oder: »Hey, Mann, kannst du mir bis nächste Woche aushelfen?« Die Leute sind immer auf der Hut, um sicherzugehen, dass niemand sie austrickst oder betrügt.

Wer diesen Instinkt begreift, kann ihn zu seinem Vorteil nutzen. Nehmen wir an, ein Betrüger trifft einen seiner alten Kumpels an einer Bar und wittert die Gelegenheit, einen seiner Tricks anzuwenden. Zuerst gibt er dem Typen ein paar Runden aus. Natürlich nur die besten Spirituosen. Als ob Geld keine Rolle spielte. Nach ein paar Runden erwähnt er vielleicht beiläufig den Benz, den er draußen geparkt hat, oder die Reise nach Aruba, die er gerade mit seiner Freundin unternommen hat. Seine ganze Ausstrahlung und Wortwahl erweckt den Eindruck, dass er aus dem Vollen schöpft. Das genaue Gegenteil von jemandem, der ein Almosen braucht.

Irgendwann will der Freund des Typen wissen, womit er seinen Lebensstil finanziert. Der Betrüger antwortet sehr bescheiden, dass er mit Immobilien ganz gut verdiene. Er sagt nicht viel mehr und lenkt stattdessen das Gespräch wieder auf lustige alte Geschichten – wie damals, als wir mit den Mädchen nach Coney Island gefahren sind, oder als die Schlägerei im Park losging.

Der Freund bleibt jedoch auf das Geld fixiert. »Hey, was für Immobiliengeschäfte machst du denn so?«, fragt er schließlich. Das ist der Moment, in dem der Betrüger seinen Schachzug machen kann. »Oh, das ist kompliziert. Im Grunde verkaufe ich nur stadteigene Immobilien«, sagt er vielleicht. »Ja, diese Sache hier, an der ich gerade dran bin, ist wirklich großartig. Ich kenne ein paar Leute im Rathaus, und die haben mir ein paar seriöse Angebote gemacht. Vor allem dieses neue Projekt, für das ich gerade Geld aufgetrieben habe. Ich glaube, das wird ein Riesengeschäft.«

Die Falle ist gestellt. Und meistens wird der arme Mensch in sie hineintappen. »Sag mal, geht da was für mich? Du musst mich da einsteigen lassen!« Der Betrüger nimmt noch einen Schluck von seinem Drink und tut so, als würde er darüber nachdenken. »Hör zu, da wir schon so lange befreundet sind, kann ich dich beteiligen, wenn du willst. Aber das *absolute* Maximum, mit dem ich dich einsteigen lassen kann, sind 10 000 Dollar. Es tut mir leid, aber der Rest ist schon so gut wie vergeben.«

»Ich bin dabei!«, sagt der Freund, und macht sofort Anstalten, das Geld zusammenzubekommen. Und schon ist er hereingelegt worden. Der Grund, warum er so leicht darauf hereinfällt, ist, dass der Betrüger so tut, als würde er nichts wollen. Hätte er gesagt: »Gib mir so viel Geld, wie du in die Finger bekommen kannst«, oder hätte er seinen Freund zu einem bestimmten Betrag gedrängt, hätten bei jenem die Alarmglocken geläutet. Indem er jedoch keinen Druck ausübt, ist er in der Lage, alle Sicherheitssysteme seines Freundes zu umgehen. Der gute Mann ist so sehr darauf konditioniert, dass Leute ihn um Dinge bitten und bedrängen, dass es ihm nie in den Sinn gekommen wäre, den Typen genauer unter die Lupe zu nehmen, der *nichts* verlangte.

Hier ist ein kleiner Test, um zu sehen, ob du verstanden hast, wie du die Macht der Wahrnehmung einsetzen kannst. Nehmen wir an, ich habe dir eine Million Dollar gegeben. Aber dann habe ich dir erklärt, dass du, um das Geld zu behalten, einen Monat Zeit hast, um daraus zwei Millionen Dollar zu machen. Ansonsten musst du es mir wieder zurückgeben.

Was wäre deine Strategie, um dein Geld zu verdoppeln?

Würdest du versuchen, ein Unternehmen zu gründen und hoffen, dass es schnell wächst?

Würdest du es einem Investor anvertrauen und hoffen, dass er nicht der nächste Bernie Madoff ist?

Würdest du zehn Kilo Koks kaufen und versuchen, es auf diese Weise zu verdoppeln?

Ich hoffe nicht, denn keine dieser Möglichkeiten ist der einfachste Weg zu den zwei Millionen Dollar.

Alles, was du tun müsstest, wäre, das Geld auf dein Bankkonto einzuzahlen und dann zu deiner örtlichen Filiale zu gehen. In dieser speziellen Situation gebe ich dir sogar die Erlaubnis, dich leger zu kleiden. Wenn du dort ankommst, bitte den Filialleiter, mit dir dein Konto einzusehen.

Die Angestellten der Bank werden große Augen machen, wenn sie all die Nullen auf dem Bildschirm sehen. Sie werden überaus freundlich werden und sehr bemüht sein, dir auf jede erdenkliche Weise zu helfen.

Bleib einfach gelassen und selbstbewusst. Nachdem man dich gefragt hat, was man für dich tun kann, sag ruhig: »Ich hätte gerne einen Kredit über eine Million Dollar.«

Es mag wie eine verrückte Bitte klingen, aber man wird dir die Million tatsächlich mit einer Geschwindigkeit geben, dass dir schwindelig wird. Du füllst bloß ein paar Formulare aus, machst ein bisschen Small Talk, und in ein oder zwei Stunden ist alles offiziell. Und einfach so – *BAM!* – hast du es geschafft.

Warum sollte der Filialleiter dir so schnell das Geld geben? Weil er sehen konnte, dass du bereits eine Million Dollar *besitzt*. Es ist egal, ob du es von einem Rapper, einem verstorbenen Verwandten oder einem Drogendeal hast. Man weiß bloß, dass du Geld hast. Du bist vielleicht als normaler Kunde in die Filiale gekommen, aber all diese Nullen haben dich sofort zu einem Vorzugskunden gemacht.

(Wenn du wirklich das Herz eines Hustlers hast, wirst du es nicht dabei belassen. Sobald du deine zwei Millionen hast, spazierst du rüber zu einer anderen Filiale und machst drei daraus.)

Das mag aus meinem Munde einfach klingen, aber ich habe gesehen, wie Leute diese Methode in anderen Situationen erfolgreich angewendet haben. Sie beginnen vielleicht nicht mit einer Million Dollar, aber sie wissen, wie sie den Eindruck erwecken können, ein Millionär zu sein. Vielleicht kleiden sie sich wie einer. Oder machen Urlaub wie einer. Oder sie lassen überzeugend die Namen von genügend Leuten fallen, die reich sind, bis es so klingt, als gehörten sie dazu.

Zum Teufel, so hat halb Hollywood sein Vermögen gemacht. Es gibt dort Menschen, die etwas von relativ geringem Wert in die Hände bekommen – eine mündliche Zusage eines Schauspielers, ein Treatment für eine Filmidee oder eine Option auf ein obskures Buch. Aber sie tun so, als säßen sie auf einem Haufen Gold.

Dann drehen und wenden sie das, was sie in der Hand halten, immer weiter und gehen damit so lange hausieren, bis sie der Produzent eines realen Films sind.

Die wichtigste Charaktereigenschaft, die sie an den Tag legen, ist Selbstvertrauen. Jedes Mal, wenn sie auf ein Problem stoßen oder sich in einer Sackgasse zu befinden scheinen, wird dieses Selbstvertrauen das sein, was sie weiterbringt.

Sie scheinen auch nie um etwas bitten zu müssen. Sie wirken immer wie jemand, der schon alles hat, was er braucht. Irgendein Schauspieler hat vielleicht gesagt: »Sicher, ich spiele in Ihrem Film mit«, als er betrunken war und kann sich kaum an das Gespräch erinnern, aber dieser Hollywood-Hustler wird so tun, als hätte er einen unterschriebenen Vertrag in der Tasche. Das Film-Treatment mag nur drei Seiten lang sein, aber ein Hustler wird den Eindruck erwecken, als hätte er ein fertiges Drehbuch.

Ich will ehrlich sein, es gab sogar schon jemanden, der das mit mir durchgezogen hat. Vor einigen Jahren entschied ich mich, mit einem Filmproduzenten namens Randall Emmett ins Geschäft zu kommen, den ich kennengelernt hatte. Er hatte Erfahrung mit der Produktion von Filmen, und als ich mich entschloss, meine Filmproduktionsfirma Cheetah Vision zu gründen, stellte ich ihn ein, um sie für mich zu leiten. Ich habe für alles bezahlt, einschließlich Büro, Personal, Spesen, einfach alles. Ich habe sogar in Filmen mitgespielt, die wir für einen wenig einträglichen Nischenmarkt produziert haben, alles mit dem übergeordneten Ziel, etwas Neues aufzubauen.

Randall war bei Cheetah Vision nur angestellt, aber er stellte sich öffentlich anders dar. Er ließ die Leute glauben, dass er mein neuer »Produktionspartner« sei. Es war sehr klug von ihm, diese Außenperspektive zu bedienen. Sie ermöglichte ihm Zugang zu Leuten und Orten, die er sonst nicht gehabt hätte. Sie führte auch dazu, dass Leute Schecks ausstellten, die nie ausgestellt worden wären, wenn er auf sich allein gestellt gewesen wäre. Letztendlich machte er sich mit einem der Mitarbeiter, die Geld für Projekte beschafften, selbstständig.

Anfangs hatte ich kein Problem damit, da ich verstand, wie die Spielregeln von »Hollywood« funktionieren. Aber ich wurde wirklich unruhig, als Randall versuchte, die Lorbeeren für *Power* und meinen

Gesamt-Deal mit Starz zu ernten. Randall war vielleicht ziemlich gut darin, Spielfilme zu produzieren, aber er hatte nie etwas fürs Fernsehgeschäft hinbekommen. Er war nicht in dem kreativen Prozess von *Power* involviert, und er hatte absolut nichts mit meinem Deal bei Starz zu tun. Als Randall noch daran beteiligt war, war mein ursprünglicher Vertrag bei Starz eine Katastrophe. Ich erfuhr jedoch erst davon, nachdem mein Anwalt Starz kontaktiert hatte, um meinen ersten Gesamt-Deal neu zu verhandeln und auszugestalten.

Randall hatte sich übernommen. Er schuldete mir seit Jahren etwa eine Million Dollar an Gewinn aus dem Unternehmen, aber ich hatte ihn nie gedrängt, sie zurückzuzahlen. Nachdem jedoch eine lange Zeit verstrichen war, in der er sein Maul zu weit aufgerissen hatte, war mein Geduldsfaden dünner geworden als Wiz Khalifa. Ich ließ meinen Anwalt bei ihm anrufen und mein Geld einfordern, während ich (ohne dass Randall es wusste) direkt danebensaß und zuhörte.

Randall begann das Gespräch sehr aggressiv. »Willst du mich verarschen? Scher dich zum Teufel«, fuhr er meinen Anwalt an. »Nach allem, was ich für 50 getan habe? Nachdem ich ihm einen 150-Millionen-Dollar-Deal mit Starz besorgt habe? Du willst mich wegen einer lausigen Million bluten lassen? Verpiss dich.«

Ich hatte vor, ruhig zu bleiben, aber ich traute meinen Ohren nicht. »Was ist los mit dir, Randall?«, warf ich ruhig ein.

Es kam keine Antwort. »Du machst mich neugierig. Warum redest du so großspurig daher?«, fuhr ich fort. »Wir wissen beide, dass das nicht deine Art ist. Ich werde von nun an keine Geschäfte mehr mit dir machen, aber bevor es noch schlimmer für dich wird, schlage ich dir dringend vor, dass du dem Zahlungsplan zustimmst, den wir dir anbieten.«

Randall waren wohl die markigen Worte ausgegangen, als er merkte, dass er mit mir sprach, denn er legte schnell auf. Dann fing er an, mir eine Ausrede nach der anderen zu schicken, warum er mir das Geld nicht sofort besorgen konnte. Ich hatte geplant, die Situation unter uns zu regeln, aber ich war so enttäuscht von seinem Verhalten, dass ich mich entschloss, ihn öffentlich bloßzustellen. So kam die »Es-tut-mir-leid,-Fofty«-SMS an die Öffentlichkeit (dazu später mehr). Und natürlich habe ich am Ende mein ganzes Geld zurückbekommen.

Es ist immer eine Gratwanderung, wenn man versucht, den Eindruck zu erwecken, »es nicht nötig zu haben«. Wenn man nicht überzeugend genug ist, wird einem niemand glauben. Aber du darfst auch nicht anfangen, deinen eigenen Hype zu glauben. Randall war dumm genug, das zu tun. Selbst wenn man der Welt erzählt, dass man eigentlich nichts und niemanden benötigt, darf man nie vergessen, dass es bestimmte Leute gibt, die man immer auf seiner Seite brauchen wird. Man sollte nicht versuchen, mit ihnen ein falsches Spiel zu spielen. Man braucht immer ein paar Auserwählte, denen gegenüber man ehrlich und bescheiden bleibt.

WOZU ICH MICH HINGEZOGEN FÜHLE

Schon in jungen Jahren war ich das, was man einen Womanizer nennen könnte. Ich sage das nicht, um zu prahlen. Es ist einfach die Wahrheit. Ich erfülle kein Schönheitsideal, aber ich hatte nie ein Problem damit, Kontakt zum anderen Geschlecht zu knüpfen. Das liegt wahrscheinlich daran, dass ich mich immer in meiner eigenen Haut wohlgefühlt habe, was an sich schon ein attraktiver Charakterzug ist.

Männer werden jedoch erst dann wirklich sexy, wenn ihr Erfolg öffentlich wahrgenommen wird. Mit zunehmendem Erfolg stieg meine wahrgenommene Attraktivität auf ein neues Level. War ich schon vorher ganz sweet, avancierte ich, als ich dann tatsächlich berühmt war, zu einem der sexiesten Männer der Welt. (Hey, das sage nicht ich, das hat das *People* Magazine gesagt!) Frauen werden von der Sicherheit angezogen, die mit Geld und Ruhm einhergeht. Sie sahen mich an und erkannten jemanden, der zuverlässig war und sie mit allem versorgen konnte, was sie sich wünschten.

Ich spreche auch nicht von irgendwelchen Gold-Diggern, die nur aufs Geld aus sind, oder von Groupies. Ich wurde von den unglaublichsten Frauen der Welt umworben. Nicht nur von körperlich attraktiven Frauen, sondern auch von Frauen, die auf ihre Art wahnsinnig erfolgreich waren. Anwältinnen, Ärztinnen, Schauspielerinnen und Unternehmerinnen. Frauen, die einfach alles hatten.

Ich erinnere mich, als ich auf Tour für *Get Rich or Die Tryin'* war, war ich plötzlich in einem Hotelzimmer mit einer wahnsinnig attraktiven und intelligenten Frau. Kurz bevor es richtig zur Sache ging, entschuldigte ich mich, um auf die Toilette zu gehen. Sobald ich die Tür geschlossen hatte, fing ich an zu tanzen und grinste von einem Ohr zum anderen, als ich mich im Spiegel sah. Ich war so aufgeregt, dass ich sogar Luftsprünge machte und eine Pirouette drehte. Ich musste einfach einen Moment innehalten und mich selbst abfeiern. Ich konnte kaum glauben, was für eine fantastische Frau nebenan auf mich wartete.

Heute bin ich in solchen Situationen ein bisschen gelassener. Aber ich habe nie die Tatsache aus den Augen verloren, dass, so sehr ich die Gesellschaft von Frauen genieße, mein Sexappeal immer mit meinem Erfolg verbunden sein wird. Selbst wenn eine Frau sich anfangs anders verhält, vermute ich immer noch, dass das ein Teil ihrer Motivation ist.

Das macht es sehr schwierig, zu entscheiden, mit wem ich eine tiefere Bindung eingehen möchte. Ich frage mich immer: »Will sie 50 Cent? Oder Curtis Jackson?«

Deshalb fühle ich mich definitiv am meisten zu Frauen hingezogen, die sich nicht um meinen Erfolg zu scheren scheinen, die nicht allzu sehr von der Vita eines 50 Cent beeindruckt sind. Mit anderen Worten, mich interessieren diejenigen, die so auftreten, als bräuchten sie 50 Cent nicht, aber als könnten sie an Curtis Jackson interessiert sein.

Zum Beispiel waren viele Leute sehr erstaunt über meine Beziehung mit dem Comedy-Star Chelsea Handler. Ich vermute, wir wirkten wie ein eigenartiges Paar.

Es war mir egal, was andere dachten. Chelsea und ich hatten uns in ihrer Talkshow kennengelernt, und ich habe ihr gleich danach den Hof gemacht. Ich schickte ihr fünfzig weiße Rosen. Ich rief in ihrem Büro an und bat darum, mit ihr sprechen zu dürfen. Sie antwortete mir zunächst nicht, aber schließlich meldete ich mich bei ihr, als sie gerade auf dem Weg zu einer Veranstaltung nach Nashville war. Ich fragte, ob ich runterfliegen und sie treffen könne, und sie sagte okay. Wir trafen uns und hatten eine wunderbare Zeit zusammen. Danach haben wir uns immer getroffen, wenn wir beide in L.A. waren. Ich schmiedete sogar Pläne, mit ihr und ihrer Familie in den Urlaub zu fahren. (Keine Sorge, ich plaudere nichts aus, was nur sie etwas angeht. Sie hat selbst über all das in der Öffentlichkeit gesprochen.)

Wir genossen unsere Zeit miteinander sehr, aber was ich wirklich anziehend fand, war, was sie beruflich auf die Beine stellte. Zusätzlich zu einer Talkshow hatte sie auch eine Reality-Show und schrieb Bestseller. Sie war eine echte Macherin. Mit diesen ganzen verschiedenen Unternehmungen verdiente sie wahrscheinlich über 30 Millionen Dollar im Jahr. *Das* fand ich verdammt sexy.

Aber das Wichtigste war, dass sie deutlich machte, dass sie *nichts* von mir brauchte. Chelsea hatte viel zu viel um die Ohren, als dass sie von mir erwartet hätte, dass ich etwas für sie erledige. Wenn überhaupt, dann wollte *ich* wahrscheinlich nur ein bisschen von *ihrer* positiven Energie mitnehmen.

Letztendlich wurde es aber nie etwas Ernstes. Es gab ein kleines Kommunikationsproblem, bevor meine Ex-Freundin Ciara in Chelseas TV-Show auftreten sollte, und danach haben wir nicht mehr miteinander gesprochen. Ich finde sie aber immer noch klasse. Sie hat im Leben so viel erreicht, und was es noch beeindruckender macht, ist, dass sie es zu ihren eigenen Konditionen geschafft hat.

Ich war noch nie ein großer Befürworter der Ehe. Vielleicht bin ich etwas abgestumpft, weil ich viel Zeit in Hollywood verbracht habe, wo ich gelernt habe, dass »Ehemann« eigentlich nur ein anderer Ausdruck für »mein derzeitiger Partner« ist. Am Ende des Tages sehe ich die Ehe als ein Geschäft, und sie ist nicht gerade besonders vorteilhaft für die Person, die mit dem meisten Geld in die Beziehung kommt.

Doch mit zunehmendem Alter bin ich immer offener für die Idee, sesshaft zu werden und ein beständigeres Familienleben aufzubauen. Wenn ich die gedankliche Checkliste der Eigenschaften durchgehe, die ich mir bei einer potenziellen Ehefrau wünschen würde, fange ich nicht mit Aussehen oder Berühmtheit an. Diese Qualitäten sind für mich nicht mehr so wichtig. Die wichtigste Eigenschaft jeder Frau, an der ich interessiert bin, ist Selbstständigkeit, sowohl finanziell als auch emotional. Ansonsten werde ich immer denken, dass sie nur versucht, mich dazu zu bringen, einen dieser elendigen Eheverträge zu unterschreiben. Wie ich neulich zu einem Freund sagte: »Eine Frau zu versorgen, ist keine schlechte Sache. Aber eine Frau zu versorgen, nur weil man es muss, ist eine *schreckliche* Vorstellung!«

Wenn ich die Checkliste weiter durchgehe, muss ich Eigenschaften wie Mitgefühl, Sinn für Humor, Familiensinn und Ehrgeiz in Betracht ziehen (okay, süß sein schadet auch nicht). Aber erst die Tatsache, dass sie niemals von mir abhängig wäre, würde mich überhaupt dazu bringen, über eine Ehe nachzudenken.

So überzeugend kann es sein, eine Aura der Selbstständigkeit um sich zu verbreiten. Es kann sogar einen eingefleischten Junggesellen wie mich dazu bringen, darüber zu reden, ob man sich einen Ring ansteckt und sesshaft wird.

LASS DIR DEINE GESCHICHTE NICHT NEHMEN

Wir haben darüber gesprochen, warum es so wichtig ist, seine eigene Identität zu finden, und nun möchte ich ein paar Beispiele von Menschen vorstellen, die dadurch Schaden genommen haben, dass anderen Menschen die Kontrolle über ihre Wahrnehmung in der Öffentlichkeit überlassen haben.

Ich denke oft an meinen engen Freund, den verstorbenen Prodigy von Mobb Deep. Das Duo, zu dem auch sein Partner Havoc gehörte, war legendär für seine düsteren Darstellungen des Lebens in den berüchtigten Sozialbauten von Queensbridge. Prodigy war ein unglaublicher Künstler und ohne Zweifel einer der besten Rapper seiner Generation. Aber für viele Leute kam der entscheidende Moment seiner Karriere im Jahr 2001, als Jay-Z ihn übel verspottete, indem er ihn auf den Screens beim Summer Jam Festival bloßstellte.

Falls jemand mit der Geschichte nicht vertraut ist: Jay-Z und Mobb Deep waren zu dieser Zeit in einen öffentlichen Streit verwickelt, der dazu führte, dass Jay Folgendes über Prodigy rappte: »When I was pushin' weight, back in '88, you was a ballerina / I got the pictures, I seen ya.« Das war eine Anspielung auf die Tatsache, dass Prodigy früher Tänzer in dem Ballettstudio war, das seine Mutter in Queens betrieb. Und ja, Jay hatte tatsächlich ein Bild von Prodigy in Ballettstrumpfhosen in die Finger bekommen, das er später in niederträchtiger Weise beim Summer Jam auf der Leinwand zeigte.

Was die Andeutungen aussagen sollten, lag auf der Hand: In seiner Musik mochte Prodigy sich zwar als Gangsta geben, aber er hatte einen echt weichen, zarten Kern. Im Hip-Hop gibt es nichts, das einen mehr wie ein Weichei aussehen lässt, als der Vergleich mit einer Ballerina.

Prodigy revanchierte sich bei Jay, aber es machte den Schaden nicht wirklich wett. Das Bild von ihm in Ballettstrumpfhosen auf den

Monitoren beim Summer Jam war ein schwerer Schlag – einer, von dem er sich nie wirklich erholte.

Ich fand allerdings nie, dass es so verheerend hätte sein müssen. Ja, es stimmte, dass Prodigys Mutter ein Ballettstudio leitete. Und dass er dort immer Unterricht nahm. Aber was war daran so peinlich? Er hatte eine Mutter, die ihn in künstlerischen Dingen förderte. Er war kultiviert. Für mich klingt das nach einer wunderbaren Kindheit, und nichts, wofür man sich schämen müsste.

Wenn überhaupt, dann hatte ich das Gefühl, dass Prodigy durch seinen künstlerischen Background als Performer besser ausgebildet war als der Rest von uns. Er war eine Macht im Studio, kam immer mit neuen Hooks und Ideen. Ich erinnere mich sogar daran, dass ich eines Tages zu ihm nach Hause ging und bemerkte, dass dort mehrere Filmdrehbücher herumlagen. »Mann, wann hast du gelernt, wie man Drehbücher schreibt?«, fragte ich ihn. »Oh, ich habe ein Buch gelesen, in dem erklärt wurde, wie man es macht«, antwortete er beiläufig. »Seitdem schreibe ich welche.«

Genau solche Fähigkeiten besaß er. Er konnte ein Buch in die Hand nehmen, es verinnerlichen und dann anfangen, Drehbücher zu schreiben, als wäre es die leichteste Übung. Die meisten Rapper haben Mühe, zwölf Takte zu schreiben, geschweige denn einen Film. Sie haben einfach nicht so eine künstlerische Herkunft, aus der sie hätten schöpfen können.

Ich bin der Meinung, dass Prodigy sich mehr auf seinen Background hätte besinnen sollen. Es war das, was ihn besonders machte, und es hätte ihm erlaubt, wirklich bedeutende Kunst zu schaffen. Stattdessen fühlte er sich von Jay und anderen unter Druck gesetzt, dem Image, das er in seiner Musik gepflegt hat, gerecht zu werden.

Tupac befand sich in einem ähnlichen Dilemma. Wie Prodigy hatte er eine gebildete Mutter, die ihn dazu erzogen hat, unglaublich gut über Kunst und Politik Bescheid zu wissen. Tupac wurde nicht mit dem Schreiben von Rap-Songs groß. Er schrieb von klein auf introspektive und revolutionäre Gedichte. Er war mit ganz ähnlichen Einflüssen aufgewachsen wie Prodigy.

Ich hatte immer das Gefühl, dass 'Pac und Prodigy Kunststudenten waren, die ihr Gangsta-Image eher als künstlerisches Motiv betrachteten. Doch anstatt die ganze Kultur wertzuschätzen und stolz darauf zu sein, versuchten sie, genau die entgegengesetzte Richtung einzuschlagen. Damit liefen sie in eine Falle. Im Fall von Prodigy bedeutete das, dass er sich in einen Streit mit Jay-Z verwickeln ließ, den er niemals gewinnen konnte. Sobald Jay herausgefunden hatte, dass Prodigy sein Gangsta-Image nur vortäuschte, wusste er, wie er dessen öffentliche Wahrnehmung ramponieren konnte.

'Pac zahlte einen viel höheren Preis. Indem er das Gangsta-Image glorifizierte, sandte er ein sehr gefährliches Signal aus, eines, das alle echten Gangster zu ihm hinzog. Als sie sich dann in seinem Umkreis befanden, gab es keine Möglichkeit mehr, diesen Einfluss zu kontrollieren. Für einen echten Gangster wäre das schon schwierig genug gewesen, aber für einen Künstler wie 'Pac war es schier unmöglich. Es war dieser schlechte Einfluss, der ihn letztendlich das Leben gekostet hat.

Prodigy und ich waren enge Freunde, und ich vermisse ihn sehr. Er war so ein interessanter und vielseitiger Kerl. Bei jedem Gespräch mit ihm lernte ich etwas Neues. Wenn ich eines bedauere, dann, dass ich ihn nicht energischer gedrängt habe, von der ganzen Gangsta-Thematik loszukommen und sich seinen wahren Wurzeln zu widmen. Wenn er das getan hätte, hätte das nicht nur seine Karriere neu belebt, sondern auch den gesamten Stellenwert des Hip-Hops verbessert. Es hätte einer neuen Generation von Rappern zeigen können, dass es in Ordnung ist, zu seiner Herkunft zu stehen, egal woher man kommt.

ERLAUBE ES DEN MENSCHEN, SIE SELBST ZU SEIN

Es gab eine Zeit, in der ich nicht verstand, wie wichtig es ist, Menschen einfach sie selbst sein zu lassen. Damals, in den frühen 2000er-Jahren, war der House-DJ von G-Unit ein Typ namens Whoo Kid. Neben dem Auflegen gehörte es zu Whoo Kids Aufgaben, Mixtapes rauszubringen. Die Mixtapes waren zu dieser Zeit extrem populär und spielten eine große Rolle dabei, den Hype von G-Unit anzuheizen. Eines Tages unterhielt sich Whoo Kid mit einem A&R-Manager bei Atlantic Records und bemerkte zufällig die unveröffentlichte neue Single von Fat Joe's Terror Squad auf dessen Schreibtisch. Whoo Kid wusste, dass es sich um eine wertvolle Exklusivsingle handelte, und als der A&R-Manger einen Moment lang nicht hinsah, steckte er sie heimlich ein!

Natürlich waren Fat Joe, Big Pun und der Rest der Terror Squad nicht gerade erbaut, als ihr Song auf Whoo Kids nächstem Mixtape auftauchte. Sie wollten Blut sehen! Als sie ihn also ein paar Wochen später in einem Club fanden, versuchten sie sofort, sich ihn zu schnappen und ihm eine Abreibung zu verpassen.

Whoo Kid war zwar aus Queens, aber aus Queens Village, das nicht ganz so hart ist wie die Southside. Jemand aus der Southside hätte sich einen Arschtritt gefallen lassen, solange er selbst ein paar Schläge austeilen kann. Nicht Whoo Kid. Als er sah, dass die Terror Squad hinter ihm her war, rannte er weg, so schnell er konnte. Die Terror-Squad-Typen haben nicht einmal den kleinen Finger von ihm gekriegt. (Whoo Kid konnte allerdings nicht ewig wegrennen – schließlich holte Big Pun ihn ein und warf ihn am Ende auf die Rückbank eines Vans. Whoo Kid schaffte es aber irgendwie, sich da rauszureden.)

Normalerweise wäre es ein Grund zum Feiern, wenn man erfährt, dass einer aus der Crew einer Tracht Prügel entgangen ist. Nicht in der G-Unit. Ich war echt wütend, als ich hörte, was Whoo Kid getan hatte.

»Bruder, ich habe gehört, dass du vor der Terror Squad geflohen bist«, sagte ich.

»Ja, das bin ich«, antwortete er.

»Was?«, fragte ich ungläubig. »Bist du 'ne Pussy?«

»Ja!«, antwortete Whoo Kid wie aus der Pistole geschossen. »Ja, das bin ich!«

Ich war fassungslos. Ich wusste überhaupt nicht, wie ich reagieren sollte. Wo ich herkomme, würde man nie zugeben, dass man Angst hatte. Sobald man das tat, war man ein gefundenes Fressen. Sie hätten dich in der Luft zerrissen.

Ein Feigling zu sein, widersprach allem, was man mir als Kind beigebracht hatte. Es war, als würde man einem Kind, das kirchlich erzogen worden ist, sagen, dass es keinen Gott gibt. Oder einem Jugendlichen, der in den 90ern in Chicago aufgewachsen ist, sagen, dass Michael Jordan auf dem Platz eine Niete ist. Die reine Blasphemie.

Offensichtlich war Whoo Kids Lebenserfahrung ein wenig anders als meine. Es machte ihm nichts aus, als Angsthase dazustehen. Die unterschiedliche Sichtweise machte mich ratlos. Wie konnte ich jemanden die G-Unit repräsentieren lassen, der kein Problem damit hatte, als Pussy angesehen zu werden? Meine erste Reaktion war, ihn auf der Stelle zu feuern. Ihm das sprichwörtliche Ticket nach Hause zu geben.

Ich wirke vielleicht manchmal unbedacht, aber die Wahrheit ist, dass ich nicht gerne voreilige Entscheidungen treffe, es sei denn, mein Umfeld zwingt mich dazu. Niemand machte mir Druck, also nahm ich mir einen Moment Zeit, um die Möglichkeit in Betracht zu ziehen, dass ich übertrieben reagierte. Was genau war Whoo Kids Aufgabe bei der G-Unit? Sollte er sich prügeln? Nein.

Sein Job war es, Platten aufzulegen. Die Menge zum Toben zu bringen. Und darin war er großartig. Whoo Kid war ein Top-DJ, der es verstand, Euphorie bis zum Anschlag zu erzeugen.

Sein Job war es auch, Mixtapes zu produzieren, die die G-Unit auf den Straßen im Gespräch halten sollten. Offensichtlich nahm er diesen Job *sehr* ernst. Was machte es da schon aus, ob er Angst vor Schlägereien hatte?

Nicht viel, das musste ich zugeben.

Whoo Kid durfte seinen Job behalten. Ich begann ihn sogar dafür zu schätzen, dass er ehrlich war. Es wäre einfach für ihn gewesen, etwas zu sagen wie: »Nein, Mann, ich bin doch keine Pussy. Die behaupten nur, ich sei abgehauen. Ich wollte die Typen abknallen, aber sie sind abgetaucht, bevor ich sie erwischen konnte.«

Viele Leute haben mich im Laufe der Jahre auf diese Weise belogen und behauptet, dass sie Dinge regeln würden, und hatten es nie im Leben vor. Sie haben eine große Klappe riskiert, weil sie dachten, dass 50 Cent das gerne hören wollte. Nicht, weil es von ihnen selbst kam.

Sicher, 50 Cent möchte von Jungs umgeben sein, die sich nicht einschüchtern lassen. Solche Jungs hat es immer gegeben und wird es immer geben.

Curtis Jackson hingegen hat begriffen, dass er eine andere Art Energie in seinem Team braucht. Menschen, die nicht ständig den Konflikt suchen, sondern auf andere Art und Weise etwas erreichen können. Ich möchte beides in meinem Team haben. Ich muss nur wissen: Wer gehört wohin.

Aus der Situation mit Whoo Kid habe ich gelernt, dass ich als Leader meine Leute ermutigen sollte, so zu sein, wie sie sind. Wenn sie das Gefühl haben, dass es nur eine bestimmte Haltung gibt, die ich respektiere, beschränkt das unsere Handlungsmöglichkeiten als Team. Whoo Kid hat mir gezeigt, wie er ist, und dank seiner Ehrlichkeit haben wir seit fast zwanzig Jahren eine sehr fruchtbare Beziehung.

Ein weiterer Mensch, der sehr ehrlich zu mir war, ist Jimmy Iovine, der Interscope leitete, als ich Millionen von Platten verkaufte.

Jimmy hatte kein Problem damit, mit Gangsta-Rappern zu arbeiten und Musik herauszubringen, die deren Lebensstil widerspiegelte, aber er machte keinen Hehl daraus, dass er selbst kein Gangster war. Wenn sich das Gespräch in Jimmys Gegenwart um ernsthafte Drogengeschäfte drehte, sagte er jedem schnell: »Hey, passt auf, was ihr sagt, wenn ich dabei bin, denn ich bin eine Ratte. Sagt mir besser nichts, denn ich werde euch auf jeden Fall verpfeifen, wenn ich dazu gezwungen werde.«

Viele lachten, wenn er so etwas sagte, weil es für uns, die wir auf der Straße aufgewachsen sind, so absurd klang. Wir hatten gelernt, dass Verpfeifen das Allerletzte ist, was man je tun würde – geschweige denn es zuzugeben.

Aber ich schätzte Jimmys Offenheit, auch wenn manche sie etwas heuchlerisch fanden: »Hey, benimm dich meinetwegen wie ein Gangster in den Songs, nur nicht im echten Leben, wenn ich dabei bin.« Ich weiß lieber, woran ich bei jemandem bin, und passe mich dementsprechend an, als unter falschen Voraussetzungen zu handeln.

Manche sagten: »Scheiß auf Jimmy, wenn er es cool findet, eine Ratte zu sein.« Meine Reaktion war aber: »Dann erzähl deine Geschichten einfach nicht in Jimmys Nähe.« Scheint ziemlich einfach zu sein. Er und ich haben zusammen zig Millionen Platten verkauft. Warum sollte ich darauf oder auf das Geld verzichten, nur weil er etwas zugegeben hat, das in einem anderen Umfeld inakzeptabel war? Das wäre idiotisch gewesen.

Stattdessen habe ich es stets im Hinterkopf behalten und weiter mit ihm Geschäfte gemacht. Und als er schließlich Entscheidungen traf, die gut für ihn, aber nicht unbedingt für mich waren, war ich darauf vorbereitet.

Egal, ob du der Chef, ein Partner oder einfach nur ein Mitarbeiter bist, du musst eine Umgebung schaffen, in der die Leute dir gegenüber ehrlich in Bezug auf ihren Charakter sein können. Andernfalls wirst du irgendwann vor einer untragbaren Situation stehen.

Genau das hat Ja Rules Karriere ruiniert.

Ja wuchs als Zeuge Jehovas in einer besseren Gegend von Queens auf als meine. Das einzige Mal, dass er in meinem Viertel auftauchte, war, als er an die Tür klopfte und versuchte, den *Wachturm* zu verkaufen. Ein harmloser religiöser Junge. Daran ist nichts auszusetzen.

Aber die Menschen um ihn herum, wie Irv, versuchten, aus ihm gegen sein sanftmütiges Naturell einen Gangsta zu machen. Anstatt seine Vorzüge anzuerkennen – sein Talent für witzige Musik, auf die vor allem Frauen standen – waren sie wild entschlossen, ihm das Image eines Bad Boy zu verpassen.

Als sie einen Plattenvertrag mit Def Jam bekamen, wie nannten sie da ihr Label? Murder Inc. Records. Ihnen standen eigentlich alle Türen offen, aber sie entschieden, sich in einer gefährlichen Nische zu verschanzen. Da keiner von ihnen ein echter Mörder war, begannen sie, Leute zu suchen, die diese Ausstrahlung hatten. Sie wurden schließlich fündig, und das brachte fast die ganze Firma zu Fall.

Wenn man sich Typen wie Ja Rule genau anschaut, sieht man, dass sie an einer Krücke laufen. In seinem Fall war es das Gangster-Image. Er nahm den Flow von DMX, kleidete sich wie Tupac und versuchte, über den Lebensstil anderer Leute zu rappen. Das funktionierte ganz kurz, aber wie ich schon sagte, wenn man an einer Krücke geht, kommt man nicht sehr weit.

Wenn die Menschen um Ja herum das verstanden hätten und ihm das Vertrauen geschenkt hätten, seine wahre Natur auszuleben, wären die Dinge wahrscheinlich für alle viel besser gelaufen. Sie hätten noch jahrelang gute, frauenkompatible Musik machen können. Solche Platten kommen nie aus der Mode. Stattdessen hat Murder Inc. seit über zehn Jahren kein Album mehr herausgebracht, und Ja Rule ist heute vor allem als Betrüger bekannt, der sich in den Dokumentarfilmen über das Fyre Festival zum Narren macht.

Es ist immer besser, den Menschen um einen herum Mut zu machen, ihr Leben so zu leben, wie es zu ihnen passt. Wenn man sie dazu zwingt, in eine Rolle zu schlüpfen, wird man das irgendwann erkennen.

Einer der wesentlichen Gründe, warum ich immer relevant sein werde, ist, dass niemand ein besserer 50 Cent sein kann als ich. Sie können jünger sein als ich. Einen besseren Sinn für Style und ein besseres Ohr für Beats haben. Aber sie können niemals ein besserer 50 Cent sein als ich (obwohl das eine Menge Leute nicht davon abgehalten hat, es zu versuchen). Solange ich einfach nur ich selbst bin, kann mich niemand darin schlagen.

Und solange du dich wohlfühlst und zu dir selbst stehst, wird auch dich niemand daran hindern können, du selbst zu sein, und dich auch nicht übertreffen können.

KAPITEL 7

Wenn wir schon keine Freunde sein können

»Meinungsverschiedenheiten sind normal.«

DALAI LAMA

Jahrelang habe ich Oprah Winfrey nicht gemocht.

Sie ist nicht die Sorte Mensch, mit der man sich anlegen möchte – tough, klug und einflussreich –, aber mir gingen die Dinge, die sie über Hip-Hop gesagt hatte, gegen den Strich. Jedes Mal, wenn Oprah sich darüber ausließ, dass Hip-Hop frauenfeindlich sei und Amerikas Jugend ruiniere, schien sie irgendwie auch über mein Album zu sprechen.

Was mich am meisten ärgerte, war, dass ich nicht in ihre Show eingeladen wurde. Aber ich wollte unbedingt mal in ihrer Sendung auftreten.

Oprah war *die* Adresse für die wichtigsten Promis, um ihre Projekte bekannt zu machen. Bücher zu verkaufen. Alben in die Charts zu bringen. Filme anzupreisen. Ich hielt mich für einen wichtigen Promi, und wie sah das denn aus, dass ich nicht auch eingeladen wurde?

Ich hatte das Gefühl, dass ich meinem Publikum meine Abwesenheit erklären musste. Also ging ich, wie es eben so meine Art ist, ganz offen mit der Situation um. Ich gab ein paar Interviews, in denen ich sagte, dass der Grund, warum Oprah mich nicht auf ihrer Couch haben wolle, der sei, dass sie ein Spiegelbild ihres Publikums sei, welches hauptsächlich aus weißen Frauen mittleren Alters bestehe. Dieses Publikum würde mich eher beängstigend finden, und daher käme es, dass Oprah auch nicht auf mich erpicht sei. (Ich habe sogar einen meiner Hunde nach ihr benannt, was zugegebenermaßen ein bisschen übertrieben war.)

Nachdem ich diese Kommentare von mir gegeben hatte, habe ich nicht viele Gedanken darauf verschwendet, wie Oprah sie wohl auffassen würde. Sie hatte bereits deutlich gemacht, dass ich nicht in ihrer Show auftreten würde, also warum sollte es mich interessieren, ob ich sie verärgerte? Sie musste sich um ihre Geschäfte kümmern (übrigens, ich finde, sie hätte ihre Nachmittags-TV-Show beibehalten sollen, als sie das Oprah Winfrey Network startete), und ich mich um meine.

Eines Abends befand ich mich dann auf einer Spendengala in New York City für die NYRP, eine von Bette Midler gegründete gemeinnützige Organisation. Das ist eine fantastische NGO, die eine Menge Programme zur Wiederbelebung von Parks und vernachlässigten Stadtvierteln in New York unterstützt.

Es war nicht meine übliche Klientel – viele ältere weiße Leute im Smoking –, aber ich liebe Bette und schätze den guten Zweck, also hatte ich dort einen Tisch gebucht. Irgendwann im Laufe des Abends begegnete ich Gayle King, der besten Freundin von Oprah. Gayle ist ein wahrer Schatz – eine sehr kultivierte, selbstsichere und kluge Frau. Sie hat vor nichts und niemandem Angst (wie sie bei ihrem Interview mit R. Kelly gezeigt hat), also marschierte sie direkt auf mich zu und sagte sowas wie: »Warum erzählst du so einen Mist über mein Mädchen?« Ich musste Gayle erklären, dass ich keinen wirklichen Zoff mit Oprah hatte.

»Hör mal, ich wäre gerne mit Oprah befreundet«, erläuterte ich weiter. »Aber wenn wir schon keine Freunde sein können, könnten wir dann wenigstens Feinde sein?«

Als ich das sagte, sah ich, wie Gayle ihre Augenbrauen hochzog und mich ein wenig seltsam ansah. Sie merkte, dass ich zwar über ihre Freundin hergezogen hatte, aber dass das, was ich tat, Methode hatte. »Okay, du bist anders, als ich dachte«, sagte Gayle zu mir. »Ich werde Oprah sagen, dass sie dich treffen soll. Ihr beide müsst miteinander reden.«

Gayle hielt Wort und arrangierte einen Auftritt in Oprahs Show für mich. Es war eine großartige Sendung. Oprah besuchte mich in meinem alten Haus in Queens, lernte meine Großmutter kennen und spazierte mit mir durch die Nachbarschaft. Irgendwann kamen wir auf unsere Beziehung zueinander zu sprechen.

»Hast du bestimmte Sachen gesagt, um die Dinge ins Rollen zu bringen?«, fragte sie. »Oder mochtest du mich einfach nicht?«

»Ich habe Ausschnitte deiner Shows gesehen, in denen du darüber gesprochen hast, was du von unserer Kultur hältst – von der Rap-Kultur – und alles, was dir an der Kultur missfiel, war auch auf meiner CD zu finden«, sagte ich mit einem Lächeln. »Also dachte ich mir: Ach, sie mag mich nicht.«

»Redest du vom N-Wort?«*, fragte Oprah. »Oder von Frauenfeindlichkeit?«

»All diese Dinge.«

»Ansichten über Frauen. Gewalt … du weißt schon, einfach solche Dinge«, antwortete Oprah, noch einmal nachhakend.

»Genau, nur diese kleinen Dinge«, sagte ich und lachte. »In diesem Augenblick dachte ich: ›Sie mag mich nicht‹, weil es so viele Meinungsverschiedenheiten gibt … und ich sage ja nicht, dass das alles nicht stimmt, aber daraufhin habe ich mir gesagt: ›Wenn ich schon nicht ihr Freund sein kann, dann will ich wenigstens ihr Feind sein‹ … damit ich wahrgenommen werde«, sagte ich, bevor ich hinzufügte: »Ich nutze das einfach als Strategie.«

»Ohhh, *das* ist ja interessant«, sagte Oprah und schaute einen ihrer Produzenten hinter der Kamera an.

---

* Damit ist »Nigger« gemeint, Anm. d. Red.

Der Grund, warum Gayle und Oprah von diesem Satz so fasziniert waren, war, dass er ihre vorgefassten Meinungen über mich über den Haufen warf. Bevor sie mich persönlich kennenlernten, glaubten sie, dass 50 Cent jemand war, der sich in Streitigkeiten und Konflikte stürzt, weil er einfach nicht anders kann.

Aber als ich sagte: »Dann will ich wenigstens euer Feind sein«, haben sie verstanden, dass ich bei einem Streit nie von meinen Emotionen getrieben wurde. Sondern ich verfolgte eine Strategie.

Meine Strategie war ziemlich klar: Ich habe es immer vorgezogen, mit jemandem befreundet zu sein, aber wenn die betreffende Person nicht interessiert ist, dann betrachte ich Feindschaft als die nächstbeste Option. Und warum? Weil man eher über mich spricht, wenn man mich hasst.

Wenn jemand mich von ganzem Herzen verachtet, wird er vielleicht irgendwann seinem Freund sagen: »Mann, ich kann 50 Cent nicht ausstehen.« Dieser Freund wird dann fragen: »Warum nicht?«, und schon bin ich zum Gesprächsthema geworden. Das ist alles, was mir wichtig ist.

Jetzt habe ich einen Fuß in der Tür. Vielleicht wird dieser Freund, nachdem er von mir gehört hat, nicht mehr ganz so schlecht von mir denken. Vielleicht wird er denken: »Der Typ klingt irgendwie interessant. Ich werde mir seine Musik mal anhören. Oder ich schaue mir *Power* an.« Vielleicht bist du so überhaupt erst zu diesem Buch gekommen: durch einen Freund.

Eine Unterhaltung wie die eben von mir beschriebene würde nie stattfinden, wenn die Leute mir gegenüber gleichgültig wären. Niemand fragt seine Freunde, ob sie einen Song gehört haben, der ihnen egal ist. Niemand erwähnt einen Schriftsteller oder einen Designer, der nicht eine starke Reaktion in ihnen auslöst.

Wir bringen nur Dinge zur Sprache, die wir lieben. Oder Dinge, die wir hassen. Ich bevorzuge grundsätzlich die Liebe. Aber wenn ich die nicht bekommen kann, wähle ich den Hass. Dann besteht immer noch die Möglichkeit, dass ich den Hass in etwas Positives verwandeln kann.

Die alten Griechen vertrauten auf ein Konzept namens »Agon«, was grob übersetzt bedeutet, dass Menschen zusammenkommen, um ein Streitgespräch oder einen Wettbewerb auszutragen.

Für die Griechen gehörte der Kampf zwischen zwei Kräften zu den wesentlichen Grundprinzipen der Welt. Ein Streitgespräch war ein Kampf zwischen zwei Menschen über eine bestimmte Sache. Sport ist ein Kampf zwischen Energie und Erschöpfung. Das Studium ist ein Kampf zwischen einem selbst und dem Stoff. Jeder neue Tag ist ein Kampf zwischen Licht und Dunkelheit.

Die Griechen scheuten sich nicht vor diesen Kämpfen. Sie glaubten, dass Wettbewerb, in welcher Form auch immer, einem guttut. Ihr berühmtestes Beispiel für die Umsetzung dieser Überzeugung war der organisierte sportliche Wettbewerb, den sie schufen und den wir heute als die Olympischen Spiele kennen. Die Griechen schätzten die Olympiade so sehr, dass sie sogar kriegerische Kampfhandlungen mitten in der Schlacht abbrachen, damit die Teilnehmer unversehrt und rechtzeitig zu den Spielen antreten konnten.

Heute werden bei den Olympischen Spielen Silber- und Bronzemedaillen an Teilnehmer vergeben, die nicht gewinnen. Die alten Griechen glaubten nicht an Trophäen für die Teilnahme. Jeder Wettbewerb hatte nur einen Sieger. Der Sieger kehrte als Held in sein Dorf zurück, und alle anderen gingen als Verlierer nach Hause.

Die Einstellung der alten Griechen zum Wettbewerb erinnert mich an die heutige Hip-Hop-Kultur. Von Anfang an wollte jeder Rapper, der das Mikrofon in die Hand nahm, als der Beste von allen anerkannt werden. Kein Rapper wetteifert um eine Silber- oder Bronzemedaille. Jeder Einzelne von uns steigt in den Wettkampf ein, um das Gold mit nach Hause zu nehmen.

Diese Haltung hat ihre Ursprünge in der Street Culture des Hip-Hops. Diese Dynamik, im Guten wie im Schlechten, hält das Genre jung. Wenn man sich nicht auf dem Thron halten kann, heißt es: weg mit dem Alten und her mit dem Neuen.

Ich habe es meinen Wurzeln zu verdanken, dass ich mich mit dem Grundgedanken des Wettbewerbs sehr wohlfühle. Es ist mir egal, ob es sich um Musik, Fernsehen, Kleidung, Spirituosen oder Sneaker handelt: Wenn ich in einen Bereich einsteigen will, den jemand anderes bereits besetzt, kann jeder förmlich dabei zusehen, wie ich daraus im Handumdrehen einen Wettbewerb mache.

Manche Menschen scheuen die Herausforderung oder meiden sie sogar, aber ich trete ihr immer selbstbewusst entgegen.

Diese Eigenschaft hat mir in den Augen vieler den Ruf eines streitsüchtigen Menschen eingebracht. Ich widerspreche diesem Ruf eigentlich selten, doch er ist eine grobe Vereinfachung. Ich wache nicht morgens auf mit dem Ziel, mich mit anderen Menschen zu streiten. Ich freue mich nicht über Konflikte. Noch mal: Ich bevorzuge Freundschaften. Aber wenn jemand sagt, dass er ein Problem mit mir hat, dann antworte ich: »Kein Problem.«

Weil es für mich nie ein Problem ist, einen Wettkampf auszutragen.

WETTBEWERB HOLT DAS BESTE AUS DIR HERAUS

Seit seiner Jugend in Italien hegte Enzo Ferrari eine Leidenschaft für Autorennen. 1922, im Alter von 20 Jahren, arbeitete er bereits als Testfahrer in Mailand und wechselte später als Fahrer zu Alfa Romeo. Er verbrachte ein paar Jahre auf der Rennstrecke, zog sich aber nach der Geburt seines Sohnes zurück. Rennfahren war damals ein gefährliches Geschäft, und er beschloss, dass er sich lieber der Entwicklung von Automobilen widmen würde, anstatt jede Woche sein Leben zu riskieren. 1940 gründete er seine eigene Produktionsfirma, Ferrari, die später zu einer der bekanntesten und angesehensten Marken der Welt werden sollte.

Etwa zur gleichen Zeit baute ein anderer italienischer Automobil-Enthusiast, Ferruccio Lamborghini, ebenfalls ein eigenes Unternehmen auf. Aber im Gegensatz zu Ferrari stellte Lamborghini Traktoren her, keine Rennwagen. Er fuhr zwar gerne Rennen, aber seine größere Leidenschaft galt dem Innenleben von Maschinen.

Nachdem er selbst einen Ferrari gekauft hatte, erkannte Lamborghini eine Reihe von Mängeln in der Konstruktion. Die Autos waren zu laut und hatten eine notorisch empfindliche Kupplung, die ständig repariert werden musste. Als er sein Auto in die Werkstatt brachte, um es von den Ferrari-Mechanikern reparieren zu lassen, ließen sie ihn nicht persönlich bei den Reparaturen zusehen, was ihn sehr ärgerte.

Da Ferraris zu der Zeit bereits als die besten Luxussportwagen auf dem Markt galten, empfand Lamborghini diese Mängel als unentschuldbar. Er beschloss, seine Kritik an Enzo Ferrari persönlich heranzutragen. Ferrari war zutiefst beleidigt, dass dieser »Traktor-Mechaniker« meinte, ihm etwas über Rennwagen erzählen zu können, und lehnte jeglichen Rat von ihm ab.

Dieser Moment löste eine tiefsitzende Rivalität zwischen den beiden aus. Beleidigt über Ferraris Abfuhr, beschloss Lamborghini, sein Faible für Autos zum Beruf zu machen. Er fackelte nicht lange, und vier Monate später debütierte der Lamborghini 350 GTV beim Turiner Autosalon.

Enzo Ferrari hatte in dieser sich anbahnenden Rivalität einen Vorsprung vor Ferruccio Lamborghini. Er war schon einige Jahre im Geschäft, war älter und hatte weit mehr Rennkilometer auf dem Buckel. Ganz zu schweigen davon, dass er bereits eine Menge Geld verdient hatte.

Lamborghini hingegen hatte das technische Know-how in Bezug auf das Innenleben von Fahrzeugen, ein tiefes Verständnis, das dem Gründer von Ferrari fehlte. Es hieß, dass Lamborghinis Geschäftsräume sogar bewusst neben der Produktionsstätte gebaut wurden, was es ihm ermöglichte, schnell in die Fabrik zu fahren und persönlich Arbeiten an den Autos vorzunehmen, wenn ein Problem auftauchte. Er war bereit, sich buchstäblich die Hände schmutzig zu machen, um seinen Traum zu verwirklichen.

Als konkurrierende Rivalen brachten Lamborghini und Ferrari das Beste aus der Arbeit des jeweils anderen hervor. Ferrari war nie besonders daran interessiert, einfache Automobile für den Alltagsgebrauch zu bauen, da seine Leidenschaft im Rennsport lag. Lamborghini war mehr auf Zweckmäßigkeit und Alltagstauglichkeit bedacht. Wenn er den Markt nicht in diese Richtung gelenkt hätte, wäre Ferrari vielleicht nie von der Rennstrecke auf die Straße gekommen. Der Wettbewerbsgedanke zwang beide Unternehmen dazu, sich zu stärkeren, vielseitigeren Versionen ihrer selbst zu entwickeln. Wie man so schön sagt: Ein Messer wetzt das andere.

Die Folgen dieses Wettbewerbs waren Innovationen und die Entstehung von Dynastien. Ferrari und Lamborghini hätten Freunde sein können, aber ein friedliches und sanftes erstes Treffen hätte vielleicht nie die Entstehung von Autos zur Folge gehabt, die zu den besten der Welt zählten.

Ich persönlich bin seit Jahren ein Anhänger beider Marken. Ich besaß auch schon ein paar Ferraris und ein paar Lambos. Und obwohl beides unglaubliche Fahrzeuge sind, muss ich den Lambo zum Sieger dieses speziellen Wettbewerbs krönen. Vor ein paar Jahren habe ich einen wunderschönen Ferrari 488 gekauft. Der Händler sagte mir, dass das Auto an eine Steckdose in der Wand meiner Garage angeschlossen werden muss, wenn es nicht läuft, damit die Batterie geladen wird. Ich befolgte die Anweisungen, aber jedes Mal, wenn ich versuchte, ihn zu starten, passierte nichts. Der Wagen sah toll aus, aber was soll ich mit einem Auto, das nicht fährt? Das Ding war eine Schrottkiste, also musste ich es zurückbringen. Ferruccio Lamborghini hat damals nicht gelogen – diese Ferraris laufen nicht immer einwandfrei!

Ferruccio Lamborghini und Enzo Ferrari nutzten ihre Rivalität, um sich in Höhen zu katapultieren, von denen keiner von ihnen je geträumt hätte, als sie anfingen. Sie sind nicht einfach nur erfolgreiche Unternehmen – hundert Jahre später sind beider Namen zum Synonym für Qualität und Luxus geworden. Ein beeindruckender Erfolg!

Ich bin davon überzeugt, dass man umso besser wird, je besser der Kontrahent ist. Das gilt für das Geschäft mit Luxusautos, und es gilt für fast jeden Bereich. Ich habe das immer im Hinterkopf, wenn ich an einem neuen Projekt arbeite.

Nimm zum Beispiel Musik. Immer wenn ich kurz davor bin, ins Studio zu gehen, versuche ich, an all die großartigen musikalischen Momente zu denken, die ich bei anderen Künstlern mitbekommen habe. Ich sage »großartige Momente«, weil ich nicht unbedingt einen Lieblingskünstler habe. Aber ich habe Lieblingsmomente. Normalerweise ist es ein Song, der mir auffällt und ein Gefühl vermittelt, das ich inspirierend finde. Black Robs »Whoa« war so ein Song für mich. Ich kann nicht sagen, dass Rob zu meinen Lieblingskünstlern gehört, aber für die vier Minuten und sieben Sekunden, die der Song lief, gab es für mich keinen besseren. Das Gleiche gilt für »The Bridge Is Over« von Boogie Down Productions. Auch wenn KRS-One darin Queens* dissen wollte, war seine Angriffslust so ansteckend, dass ich den Song genial fand. Selbst 35 Jahre später versetzt der Song mich immer noch in eine gewisse aufgeputschte, zuversichtliche Stimmung, wenn ich ihn höre.

---

* Das New Yorker Stadtviertel, Anm. d. Red.

Wenn ich versuche, mich ganz in den kreativen Prozess zu versenken, speichere ich zuvor zehn solcher Momente in meinem Kopf. Es muss nicht einmal ein kompletter Song sein; es könnte auch nur eine tolle Hookline oder ein eingängiger Refrain sein. Ich sammle alle diese Momente und bezeichne sie als meinen kreativen Konkurrenzkampf.

Wenn ich aufnehme, greife ich die ganze Zeit auf diese Momente zurück. Wenn ich mir eine Strophe anhöre, die ich gerade geschrieben habe, frage ich mich: »Ist sie so genial wie ›Whoa‹?« Wenn die Antwort nein ist, dann muss ich zurück in die Aufnahmekabine gehen und es noch einmal versuchen. Das Gleiche gilt für jeden Refrain oder jede Hook, die ich komponiere. Ich vergleiche sie mit den großen Momenten, die ich abgespeichert habe. Wenn ich das Gefühl habe, dass es nicht an sie herankommt, gehe ich zurück und versuche es noch einmal. Ich vergleiche das, was ich gemacht habe, immer wieder mit den Momenten, die ich in meinem Gedächtnis habe, und frage mich: »Ist es wirklich gut genug?«

Wird nun jeder Song, den ich aufnehme, zu einem Klassiker wie »Whoa« oder »The Bridge Is Over«? Nein, natürlich nicht. Aber indem ich mich zwinge, mich mit einem solchen Song zu messen, hole ich das Beste aus mir heraus. Es ist wie die alte Redensart: »Ziele auf den Mond. Selbst wenn du ihn verfehlst, wirst du in den Sternen landen.«

Aber um sich selbst zu Höchstleistungen anzuspornen, muss man als Erstes in der Lage sein, die Leistungen der anderen zu würdigen. Du kannst nicht herumlaufen und glauben, dass niemand so gut ist wie du und du deshalb niemanden hast, an dem du dich messen kannst. Das ist Blödsinn. Egal, was du tust, oder in welchem Bereich du tätig bist, es gibt immer jemanden, der darin ebenfalls großartig ist. Anstatt also nur auf deinen eigenen Hype zu vertrauen, musst du diese Person finden und zu deinem Mitbewerber machen.

Die Leute sagen oft, ich sei von Hass getrieben, aber nichts könnte weiter von der Wahrheit entfernt sein. Ich bin ein Bewunderer. Ich weiß immer zu schätzen, was andere Leute tun. Konkurrieren ist nicht hassen. Es ist eher wie Wertschätzung, die in die Tat umgesetzt wird.

Du musst stets ein wertschätzender Mensch sein, egal was du tust. Nehmen wir an, du bist ein Romanautor. Suche dir den Schriftsteller, den du am meisten bewunderst, und miss alles, was du schreibst, an ihm. Wenn du ein Architekt bist, gehe durch deine Stadt und miss dein Schaffen an den schönsten architektonischen Entwürfen, die du siehst. Du solltest diese Gebäude eingehend studieren und dir sagen: »Weißt du was? Diese Treppe ist verdammt gut«, und sie dann in deinem Kopf abspeichern. Und wenn du wirklich findest, dass deine Arbeit schöner ist als alles, was du um dich herum siehst, dann vergleiche dich mit demjenigen, der den Eiffelturm oder das Taj Mahal gebaut hat. Egal, wie sehr du von deinen eigenen Fähigkeiten überzeugt bist, es gibt immer noch jemanden auf der Welt, mit dem du dich messen kannst.

Glaube nie, dass du der Konkurrenz überlegen bist. Ich erlebe immer wieder, dass Menschen in diese Falle tappen, weil sie auf die Leute um sie herum hören. Das passiert bei Rappern andauernd. Ein Typ geht in die Gesangskabine, gibt eine Strophe zum Besten, und einer seiner Homies sagt: »Yo, was für eine geile Nummer.« Bam! Das ist alles, was nötig ist. In den Augen des Rappers ist er selbst jetzt schon der Größte aller Zeiten.

Seine Freunde werden ihm sagen, dass er besser ist als jeder gerade angesagte Shootingstar auf Soundcloud. Der Rapper wird das fressen und noch eingebildeter werden. Aber achte mal darauf, was seine Homies *nicht* sagen: dass er besser ist als Jay. Dass er besser ist als Kendrick. Dass er besser ist als ich. Das sind die Standards, an denen du dich messen musst, bevor du anfängst zu denken, dass du der Allergrößte bist.

Wenn man sich nur mit unterlegenen Gegnern vergleicht, hat man das Gefühl, etwas zu leisten, obwohl man in Wirklichkeit gar nicht viel tut.

Das ist der Grund, warum mich viele Rapper zu früh herausfordern. Ihre Freunde lassen sie glauben, dass sie schon so weit seien, obwohl sie noch nicht einmal annähernd das erreicht haben, was ich erreicht habe. Das ist für mich in Ordnung. Ich muss sie nur wieder ein bisschen auf das richtige Maß zurechtstutzen.

Ganz gleich, was man erreicht hat, der Konkurrenzkampf endet nie. Ich habe über 30 Millionen Platten verkauft, aber jedes Mal, wenn ich in die Aufnahmekabine gehe, weiß ich, dass ich mich messen lassen muss. Und zwar nicht mit jemand anderem. Sondern mit mir selbst. Wann immer ich einen neuen Song herausbringe, werden die Leute sagen: »Das ist cool, aber es ist nicht so wie damals, als du das zum ersten Mal gemacht hast.« Früher hat mich diese Reaktion frustriert, aber jetzt akzeptiere ich sie. Ich werde keine weitere Chance bekommen, einen ersten Eindruck zu hinterlassen. Bis ich das Mikrofon zum letzten Mal aus der Hand lege, werde ich in einem Konkurrenzkampf mit mir selbst stehen. Das frustriert mich nicht mehr. Ich bin klasse. Warum sollte ich über den Vergleich sauer sein? Jetzt muss ich nur noch rausgehen und mich selbst übertrumpfen.

DAS BEARSVILLE BOOTCAMP

Etwa zwei Stunden nördlich von New York City, etwas außerhalb der Stadt Woodstock (in der Nähe fand das berühmte gleichnamige Musikfestival statt), befinden sich die Bearsville Studios. Das Aufnahmestudio, das ein wenig an eine Scheune erinnert, wurde 1969 von Albert Grossman gegründet, einem legendären Promoter der Musikindustrie. Grossman ist vor allem dafür bekannt, dass er einst der Manager von Bob Dylan war. Außerdem war er der Mann, der die Karriere von Janis Joplin und Folk-Stars wie Peter, Paul and Mary in die Wege leitete. Grossmans Traum war es, ein Studio in einer ländlichen Umgebung in der Nähe von New York City zu bauen, in dem

Rockmusiker der Unruhe und den Ablenkungen der Stadt entkommen konnten. Viele Jahre lang galt Bearsville als eine der landesweit besten Aufnahmestätten für Rock 'n' Roll.

Im Jahr 2000 – Grossman war schon lange verstorben (aber seine Frau Sandy leitete immer noch das Studio) – wurden er und Dylan durch eine andere Art von Künstlern ersetzt: Rapper aus New York City. Aus demselben Impuls heraus, der Grossman über 30 Jahre zuvor bewegt hatte, beschloss das Hip-Hop-Produktionsteam Trackmasters, Bearsville für drei Monate zu buchen. Das Duo, das aus den Produzenten Tone und Poke bestand, übernahm die Studios und lud dann eine Mischung aus etablierten und unbekannten Rappern und Produzenten ein, nach Woodstock zu kommen und dort mit ihnen aufzunehmen. Es gab keine Clubs, in die man gehen konnte, und keine Entourage, die herumhing. Es war im Grunde ein Hip-Hop-Bootcamp, bei dem es nur um Musik, Musik und noch mehr Musik ging. Auch ich fand mich dort wieder. Und das kam so:

Eines Tages traf ich zufällig Cory Rooney, einen Produzenten und Songwriter von Sony, und Markie Dee von den Fat Boys in meinem Friseursalon in meinem Viertel. Ich hatte gerade ein Demotape fertiggestellt, also fragte ich Cory, ob ich es ihnen vorspielen könne. Cory sagte okay, dann führte er uns zu seinem schwarzen Cabrio 500 SL Benz, der vor dem Haus parkte, und wir stiegen alle ins Auto, um es uns anzuhören. Nur wenige Sekunden nach Beginn des ersten Songs klingelte Corys Handy, und er ging ran. Das passte mir überhaupt nicht. Während des zweiten Songs telefonierte er einfach weiter. Derweil machte Markie auch nicht gerade einen sehr interessierten Eindruck.

Nach ein paar weiteren Songs wandte sich Cory an Markie und fragte ihn: »Ich weiß nicht, was denkst du, Mann?«

»Klingt cool«, antwortete Markie, aber mir war das schon genug. Ich wusste, dass ich für sie ein Niemand war, aber ich hatte nicht vor, dort herumzusitzen und mich so respektlos behandeln zu lassen.

»Gebt mir mein Tape zurück«, knurrte ich und holte das Demo aus der Stereoanlage. »Ihr seid zu Old School.« Ich schnappte mir die Kassette und stieg aus.

Es war eine ziemlich unverschämte, manche würden sogar sagen dumme Art, zwei Veteranen der Branche zu behandeln. Ich dachte, ich würde nie wieder von ihnen hören. Ein paar Tage später erhielt ich aber die Nachricht, dass sie nach mir suchten. Es stellte sich heraus, dass Cory durchaus zugehört hatte (er war wohl doch ein guter Multitasker), das Tape organisiert und an Tone und Poke weitergegeben hatte. Cory erzählte mir am Telefon, dass den beiden gefallen habe, was sie gehört hatten, und sie wollten, dass ich nach Upstate New York käme, um mit ihnen zusammen einige Stücke aufzunehmen.

Ich war begeistert darüber, dass ihnen meine Musik gefiel, aber es klang auch wie ein abgekartetes Spiel. Ich hatte die beiden erst kurz zuvor beleidigt, und jetzt wollten sie, dass ich mit ihnen in die Provinz fahre? Das sah nach einer Reise aus, von der ich vielleicht nie wieder zurückkommen würde.

Ich war hin- und hergerissen. Mein auf der Straße geschulter Instinkt war in höchster Alarmbereitschaft, aber Tone und Poke waren angesehene Produzenten, die eine Reihe von Hits mit Nas, Will Smith und R. Kelly gemacht hatten. Ich wollte unbedingt mit ihnen arbeiten. Ich lud Cory und Markie ein, im Friseursalon vorbeizukommen, damit ich ihnen auf den Zahn fühlen konnte, bevor ich mich auf etwas festlegte. Als sie auftauchten, schienen sie keineswegs sauer zu sein. Sie schienen sogar sehr erpicht darauf zu sein, dass ich mit ihnen nach Woodstock käme. Mein Instinkt sagte mir, dass ich in Sicherheit sein würde. Ich packte ein paar Habseligkeiten und fuhr noch am selben Nachmittag mit ihnen los.

Letzten Endes blieb ich 18 Tage lang in Bearsville. Albert Grossman mag sich das Studio als Rückzugsort vorgestellt haben, aber meine Zeit dort war eine der wettbewerbsintensivsten – und kreativsten – Zeiten in meinem Leben. Ich kam in Bearsville als MC an, dessen

Ruf kaum über meine *Neighborhood* hinausreichte. Plötzlich fand ich mich umgeben von einigen echten Hochkarätern der Branche. Nicht nur Tone und Poke, sondern auch etablierte Produzenten wie L.E.S., Al West und Kurt Gowdy. Das waren Profis, die sich wirklich im Studio auskannten und Beats auf höchstem Niveau produzierten. Es waren auch Rapper dabei, wie N.O.R.E., Slick Rick und später Nas, die in der Szene bereits fest etabliert waren.

Es wäre sehr einfach – ja sogar nachvollziehbar – gewesen, mich von der Atmosphäre in Bearsville einschüchtern zu lassen. Ich war weit weg von zu Hause in einem Studio mitten im Nichts. Die meisten der anderen Künstler dort waren mir in Sachen Erfolg weit voraus. Viele Rapper in meiner Situation hätten sich umgeschaut, wären verunsichert gewesen und hätten den ersten Bus nach Hause genommen. Sie wären zurück in die Sicherheit ihres Viertels geflohen, anstatt sich der Intensität auszusetzen, zwei Wochen lang mit der Konkurrenz in einem Gebäude eingesperrt zu sein.

Aber ich wollte nirgendwo anders sein. Bearsville war für mich wie das Paradies. Ich liebte es, dass wir mitten im Nirgendwo waren und es nichts anderes gab, worauf ich mich konzentrieren konnte, außer der Musik. Ich war voll bei der Sache. Ich war nicht der ausgefeilteste Rapper oder der beste Texter, aber ich war fest entschlossen, dass mich niemand dort übertreffen würde.

Andere Jungs begannen ihren Tag vielleicht verkatert oder saßen in ihren Zimmern und dröhnten sich zu, aber mich lockte diese Art von Ablenkungen nicht. Sobald ich morgens aufwachte, war das Einzige, was ich tat, im Wald joggen zu gehen. Dann war es Zeit, ins Studio zu gehen. Normalerweise war ich als Erster dort.

Sobald ich das Studio betreten hatte, ging ich von einem Raum zum nächsten und bat jeden Produzenten, mich den neuesten Beat hören zu lassen, an dem er gerade arbeitete. Nachdem ich ihn mir ein paar Mal angehört hatte, setzte ich mich irgendwo in eine Ecke und versuchte, eine Strophe dazu zu schreiben.

Wenn ich fertig war, ging ich zurück ins Studio und fragte den Produzenten, ob ich das aufnehmen könne, was ich mir ausgedacht hatte. Die Leute dort waren sehr schwer zu beeindrucken, aber ich war wild entschlossen, auf mich aufmerksam zu machen. Ich wollte jedes Mal, wenn ich eine Strophe beendete, jemanden sagen hören: »Mensch, der hat's aber drauf.«

Ich war ein totales Arbeitstier, tagein, tagaus. Es kam der Punkt, an dem ich Strophen auf jeden Track von Tone und Poke auspackte, und ich wollte immer noch mehr. Es endete damit, dass ich über unfertige Tracks – im Grunde nur Drumbeats – reimte, weil meine kreativen Säfte so stark flossen und ich mich vor Ideen kaum retten konnte.

Ich nahm in Bearsville über 36 Songs auf, von denen viele später auf *Power of the Dollar* erscheinen sollten. Ich kam als relativ Unbekannter in das Bootcamp, überzeugt von meinen Fähigkeiten, aber auch nicht sicher, wo ich als MC stand. Nach diesen 18 Tagen wusste ich genau, dass ich verdammt noch mal dazugehörte.

Es ist enorm motivierend, der Konkurrenz direkt gegenüberzutreten und aus der Konfrontation mit dem Wissen herauszugehen, dass man wirklich mithalten kann. Dieses Selbstvertrauen trägt einen für eine lange Zeit.

Aus meiner Zeit in Bearsville brachte ich mehr als genug Material für mein geplantes Debüt bei Columbia mit. Wir reichten die Musik ein, und das Label legte einen Veröffentlichungstermin fest. Ich begann mich auf das vorzubereiten, wovon ich wusste, dass es ein Major-Launch werden sollte. Doch je näher der Termin rückte, desto klarer wurde mir, dass ich der Einzige war, der sich wirklich vorbereitet hatte.

Columbia hat mich als Künstler eigentlich nie richtig verstanden. Ich konnte sehen, dass sie das Album einfach auf den Markt werfen wollten und hofften, dass es gut ankäme. Wenn es das tat, großartig. Wenn nicht, dann wäre ich raus aus dem Geschäft.

So machten sie es vermutlich andauernd, aber für mich war das keine akzeptable Herangehensweise. Ich hatte alles, was ich konnte, in die Zeit in Bearsville gesteckt, und ich wusste, dass ich das richtige Material hatte. Mein ganzes Leben hing davon ab, dass das Album ein Hit würde. Wenn man plant, mich einfach gegen die Wand zu schmeißen und hofft, dass ich dann kleben bleibe, na gut, dann verwandele ich mich eben in den freundlichen Spider-Man aus der *Neighborhood*.

Ich hatte keinen Plan B, falls mein Album nicht gut ankommen würde. Also fing ich an, mich nach einer Möglichkeit umzuschauen, mich selbst in den Vordergrund zu spielen. Ich wollte meinen eigenen Hype erzeugen.

Damals befand sich die Hip-Hop-Szene aufgrund der jüngsten Todesfälle von Biggie und Tupac in angespanntem Zustand. Jeder hatte Angst vor einem weiteren Blutbad, und es wurde zum Tabu, den Namen eines anderen Rappers in einem Song auch nur zu erwähnen. Wenn man sich doch gegenseitig angriff, dann auf subtile Art und Weise, die nur ein eingefleischter Fan mitbekommen würde. Als Nas zum Beispiel Jay-Z dissen wollte, nannte er ihn zunächst nicht beim Namen. Stattdessen reimte er: »20 G bets I'm winning them / threats I'm sending them / Lex with TV sets, the minimum / Ill sex adrenaline.« Nach außen hin hörte sich das nach nichts an, aber in unseren Kreisen wusste jeder, dass Jay-Z in einem Lexus mit einem Fernseher darin durch die Gegend fuhr. Das war also ein unterschwelliger Seitenhieb auf Jay.

Nas mag in seinen Attacken sehr subtil gewesen sein, aber in dem Vakuum, das durch diesen stillschweigenden Burgfrieden unter Rappern entstanden war, sah ich eine einmalige Chance. Ich hatte keinen Waffenstillstand unterschrieben. Es gab keine Rapper da draußen, die für mich als Freunde von Bedeutung waren. Aber als Feinde ... nun, das war eine andere Geschichte.

Ich wusste, wenn jemand das Selbstvertrauen hätte, aus dem Schatten zu treten und die Tradition des Hip-Hops, verbale Salven abzufeuern, wieder aufleben ließe, würde der Aufschrei riesig sein. Ich beschloss, genau dieser Rapper zu sein.

»How to Rob« war nicht nur als Diss gegen eine Person gedacht, sondern gegen die gesamte Musikbranche. Es war, als ob ich sagen würde: »Wenn keiner von euch mein Freund sein will, dann werden wir alle Feinde sein.« Ich habe es fast allen gezeigt: Jay-Z, Wu-Tang, Big Pun, Missy Elliott, Will Smith, Jada Pinkett, Slick Rick, DMX, Bobby Brown und Whitney Houston – sie alle wurden namentlich von mir kritisiert.

Um deutlich zu machen, dass ich eigentlich nur an einem reinen Wettstreit interessiert war, und dass es mir nicht um echte Feindschaft ging, schoben wir auch eine Zeile dazwischen, die sich gegen die Trackmasters richtete: »I've been scheming Tone and Poke since they found me.« Nur um zu demonstrieren, dass selbst meine eigenen Jungs nicht davor gefeit waren, gedisst zu werden. Im Refrain kam dann noch Mad Rapper hinzu, der rappte: »This ain't serious / Being broke can make you delirious«, um das Ganze ein bisschen aufzulockern.

Doch trotz dieser Beschwichtigungen sorgte die Platte für einen Aufschrei, als sie auf Hot 97, dem damals populärsten Radiosender New Yorks, gespielt wurde. Die meisten der von mir angesprochenen Künstler waren nicht darauf vorbereitet, dass jemand sie in einem Song namentlich erwähnt. In der gesamten Szene fragten sich alle: »Was soll das? Wer ist dieser neue Bursche überhaupt? Er nennt jeden beim Namen und schert sich einen Dreck um die Folgen!« Einige der Größten, darunter Jay-Z, Big Pun und Wu-Tang, gaben mir entsprechende Antworten. Damit hatte ich genau das erreicht, was ich mir erhofft hatte.

Ich brauchte etwas, womit ich auf mich aufmerksam machen konnte, und mit »How to Rob« war mir dies auf Anhieb gelungen. Columbia schnappte sich den Song und nahm ihn mit auf den Soundtrack zu *Undercover – In Too Deep*, was mich einem breiteren

Publikum bekannt machte. Alles lief nach Plan – aber dann wurde ich angeschossen, was im Grunde alles, was ich ins Rollen gebracht hatte, über den Haufen warf.

Es sollte letzten Endes noch ein paar Jahre dauern, bis mir das Erfolgsdebüt gelang, auf das ich so hart hingearbeitet hatte. Aber ich hatte trotzdem eine wertvolle Lektion durch »How to Rob« gelernt: Menschen reagieren immer auf einen Konkurrenten. Wenn man als jemand angesehen wird, der sich in den Kampf stürzt, anstatt davor wegzulaufen, wird man immer im Blickpunkt stehen. Ob im Rap, im Sport, in der Politik, in den Medien oder in der Wirtschaft, es wird immer ein Publikum für jemanden geben, der keine Angst hat, sich mit seinen Rivalen anzulegen.

Wenn man aus seiner eigenen Angriffslust Kapital schlagen will, muss man nur darauf achten, seine Gefühle aus dem Spiel zu lassen. Ich hatte kein Problem mit den meisten Künstlern, die ich in diesem Song erwähnte – ich respektierte Jungs wie Jay, Pun und Raekwon über alle Maßen. Aber Respekt zu zeigen, hätte mich nicht in die Position gebracht, die ich benötigte, um meine Träume zu verwirklichen. Ich musste meine Konkurrenzfähigkeit demonstrieren, damit die Musikbranche auf mich aufmerksam wurde, und genau das habe ich getan.

Seitdem ist mir die Aufmerksamkeit der anderen gewiss.

CURTIS GEGEN *GRADUATION*

Wenn »How to Rob« meine kämpferische Seite in der Hip-Hop-Szene unter Beweis gestellt hatte, so war es mein Wettstreit mit Kanye West, der sie im amerikanischen Mainstream bekannt gemacht hat.

Unser Battle fand im Jahr 2007 statt, als Kanyes drittes Album, *Graduation*, eine Woche nach meinem dritten Album, *Curtis*, erscheinen sollte. Als ich sah, dass die Termine so dicht beieinanderlagen, wurde mir klar, dass wir die Chance hatten, etwas Besonderes zu erreichen, indem wir aus der Veröffentlichung der Alben ein Kopf-an-Kopf-Rennen machten.

Ich machte Kanye den Vorschlag, dass wir beide am gleichen Tag veröffentlichen sollten. Weil Kanye ebenfalls ein heller Kopf war, erkannte er den Vorteil meiner Idee und stimmte zu, seine Veröffentlichung vorzuverlegen. Er verstand, dass wir gemeinsam viel mehr Aufsehen erregen konnten, indem wir unseren Battle anpriesen, als wenn jeder sein Album für sich promotet hätte.

Die Medien lieben das Spektakel, und kaum etwas war spektakulärer als ein Duell zwischen Kanye und mir. Wir beide gaben alles, traten zusammen auf und schlüpften in die Rolle von zwei Preisboxern vor dem großen Kampf. Um es noch mal deutlich zu sagen: Es gab keinen wirklichen Beef zwischen uns. Kanye hatte sich nie negativ über meinen Erfolg geäußert, und ich schätzte ihn als Künstler sehr. Es ging hier wirklich nur um zwei Menschen, die sich mit dem Gedanken wohlfühlten, im Wettstreit gegeneinander anzutreten.

Für mich persönlich war Wettbewerb genau das, was ich an diesem Punkt meiner Karriere dringend brauchte. Ich war in dem verwundbarsten Zustand, den ein Künstler erreichen kann: Orientierungslosigkeit. In so kurzer Zeit war so viel mit mir passiert, dass ich den Kontakt zu mir selbst verloren hatte. Mich mit jemandem zu messen, würde mir helfen, zu meinen Wurzeln zurückzukehren. Um diesen Funken neu zu entfachen, zog ich sogar für eine Weile in das Haus meiner Großmutter in Queens zurück, um etwas von meiner alten Energie zurückzugewinnen.

Kanye befand sich zu dieser Zeit an einem anderen Punkt seiner Karriere, aber er nahm den Wettbewerb genauso ernst wie ich. In den Wochen vor der Veröffentlichung schloss er sich in seinem Studio ein, mischte alles neu ab und versuchte, sein Album so tight wie möglich klingen zu lassen. Angeblich hat er »Stronger« über 50-mal abgemischt, bevor er endlich zufrieden war. Keiner von uns beiden sah dies als bloße Spielerei. Wir waren beide darauf erpicht, den Kampf zu gewinnen.

Am Ende hat Kanye den Sieg davongetragen. Von *Graduation* wurden in der ersten Woche 957 000 Alben verkauft, während *Curtis* auf 691 000 Exemplare kam. Es war das erste Mal seit 1991, dass von zwei Künstlern in der gleichen Woche über 600 000 Alben verkauft wurden.

Heute würde man 691 000 verkaufte Alben in der ersten Woche als großen Erfolg ansehen, aber damals hieß es, dass Kanye mich deutlich geschlagen habe. Natürlich hat er mich geschlagen, aber was die Öffentlichkeit nicht sehen konnte, war, dass ich trotzdem einen riesigen Triumph feiern konnte.

Tatsächlich war es so, dass zu dem Zeitpunkt, als *Curtis* fertig war, Interscope schon anfing, sich von mir zu distanzieren. Finanziell war ich bei ihnen im grünen Bereich, denn meine ersten beiden Alben hatten sich jeweils über 20 Millionen Mal verkauft. Aber trotz dieses Erfolges war es noch immer ihre Entscheidung, ob sie weiterhin Geld in mein Marketing stecken wollten. Trotz meines Erfolges entschieden sie sich, den Geldfluss zu drosseln.

Schlimmer noch als diese Zurückhaltung beim Marketingbudget war die Tatsache, dass sie meine Promotion-Strategie für das Album nicht unterstützten. Mein Plan war es, mit dem Song »Straight to the Bank«, der meine Stammhörerschaft ansprach, für Wirbel zu sorgen. Wenn der Song erst einmal ein wenig brodelte, wollte ich »Amusement Park« veröffentlichen, der mehr in Richtung Pop ging. Es war die gleiche Strategie, die ich angewandt hatte, als ich »Wanksta« im Vorfeld von »In Da Club« veröffentlichte. Erst das Stammpublikum ansprechen und dann etwas für ein breitgefächertes Publikum veröffentlichen.

Interscope hätte meinen Plan unterstützen sollen – in der Vergangenheit hatte es ja funktioniert –, aber als »Amusement Park« nicht so schnell Platz eins eroberte, wie sie es erwartet hatten, begannen sie, die Strategie infrage zu stellen. Das machte die Dynamik zunichte, die ich aufzubauen versuchte. Erschwerend kam hinzu, dass das ganze Album vorzeitig geleakt wurde, bevor es überhaupt in die Läden kam. Die Aufnahmen hätten nach der Veröffentlichung von *Curtis* herauskommen sollen, anstatt Wochen zuvor.

Als diese Leaks auftauchten, saß ich in der Klemme. Die Öffentlichkeit war nicht im Bilde, aber ich wusste, dass Interscope meinem Start bereits schwer geschadet hatte. Zum Glück wusste ich genau, was zu tun war. Anstatt herumzusitzen und über mein Label zu jammern, nahm ich die Sache selbst in die Hand. Genau wie ich es sieben Jahre zuvor getan hatte, als Columbia die Sache vermasselte, organisierte ich einen Wettkampf, der den Hype erzeugen sollte, zu dem mein Label nicht imstande schien.

Was noch schwerer wog, war, dass ich gegen einen Künstler antrat, dessen Label alles tat – und ich meine wirklich alles –, um sicherzustellen, dass er mich übertreffen würde. Jimmy Iovine war es vielleicht egal, ob Kanye gewinnt, aber Jay-Z, der zu dieser Zeit der Chef von Def Jam war, war es verdammt wichtig, mich zu schlagen. Jay hatte meinen guten Lauf in New York schon seit Jahren mit Argusaugen beobachtet. Also unternahm er alles Erdenkliche, um zu gewährleisten, dass er mich mithilfe von Kanye ausstechen konnte.

In den Wochen vor der Veröffentlichung wurde mir klar, worauf ich mich eingelassen hatte, nachdem Kanye und ich uns bereit erklärt hatten, gemeinsam bei Black Entertainment Television aufzutreten. Ich hatte geplant, Eminem als Gastrapper mitzubringen, aber der Fernsehsender teilte Interscope mit, dass keine Gäste vorgesehen seien. Interscope akzeptierte das und sagte Em, er könne nicht bei der Show auftreten. Doch als ich am Tag der Sendung dort ankam, musste ich feststellen, dass Jay mit Kanye auftreten würde.

Jay hatte sich also offensichtlich alle Mühe gegeben, die Regel, keine Gäste dabeizuhaben, zu umgehen, während Interscope das einfach so durchgehen ließ. Sie waren einfach nicht so motiviert wie Jay.

Jay war sehr stolz auf den Sieg von Kanye. Ich denke, das ist einer der Gründe, warum er heute so enttäuscht von Kanye ist. Jay weiß, wie sehr er Ye in dieser Zeit unterstützt hat, aber es war trotzdem nicht genug für Ye. Das dürfte Jay schwer getroffen haben.

Jay erwähnt sogar meinen Battle mit Kanye in seinem Buch *Decoded* und zieht da ein wenig über mich her, indem er schreibt: »Rapper, die einen Battle als Marketingplan benutzen, bekommen vielleicht schnell etwas Presse, aber sie verfehlen ihr Ziel.«

Ich gratuliere Jay dafür, dass er in dieser Situation das Richtige für seinen Künstler getan hat, aber ich denke, er war derjenige, der das Ziel verfehlt hat. Erstens, wie ich bereits erwähnt habe, gab es keinen wirklichen Streit bei diesem speziellen Wettkampf. Zweitens habe ich wenig Zweifel daran, dass ohne diesen Wettkampf meine Verkaufszahlen aufgrund von Interscopes Fehlentscheidungen viel niedriger gewesen wären. Unser Wettstreit hat die erste Woche, die sonst für mich hart gewesen wäre, für mich in eine sehr respektable Woche verwandelt. Wenn ich Interscope einfach sich selbst überlassen hätte, hätte ich in der ersten Woche vielleicht nur 400 000 Alben verkauft. Stattdessen ist es mir gelungen, eine schwierige Situation zu meistern und einen historischen Moment zu schaffen. Wie ich später einem Interviewer sagte: »Kanye West bekommt die Trophäe, 50 Cent bekommt den Scheck!« Das ist keine Spitze gegen Kanye (er hat auch eine Menge Geld verdient), aber es ist ein Handel, auf den ich mich jederzeit einlassen würde.

CURTIS LANNISTER

Manchmal, wie im Fall von *Curtis* gegen *Graduation*, kann man selbst bestimmen, gegen welchen Konkurrenten man antritt. Aber manchmal wird der Gegner von der Außenwelt bestimmt. Wenn das passiert, muss man sich von seiner besten Seite zeigen. Denn auch wenn man niemals vor einem Wettstreit davonlaufen sollte, lässt man sich doch manchmal auf einen Kampf mit jemandem ein, nur weil die Medien oder die Fans das sehen wollen. Man sollte immer gegen einen Gegner antreten, der einem idealerweise die besten Chancen auf den Sieg bietet, oder aber der einen dennoch positiv dastehen lässt, falls man am Ende verlieren sollte.

Als *Power* im Jahr 2014 zum ersten Mal auf Starz ausgestrahlt wurde, schien es keine direkte Konkurrenz zu haben. Dann tauchte im Jahr 2015 *Empire* auf FOX auf, und plötzlich wollte jedermann die beiden Serien gegeneinander aufwiegen. Oberflächlich betrachtet, schienen die Vergleiche angebracht. Beide Serien waren in der Welt des Hip-Hops angesiedelt. Beide hatten schwarze Darsteller und Handlungen, die sich um starke weibliche Charaktere drehten. Beide hatten Soundtracks, die eine zentrale Rolle für die Atmosphäre der Serie spielten. Beide Serien hatten schwarze ausführende Produzenten. Ich verstand, warum die Leute uns vergleichen und beurteilen wollten.

Am Anfang ließ ich mich gerne auf diese Art der Wahrnehmung ein. FOX investierte viel mehr Geld in *Empire* als Starz in *Power*, also war es für mich von Vorteil, ich konnte ihr Marketing für mich nutzen. Mir fiel aber auch auf, dass FOX versuchte, unsere Geschichte zu vereinnahmen, als sie einen Werbeclip veröffentlichten, in dem es hieß: »Empires are built on power« – »Imperien sind auf Macht aufgebaut.« Sie machten sogar ein Promofoto, das fast identisch mit einem alten Foto von mir mit G-Unit war. Das führte dazu, dass Taraji P. Henson und ich uns in den sozialen Medien einen lustigen kleinen Schlagabtausch lieferten.

Während ich den anfänglichen Schwung von *Empire* gerne ausnutzte, wollte ich auf lange Sicht aber nicht zu eng mit der Serie in Verbindung gebracht werden. Erstens war ich misstrauisch, mit einer anderen Serie zu konkurrieren, nur weil wir beide eine schwarze Besetzung hatten. Zweitens sah ich *Empire* und *Power* trotz der kulturellen Überschneidungen als grundlegend unterschiedliche Serien an. *Empi-*

re lief auf FOX, was bedeutete, dass es im Fernsehen frei zu empfangen war. Daher gab es eine Grenze für die Art von Inhalten, die es enthalten konnte. *Power* lief auf Starz, war also eine Premium-Serie im Pay-TV. Und deshalb konnten wir unseren Zuschauern ein viel mutigeres und visuell drastischeres Package präsentieren. Wie ich auf Instagram schrieb: »EMPIRE ist irgendein Sch…, den man umsonst bekommen kann. Diese Power hier ist ihren Preis wert: STARZ Premium Cable.«

Warum sollte ich mit einer kostenlosen Serie auf FOX konkurrieren, wenn ich eine Serie fürs Pay-TV produzierte? Wenn ich gegen eine Serie antreten wollte, musste sie auf demselben Level sein, auf dem ich mich befand. Also schaute ich mich um und entschied mich, es mit dem dicksten Brocken schlechthin aufzunehmen.

Wenn man schon gegeneinander antritt, dann gegen den Besten. Und zu dieser Zeit gab es im Pay-TV nichts Besseres als HBOs *Game of Thrones*. Also machte ich es mir zur Aufgabe, mich immer und immer wieder mit *Game of Thrones* messen zu lassen.

Ich ließ keine Gelegenheit aus, in jedem Gespräch über *Game of Thrones* auch *Power* zu erwähnen. Nachdem jemand in einer Collage mein Gesicht geschickt auf den Körper von Tyrion Lannister platziert hatte, ging ich auf Instagram in die Offensive und schrieb: »Dieser Scheiß ist nichts weiter als hasserfüllte Fans von *Game of Thrones*, die offenbar nichts Besseres zu tun haben und sauer sind, weil POWER die Nummer 1 ist. Scheiß auf euch und eure fliegenden Drachen. Wir bieten das verfluchte echte Leben.«

Die Leute haben es total gefeiert. Was ich nicht erwähnte, war, dass der clevere Trickster, der die Gesichter vertauscht hatte, eigentlich ein von mir angeheuerter Künstler war, der für genau solche viralen Momente sorgen sollte.

Man behauptet gern, ich sei ein Tyrann, aber ich habe kein Problem damit, mich über mich selbst lustig zu machen, wenn es dabei hilft, Aufsehen zu erregen. Ein echter Tyrann hat nicht diese Art von Selbstverständnis. Sie sind viel zu dünnhäutig, um solche Bilder von sich zu posten. Aber ich lasse mich nicht von meinen Gefühlen leiten. Ich bin hartgesotten genug, um alles zu tun, was nötig ist, um meine Marke weiterhin im Gespräch zu halten!

Alles, was ich in Bezug auf *Game of Thrones* gepostet habe, war eine kalkulierte Maßnahme, um zu erreichen, dass Fans, Feinde und Medienvertreter verstanden, dass wir mit *Power* nie die Absicht hatten, nur einen kleinen Erfolg zu erzielen. Die Kritiker hätten *Power* vielleicht niemals mit *Game of Thrones* in Verbindung gebracht, aber ich hatte es geschafft, die öffentliche Diskussion so zu lenken, dass wir auf Augenhöhe waren.

Die Auswirkungen waren beträchtlich. HBO hatte die größere Zahl an zahlenden Abonnenten und ein viel, viel größeres Budget, aber *Power* schaffte es trotzdem, den Drachen ein paar Mal in den Einschaltquoten zu schlagen. Und es kommt noch besser: Seit dem Finale der Fantasy-Serie im Jahr 2019 übertreffen die Zuschauerzahlen von *Power* kontinuierlich alles, was HBO sonst noch zu bieten hat. Ich bin zuversichtlich, dass die Mundpropaganda unserer Serie so verlässlich ist, weil ich meine Leidenschaft und Unterstützung für die Fans so klar zum Ausdruck bringe.

Rückblickend betrachtet ist es eher unwahrscheinlich, dass *Power* mit seinen beschränkten finanziellen Mitteln und dem geringen Aktionsradius jemals Amerikas ältestes kostenpflichtiges Kabelnetzwerk vom Thron stoßen würde, aber so funktioniert der Wettbewerb. Man kann einen aussichtslosen Kampf führen und trotzdem mit etwas Wertvollem daraus hervorgehen.

Ich erwähnte bereits, dass ich nicht wollte, dass *Power* als »schwarze Serie« abgestempelt würde. Dafür gibt es einen guten Grund. Der längste und am meisten beachtete Konkurrenzkampf in Amerika ist Schwarz gegen Weiß. Es ist auch der eine Wettstreit, an dem ich mich lieber nicht beteilige. Es ist der, von dem ich weiß, dass er von vorneherein nicht fair ist und dass ich ihn nur verlieren kann.

Das heißt nicht, dass ich nicht stolz darauf bin, schwarz zu sein oder schwarze Künstler zu unterstützen. Nichts von alledem. *Power* ist, ohne Frage, im Kern eine schwarze Serie. Ich bin der ausführende Produzent. Courtney Kemp, eine schwarze Frau, ist die Showrunnerin und schreibt die Drehbücher. Die Stars sind alle People of Color, mit Ausnahme von Joseph Sikora. Die Serie hat eine Menge talentierter Schwarzer und andere People of Color unter Vertrag, wie alle meine Fernsehserien.

Ich möchte trotzdem nicht, dass sie als »schwarze Serie« betrachtet wird. Das würde bedeuten, dass man sie in eine Schublade stecken würde, aus der es fast unmöglich ist, wieder herauszukommen. Das ist mir mit *Get Rich or Die Tryin'* passiert. Man muss nur mal über den Film nachdenken. Der Film hatte mich, einen Schwarzen, in der Hauptrolle und es ging um einen Rapper, der sich nach oben kämpft. Die Regie führte Jim Sheridan, ein lebhafter kleiner Ire, der schon preisgekrönte Filme wie *Mein linker Fuß* und *Im Namen des Vaters* gedreht hatte. Die Filmmusik stammte von Quincy Jones, einem Mann, der es geschafft hat, alle Amerikaner in seinen Bann zu ziehen. Das Drehbuch hatte Terence Winter geschrieben, einer der Autoren und ausführenden Produzenten von *The Sopranos* und *Boardwalk Empire*. Die Kameraarbeit übernahm Declan Quinn, ein preisgekrönter irischer Kameramann.

Im Grunde war *Get Rich or Die Tryin'* also ein Mainstream-Film – aber so sah ihn Hollywood nicht. Sie betrachteten ihn als einen schwarzen Film. Und schwarze Filme laufen nicht in so vielen Kinos an wie Mainstream-Filme. Als *Get Rich* herauskam, lief er deshalb nur in etwa 1700 Kinos an.

Man vergleiche das mit einem anderen Film über einen Rapper, der sich nach oben kämpft: *8 Mile*. Dieser Film hat die gleichen Elemente wie *Get Rich*, mit dem großen Unterschied, dass Eminem weiß ist. *8 Mile* startete in etwa 3000 Kinos.

Das bedeutet, dass *8 Mile* in seiner ersten Woche an den Kinokassen potenziell fast doppelt so viele Zuschauer erreichen konnte wie *Get Rich*.

Ich habe deswegen keinerlei Streit mit Em, aber ich habe ein großes Problem mit dem System, das entscheidet, dass mein Film nur ein schwarzes Publikum ansprechen würde. Der Grund, warum sie mir überhaupt einen Filmvertrag anboten, war nicht, weil ich schwarz war. Sondern weil ich ein Superstar war.

Und der Grund, warum ich ein Superstar war, lag daran, dass zig Millionen weißer Kids mein Album gekauft hatten. Und der Grund, warum sie mein Album kauften, war, dass sie von meinem Leben fasziniert waren. Wie kann es also sein, dass ein Film über mein Leben nicht dieselben weißen Kids ansprechen würde? Es gibt keinen Grund. Es ist ein unlogisches System, das verhindert, dass Künstler unter gleichen Voraussetzungen gegeneinander antreten können.

Also versuche ich, dieser Art von Wettbewerb aus dem Weg zu gehen. Ich werde immer schwarze Schauspieler, schwarze Regisseure und schwarze Showrunner engagieren. Aber ich bin nicht blind gegenüber den tatsächlichen Verhältnissen, die immer noch existieren. Als das Poster für *Power* gestaltet wurde, habe ich darauf geachtet, dass Joe Sikora, der Darsteller von Tommy, darauf zu sehen ist – genauso wie Russell Crowe auf dem Poster von *American Gangster* zu sehen ist, obwohl es Denzel Washingtons Film ist. Mein Ziel ist nicht, der Beste in einer bestimmten Kategorie oder Nische zu sein. Mein einziges Ziel für *Power*, wie bei allem, was ich tue, war, dass es immer bekannter werden und ein möglichst breites Publikum ansprechen sollte.

NIMM AUF DIE KONKURRENZ KEINE RÜCKSICHT

Eine meiner Schwächen besteht darin, dass ich Wettbewerb zu sehr zu genießen weiß. Manchmal helfe ich meinen Kontrahenten sogar, indem ich sie länger in meinem Wirkungskreis lasse, als sie es verdienen.

Eine Menge Künstler, mit denen ich mich öffentlich gezofft habe, haben von diesen Begegnungen mehr profitiert als ich. Sie erinnern mich an Parasiten, die von einem größeren Wirt leben. Solange sie an ihrem Wirt hängen, geht es ihnen gut. Aber sobald sich der Wirt entfernt und sie den Kontakt zu ihm verlieren, sterben sie.

So sehe ich auch meine Beziehung zu Künstlern wie Ja Rule, Rick Ross, Jim Jones, French Montana und The Lox. Keiner von ihnen hat es jemals dauerhaft geschafft, Interesse an sich zu wecken – sie wurden immer nur beachtet, wenn sie sich mit mir auf einen verbalen Schlagabtausch einließen.

Sie haben alle versucht, in andere Sparten vorzudringen, aber ihre primäre Aufgabe besteht darin, Platten zu verkaufen. Und sie wissen, dass die Plattenkäufer sie im Auge behalten, wenn sie sich gegen mich wenden. Also greifen sie mich an.

Ich verstehe, warum sie das tun – jeder will relevant bleiben –, aber auf lange Sicht ist das ein schlechter Plan. Wenn dein ganzer Glanz von der Sonne eines anderen abhängt, was passiert dann, wenn dieser jemand nicht mehr da ist? Denn wenn ich erst einmal weg bin, ist es so, als würden sie gar nicht mehr existieren. Die Leute werden sagen: »Wo sind The Lox? Sind die vom Erdboden verschluckt worden?«

Genau das ist mit all diesen Typen passiert. Als ich mich auf die Arbeit für Film und Fernsehen konzentrierte, war es, als ob ihre Karrieren auf den Eisberg aufgelaufen wären, der die *Titanic* versenkte. Ohne mich als Gegenpol waren sie verloren.

Gianni Versace hat einmal gesagt: »Ist doch schön, wenn man eine echte Konkurrenz hat; das spornt einen an, es besser zu machen.« Dem stimme ich zu. Das Problem ist, wenn man es mit belangloser Konkurrenz zu tun hat. Bei dieser Art von Wettbewerb gibt es für die etablierte Partei nichts zu gewinnen. Woran ich arbeiten muss, ist, disziplinierter zu sein und den Köder nicht zu schlucken. Erst neulich hat Rick Ross versucht, mich zurück in einen Wettstreit zu locken, indem er sagte, dass ich für die Szene nicht mehr relevant sei. Es war leicht zu erkennen, was er damit bezwecken wollte. *Er* ist derjenige, der irrelevant ist, also wollte er mich wieder ins Spiel bringen, um diese Relevanz zu erhalten.

Obwohl ich seine Strategie durchschaut habe, habe ich ihm ein paar Seitenhiebe verpasst. Nichts Emotionales. Nichts wirklich Aufregendes. Ich habe nur betont, dass Künstler wie er sich offensichtlich neben jenen positionieren müssen, die es draufhaben, und versuchen, davon zu profitieren. Ich habe nur auf das hingewiesen, was ich offensichtlich fand.

Ich hätte seinen Kommentaren gar nicht so viel Beachtung schenken sollen. Ich muss besser darin werden, mich früher aus solchen Konkurrenzkämpfen zurückzuziehen. Je länger ich mitspiele, desto länger bleiben sie relevant. Warum sollte ich mir erlauben, in einen Wettbewerb mit Rick Ross verwickelt zu sein? Er versucht, Platten zu verkaufen. Ich versuche, Fernsehserien zu verkaufen und Netzwerke aufzubauen. Er will sich messen, aber wir spielen in völlig unterschiedlichen Ligen.

Manchmal ist es der richtige Schritt, sich aus einem Wettbewerb herauszuhalten, der nicht von Belang ist. In anderen Situationen muss man sehr entschlossen sein, seine Dominanz zu behaupten.

Viele Leute haben sich gefragt, warum ich in den sozialen Medien so hart gegen Teairra Marí vorgegangen bin, obwohl sie eine scheinbar unbedeutende Gegnerin war. Ich möchte kurz erläutern, was passiert ist und warum.

Teairra, ehemalige Sängerin und Reality-TV-Star, hatte mich verklagt, weil ich angeblich mit ihrem Ex-Freund zusammengearbeitet hatte, um ein Sextape von ihr in den sozialen Medien hochzuladen. Das habe ich nie getan. Ein Richter erkannte, was sie vorhatte, und wies nicht nur ihre Klage ab, sondern ordnete auch an, dass sie 30 000 Dollar für die Anwaltskosten zahlen sollte, die mir für meine Verteidigung entstanden waren. Und diese Kosten steigen noch immer weiter.

Teairra jammerte, sie sei pleite, und überall in den sozialen Medien forderten die Leute mich auf, ihr die Schulden zu erlassen. »Komm schon, 50. Sie hat doch gar kein Geld«, sagte jemand. »Lass doch gut sein, Bro«, schrieb ein anderer. »Du hast die dreißig Riesen doch nicht nötig.«

Diese Menschen hatten nicht verstanden, worum es mir ging. Erstens: Nicht ich habe ihr gesagt, dass sie mir 30 Riesen zahlen soll. Das war das Gesetz. Es liegt nicht an mir, ihr die Schulden zu erlassen. Weil die meisten Menschen sich damit identifizieren konnten, keine 30 000 Dollar zu haben, richtete sich das Mitleid auf sie, obwohl sie diejenige war, die das Unrecht begangen hatte.

Sie würde mir damit auch nichts »schenken« – man hatte ihr einfach gesagt, sie solle mir das Geld zurückgeben, das sie mir bereits zu Unrecht genommen hatte.

Zweitens musste ich eine deutliche Botschaft aussenden, wie ich auf diese spezielle Situation reagierte. In meinem Herzen habe ich keinen Zweifel daran, dass sie mich nur deshalb verklagt hat, weil ich für sie eine riesige leuchtende Zielscheibe war. Das ist die Realität in Amerika. Wenn du die Taschen voller Geld hast, fängt irgendjemand mit dir einen juristischen Streit an und versucht, ob er oder sie damit durchkommt.

Also ja, es tut mir leid, dass sie pleite war, aber ich hatte trotzdem vor, jeden einzelnen Penny von den 30 000 Dollar zu kassieren. Nicht, weil ich es brauchte, sondern weil ich wollte, dass die breite Öffentlichkeit versteht, dass man dafür bezahlen wird, wenn man mich leichtsinnig angreift. Ich werde so eine Aktion nicht einfach abtun. Ich werde gewinnen, und dann werde ich kassieren.

Apropos kassieren: Ich habe versucht, eine ähnliche Botschaft mit meiner »Pay Me by Monday« Instagram-Kampagne zu senden. Wenn die Art und Weise, wie ich mit Teairra Marí umgegangen bin, eine Warnung an die Öffentlichkeit war, dann war »Money by Monday« eine Warnung an die Leute, die ich direkt kannte: Versucht nicht, euch Geld von mir zu leihen und es dann einfach zu vergessen.

Die Botschaft kam an. Du kannst mir glauben, neben den vielen Menschen, die ich geoutet habe, weil sie mir Geld schuldeten, gab es noch einen ganzen Haufen mehr, die ich nicht auffliegen ließ. Aber nachdem sie gesehen hatten, dass ich Randall Emmett und den Komiker Jackie Long geoutet hatte, kümmerten sie sich schnell um einen privaten Zahlungsplan.

Interessant ist, dass die Leute nicht so reagierten, als ich hinter Randall her war, wie damals hinter Teairra. Nein, sie fanden es gut, dass ich ihn so unter Druck setzte, dass er mich in seinen SMS »Fofty« nannte. Sie fanden es gut, dass er mich anflehte, ihm nicht die Luft abzuschnüren. Und warum?

Weil jeder weiß, wie es ist, wenn einem jemand Geld schuldet, und es ihm einfach egal ist. Besonders wenn derjenige das Geld eigentlich hat und sich *trotzdem* entscheidet, es nicht zurückzuzahlen. Das ist etwas, das wir alle kennen. Egal wer du bist, es gibt wahrscheinlich irgendjemanden auf der Welt, der dir Geld schuldet, aber es offenbar nicht eilig hat, es dir zurückzuzahlen. Vielleicht umarmt er oder sie dich und lächelt jedes Mal, wenn er oder sie dich sieht und spricht es nicht einmal an. Vielleicht sitzt er sogar in deiner Wohnung, legt die Füße auf den Couchtisch und tut so, als hätte er keinerlei Schulden. In der Zwischenzeit platzt dir angesichts dieser Respektlosigkeit fast der Kragen.

Wenn ich also ein Machtwort spreche und sage: »Schluss jetzt! Ich hätte gerne mein Geld zurück, bitte!«, dann ist das etwas, das fast jeder nachvollziehen kann.

FÜHRE BUCH

Irgendwann in deinem Leben hast du vielleicht mal ein Lacoste-Hemd besessen. Du weißt schon, die mit dem Alligator auf der Vorderseite. Aber wahrscheinlich bist du nicht mit der Geschichte des Unternehmens vertraut. Lacoste wurde in den 1930er-Jahren von einem französischen Tennisspieler namens René Lacoste gegründet. Sein Spitzname als Spieler war Crocodile, weil er auf dem Court so verbissen war. So bekamen die Hemden ihr Emblem.

Lacoste war ein internationaler Tennisstar, als er seine Marke in den 1930er-Jahren auf den Markt brachte, aber nur etwa ein Jahrzehnt zuvor hatte er noch nicht als Spitzenspieler gegolten. Er wurde von den meisten Spielern, gegen die er antrat, buchstäblich abserviert. Er beschloss, dass er sich eine neue Strategie einfallen lassen musste, um konkurrenzfähig zu bleiben.

Er erkannte, dass seine beste Chance auf einen Wettbewerbsvorteil darin bestand, über seine Gegner »Buch zu führen«. Jedes Mal, wenn er gegen einen Spieler antrat oder ihn als Zuschauer beobachtete, schrieb er einen Eintrag über diesen Menschen in sein Buch. Er führte seine Stärken und Schwächen auf. Er notierte sein Verhalten und wie er auf verschiedene Szenarien meistens reagierte.

Lacostes Buchführung wurde zu seiner Geheimwaffe. In dieser Zeit, als es weder Fernsehen noch Highlight-Clips gab, tappten die meisten Tennisspieler im Dunkeln, wenn sie gegen einen neuen Gegner auf den Platz gingen. Es gab kaum eine Möglichkeit, etwas über die Taktik oder die Gewohnheiten des Gegners zu erfahren, seine Stärken oder seine Schwachstellen.

Dank seiner Buchführung hatte Lacoste einen einzigartigen Vorteil für seine Matches. Mit seiner Kombination aus Wissen und Hartnäckigkeit wurde er zu einem der besten Spieler seiner Generation und gewann 24 Titel, darunter Wimbledon und die French Open.

Heutzutage ist Lacostes Vorgehensweise, über den Gegner Buch zu führen, die Norm im Sport. Fast jedes Team, von den Jugendmannschaften des Pop Warner Football bis zu den Profis der Baseball-Major-League, führt Buch über seine Gegner. Wir nennen diese Aufzeichnungen heute vielleicht »Scouting Reports«, aber es ist im Grunde das gleiche Konzept. Es geht darum, die Stärken und Schwächen des Gegners aufzuzeichnen, damit man dieses Wissen anwenden kann, wenn man gegen ihn antritt.

Scouting-Berichte sind im Sport mittlerweile allgegenwärtig, werden aber in anderen Wettbewerbssituationen kaum genutzt. Was sich im Baseball oder Football als effektiv erwiesen hat, könnte genauso gut in Film, Fernsehen, Mode, Marketing usw. funktionieren, wenn man es auf die gleiche Weise einsetzen würde.

Ich führe auf jeden Fall im Kopf Buch über die Personen, die ich als meine Konkurrenz betrachte. Ich verfolge alle Schritte, die sie machen, genau. Wenn jemand etwas tut, das ich clever finde, merke ich es mir und versuche herauszufinden, wie ich etwas Ähnliches tun könnte. Wenn ich sehe, dass meine Konkurrenz etwas tut, was ich für dumm halte, merke ich mir das auch. Und dann suche ich nach einem Weg, wie ich diese Schwachstelle irgendwann gegen sie ausspielen kann.

Der springende Punkt ist, dass ich meine Gefühle aus der Gleichung ausklammere, wenn ich mir meine Notizen mache. Ich werde nicht eifersüchtig, wenn ich sehe, dass jemand einen klugen Schachzug macht, genauso wie ich mich nicht besonders freue, wenn ich jemanden scheitern sehe. Ich registriere einfach, was passiert ist, und speichere es für später ab.

Das mache ich bei meiner Hip-Hop-Konkurrenz wie Puffy oder Jay, aber auch bei Film und Fernsehen. Ich beobachte erfolgreiche Executive Producer wie Shonda Rhimes, Dick Wolf, Tyler Perry und Ryan Murphy immer sehr genau. Ich merke mir, mit welchen Autoren sie gerne arbeiten und auf welche Art von Material sie sich fokussieren. Ich beobachte, wie sie neue Serien auf den Markt bringen, und erkenne, welche Botschaften funktionieren und welche nicht so gut ankommen. Ich schaue mir an, wie sie ihre Beziehungen zu den verschiedenen Sendern gestalten und wie sie sich Vorteile verschaffen.

Wenn ich mich abends hinsetze und den Fernseher einschalte, schaue ich nicht als gewöhnlicher Fan. Ich studiere jede Sendung so, wie René Lacoste früher Tennisspieler studiert hat. Oder wie ein NFL-Scout den Gegner seiner Mannschaft für die nächste Woche beobachtet. Dieses Engagement ist nötig, um sich von der Konkurrenz abzuheben. Wenn du ein Schriftsteller werden willst, musst du dir Notizen zu jedem Autor machen, von dem du etwas liest. Wenn du Koch werden willst, musst du jedes Mal, wenn du in einem Restaurant isst, genau darauf achten, wie deine Konkurrenz mit Aromen, Konsistenz, Präsentation und Zutaten arbeitet. Wenn du Werbefachmann werden willst, kannst du nicht einfach an einem Plakat in der U-Bahnstation vorbeigehen. Du musst jedes Plakat, jedes Verkaufsdisplay im Supermarkt und jede Werbefläche auf Bussen, die du siehst, studieren und dir notieren, was deine Aufmerksamkeit auf sich zieht und was dir nicht gefällt.

Beklage dich nicht, dass dir das den Spaß daran verdirbt, in einem Restaurant zu essen oder am Ende eines langen Tages eine sinnlose Fernsehsendung zu schauen. Wenn du wirklich mit Leidenschaft deinen Traum verfolgst, wirst du so viele Fernsehsendungen wie möglich analysieren oder so viele Spitzenrestaurants wie möglich besuchen wollen. Wenn du dich richtig ins Zeug legst, wirst du alles beobachten und dich mit allem beschäftigen, was dir auch nur den kleinsten Vorteil verschaffen könnte.

Ich behalte meine Notizen im Kopf, aber eine andere effektive Methode besteht darin, tatsächlich Buch über deine Konkurrenz zu führen. Wenn jemand in deinem Unternehmen eine leitende Position innehat, die du gerne selbst hättest, führe Buch über sie oder ihn. Versuche herauszufinden, welche konstruktiven Dinge diese Leute jeden Tag tun, die sie in diese Position gebracht haben. Kommen sie früher ins Büro als du? Haben sie ein besseres Verhältnis zum Chef? Sind sie aufgeschlossener? Neigen sie dazu, Problemen vorzugreifen? Sind sie selbstbewusst bei Präsentationen? Reagieren sie schneller auf E-Mails? Alles, was sie deiner Meinung nach gut können, solltest du notieren.

Dann schau dir ihre Schwächen an. Neigen sie dazu, zu viele Versprechungen zu machen? Gehen sie gerne früh am Abend nach Hause? Delegieren sie zu viele von ihren eigenen Aufgaben an Mitarbeiter? Gehen sie zu sorglos mit ihrer Spesenabrechnung um? Lassen sie sich in innerbetriebliche Beziehungen verwickeln, die sie besser nicht unterhalten sollten?

Schreibe dies ebenfalls alles auf. Und dann studiere diese Aufzeichnungen eingehend. Darin findest du die notwendigen Anhaltspunkte, um deine Leistung zu verbessern – und auch die Hinweise, die dir zeigen, wo du am ehesten zuschlagen kannst, wenn du bereit bist, die erforderlichen Schritte zu unternehmen, um dir diesen Job zu sichern.

Immer, wenn du etwas aufschreibst, fördert das bei dir eine fokussiertere Denkweise. Wenn Ideen nur in deinem Kopf existieren, kannst du sie leicht aus den Augen verlieren. Selbst wenn sie extrem überzeugend sind, gehen sie im Strom neuer Gedanken unter, die ständig in deinem Kopf auftauchen. Du könntest eine grandiose Idee haben, wie du dir eine Beförderung verdienen könntest, aber sie könnte von dem Gedanken verdrängt werden, was es wohl zum Abendessen geben wird. Dann geht diese Idee, die so vielversprechend war, in der Unmenge anderer Gedanken unter, die wir alle haben und die unser Bewusstsein überfluten. Vielleicht fällt dir diese großartige Idee später wieder ein. Vielleicht aber auch nicht.

Wenn du deine Ideen aufschreibst, verhinderst du, dass sie verloren gehen. Sobald sie auf Papier oder in deiner Computerdatei sind, sind sie für immer da. Sie starren dir förmlich ins Gesicht, wann immer du sie betrachtest. Ob du sie umsetzt oder nicht, bleibt dir überlassen, aber zumindest vergisst du sie nicht. Wenn du sie einmal zu Papier gebracht hast, kannst du etwas Wertvolles daraus machen.

KAPITEL 8

AUS FEHLERN LERNEN

»Fehler sind im Leben nicht zu vermeiden. Was zählt, ist die Reaktion auf den Fehler.«

NIKKI GIOVANNI

Schon als kleines Kind war Soichiro Honda besessen von Autos. (Ich kenne das Gefühl.) Honda wuchs im ländlichen Japan auf, wo er in der Schmiede seines Vaters lernte, Fahrrad- und Motorenteile herzustellen. Honda war kein guter Schüler, er hat es nie über die Grundschule hinausgeschafft. Er verbrachte fast seine gesamte Zeit damit, an Ersatzteilen herumzubasteln und zu versuchen, in der Werkstatt seines Vaters irgendetwas zu bauen.

Im Jahr 1922, als er gerade einmal fünfzehn Jahre alt war, verließ Honda sein Zuhause, um einen Job bei Art Shokai anzunehmen, einer der ersten Autoreparaturwerkstätten in Tokio. Da er keine abgeschlossene Ausbildung hatte, musste Honda anfangs den Boden fegen, aber innerhalb von ein paar Jahren schuf er sich den Ruf eines ernst zu nehmenden und kreativen Mitarbeiters. Er bewies sich unter anderem bei der Konstruktion eines der ersten in Japan hergestellten Rennautos, das – ich erfinde das nicht – den Markennamen Curtis trug!

Nach ein paar Jahren wurde Honda die Leitung einer neuen Filiale von Art Shokai in der Stadt Hamamatsu übertragen. Hondas Zweigstelle lief sehr gut, und als er das Gefühl hatte, sich endlich den

Respekt seiner Chefs verdient zu haben, beschloss Honda, ihnen eine Idee vorzuschlagen, die in seinem Kopf schon lange herumgeisterte. Ausgehend von seinen Erfahrungen in der Schmiede seines Vaters und von der Arbeit am Curtis, stellte Honda seinen Vorgesetzten eine neue Methode zur Konstruktion von Autokolben vor. Sie reagierten jedoch ablehnend, sagten ihm, dass seine Idee nicht funktionieren würde und verweigerten ihm die Unterstützung.

Honda war sich sicher, dass er an etwas dran war, also kündigte er seinen Job und gründete sein eigenes Unternehmen, Tokai Seiki, um die Kolben zu produzieren. Er steckte alles, was er hatte, in seine Firma und ging sogar so weit, dass er den Schmuck seiner Frau verpfändete. Er verbrachte ganze Nächte in seiner Werkstatt, bis er endlich das Gefühl hatte, die Kolben seien fertig. Er packte 30 000 davon in mehrere Lastwagen und fuhr nach Tokio, wo er sie dem Einkäufer einer neuen Autofirma namens Toyota präsentierte. Der Käufer sah sich die Kolben an, hatte jedoch schlechte Nachrichten für ihn: Hondas Konstruktion erfüllte nicht die Anforderungen. Nach Prüfung der Kolben stellte Toyota fest, dass nur *drei* Kolben von der gesamten Charge den Standards von Toyota entsprachen. Sie lehnten die Lieferung ab.

Honda war in einer extrem schwierigen Lage. Er hatte sein ganzes Geld in die Produktion seiner eigenen Kolben gesteckt, und die waren gerade für wertlos erklärt worden. Die meisten Menschen in seiner Situation hätten die Sache auf sich beruhen lassen und den Laden dicht gemacht. Nicht Honda. Anstatt aufzugeben, beschloss er, sich genau anzusehen, was schiefgelaufen war. Wenn seine Kolben für unbrauchbar erklärt wurden, wollte er sie erst einmal einer genauen Analyse unterziehen, bevor er seinen Traum aufgab.

Als Honda seine Konstruktion noch einmal überprüfte, erkannte er, wo er es vermasselt hatte. Er hatte sich zu sehr auf seine Erfahrungen aus erster Hand in der Werkstatt seines Vaters und später bei Art Shokai verlassen. Er hatte nicht genug Zeit damit verbracht, die technischen Grundlagen seiner Entwürfe zu studieren. Leidenschaft würde nicht ausreichen – er brauchte auch eine entsprechende Ausbildung.

Anstatt seine Firma zu schließen, beschloss Honda, sich in Sachen Konstruktion und Fertigung umfassend fortzubilden. Er verbrachte die nächsten Jahre damit, durch Japan zu reisen, Ingenieurkurse zu besuchen und Stahlwerke zu besichtigen, um sich so viele neue Kenntnisse wie möglich anzueignen.

Nach Jahren des Studiums und eingehenden Observierens fühlte sich Honda bereit, sich wieder an das Zeichenbrett zu setzen. Dieses Mal war er in der Lage, die Konstruktions- und Fertigungsprobleme zu überwinden, die ihn ausgebremst hatten, und produzierte eine Reihe von funktionierenden Kolben. Das brachte ihm einen neuen Vertrag mit Toyota ein.

Hondas schwere Zeiten waren jedoch noch nicht vorbei. 1944, gegen Ende des Zweiten Weltkriegs, wurde eine seiner Kolbenfabriken bei einem amerikanischen Bombenangriff vernichtet. Nur ein Jahr später zerstörte ein schweres Erdbeben eine weitere seiner Fabriken.

Die Zerstörung von zwei Fabriken innerhalb von zwei Jahren hätte für die meisten Menschen das endgültige Aus bedeutet. Selbst der härteste Hustler wäre vielleicht nicht wieder auf die Beine gekommen, aber Honda ließ sich trotzdem nicht unterkriegen. Er verkaufte das, was von seiner Firma übrig war, für nur 450 000 Yen an Toyota. Mit dem Erlös aus diesem Verkauf gründete er eine neue Firma, die er Honda Technical Research Institute nannte.

Dieses Unternehmen, kurz »Honda« genannt, sollte zu einem der profitabelsten Autohersteller aller Zeiten avancieren. Honda selbst wurde international als der »Henry Ford Japans« bekannt und gilt als einer der innovativsten Geschäftsleute des zwanzigsten Jahrhunderts.

Als er gegen Ende seines Lebens gefragt wurde, was die wichtigste Lektion seines Lebens gewesen sei, erinnerte sich Honda an den Moment, als er die fehlerhaften Kolben an Toyota geliefert hatte. Er war gescheitert, aber seine Entschlossenheit, aus seinem Scheitern zu lernen, verwandelte ihn in einen viel erfolgreicheren Unternehmer. »Viele Menschen träumen vom Erfolg. Meiner Meinung nach kann Erfolg nur durch wiederholtes Scheitern und Selbsterkenntnis erreicht werden«, sagte Honda. »Der Erfolg stellt ein Prozent deiner Arbeit dar, die restlichen 99 Prozent bezeichnet man als Scheitern.«

Die Geschichte von Soichiro Honda hat mich sehr bewegt. Ich weiß, wie schwer es war, das zu erreichen, was er geschafft hat.

Viele Menschen haben großartige Ideen. Aber nur ein kleiner Prozentsatz von ihnen hat die Leidenschaft und die Arbeitsmoral, diese tatsächlich umzusetzen.

Und von dieser kleinen Gruppe wird jeder Fehler machen oder auf irgendeine Weise scheitern, während er darum kämpft, seine Idee zu verwirklichen. Die Art, wie der Einzelne auf sein Scheitern reagiert, entscheidet darüber, wo er am Ende stehen wird.

Lässt der Mensch sich davon die Leidenschaft nehmen? Bringt das, was er als Scheitern erlebt hat, ihn dazu, in Zukunft weniger zu riskieren und irgendwo einen Job als Angestellter anzunehmen?

Oder fällt die Reaktion auf ein solches Scheitern noch heftiger aus? Möglicherweise ist dieser Mensch so entmutigt, dass er sich ganz aufgibt und anfängt, jeden Tag zu trinken oder Drogen zu nehmen. Oder er fühlt sich so verzweifelt, dass er Trost im Glauben an Gott sucht und alles andere hinter sich lässt.

Das sind die Reaktionen, die die meisten Menschen – selbst die ehrgeizigsten – zeigen, wenn sie einen Misserfolg erleben. Es ist wichtig, dass du eine solche Reaktion vermeidest. Betrachte Fehlschläge auf die gleiche Weise wie Honda: als Werkzeug, das dir helfen kann, die Dinge beim nächsten Mal richtig zu machen.

Wir betrachten das Scheitern als das Furchtbarste, was es gibt, als ob wir es mit Freddy Krueger, Pennywise und Michael Myers in einem zu tun hätten. Man braucht das Wort nur auszusprechen, und schon rennen die Leute weg.

Sieh das Scheitern nicht als etwas an, das du verleugnen oder ablehnen musst. Versuche stattdessen, es zu akzeptieren. Nimm es an und geh ihm auf den Grund. Sei davon überzeugt, dass du es nutzen kannst, um deine Idee neu zu gestalten und sie auf ein noch höheres Niveau zu bringen, als du es dir ursprünglich vorgestellt hattest.

Das ist der Ansatz, den alle wahren Gewinner verfolgen. Es ist die Einstellung, die Honda besaß, als er sagte: »Was mich am meisten anspornt, ist, wenn ich etwas plane und es funktioniert nicht. Mein Kopf ist dann voll mit Ideen, wie ich es besser machen kann.«

Überleg dir das mal. Er empfand das Scheitern nicht als Rückschlag oder Niederlage. Er nannte es einen »Ansporn«. Etwas, über das man sich freuen kann. Stell dir vor, du könntest dein eigenes Leben auf diese Weise betrachten. Nichts könnte dich dann mehr von deinen Plänen abbringen.

Es kann eine Unzahl von Gründen geben, warum sich dein Plan nicht erfüllt hat. Dein Timing war vielleicht falsch. Du bist vielleicht nicht richtig vorgegangen. Jemand, von dem du abhängig warst, hat dich hängen lassen. Der Markt hat sich verändert. Verdammt, jemand hat vielleicht eine Bombe auf deine Fabrik geworfen.

Unterm Strich ist es egal, ob du bei null angefangen hast oder mit einem silbernen Löffel im Mund geboren wurdest, du wirst auf Widerstand stoßen. Jeder erfolgreiche Mensch trägt Narben aus diesen Erfahrungen davon – man sieht sie nur meist nicht. Ich habe ganz offensichtlich solche Narben. Von einigen fange ich gerade erst an, öffentlich zu reden.

Seit vielen Jahren bezeichnen wir in der Hood Misserfolge als »Ls«, kurz für »Losses – Niederlagen«. Der Begriff ist zu einem Symbol für etwas geworden, das man nicht mit sich in Verbindung bringen möchte – »Mann, er muss das L wegstecken«.

Wir sollten das Ganze einfach mal andersherum betrachten. Anstatt dir Sorgen darüber zu machen, »dass du dieses L erlebt hast«, sollfest du dich lieber darauf konzentrieren, aus diesem L zu lernen. Denn aus deinen Ls wirst du immer deine wichtigsten Lehren ziehen.

Es fühlt sich in solchen Momenten selten so an, aber die Erfahrung von Rückschlägen, Niederlagen und Enttäuschungen wird dich auf lange Sicht definitiv stärker machen. Das habe ich aufgrund meiner Erfahrungen und Beobachtungen feststellen können, und inzwischen unterstützt auch die Wissenschaft meine These. In einer aktuellen Studie, die in der Fachzeitschrift *Nature Communications* veröffentlicht wurde, hat man festgestellt, dass Menschen, die früh in ihrer Karriere Misserfolge erleben, langfristig mehr Erfolg haben als Menschen, die zunächst keine Rückschläge erleben.

»Wir haben erkannt, dass es uns gelungen sein mag, den Erfolg zu verstehen, aber wir sind damit gescheitert, das Scheitern zu verstehen«, erklärte Dr. Dashun Wang, einer der Autoren der Studie und Professor an der Kellogg School of Management, gegenüber der *New York Times*. »Wir wissen, dass Erfolg zum Erfolg führt. Vielleicht haben wir uns Menschen, die scheitern, einfach nicht genau genug angeschaut.«

GESTEHE DEINE FEHLER EIN

Der erste und wichtigste Schritt, um aus deinen Fehlern zu lernen, ist, zu erkennen, dass du überhaupt einen Fehler gemacht hast. Das scheint zwar schmerzlich, aber einfach zu sein, tatsächlich ist das aber der Schritt, den viele Leute nicht tun wollen.

Nehmen wir an, wir beide fahren durch die Gegend. Wenn ich falsch abbiege und plötzlich in eine Gegend gerate, in der ich mich nicht auskenne, werde ich mich zu dir umdrehen und sagen: »Ok, mein Fehler. Ich weiß auch nicht, was ich da gemacht habe, aber wir haben uns verfahren. Am besten gebe ich die Adresse in Google Maps ein und finde heraus, wo wir hinmüssen.«

Es ist mir nicht peinlich, zu sagen, dass ich falsch abgebogen bin. Ich mache mir keine Sorgen, dass ich dadurch dumm aussehe. Ich habe erkannt, dass ich mich in einer fremden Gegend befinde, und ich möchte, dass wir beide an unser Ziel kommen. Ich werde tun, was ich tun muss, um meinen Fehler zu korrigieren.

Viele Menschen reagieren nicht so. Sie würden stundenlang im Kreis fahren und niemals zugeben, dass sie sich verfahren haben. Du könntest aus dem Fenster schauen und denken: »Ich *weiß*, dass das nicht der richtige Weg ist«, aber der Betreffende wird dir immer wieder sagen: »Keine Sorge, ich mach das schon.« Dieser Mensch wird weiter in die falsche Richtung fahren, vorbei an allen möglichen Orientierungspunkten und Schildern, bis ihm buchstäblich das Benzin ausgeht. Ihr werdet beide irgendwo stranden und den ADAC anrufen müssen, nur weil dieser Mensch seinen Fehler nicht eingestehen wollte.

Ich kenne Menschen mit dieser Charaktereigenschaft. Ich habe tatsächlich schon mit Leuten im Auto gesessen, die eine Stunde lang in die falsche Richtung fahren, nur weil sie nicht zugeben können, dass sie sich verfahren haben. Wenn man versucht, ihnen das zu sagen, werden sie nur noch dickköpfiger und weigern sich, umzukehren.

Es ist sehr schwierig, aus seinen Fehlern zu lernen, wenn man einen Haufen Menschen um sich herum hat, die zu allem Ja sagen. Aus diesem Grund ist es sehr wichtig, dass deine Freunde und Geschäftspartner das Gefühl haben, dass sie jederzeit konstruktive Kritik an dir üben und dir etwas über dich sagen können.

Deshalb solltest du nie ein Chef oder eine Führungskraft sein, der (oder die) seine Mitarbeiter anschreit oder einschüchtert. Wenn du das tust, fühlst du dich vielleicht im Moment stark, aber es wird dich auf lange Sicht teuer zu stehen kommen.

Jemand, bei dem ich das beobachtet habe, ist Floyd Mayweather. Er hat einen Typen, der für ihn arbeitet – nennen wir ihn aus Respekt

Bobby –, den er ständig vor allen anderen runtermacht. Floyd ist im Allgemeinen respektvoll gegenüber den Leuten, die für ihn arbeiten, aber Bobby wirft er die verrücktesten Sachen an den Kopf. Es kann irgendeine ganz unbedeutende Sache vorfallen, und Floyd ergeht sich in wüsten Beschimpfungen. »Was soll der Scheiß, Bobby«, schreit er dann für alle hörbar. »Was zum Teufel ist los mit dir? Mach den Scheiß richtig!« Bobby wird nur murmeln: »Mein Fehler, Champ«, bevor er sich davonschleicht, um das »auszubügeln«, was auch immer angeblich falsch gelaufen ist. Die beiden stecken in einer dysfunktionalen Beziehung fest. Floyd würde Bobby nie feuern, und Bobby würde nie kündigen. Sie bleiben beide in dem Verhaltensmuster gefangen, dass Floyd Bobby bloßstellt und Bobby das hinnimmt.

Das Problem ist, dass Floyd sich zwar nur an Bobby wendet, aber alle anderen ihm zuhören. Sie registrieren, dass Floyd zwar behauptet, wütend zu sein, aber eigentlich nie etwas unternimmt. Das sagt den anderen Mitarbeitern, dass Floyd eigentlich nicht an Leistung oder Produktivität interessiert ist, er will nur einen Prügelknaben um sich haben. »Ich sollte besser nicht auffallen und mich auf das konzentrieren, was ansteht, denn ich will nicht wie Bobby behandelt werden«, werden sie sich denken. »Und ich werde es Floyd ganz sicher nicht sagen, wenn ich denke, dass er einen Fehler macht.«

Das ist die absolut schlechteste Einstellung, die deine Mitarbeiter haben können: Wie auf Eierschalen zu laufen und zu hoffen, dass sie nicht dein nächstes verbales Opfer werden. Du willst, dass sie sich respektiert fühlen, dass sie sich frei fühlen, Meinungen und Ansichten zu äußern. Du musst bedenken, dass sie jeden Tag mit dir zu tun haben und Dinge sehen, die dir vielleicht entgehen, was bedeutet, dass sie vielleicht in der Lage sind, bestimmte Fehler zu erkennen, bevor du es tust. Ermutige sie, dir gegenüber ihre Meinung zu äußern. Wenn du den Dialog und das Feedback fördern kannst, erhältst du vielleicht einige wertvolle Erkenntnisse, die dir helfen können, Probleme zu vermeiden, bevor du selbst auf sie stößt.

Wenn du andererseits der Mitarbeiter bist, der ständig angeschrien wird, musst du dir selbstkritisch gegenübertreten. Schau in den Spiegel und frage dich: »Warum wurde ich für diese Rolle ausgesucht?« Du hast dich nicht für die Position des Prügelknaben beworben, aber das ist die Position, in der du dich befindest.

(Eine kurze Anmerkung zu dem Begriff »Prügelknabe«. Man könnte meinen, der Begriff komme aus der Sklaverei, aber eigentlich bezieht er sich auf eine Praxis, die junge Fürsten im Europa der Renaissance ausübten. Wenn der Fürst bei einer Prüfung durchfiel, durfte sein Lehrer ihn nicht schlagen, was damals die übliche Strafe war. Man konnte nicht Hand an einen Prinzen legen, also bestrafte der Lehrer stattdessen den Diener des Fürsten, den Prügelknaben. *Das* ist mal ein lausiger Job!)

Du solltest dich fragen, wie du dorthin gelangt bist. Welche Art von Ausstrahlung hast du deinem Chef vermittelt, die ihm sagt, dass *du* derjenige bist, den er am liebsten anschreien will? Erscheinst du wie jemand, der schüchtern ist und sich nicht wehrt? Oder wirkst du wie ein Mensch, der die Konfrontation sucht? (Denk daran, dass viele Leute, auch wenn sie sich dessen nicht bewusst sind, sich die passenden Menschen aussuchen, mit denen sie sich anlegen können.)

Welche Art von Ausstrahlung du auch immer bei dir feststellen kannst, du musst sie ändern. Versuche, eine willensstärkere oder weniger unterwürfige Ausstrahlung zu vermitteln, je nach Situation. Wenn du innerhalb von 30 Tagen keine Veränderung in der Einstellung deines Chefs bemerkst, solltest du dich nach einem neuen Job umsehen.

Wenn man einmal in die Rolle des Prügelknabens (oder Prügelmädchens) gedrängt worden ist, ist es sehr schwer, sich neu zu positionieren. Es ist nicht so, dass Floyd plötzlich anfangen wird, Bobby anders zu behandeln, und ihn dann in eine bessere Position befördern wird. Bobby erfüllt eine Art emotionales Bedürfnis, und Floyd wird ihn genau in der Rolle belassen, in der er steckt.

Lass dich nicht zum Bobby an deinem Arbeitsplatz machen. Gesteh dir ein, dass du einen Fehler gemacht hast mit der Ausstrahlung, die du anfangs vermittelt hast, und sieh zu, dass du dich veränderst. Aber achte darauf, dass du aus der Situation lernst. Wenn du das nächste Mal zu einem Vorstellungsgespräch gehst, mach deutlich, dass du dort bist, um etwas zu leisten, und nicht, damit jemand anders seinen emotionalen Müll auf dir ablädt.

Die Welt des Profiboxens ist eine der unbarmherzigsten, die es gibt. Ich war eine Zeit lang dabei und kann bezeugen, dass es genauso mörderisch ist wie Hip-Hop oder sogar das Handeln mit Drogen.

Man schaue sich nur Mike Tyson an. Dem knöpft keiner so einfach Geld ab. Mike ist alles andere als ein Dummkopf. Aber selbst er wurde von Don King reingelegt. Es ist einfach sehr schwer, das als Boxer zu vermeiden.

Boxen ist nicht wie andere professionelle Sportarten, wo es eine Liga gibt, die die geschäftliche Seite der Dinge beaufsichtigt. Wenn du ein Neuling in der NBA bist und einen schlechten Manager anheuerst, wirst du trotzdem dein Geld bekommen. Das Gleiche gilt für die NFL. Die Liga trifft alle möglichen Vorkehrungen – Rookie-Verträge, Mindestgehälter usw. –, um dich im Wesentlichen vor dir selbst zu schützen. Ganz zu schweigen davon, dass sie dir sagen, gegen wen und wann du spielen sollst. Jegliches Denken und Planen werden dir abgenommen. Du musst einfach nur erscheinen und spielen.

Beim Boxen gibt es diese Art von Infrastruktur nicht. Du bist im Grunde ein unabhängiger Unternehmer, und es liegt an dir, die Deals zu machen. Du bestimmst, gegen wen du kämpfst und wann. Und für wie viel.

Für Typen, die normalerweise nicht viel Erfahrung im Business haben, ist das eine Menge, was man berücksichtigen muss. Es ist nicht so, dass Boxer zu blöd sind – der Boxkampf erfordert ein enormes Maß an mentaler Konzentration. Beim Basketball kann man ein paar Spielzüge auslassen. Oder beim Football ein paar Strecken vergeblich laufen. Aber wenn man beim Boxen auch nur eine halbe Sekunde nachlässt, kann es passieren, dass man ausgeknockt wird. Boxer müssen alles, was sie haben, in das stecken, was gerade im Ring passiert. Sie haben einfach nicht die Kapazitäten, um sich außerhalb des Rings mit der gleichen Intensität auf die Details zu konzentrieren. Sie haben das Gefühl, dass sie jemand anderen brauchen, der das Geschäft für sie organisiert.

Und das ist der Grund, warum Leute wie Don King und Bob Arum es so leicht haben, in diese Lücke zu stoßen. Boxen ist der einzige Sport, bei dem die Löwen Angst vor der Maus haben. Die Kämpfer verdienen das Geld, aber sie trauen es sich selbst nicht zu, das Geschäft abzuschließen, selbst wenn sie sich in der Öffentlichkeit so darstellen. Sie verlassen sich fast vollständig darauf, dass jemand anderes sich um das Preisgeld kümmert.

Einmal bat mich Floyd, mit ihm zu einem Treffen mit einer Firma zu gehen, die eine Kollektion von Boxzubehör für ihn aufbauen wollte. Sie wollten seinen Namen auf Handschuhe, Trinkbecher, Boxershorts und andere Ausrüstungsgegenstände drucken und diese in Geschäften wie Walmart verkaufen. Es war eine sehr professionelle Präsentation, und Floyd schien die ganze Zeit über interessiert. Er gab den Verantwortlichen des Unternehmens positive Zeichen, wenn sie ihn ansprachen, und er stellte von Zeit zu Zeit kurze Fragen.

Aber als wir nach dem Meeting wieder in sein Auto stiegen, drehte er sich zu mir um und fragte: »Du, 5 ... Wovon haben die Leute da eigentlich geredet?« Es fiel mir auf, dass er, obwohl er sich konzentriert zu haben schien und bei der Sache geblieben war, sich nicht sicher war, ob er verstanden hatte, was er gehört hatte. Er brauchte jemanden, dem er vertraute, um ihm das Gehörte begreifbar zu machen.

Es war sicher, mich zu fragen, weil wir zu der Zeit Freunde waren. Er konnte darauf vertrauen, dass ich nicht versuchen würde, ihn in irgendwas reinzureiten oder mir selbst ein zu großes Stück von dem Geschäft abzuzweigen. Ich hatte mein eigenes Geld und war nicht auf die Unterstützung meines Freundes angewiesen. Die meisten Menschen sind nicht in meiner Situation – und die meisten Menschen sind nicht sein Freund. Das bedeutet, dass Floyd fast jedes Mal, wenn er in ein Meeting ging, von jemand anderem abhängig war, der ihm bestätigen sollte, was er gehört hatte. Das ist eine extrem riskante Position, in die man sich begibt.

Du fragst dich vielleicht, wie es sein kann, dass ein Typ in Floyds Position niemanden hat, der sich für ihn um die Finanzen kümmert. Die Antwort ist, dass es durchaus jemanden gibt, der das Geld im Auge behält. Es ist nur so, dass diese Person ein großes Interesse daran hat, das Geld verschwinden zu sehen. Und warum? Wenn es nach Floyd ginge, würde er wahrscheinlich nie wieder kämpfen. Als Profiboxer ist er ungeschlagen geblieben, ein Rekord, auf den er enorm stolz ist. Wenn man also sieht, wie er über einen bevorstehenden Kampf spricht, der keinen Sinn zu machen scheint – wie der Kampf gegen den Mixed-Martial-Arts-Star Conor McGregor oder den japanischen Kickboxer Tenshin Nasukawa – bedeutet das nur eines: Er braucht dringend wieder Geld.

Deshalb ist es im Interesse seines Managers, Promoters und Buchhalters, dass er pleite bleibt. Ansonsten würde er nie wieder die Handschuhe schnüren und einen Scheck über eine ungeheure Summe nach Hause bringen.

KAPITEL 9

Anspruchsdenken ist eine Falle

»In der Arbeit liegt auch Freude. Glück erleben wir nur dann, wenn wir erkennen, dass wir etwas erreicht haben.«

HENRY FORD

Ich hatte nie große Erwartungen an das Alter jenseits der 40 oder 50.

Als Teenager dachte ich, dass ich mit 40 entweder tot oder im Knast sein würde.

Selbst nachdem ich als Rapper erfolgreich geworden war, nahm ich an, dass ich mit 40 völlig erledigt sein würde. Vielleicht würde ich auf einer tropischen Insel abhängen und Kekse essen, während mein Bauch immer schwabbeliger würde.

Auf einer Insel zu leben, klang definitiv besser, als im Sarg oder in einer Gefängniszelle zu sein, aber ich kann nicht behaupten, dass ich von der Aussicht, alt zu werden, begeistert war. Alles Aufregende in meinem Leben, so nahm ich an, würde in meinen 20ern und frühen 30ern passieren.

Und doch bin ich heute hier, sehe dem mittleren Alter direkt ins Auge und bin begeistert von dem, was vor mir liegt – mehr als je zuvor in meinem Leben.

Ich kann spüren, dass ich wieder auf dem Weg nach oben bin. Und ich werde höher aufsteigen als jemals zuvor.

Deshalb *weigere* ich mich, weiterhin Ballast mit mir herumzutragen. In der Öffentlichkeit wirke ich vielleicht manchmal ruppig oder herzlos, aber hinter den Kulissen war ich schon immer eine Art Softie. Ich hatte die schlechte Angewohnheit, kontraproduktive Eigenschaften bei Menschen zu tolerieren, weil ich Mitleid mit ihnen hatte. Es ist fast so, als würde ich mir irgendwie die Schuld dafür geben, dass sie ihre Träume nicht verwirklichen können. Mitleid führt offenbar zu törichten Zugeständnissen.

Aber je älter ich werde, desto klarer wird mir jeden Tag, dass ich niemandem etwas schuldig bin. Und du bist das auch nicht.

Manche Menschen sind nicht dafür geschaffen, etwas zu erreichen. Das mag hart klingen, aber alle meine Erfahrungen haben mich gelehrt, dass es so ist.

Egal, wie sehr man sie unterstützt oder wie viel Liebe man ihnen entgegenbringt, ihre schlechten Angewohnheiten werden sie immer wieder zu ihren ursprünglichen Problemen zurückbringen.

Deshalb ist einer der entscheidenden Faktoren, der einen klugen Hustler ausmacht, dass er oder sie lernt, wie man diese Art von Menschen, die es nicht schaffen, erkennt, bevor sie einen mit runterziehen.

Eine der ersten Regeln beim Rettungsschwimmen ist, einer Person, die ertrinkt, nie zu nahe zu kommen. Warum? Weil die Person, wenn du sie kurz vor dem Ertrinken erreichst, dir eventuell auf den Rücken springt und die Gefahr besteht, dass ihr beide ertrinkt. Du solltest immer versuchen, etwas – einen Schwimmkörper, ein Brett oder ein Stück Holz – zwischen dir und der Person, die du zu retten versuchst, zu halten. Wenn sie dir zu nahe kommt, stoß sie mit aller Kraft von dir weg. Andernfalls werdet ihr beide sterben.

Das Leben ist manchmal auch so. Man möchte Menschen retten, aber um das zu tun, ohne dass man selbst unter die Räder gerät, muss man Abstand halten.

Das soll nicht heißen, dass du nie versuchen solltest, zu helfen. Fühlt es sich gut an, anderen eine neue Chance zu geben? Natürlich tut es das. Ich habe meine ganze Karriere damit verbracht, genau das zu tun. Als ich noch Basketball gespielt habe, hatte ich immer mehr Freude an einem Assist als an einem eigenen Treffer.

Aber wenn jemand die Würfe nicht macht, die man ihm vorbereitet hat, ist es nicht deine Aufgabe, ihm weiterhin den Ball zuzuspielen. Es gibt eine Menge Spieler auf der Welt; dein Job ist es, Spiele zu gewinnen, nicht immer wieder mit den gleichen Clowns auf dem Platz auf und ab zu laufen, die ihren Job nicht erledigen können. Es ist Zeit, einen Auswechselspieler zu holen.

Die meisten Spieler mögen es natürlich nicht, wenn man sie auswechselt. Sie haben das Gefühl, dass sie im Spiel bleiben müssen, egal, wie viele Körbe sie verfehlt oder wie viele Ballverluste sie verursacht haben. Sie haben das Gefühl, dass sie ein Anrecht auf Spielzeit haben.

Ich habe schon viele Menschen erlebt, die ihr Potenzial vergeudet haben, weil sie dachten, sie hätten Anspruch auf irgendetwas. Das trifft auf viele Menschen zu, mit denen ich im Lauf der Jahre zu tun hatte.

Sogar auf meinen eigenen Sohn.

Was diese Menschen verstehen müssen, und was ich auch dir in diesem Kapitel vermitteln möchte, ist, dass du niemals das Gefühl haben darfst, die Welt schulde dir etwas.

Das tut sie nicht.

Das Prinzip des Hustling beruht niemals auf der Annahme, dass jemand etwas für einen tun wird. Man muss akzeptieren, dass man ganz allein die Verantwortung trägt.

Das mag zwar wie eine sehr zynische Weltansicht erscheinen, aber ich würde behaupten, dass sie in Wirklichkeit befreiend ist.

Du kannst dich nur dann verraten fühlen, wenn du denkst, dass jemand dir etwas schuldig ist.

Du kannst nur dann verbittert sein, wenn du Hilfe von anderen erwartet hast.

Erst wenn du einsiehst, dass *alles* an dir liegt, kannst du dich endlich zu 100 Prozent darauf konzentrieren, das Beste aus dir herauszuholen.

ZWANZIG JAHRE URLAUB

Als ich mit Shaniqua zusammenkam, besaß keiner von uns viel. Wir lebten beide am Abgrund, so kam uns das zumindest vor. Unsere Ziele reichten nicht viel weiter, als eine anständige Wohnung und etwas Frisches zum Anziehen zu haben.

Dann änderte sich meine Situation, und ich hatte plötzlich ganz andere finanzielle Mittel zur Verfügung. Eine Menge sogar. Und ich wollte Shaniqua daran teilhaben lassen. Wir waren zwar nicht mehr zusammen, aber sie war die Mutter meines Sohnes. Wir waren ein Paar, bevor ich berühmt wurde, und das schätzte und respektierte ich. Sie sah, wie ich Karriere machte, und ich wollte ihr helfen, selbst etwas zu erreichen.

Mit diesem Gedanken im Hinterkopf fragte ich sie: »Was willst du mit deinem Leben anfangen?« Wollte sie zur Schule gehen? Wollte sie Innenarchitektur studieren? Etwas in der Modebranche? Ich forderte sie immer wieder auf, einen Beruf zu finden, der ihr einen Sinn geben würde, der ihr sowohl Wohlstand als auch persönliche Zufriedenheit bringen sollte.

Das wäre nicht nur für sie persönlich gut, sondern ich wollte auch, dass unser Sohn von jemandem erzogen wird, der einen eigenen Beruf ausübt. Aber egal, wie oft ich nachfragte, Shaniqua hatte nie eine Antwort für mich parat. Ich brachte verschiedene Möglichkeiten und Szenarien ins Spiel, aber sie ging nie wirklich darauf ein.

Es war unglaublich frustrierend. Ich wollte nicht jeden Monat einen Scheck an jemanden schicken, der kein Interesse an Arbeit zu haben schien. Sie hätte genauso gut Sozialhilfe beziehen können, damals in der *Hood*. Der einzige Unterschied war, dass sie von mir einen größeren Scheck bekam, als sie ihn vom Staat bekommen hätte.

Eines Tages, als ich sie und Marquise an einem Wochenende besuchte, spitzte sich die Lage zu. »Also, was willst du tun?«, fragte ich sie wieder einmal.

Sie sah mich nur an, rollte mit den Augen und sagte: »Keiner arbeitet, wenn er nicht muss.«

»Oh, Scheiße«, zischte ich. Ich vermutete, dass viele Leute so dachten, aber bislang hatte niemand solche Gedanken tatsächlich in meinem Beisein ausgesprochen.

»Du hast es doch schon geschafft«, sagte sie mit fester Stimme. »Warum sollte ich also auch noch arbeiten müssen? Mir geht es gut.«

Ich will nicht zu dramatisch klingen, aber es war für mich eine der schockierendsten Unterhaltungen meines Lebens. Und ich habe eine Menge Gespräche geführt, die manche Menschen als schockierend empfinden würden.

Ich nehme den Wert von harter Arbeit sehr ernst. Ich glaube, dass sie nicht nur zu Erfolg führt, sondern auch glücklich macht. Man kann sich nie zufrieden fühlen, wenn man sich nicht für etwas einsetzt, für das man eine Leidenschaft verspürt.

Als Shaniqua sagte: »Niemand arbeitet, wenn er nicht muss«, war es, als würde sie alles, woran ich glaube, in den Wind schlagen. In diesem Moment wusste ich, dass es zwischen uns nie klappen würde. Wir sahen die Welt eben auf unterschiedliche Weise. Ich war entsetzt darüber, dass sie nicht arbeiten wollte, und sie war entsetzt, weil ich von ihr erwartete, dass sie arbeiten sollte.

Ich weiß, dass sie die Verantwortung für die Erziehung unseres Sohnes weitgehend allein trug. Deshalb habe ich versucht, weniger Druck auf sie auszuüben, als er jünger war. Aber sobald er ein Teenager war und nicht mehr jede Sekunde jemanden brauchte, der sich um ihn kümmert, hoffte ich, Shaniqua würde endlich anfangen, etwas Ehrgeiz zu entwickeln.

Es gab eine Zeit, in der sie davon sprach, in die Immobilienbranche einzusteigen. Ich hielt das für eine großartige Idee – Atlanta war ein wachsender Markt – und bot ihr an, die Kurse zu bezahlen, die sie brauchte, um ihre Lizenz zu bekommen. Aber nach ein paar Monaten war klar, dass ihr die Leidenschaft fehlte. Sie war nicht Feuer und Flamme, wenn sie zum ersten Mal ein Haus betrat und sich all die Möglichkeiten vorstellte, die sich daraus ergaben, oder wenn sie eine ältere Immobilie übernahm, sie instand setzte und mit Gewinn verkaufte. Ihr gefiel einfach der Gedanke, dass man den Beruf des Immobilienmaklers von zu Hause aus ausüben konnte. Natürlich ist nie etwas daraus geworden.

Rückblickend kann ich erkennen, dass der Moment, in dem Shaniqua sagte: »Niemand arbeitet, wenn er nicht muss«, der Punkt war, an dem unsere Beziehung keinen Sinn mehr machte. Bis zu diesem Zeitpunkt hatte ich Visionen, dass wir noch eine Art von Partnerschaft würden führen können. Vielleicht nicht in romantischer Hinsicht, aber zumindest als Eltern mit einem gemeinsamen Ziel. Ein Projekt, das wir aufbauen könnten, von dem unser Sohn langfristig profitieren würde.

Als klar wurde, dass sie diese Vision nicht nur nicht teilte, sondern sich sogar *angegriffen* fühlte, änderte sich meine Einstellung ihr gegenüber völlig. Ich wurde kleinlich. Es war, als sei ich ein Fitnessfan und sie fettleibig. Jedes Mal, wenn sie nach einem weiteren Leckerbissen griff, sagte ich: »Verdammt, brauchst du das jetzt wirklich? Das landet doch nur auf deinen Hüften!«

Ich war mir dessen kaum bewusst, aber ich war gemein, weil ich hoffte, dass es sie in Verlegenheit bringen und dazu animieren würde, endlich etwas zu unternehmen. Es hatte allerdings den gegenteiligen Effekt. Je mehr ich auf ihren Mangel an Ehrgeiz hinwies, desto mehr ärgerte sie sich über mich. Der Unmut baute sich immer weiter zwischen uns auf, bis er zu Hass wurde – einem Hass, der bis zum heutigen Tag anhält.

Was mich bestürzt, ist nicht nur, dass unsere Beziehung so vergiftet ist, sondern dass sie dieses Gefühl der Verbitterung und des Anspruchsdenkens an unseren Sohn weitergegeben hat. Er hatte alle erdenklichen Privilegien, weit mehr als die meisten Kinder, die im Ghetto geboren wurden, aber er hat immer noch das Gefühl, von mir betrogen oder beraubt worden zu sein.

Es ist ein Szenario, von dem ich nie gedacht hätte, dass ich es mit meinem erstgeborenen Kind erleben würde, aber so ist es nun mal.

ANSPRUCHSDENKEN FÜHRT ZU RESSENTIMENTS

Es gab in den letzten Jahren viele enttäuschende Momente in meiner Beziehung zu Marquise. Aber der Tiefpunkt war, als ich sah, wie er ein Bild von sich mit Kyle McGriff, dem Sohn von Kenneth »Supreme« McGriff, postete. Ohne zu viel von der üblen Geschichte aufzuwärmen: Kenneth McGriff war einer der größten Drogendealer in Queens und der Mann, von dem die Behörden glauben, dass er hinter dem Anschlag auf mein Leben steckt. Indem er also mit dessen Sohn posierte, hat Marquise im Grunde genommen die Person, die versucht haben könnte, seinen Vater umbringen zu lassen, gebilligt.

Ich wusste schon länger, dass Marquise mich nicht ausstehen kann, aber ich hätte mir nie vorstellen können, dass er mich so sehr hassen könnte, dass er sich von meinem Feind als Druckmittel benutzen lassen würde. Jemand schickte mir kürzlich ein Zitat von Benjamin Franklin, das mich sehr berührte. Franklins Sohn hatte sich im Revolutionskrieg auf die Seite der Briten geschlagen, obwohl sein Vater einer der Anführer der Revolution war. Das verletzte Ben Franklin für den Rest seines Lebens:

> *»Nichts hat mich jemals so sehr verletzt und emotional so schwer getroffen, wie mich in meinem hohen Alter von meinem einzigen Sohn verlassen zu sehen, und nicht nur verlassen, sondern ihn auch gegen mich zu den Waffen greifen zu sehen, in einer Sache, in der für mich Ruhm, Vermögen und Leben auf dem Spiel standen.«*

Marquise mag nicht wirklich die Waffen gegen mich erhoben haben, aber er stand an der Seite des Sohns von jemandem, der es möglicherweise getan hat. Ich konnte Franklins Schmerz verstehen.

Ich habe viel Zeit damit verbracht, mir den Kopf zu zerbrechen, und versucht zu verstehen, was einen Sohn dazu bringen könnte, seinem eigenen Vater in den Rücken zu fallen. Ich habe versucht, mich in Marquises Lage zu versetzen. So wie er nicht weiß, wie es war, unter den Umständen aufzuwachsen, unter denen ich aufgewachsen bin, weiß ich nicht, wie es war, als Sohn von 50 Cent aufzuwachsen. Sicherlich hatte er oberflächlich betrachtet alles, was er wollte, aber er muss sich irgendwie unter Druck und verunsichert gefühlt haben, weil er mein Sohn war, was ich nicht nachvollziehen kann. Ich akzeptiere das.

Ich kann immer noch nicht verstehen, wie dieser Druck und die Unsicherheit ein Kind dazu bringen können, sich gegen seinen eigenen Vater zu stellen. Vor allem gegen einen Vater, der alles für ihn getan hat. Wenn ich unsere Beziehung noch einmal Revue passieren lasse, ist die einzige Antwort, die mir einfällt, dass ich vielleicht sogar *zu viel* für Marquise getan habe.

Wie kann es sein, dass ein privilegiertes Kind sich benachteiligt oder wütend fühlt? Ich schätze, das passiert, wenn man ihm alles gibt, was es will.

Wie viele Kinder aus seiner Generation stand Marquise schon immer auf Sneakers. Und weil er mein Sohn ist, konnte er auch nicht einfach irgendwelche alten Sneakers tragen. Wenn ein neues Paar Jordans auf den Markt kam, musste er sie sofort haben. Wenn Marquise an einem Montag um ein Paar Jordans bat, sorgte seine Mutter dafür, dass er sie am Dienstag anziehen konnte.

Trotzdem war er nicht glücklich darüber. Anstatt sich über sein neues Paar Jordans zu freuen, dachte Marquise nur an all die Retro-Jordans, die er noch *nicht* hatte. All die verschiedenen Flyways und Farben, die *nicht* in seinem Kleiderschrank waren. Als er Befriedigung hätte empfinden sollen, war alles, was er wirklich fühlte, Enttäuschung.

Ich konnte das nicht nachvollziehen. Der Junge hatte keinen Job, wollte aber 300-Dollar-Sneakers für seine Sammlung? Und war dann *noch immer* unzufrieden, als er sie tatsächlich bekam? Seine ganze Denkweise war mir fremd.

Ich vermute, dass seine Mutter hinter seiner Enttäuschung steckte. Er dachte, er könne jedes Paar Sneakers haben, das je hergestellt würde, obwohl er keines davon wirklich selbst verdient hatte. »Natürlich ist er nicht normal«, erklärte sie mir, wenn ich fragte, warum er noch ein neues Paar brauchte. »Er ist dein Sohn.« Sie hatte bereits das Verhaltensmuster verinnerlicht, dass man für etwas nicht arbeiten musste, um es zu bekommen. Marquise folgte nur ihrem Beispiel.

Ich wollte nicht, dass dieses Anspruchsdenken ein fester Bestandteil seines Charakters wurde. Ich war entschlossen, ihm zu zeigen, dass er viel glücklicher wäre, wenn er für die Dinge, die er wollte, arbeitete, und dass ihr Wert für ihn dadurch exponentiell steigen würde.

Eines Tages fuhr ich durch Harlem, als mir auffiel, dass in der 125th Street ein Sportschuhgeschäft im Begriff war, zu schließen. Ich dachte sofort an meinen Sohn – »Marquise liebt Sneakers« –, also hielt ich an, um zu sehen, ob ich ihm nicht einige Paare billig kaufen könnte.

Da ich von Natur aus neugierig bin, fragte ich den Besitzer, warum er sein Geschäft aufgab, wo doch Sneakers so angesagt seien. Er erklärte mir, dass er den falschen Standort gewählt habe und nie genug Kunden da seien, um das Geschäft am Laufen zu halten.

Mein Verstand begann zu rotieren.

»Sagen Sie, wie viel zahlen Sie für ein Paar Air Force 1?«, fragte ich.

»Ungefähr 40 Dollar«, antwortete er mir.

»Und für wie viel verkaufen Sie sie?«

»Für etwa 80 Dollar.«

Das schien mir eine ziemlich ordentliche Gewinnspanne zu sein.

»Was machen Sie jetzt mit den ganzen Air Forces?«, fragte ich.

»Ich weiß es nicht«, antwortete er. »Wahrscheinlich lagere ich sie einfach in meinem Keller, bis ich mir meinen nächsten Schritt überlege.«

»Ich sage Ihnen was«, sagte ich ihm. »Ich werde Ihnen auf der Stelle den Rest Ihres Lagerbestands abkaufen. Zum Selbstkostenpreis.« Der Typ sprang auf mein Angebot an. Plötzlich war ich der neue Besitzer von einigen hundert Paar Nikes. Ich heckte einen Plan aus. Marquise wohnte in Atlanta, und ich wusste, dass Lagerraum dort billig war. Ich würde ihm die Sneakers schicken, damit er sie in einem Lager unterbringen konnte. Anstatt ein Ladenlokal zu eröffnen, was eine Menge Investitionen erfordert hätte und von der erwähnten Laufkundschaft abhängig gewesen wäre, konnte er eine Internetseite einrichten, auf der er die Sneakers direkt an den Endkunden verkaufen würde. Alles, was er dafür tun müsste, wäre, die Seite zu betreiben und vielleicht einen Freund einzustellen, der das Lager verwaltet. Die Idee schien mir ein Volltreffer zu sein.

Sobald ich den Laden verlassen hatte, rief ich meinen Sohn an. »Hey, Marquise. Du hast doch schon immer ein Faible für Schuhe gehabt?« fragte ich. »Stell dir vor, ich habe gerade eine Möglichkeit gefunden, wie du sie dir leisten kannst und dabei auch noch ein bisschen Geld verdienen wirst.«

Ich schilderte ihm den ganzen Plan. Ich erklärte ihm, dass dies eine großartige Gelegenheit sei, die nicht nur seiner Leidenschaft entgegenkommen würde, sondern es ihm auch ermöglichen würde, ein grundlegendes Verständnis dafür zu entwickeln, wie ein Geschäft funktioniert. »Das ist eine einmalige Chance«, sagte ich ihm. »Es gibt nicht viele Geschäfte, die mit einem kostenlosen Lagerbestand beginnen. Du kannst wirklich etwas daraus machen. Wenn du eine echte Leidenschaft für Sneakers hast, ist jetzt der richtige Zeitpunkt, das unter Beweis zu stellen.«

Marquise sagte am Telefon all die richtigen Dinge, wie aufgeregt er sei und dass es sich nach einer großartigen Gelegenheit anhöre. Also ließ ich die Schuhe nach Atlanta schicken. Dann hörte ich nie wieder etwas von ihm. Wochen, ja Monate, vergingen. Schließlich rief mich eines Tages seine Mutter an und erzählte, dass sie und Marquise miteinander gesprochen hätten.

Anstatt eines Online-Sneaker-Shops wollten sie eine Bekleidungsboutique in Atlanta eröffnen. Ich konnte nicht glauben, was ich da hörte. In meinem Plan war die Mutter nicht vorgesehen. Ich wollte, dass unser Sohn lernt, für sich selbst verantwortlich zu sein. Indem sie sich einmischte, wollte sie nur, dass er noch ein bisschen länger an ihrem Rockzipfel hängen sollte.

Trotzdem wollte ich, dass Marquise Erfahrungen sammelte, also sagte ich: »Geht klar. Sagt Bescheid, wenn ihr etwas machen wollt«, aber natürlich wurde aus ihrer Boutique nie etwas. Und aus dem Online-Sneaker-Shop auch nicht.

Mein Problem mit Marquise war nicht, dass er all diese Sneakers wollte. Als ich ein Kind war, wollte ich auch Sneakers haben. Der Unterschied ist, dass ich bereit – nein, sagen wir *entschlossen* – war, die notwendige Arbeit zu tun, um sie zu bekommen. Ich würde keine Sekunde lang wollen, dass Marquise jemals auf die Art von Arbeit angewiesen wäre, die ich für meine Treter machte. Damals sah ich das Verkaufen von Drogen als die einzige Möglichkeit in meinem Umfeld, also habe ich das gemacht. Marquise hat weitaus mehr Möglichkeiten, als ich sie je hatte. Mir war nur wichtig, dass er sich für eine entscheidet und sich reinhängt.

Es ist nichts falsch daran, Dinge zu wollen. Dieses Gefühl des Wollens kann sogar eine ganz hervorragende Motivation sein. Das Gefühl, mehr zu brauchen als das, was man hat, bewahrt uns davor, zu selbstzufrieden zu werden.

Ich habe so ziemlich alles, aber ich habe nie das Gefühl, dass es so ist. Als ich jünger war, wollte ich immer mehr von den materiellen Dingen haben. Heute will ich vor allem Bestätigung. Egal, wie viele Preise, Auszeichnungen oder Schlagzeilen ich bekomme, es ist mir nie genug. Ich bin immer noch besessen von dem Gefühl, dass ich die heißeste Show habe oder gerade die heißeste Strophe gedroppt habe. Ich brauche den Respekt meiner Kollegen und die Bestätigung durch Verkaufszahlen, das treibt mich an. Ich brauche das Gefühl, dass man mich ansieht und sagt: »Mann, 50 hat es wieder geschafft.« Das ist es, was mich berauscht.

Was mich von anderen unterscheidet, ist, dass ich niemals erwarte, dass jemand anderes mir diese Anerkennungen beschert. Ich verbringe jeden Tag damit, wie besessen die Arbeit zu leisten, die mir die Bestätigung bringt, nach der ich suche.

Wenn es um Marquises Umgang damit geht, etwas zu wollen, ist der Apfel weit vom Stamm gefallen – und weiter und weiter gerollt. Sicher, dass Marquise die Sache mit den Sneakers nicht weiterverfolgt hat, mag wie eine Kleinigkeit erscheinen – die Art von Verantwortungslosigkeit und mangelnder Initiative, die Teenager und junge Erwachsene die ganze Zeit an den Tag legen –, aber für mich war es eine große Enttäuschung.

Vergessen wir mal, dass er sich seine persönliche Sneaker-Kollektion leisten konnte – dieser Online-Store hätte uns beiden einen Riesengewinn bescheren können. Diese Idee ist nun schon mehrere Jahre alt. Seitdem ist Online-Sneaker-Handel unglaublich lukrativ geworden. GOAT.com wird mit 550 Millionen Dollar bewertet, während StockX.com sogar eine *Milliarde* Dollar wert sein soll. Wenn Marquise das, worüber wir gesprochen hatten, befolgt hätte, wäre er in solchen Kreisen mit von der Partie gewesen. Er könnte unabhängig und reich sein. Scheiße, er könnte in der Position sein, *mir* zu sagen, dass ich mich und mein Geld zum Teufel scheren soll, wenn er das gewollt hätte.

Ich bin sicher, wenn Marquise über GOAT oder StockX liest, erkennt er tief in seinem Inneren wahrscheinlich, dass ich recht hatte. Vielleicht sagt er sich: »Warum habe ich nicht auf meinen Vater gehört und diesen verdammten Onlineshop gegründet?« Oder vielleicht schafft er es auch nicht, sich das einzugestehen.

Ich glaube nicht, dass er verstanden hat, dass ich, trotz all unserer Hochs und Tiefs, immer noch sein Bestes will. Es gibt nichts, was mir ein besseres Gefühl geben würde, als ihn aufblühen zu sehen. Kein Grammy, kein Emmy, kein Bild auf der Titelseite von *Forbes* würde mir mehr bedeuten, als zu sehen, wie sich mein Sohn zu dem Menschen entwickelt, von dem ich glaube, dass er es sein kann.

IN DER HÖHLE DES LÖWEN

Ein weiterer Verwandter, der wegen seiner Anspruchshaltung nicht mit mir klarkommt, ist mein Cousin Michael Junior, ein Rapper, der auf den Namen 25 hört. Michaels Problem ist, dass er immer von mir erwartet hat, dass ich seine Karriere fördere, anstatt sie selbst voranzutreiben. Er hat das Gefühl, dass ich seinen Traum nicht genug unterstützt habe, und deshalb sprechen wir kaum noch miteinander.

Michael hat schon seit seiner Zeit an der Highschool in Queens mit mir gehadert. Eines Tages erzählte er mir, dass ein paar Kids sich mit ihm angelegt hatten.

»Ach, wirklich?«, antwortete ich.

»Ja, weißt du... «, sagte er und redete dann von etwas anderem. Er sprach nicht mehr über das Thema, also ließ ich es auch bleiben.

Ein paar Monate später erzählte mir jemand, dass Michael mit einem Tuch in seiner Tasche herumlief. Er hatte sich der Bloods-Gang angeschlossen. Ich erzählte es seiner Mutter, meiner Tante Geraldine, und wir beide sprachen mit ihm und versuchten, ihn davon abzubringen, sich ihnen anzuschließen. Anstatt sich unsere Warnungen zu Herzen zu nehmen, fuhr Michael mich an. »Erinnerst du dich, als ich dir erzählt habe, ich hätte ein Problem in der Schule?«, fragte er mich wütend. »Du bist nie gekommen und hast mir geholfen. Aber sie haben mir geholfen.«

Ich konnte es nicht glauben. »Michael, es war nicht meine Aufgabe, zu dir in die Schule zu kommen, um deinen Streit zu klären«, sagte ich ihm. »Und selbst wenn ich das getan hätte, hätte mein Auftauchen dich nur noch mehr zur Zielscheibe gemacht. Du hättest das selbst regeln können. Wenn du denkst, dass es besser wird, wenn du ein Blood bist, dann hast du dich getäuscht. Wir werden ja sehen, wie du damit klarkommst.«

Michael wollte nicht auf uns hören. Er wurde sogar wütend auf seine Mutter und behauptete, sie würde mich mehr lieben als ihn. Seine Begründung war, dass sie an mir einen Narren gefressen habe, als sie als Kind auf mich aufpasste und dass sie nie die gleiche Zuneigung für ihn empfunden habe. Es war lächerlich. Sie stand da und flehte ihn an, sein Verhalten zu ändern, und er warf ihr vor, dass er ihr egal sei. Ein weiteres Beispiel dafür, wie die verrückten Ideen, die man sich als Jugendlicher in den Kopf setzt, einen als Erwachsenen ganz schön ins Schleudern bringen können, wenn man seine Denkweise nicht ändert.

Michael begann, sich wie ein richtiges Gangmitglied zu benehmen. Er ließ es in seiner Musik richtig raushängen. Wenn ich rappte, sprach ich über Situationen auf der Straße, aber nur über solche, die ich aus erster Hand erlebt oder beobachtet hatte. Michael dachte sich einfach Sachen aus. Das war ein Spiel mit dem Feuer.

Mir gefiel seine Entwicklung ganz und gar nicht, also half ich ihm nicht so, wie er es erwartet hatte. Anstatt zu akzeptieren, dass Rappen vielleicht nichts für ihn ist, suchte er weiter nach einem Plattenvertrag. Diese Suche führte ihn ins Büro von Jimmy Henchman. Jimmy ist jetzt im Gefängnis, lebenslänglich eingesperrt wegen zweier Mordanklagen, aber zu dieser Zeit war er ein erbitterter Gegner von mir. Sein Büro war der absolut schlimmste Ort auf der Welt, an dem Michael hätte sein können.

Da er kein echter Gangster war, war Michael blind für die Gefahr, in die er sich begeben hatte. Er steckte quasi im Maul des Löwen und konnte nicht einmal die Reißzähne spüren, die direkt über seinem Hals schwebten. »Sag mal, du bist der Cousin von 50, richtig?«, fragte Jimmy irgendwann ganz nebenbei. »Wann habt ihr denn das letzte Mal miteinander gesprochen?«

Dankenswerterweise blieb Michael ihm gegenüber ganz offen. »Ehrlich gesagt, ich habe nicht so viel mit 50 zu tun«, antwortete Michael. »Ich sehe ihn an Thanksgiving und so, aber das war's dann auch schon.«

Es war ihm nicht bewusst, aber es war die einzig richtige Antwort, die er hätte geben können. Da waren schwere Jungs im Raum, die ihm sehr wehgetan hätten, wenn er irgendetwas gesagt hätte, das den Anschein erweckt hätte, dass wir uns nahestehen.

Michael hat es nicht geschafft, sich als Rapper einen Namen zu machen, aber er konnte nie in den Spiegel schauen und zugeben, dass es einfach nicht die richtige Bestimmung für ihn war. Manchmal sagt er, dass er nicht weitergekommen ist, weil die Leute es ihm übelnehmen, dass er mein Cousin ist. Ein anderes Mal sagt er, dass er keinen Erfolg habe, liege daran, dass ich ihn nicht unterstütze. Welche Theorie er auch immer vertritt, es hat nie etwas damit zu tun, dass er einfach zu wenig Fleiß, Ehrgeiz oder Talent hat. Es ist immer jemand anderes schuld.

SEIT WANN BIN ICH VERANTWORTLICH?

Wenn man für Erfolg betet, fügt man kein zusätzliches kleines Gebet hinzu, in dem man um Neid oder Ansprüche bittet. Aber wenn der Erfolg eintritt, tauchen Eifersucht, Neid und Anspruchsdenken oft noch als Nebeneffekte auf.

Wenn du das Niveau erreicht hast, das ich erreicht habe, werden die Leute immer das Gefühl haben, dass du ihnen etwas schuldig bist. Wenn du ihnen ein Auto kaufst, werden sie die Schlüssel von dir annehmen – aber unter Umständen werden sie auch sagen: »Das ist ja super, aber eigentlich hättest du mir auch ein Haus kaufen können.«

Wenn ich das höre, ist meine Reaktion: »Moment mal. Seit wann bin ich für dein ganzes Leben verantwortlich? Ich habe mich nie damit einverstanden erklärt, wie kommst du darauf, so etwas von mir zu erwarten?«

Der eine oder andere könnte sagen: »50 war mein Mann. Ich habe ihm den Rücken gedeckt.« Aber wenn man diese Aussage genauer betrachtet, was bedeutet sie dann wirklich? Diese Person hat sich nicht mit Leuten angelegt, die es auf mich abgesehen hatten. Sie hat mir keine neuen Geschäftsabschlüsse besorgt. Sie hat nicht die Hookline für meinen neuen Song geschrieben. Also, *was genau* hat sie *getan*? Moralische Unterstützung geleistet?

Ich frage, weil ich nicht weiß, wie man jemanden entschädigt, der bereit gewesen *wäre*, etwas zu tun. Ich weiß nur, wie man sich um Leute kümmert, die etwas getan *haben*.

Mir ist aufgefallen, dass einer der Hauptgründe, warum Menschen das Gefühl haben, Ansprüche stellen zu können, darin besteht, dass ihre Freunde sie aufstacheln. Ich habe das schon so oft erlebt. Nehmen wir an, jemand war früher mit mir befreundet, war vielleicht sogar während einer meiner frühen Touren mit mir unterwegs. Dieser Mensch hat sich in keiner Weise hervorgetan – hauptsächlich hat er nur herumgestanden, tough ausgesehen und versucht, nach den Konzerten Frauen aufzureißen.

Das war dann auch schon alles, was er an Engagement eingebracht hat, aber jedes Mal, wenn ich mit einem neuen Deal oder Projekt in den Schlagzeilen bin, fangen seine Freunde an, über mich zu reden. »Verdammt, Junge. Du bist schon ewig mit 50 unterwegs. Er hätte sich um dich kümmern sollen. Kann er dir nicht einen Job in der Fernsehserie besorgen?« Und der Typ wird sagen: »Ja, klar, darüber muss ich mit ihm reden.« Er wird anfangen zu denken, dass es einen möglichen Ansatzpunkt geben könnte, den er vorher nicht in Betracht gezogen hat. Selbst wenn dieser Mensch vorher eigentlich nicht das Gefühl hatte, dass ich ihm etwas schuldig bin, haben außenstehende Kumpels ihm das Gefühl gegeben, dass er von mir etwas zu erwarten hat.

Das ist der Moment, in dem ich plötzlich mit einem unangenehmen Gespräch konfrontiert bin. Ein Typ, den ich seit Jahren kenne, meldet sich plötzlich und bittet mich um ein Treffen. Wir kommen ins Gespräch, und nach ein bisschen Small Talk murmelt er: »Also, Mann, ich wollte nur sagen, wir kennen uns schon ewig, und ich dachte nur, du weißt schon ...«

Nein, ich weiß es nicht.

Endlich spuckt er es aus. Er will einen Job. Einen Kredit. Ein Auto abbezahlen. Eine Rechnung begleichen. Eine Rolle in *Power*. Die Kautionssumme für seinen Bruder. Es könnte alles sein. Ich habe mir schon alles Mögliche anhören müssen.

Manchmal gebe ich diesem Menschen sogar, was er will. Ansonsten sage ich, dass ich ihm oder ihr nicht helfen kann und belasse es dabei.

Doch eines ist dabei immer gleich: Diese Gespräche machen mich immer irgendwie deprimiert. Einerseits weiß ich, dass ich niemandem etwas schulde, nur weil ich ihn vor fast 20 Jahren mit auf Tour genommen habe oder wir einmal zusammen Drogen verkauft haben. Aber andererseits fange ich an zu denken: »Es stimmt, wir kennen uns schon lange ...« Und dann fange ich vielleicht an zu grübeln. Ich frage mich, ob ich vielleicht *wirklich* selbstsüchtig bin.

Wenn sich solche Gedanken in meinen Kopf schleichen, muss ich tief durchatmen und mich wieder sammeln. Wenn ich mich unsicher fühle, versuche ich, ein starkes mentales Fundament zu finden, auf dem ich stehen kann.

Ich mache mir klar, dass es zwar in Ordnung ist, sich in einer Situation zerrissen zu fühlen, aber dass Depression ein Luxus ist, den ich mir nicht leisten kann. Ich kann nicht zulassen, dass der mangelnde Erfolg einer anderen Person anfängt, meinen eigenen zu untergraben.

Ich weiß, dass ich mir Depressionen eigentlich leisten *könnte*. Natürlich könnte ich dafür bezahlen, einen Therapeuten aufzusuchen und das alles anzusprechen. Aber ich spreche nicht von Depression im klinischen Sinne. (Wenn du das Gefühl hast, klinisch depressiv zu sein, geh auf jeden Fall zu einem Therapeuten.) Was ich eher meine, ist so ein Gefühl, dass man mir die Energie ausgesaugt hat. Mein Enthusiasmus wird gedämpft. Meine Leidenschaft wird von jemand anderem und von dessen Mangel an Eigeninitiative zunichtegemacht.

Tut mir leid, aber ich kann mir diese Art von Chaos in meinem Leben einfach nicht leisten. Es ist mir egal, wie lange ich jemanden schon kenne. Ich werde diese Person für immer aus meinem Leben entfernen, wenn ich das Gefühl habe, dass er oder sie mich ausbremst.

ÜBERNIMM DIE VERANTWORTUNG

Sigmund Freud hat einmal gesagt: »Die meisten Menschen wollen nicht wirklich Freiheit, denn zur Freiheit gehört auch Verantwortung, und davor fürchten sich die meisten Menschen.«

Nun, dann gehöre ich wohl nicht zu den meisten Menschen. Du weißt bereits, wie ich über Freiheit denke. Und auch die Verantwortung liebe ich über alles. Ich will so viel davon, wie ich nur bekommen kann. Ich glaube, die volle Verantwortung für das eigene Leben zu übernehmen, ist der beste Weg, um nicht in die Falle des Anspruchsdenkens zu tappen.

Um ein wahrer Hustler zu sein, muss man jener Erfüllung nachjagen, die sich nur einstellen kann, wenn man die Dinge selbst in die Hand nimmt, wenn man eine Vision hat, mit der sich niemand sonst identifizieren kann, und wenn man alles, was man hat, in diese Vision steckt. Man kommt von einem Tal ins andere und kann den Berggipfel nie ganz sehen. Aber man kämpft sich immer weiter vor, bis man es eines Tages endlich auf den Gipfel geschafft hat. Mann, das wird die verdammt beste Aussicht sein, die du je in deinem Leben gesehen hast. Du wirst jedes bisschen Bergluft in dich aufsaugen und jeden Zentimeter des Panoramas, das sich vor dir ausbreitet, genießen.

Und wenn dich jemand einfach zum Gipfel des Berges raufgefahren hätte? Wenn du dich einfach in ein Auto setzt, die Klimaanlage einschaltest und auf den Gipfel fährst? Es wäre nicht dasselbe. Du hast nicht geschwitzt und dich nicht geplagt, um dort hochzukommen. Das Wasser, das du auf dem Berggipfel kostest, würde nicht so erfrischend schmecken. Die Luft würde sich nicht so fantastisch anfühlen. Die Aussicht wäre nicht so inspirierend. Wahre Erfüllung und Glück kann man nur bekommen, wenn man die Leistung genießt, die man selbst erbracht hat.

Hier ist ein anderes Szenario: Nehmen wir an, du hast mit einem engen Freund ein Marketingunternehmen gegründet. Ihr seid euch einig, dass ihr das Kapital und die Verantwortung für das Geschäft fifty-fifty aufteilen werdet. Du wirst dich um die Kunden kümmern, während dein Freund die Buchhaltung und den Papierkram erledigt.

Ihr fangt mit sehr wenig Kapital an, arbeitet aber Tag und Nacht, um das Geschäft aufzubauen. Ihr gewinnt Kunden und verschafft euch einen guten Ruf. Nach ein paar Jahren der Schufterei fangen größere Firmen an, Interesse zu zeigen und Anfragen zu stellen, ob sie euch übernehmen können. Es scheint, als würdet ihr kurz vor dem Erfolg stehen, für den ihr so hart gearbeitet habt.

Dann kommt eines Tages dein Freund mit einem Geständnis zu dir. Das Unternehmen hat kein Geld mehr. Wie bitte? Die Umsätze waren jedes Jahr gewachsen. Ihr habt mehrere namhafte Kunden. Wie könnt ihr pleite sein? Dein Freund ist am Boden zerstört und erklärt die Situation: Er hatte ein Alkoholproblem, das er vor dir verheimlicht hat. Er hat sich nicht um die Buchhaltung gekümmert. Er hat bestimmte Rechnungen seit Jahren nicht beglichen. Die Gläubiger sind bereits hinter euch beiden her. Das Einzige, was man machen kann, ist, zu bezahlen, was man kann, und das ganze Unternehmen zu beenden.

Wie würdest du auf dieses Szenario reagieren? Sicher, deine unmittelbare Reaktion wäre vielleicht, deinen Partner anzuschreien. Du würdest ihm vielleicht sogar eine verpassen wollen, aber was würde das bringen? Es würde sich für eine Sekunde gut anfühlen, aber es würde das Geld nicht zurückbringen. Es würde alles nur noch schlimmer machen.

Würdest du mit Schuldzuweisungen reagieren? Dich bei all den Kunden und allen, die du kennst, darüber beschweren, wie dein Partner dein Leben ruiniert hat? Das wäre zwar ebenfalls eine natürliche Reaktion, aber es würde auch nichts lösen.

Wärst du zerfressen vom Groll auf den anderen? Würdest du ständig daran denken, wie dieser Mensch dir Unrecht getan hat? Deine Träume zerstört hat? Alles ruiniert hat, wofür du so hart gearbeitet hast?

Niemand könnte es dir verdenken, wenn du so empfinden würdest, aber es würde trotzdem nichts ändern.

Nein, du musst in so einer Situation die folgenden Maßnahmen ergreifen: Nimm das Geld, das du noch hast, und fahr für ein paar Wochen irgendwohin, wo du dich entspannen kannst. Das mag unmöglich klingen, wenn man bedenkt, was gerade passiert ist, aber du solltest dich zwingen, eine Pause zu machen. Du wirst das, was du gerade verloren hast, in den nächsten Wochen sowieso nicht wieder reinholen. Gönn dir stattdessen diese Wochen, um deine Kräfte zu sammeln. Um all die Wut, den Groll und die Verwirrung abzuwerfen. Das ist notwendig, um Raum für neue Kräfte zu schaffen, die sich in deinem Leben entfalten sollen.

Wenn du das Gefühl hast, dass du den nötigen Abstand gewonnen hast, geh zurück nach Hause und fang damit an, deinen Traum wieder aufzugreifen. Wenn du pleite bist, arbeite tagsüber an deiner neuen Firma und fahre nachts Taxi. Oder liefere Pizza aus. Glaube nicht, dass diese Jobs unter deiner Würde sind. Schieb alle Gedanken beiseite, dass du vor ein paar Monaten noch über eine lukrative Firmenübernahme gesprochen hast und jetzt Taxi fährst. Du musst begreifen, dass du nicht für immer Taxi fahren oder Pizza ausliefern wirst. Das sind nur Sprungbretter, die du nutzen musst, um wieder dahin zu kommen, wo du warst.

Lass dich nicht von dem Gedanken unterkriegen, noch einmal ganz von vorne anfangen zu müssen. Du solltest begreifen, dass die meisten erfolgreichen Menschen mehrere Male wieder von vorn anfangen mussten, bevor ihr Traum jemals verwirklicht wurde. Akzeptiere, dass das, was wie ein Desaster aussah, in Wirklichkeit nur eine vorübergehende Notlage war, durch die jeder Hustler geht. Du bist nicht besser oder schlechter als alle anderen.

Spare und lege dich weiter ins Zeug, bis du in der Lage bist, das Geschäft erneut zu starten. Dieses Mal wirst du bei der Wahl deines Partners etwas vorsichtiger sein. Du wirst die Buchhaltung ein wenig sorgfältiger überwachen und sicherstellen, dass jeder das tut, was er tun soll. Dein neues Modell wird robuster sein, mit besserer

Infrastruktur. Und wenn die größeren Unternehmen wieder auf der Suche nach einer neuen Firma sind, wirst du in der Lage sein, zu viel besseren Bedingungen zu verkaufen, als du es beim ersten Mal warst.

Wenn du deine Firma verkaufst, kannst du, wenn du ein bisschen nachtragend bist, deinen alten Partner zu der Feier einladen, die du ausrichten wirst. Aber das würde ich nicht empfehlen. Er wird wahrscheinlich schon wissen, dass er es vermasselt hat, ohne dass er es von dir hören muss.

Das Entscheidende ist, dass das Szenario, das ich gerade beschrieben habe, nur dann möglich ist, wenn du die volle Verantwortung für das übernimmst, was mit der ersten Firma passiert ist. Ja, nicht *du* hast es vermasselt. Das war dein Freund. Ja, nicht *du* hast versäumt, die Rechnungen zu bezahlen, und du hast auch keine schlechten Gewohnheiten entwickelt, die du dann verheimlicht hast. Dein Freund hat dies getan.

Es ist jedoch deine und nur deine Aufgabe, diese Probleme zu korrigieren. Wenn *du* dich nicht sofort wieder aufrappelst und die Verantwortung dafür übernimmst, das Geschehene in Ordnung zu bringen, bist *du* derjenige, der darunter leiden wird.

Du kannst es dir nicht erlauben, dich ganz der Verbitterung hinzugeben, auch wenn dies die natürlichste Reaktion zu sein scheint. Der einzige Weg, wie du jemals wieder die Freiheit erreichen kannst, von der Freud gesprochen hat, ist, die vollständige und totale Verantwortung dafür zu übernehmen, dass du diese Freiheit wiedererlangst.

LASS DICH VON ANDEREN INSPIRIEREN

Ich bezweifle, dass irgendjemand, der dieses Buch liest, so gute Voraussetzungen für den Erfolg hat wie Marquise und G-Unit.

Hat dein Vater den Lagerbestand eines Ladengeschäfts aufgekauft, um dir zu helfen, einen Onlineshop zu eröffnen?

Hast du dein Debüt vor 80 000 kreischenden Fans gegeben?

Ich glaube nicht.

Aber auch ohne die Vorteile, die andere genossen haben, kann es sein, dass du ganz ähnliche Empfindungen von Verbitterung oder Anspruchsdenken hast wie die, an denen diese Jungs zu knabbern hatten.

Dies gilt besonders, wenn man noch um die 20 oder 30 ist. Die Erkenntnisse verdichten sich, dass Millennials nicht die gleiche Arbeitsmoral haben wie frühere Generationen. Eine Umfrage von Reason-Rupe ergab, dass 65 Prozent der amerikanischen Erwachsenen finden, die jüngere Generation habe zu hohe Ansprüche.

Das mögen die Umfragen ergeben, aber ich kann die Schuld nicht allein der Internet-Generation in die Schuhe schieben. Shaniqua ist kein Millennial. Und die Jungs von G-Unit auch nicht. Sie sind aus der gleichen Generation wie ich. Wir wuchsen alle mit den gleichen Erwartungen auf.

Es gibt auch die Auffassung, dass Ansprüche eine Folgeerscheinung sind, wenn man als verwöhntes weißes Kind aufgewachsen ist. Das glaube ich auch nicht. Mein Sohn ist reich, aber er ist eindeutig nicht weiß. Und keiner der Kerle, die mit mir in Queens aufgewachsen sind, war weiß.

Ich sehe Anspruchsdenken nicht als ein Thema, bei dem es um Jung gegen Alt oder Schwarz gegen Weiß geht. Wenn überhaupt, dann ist es ein amerikanisches Problem geworden.

In diesem Land scheint es so, als würden wir uns nicht mehr für den Erfolg abmühen wollen. Wir feiern glamouröse Jobs oder hochkarätige Positionen, aber der normale Arbeitsalltag scheint unter unserer Würde zu sein. Wir schämen uns, wenn wir die Regale in einem Supermarkt einräumen oder im Kino Eintrittskarten abreißen. Wenn ein Job nicht genau das widerspiegelt, von dem wir denken, dass es uns zusteht – was, seien wir ehrlich, bei den meisten Jobs nicht der Fall ist –, betrachten wir ihn als Zeitverschwendung.

Diese Einstellung spürt man in anderen Ländern nicht annähernd so stark. Ich bin wahrscheinlich schon drei- oder viermal um die Welt gereist. Ich habe in tausenden von Restaurants in Übersee gegessen, in tausenden von Hotels übernachtet und bin auf dem Rücksitz von tausenden von Autos mitgefahren. Ich kann nur bestätigen, dass die Einstellung zur Arbeit in anderen Ländern meist eine andere ist. Die Leute nehmen ihre Arbeit ernst – egal, auf welcher Ebene sie sich befinden. Ich sehe das in asiatischen Ländern wie Japan, Taiwan und Singapur. Von den Straßenkehrern bis hin zu den Unternehmern, die ich getroffen habe, scheint jeder *hart* zu arbeiten. Keiner verhält sich so, als würde er seinen Job verachten. Jeder scheint zu versuchen, so gut wie möglich voranzukommen.

So ist es auch in den Ländern, die ich in Afrika und im Nahen Osten besucht habe. Von den Typen, die an den Straßenecken Wasser verkaufen, bis hin zu den Frauen, die in den Hotelboutiquen arbeiten, ist niemand lustlos. Jeder scheint sich auf die Aufgabe, die gerade ansteht, zu konzentrieren.

Erinnerst du dich an meine Gedanken über einen Erdnussverkaufsstand, über den ich eingangs geschrieben habe?

Der, den ich eröffnen würde, wenn ich jemals pleitegehen sollte? Wenn man in Übersee ist, scheint es, als ob jeder die gleiche Einstellung hat. Sie akzeptieren, dass sie sich unermüdlich abrackern müssen. Und wenn sie das tun, Tag für Tag, Jahr für Jahr, glauben sie, dass sie sich ihren Weg zu einem besseren Leben erschließen können. Trotz all der Möglichkeiten, die wir hier haben, bin ich mir nicht sicher, ob die Menschen in diesem Land die gleiche Zuversicht haben.

Hierzulande findet man dieses Anspruchsdenken in allen Gesellschaftsschichten. Ich spüre es auf jeden Fall bei den Reichen. Die Leute in den Millionen-Dollar-Penthouses scheinen zu glauben, sie hätten einen Anspruch darauf, dort zu wohnen. Alles an ihrer Identität ist darauf ausgerichtet, diese Position nicht zu verlieren. Sie glauben, dass ihr Lebensstil ihr Geburtsrecht sei.

Gleichzeitig haben die Menschen in den Sozialbauten das Gefühl, dass sie, egal was sie tun, niemals selbst eine dieser Luxuswohnungen bekommen werden. Anstatt sich also mehr anzustrengen, hören sie auf, sich anzustrengen. Das ist einer der dauerhaften Effekte, die die Sklaverei auf Afroamerikaner hat. Wenn man als Bevölkerungsgruppe über 300 Jahre lang arbeitet und nie sieht, dass man auch nur einen Zentimeter auf der Erfolgsleiter nach oben kommt, hat das Auswirkungen auf einen selbst. Zur Hölle, vergiss die Zahl 300, es hatte wahrscheinlich schon nach fünf Jahren einen spürbaren Effekt. Dieses Gefühl von »egal wie hart ich arbeite, es bringt sowieso nichts« setzt sich in den Köpfen der Menschen fest. Das ist einer der Gründe, warum viele Menschen in der *Hood* den Ehrgeiz verloren haben, weiter an sich selbst zu arbeiten. Sie haben mit einer anderen Art von Anspruchsdenken zu kämpfen – dem Gefühl, dass man es nie selbst schaffen wird, also muss es jemand anderes für einen tun.

Ein Einwanderer wird sich mit keiner dieser Denkweisen identifizieren. Aus ihrer Perspektive gibt es keinen Unterschied zwischen den Ziegeln in einem Wolkenkratzer und den Ziegeln in einem Wohnprojekt. Das ganze Land sieht aus wie der schönste Ort der Welt, verglichen mit dem, wo viele von ihnen herkommen.

Das gilt besonders für meine Heimatstadt New York City. Es gibt einen Grund, warum Zehntausende von Menschen jeden Tag versuchen, hierherzukommen. Selbst vom anderen Ende der Welt aus sehen sie glänzende Möglichkeiten, für die wir weitgehend blind geworden sind. Sie verstehen, dass es wirklich eine »große reiche Stadt« ist, und sie wollen dort leben!

Ich betrachte die Einwanderer als das Rückgrat von New York. Sie halten den »Hustler Spirit« am Leben. Wir feiern immer die Jungs von der Wall Street oder die Geschäftsführer aus der Tech-Branche, aber die Einwanderer sind diejenigen, die es zu etwas bringen, tagein, tagaus. Laut einer Studie des Center for American Entrepreneurship wurden 56 Prozent aller Fortune-500-Unternehmen im Großraum New York von Einwanderern gegründet. Der Afrikaner, dem man damals die Zähne einschlug, weil er mein Bootleg verkaufte? Am nächsten Tag hat er garantiert wieder CDs verkauft. Er verkaufte wahrscheinlich weiter und weiter, bis er seine eigene Ladenkette eröffnen konnte. Heute hat er vielleicht sogar eine dieser großen Firmen. Oder er ist zurück in sein Heimatland gegangen und hat dort eine Ladenkette eröffnet.

Wir waren sehr erfolgreich darin, die amerikanische Kultur in die ganze Welt zu exportieren. Aber am Ende des Tages bringen wir in den USA doch nur Menschen hervor. Wir exportieren einen Lebensstil. Einen Traum. Wir erschaffen nichts Reales mehr.

Deshalb ist es an der Zeit, dass wir uns von dem Tatendrang inspirieren lassen, der im Rest der Welt so reichlich vorhanden zu sein scheint. Dann können wir aufhören, zu glauben, dass die Menschen uns etwas schulden, und anfangen zu erkennen, dass unsere Tatkraft uns zu allem führen kann, was wir im Leben wollen!

EINZAHLEN ODER ABHEBEN?

Es gibt eine Frage, die du dir bei jedem Menschen in deinem Leben stellen musst, egal wie lange du ihn schon kennst: Zahlt er oder sie mir auch mal etwas auf das Konto meines Lebens ein oder hebt er immer nur ab?

Wenn die Antwort ist, »er hebt immer nur ab«, dann weißt du, dass du dich sofort von dieser Person distanzieren solltest. Bedenke, dass sich niemand nur mit einer einzigen Abhebung zufriedengibt. Würdest du nur ein einziges Mal zu einem Geldautomaten gehen, der ständig kostenloses Geld ausspuckt? Auf keinen Fall. Du würdest jeden einzelnen Tag hingehen, bis die Bank es herausgefunden hat. Die Menschen sind genauso. Solange man sie nicht stoppt, bedienen sie sich so lange, bis nichts mehr übrig ist.

Ich entledige mich all der Menschen, die nur darauf aus sind, von mir etwas zu nehmen. Ich habe bereits Menschen verloren, die mir alles bedeuteten – nämlich meine Mutter und meine Großmutter – und es geht mir immer noch sehr gut. Es gibt keinen Grund, warum ich mich nicht auch von all den anderen Menschen trennen sollte, die immer nur versuchen, mich auszusaugen, anstatt mir etwas zu geben.

Deshalb ist es mir auch völlig egal, ob mein Vater sich jemals bei mir melden wird. Inzwischen würde er sowieso nur kommen, weil er etwas von mir bekommen will. Es gibt nichts, was er mir geben könnte.

Ich habe schon genug solcher Leute in meinem Leben. Jeden Tag versuchen sie, Geld von der Bank namens 50 Cent abzuheben. Ich habe bereits über die Leute gesprochen, die direkt auf eine finanzielle Zuwendung aus sind, aber genauso oft sind es Leute, die meine Gesellschaft als solche suchen.

»Hey, wir haben diese phänomenale Idee, die ein Riesenerfolg werden und uns viel Geld einbringen kann«, sagen sie, bevor sie auf den Punkt kommen. »Wir brauchen nur noch *dich* dazu, damit es klappt.«

Ich will nicht mehr mit solchen Leuten zusammenarbeiten. Ich möchte mit Konzepten und Ideen zu tun haben, die mit oder ohne mich funktionieren können. Ich möchte mit talentierten Leuten zusammen sein, die mich weiterbringen können, nicht mit Leuten, die sich an meinen Erfolg dranhängen wollen.

Das erste Mal, dass ich Mark Wahlberg begegnete, war bei einem Abendessen mit einer Gruppe von Leuten, die ich gerade kennengelernt hatte. Ich aß mein Essen, hing ein wenig herum und ging dann auf die Toilette. Auf dem Rückweg beschloss ich, dass ich schon länger dort war als nötig, also bezahlte ich die Rechnung. Als ich zum Tisch zurückkam, sagte ich in die Runde: »Yo, ich gehe jetzt. Wir sehen uns. War schön, euch alle kennenzulernen. Und macht euch keine Sorgen wegen der Rechnung. Das habe ich schon erledigt.« Ich habe das nicht getan, um mich wichtig zu machen, es ist einfach eine Rolle, in der ich mich wohlfühle.

Mark konnte es nicht fassen. »Was? Du hast was getan?«, rief er und sprang fast von seinem Platz auf. »Warte mal, verdammt. Ich habe endlich einen Mann gefunden, der seine verdammten Spendierhosen anhat, und er haut ab? Bro, wir müssen uns mal treffen. Wir müssen was zusammen unternehmen.« Er war aufgeregt, weil er sonst immer derjenige war, von dem die Leute erwarteten, dass er die Rechnung bezahlt. Jetzt war endlich jemand bereit, selbst etwas zu zahlen. Das machte ihn neugierig.

Nach diesem Abend sind wir gute Freunde geworden, und Mark hat schon oft auf mein Lebenskonto eingezahlt. Er hat mit *Entourage* und *Boardwalk Empire* bereits die Sache mit dem Rapper, der zum TV-Produzenten wurde, hinter sich gebracht, und er hat mir eine Menge wertvoller Ratschläge und Einblicke gegeben.

Ich hätte diese Beziehung zu ihm nie geknüpft, wenn ich an diesem Abend nicht zu meiner Brieftasche gegriffen hätte. Ich weiß, dass nicht jeder, der das hier liest, in der Lage ist, ein schickes Essen in einem Restaurant in L.A. zu bezahlen, aber man kann durchaus bei den richtigen Leuten etwas investieren.

Im Beruf kann man immer zur Arbeitsmoral beitragen, egal in welcher Position man ist. Wenn du Teil eines Teams bist, kostet es dich keinen Cent, derjenige mit einer positiven Einstellung zu sein. Das bedeutet nicht, dass du deinem Chef in den Arsch kriechen oder dich verstellen musst. Du musst nur eine positive Einstellung zu den Dingen haben: Meckere oder jammere nicht, wenn du einen schwierigen Job oder Auftrag bekommen hast. Lächle und sei offen für das Gespräch mit Kollegen, anstatt Kopfhörer aufzusetzen und dich hinter einem Computerbildschirm zu verschanzen. Zeige dich diplomatisch und versuche, eine Lösung zu finden, wenn deine Kollegen nicht miteinander klarkommen.

Die einfachste Investition, die du bei der Arbeit machen kannst, die sich aber auf lange Sicht auszahlen wird, ist, einfach pünktlich zu erscheinen. Du hast keine Ahnung, wie ärgerlich es für einen Chef ist, wenn die Mitarbeiter kommen, wann immer sie wollen. Es mag verlockend sein, zu denken: »Also, wenn es meine Firma wäre, würde ich früher kommen, aber warum sollte ich mich beeilen, um diesen Leuten Geld zu bringen?« Wenn das deine Einstellung ist, wirst du nie deine eigene Firma besitzen.

Das ist definitiv ein Thema, mit dem ich in Bezug auf meine eigenen Mitarbeiter zu kämpfen habe. Wie ich schon sagte, ist es eine meiner Schwächen, dass ich mich am Arbeitsplatz gerne wohlfühle. Ich bin gerne mit Menschen zusammen, die ich kenne und denen ich vertraue. Leider kann die angenehme Atmosphäre, die ich suche, dazu führen, dass die gesamte Umgebung zu entspannt ist. Nach einiger Zeit beginnen die Leute zu vergessen, dass sie echte Verantwortung haben, für die ich sie bezahle.

Dann beginnen sie, ihre eigenen Zeitpläne zu machen. Sie denken vielleicht, ich merke das nicht, aber ich merke es. Und ich kommentiere das nicht, solange alles seinen geregelten Gang geht. Aber wenn sie jeden Morgen erst um 10 oder 11 Uhr hereinspazieren und die Arbeit, die wir leisten, nicht sitzt, dann bekommen wir ein Problem. Ich habe ihnen lange Leine gelassen, indem ich sie kommen ließ, wann sie wollten, aber jetzt haben sie sich selbst einen Strick daraus gedreht.

Solange du nicht direkt in signifikanter Weise zum Profit deines Unternehmens beiträgst, solltest du dir nicht einreden, dass du einfach kommen kannst, wann du willst. Sorge stattdessen dafür, dass du die konsequenteste Person im Büro bist, wenn es darum geht, rechtzeitig da zu sein. Das kann ganz einfach sein – vielleicht musst du nur deinen Wecker 15 Minuten früher einstellen. Wenn du es dir zur Gewohnheit machen kannst, einfach nur pünktlich zu sein, ist das eine erkennbare Investition, die dein Chef schätzen wird.

Solange du beständig etwas leistest, ist es auch in Ordnung, auf deinen Chef zuzugehen und ihn zu bitten, über eine Gehaltserhöhung zu sprechen. Aber was auch immer du tust, beginn das Gespräch nicht damit, dass du darauf hinweist, wie lange du schon in der Firma arbeitest. Wenn jemand zu mir kommt und erzählt, wie lange er schon dabei ist, gibt er mir damit nur die Bestätigung, dass es vielleicht an der Zeit ist, ihn rauszuwerfen! Wenn du schon ewig dabei bist, aber ich dir nicht von mir aus eine Gehaltserhöhung angeboten habe, gibt es wahrscheinlich einen Grund dafür.

Wenn du ein solches Gespräch führst, konzentriere dich stattdessen darauf, was du beigetragen hast. Der Umsatz ist natürlich das Beste, was man vorweisen kann. Aber es können auch Dinge sein, die sich nicht so einfach berechnen lassen, wie wir sie eben erwähnt haben: gute Laune, hilfreiche Diplomatie, Pünktlichkeit und Kreativität. Wenn du dich auf diese Art und Weise beständig einbringst und investierst, wird das wahrscheinlich auffallen. Und du wirst viel schneller belohnt werden als die Person, die schon lange in der Firma ist, aber nur daran interessiert ist, ihr Gehalt zu kassieren.

Es ist wichtig, daran zu denken, dass nicht jede Einzahlung, die jemand auf dein Lebenskonto macht, finanzieller Natur sein wird. Eine Person gibt dir vielleicht nie einen Cent, unterstützt dich aber trotzdem auf alle möglichen anderen Arten.

Meine Tante Geraldine und mein Onkel Mike haben eine Menge positiver Energie in mein Leben investiert, ohne etwas dafür zu verlangen. Ein seltener Charakterzug in meiner Familie! Wir drei müssen anders gepolt sein als alle anderen. Wir haben verstanden, dass es, egal was in deinem Leben passiert, nie einen Moment geben sollte, in dem du das Gefühl hast, dass du jetzt aufhören kannst, zu arbeiten und stattdessen andere um Geld zu bitten.

Onkel Mike und Tante Geraldine haben das bewiesen, als sie eine Million Dollar mit einem Rubbellos gewonnen haben, das Mike gekauft hatte. Ich weiß noch, wie sehr ich mich für ihn freute, als er es mir erzählte. »Wie hoch ist die Wahrscheinlichkeit, dass das tatsächlich passiert?«, fragte ich ihn. »Das ist unglaublich!«

Es war ein nettes kleines Polster, das ihnen das Leben erleichterte. Er und meine Tante kauften ein größeres Haus und tauschten ihre Autos gegen schönere ein. Aber das war's auch schon. Sie rüsteten einfach etwas auf.

Was sie nicht taten, war, ihre Jobs zu kündigen. Sie sagten nicht: »Okay, wir haben es geschafft« und machten erst mal 20 Jahre Urlaub. Sie waren klug genug, um zu verstehen, dass das zusätzliche Geld zwar ein Segen war, aber nur für ein paar Jahre halten würde, und dass sie weiter ihren Lebensunterhalt würden bestreiten müssen.

Es ist sehr einfach, in diesem Land eine Million Dollar zu verprassen. Und das taten sie auch. Zum Glück haben sie ihre Jobs nie aufgegeben, also geht es ihnen gut.

Dank ihrer ausgeprägten Selbstständigkeit hatten wir nie Probleme, wie ich sie etwa mit anderen Familienmitgliedern hatte. Meine Tante und mein Onkel sind nicht darauf aus, etwas von mir zu bekommen, sondern nur zu geben.

Das ist schon immer so gewesen. Selbst heute noch kauft mir Tante Geraldine zu Weihnachten Socken und bemüht sich, mir ein leckeres Essen zu kochen. Ich brauche die Socken nicht, und ich habe einen Privatkoch, aber das ist nicht der Punkt. Diese Dinge symbolisieren nur die Liebe, die sie mir zeigen will. Seit ich ein kleiner Junge war, wollte sie mich umsorgen und mir Dinge schenken. Sie ist die Person, die mir den Spitznamen Boo Boo gegeben hat. Das mag wie eine Kleinigkeit erscheinen, aber für ein Kind, das seine Mutter verloren hat, war dieser Kosename sehr wichtig. Bis heute kennen mich die Menschen, denen ich am nächsten stehe, als Boo Boo (und sind die Einzigen, die mich so nennen dürfen!).

Mein Sohn Sire hat diese Art von positivem Lebensgefühl ebenfalls in mein Leben gebracht.

Wir haben alle Voraussetzungen für eine gesunde und liebevolle Beziehung. Wann immer ich meinen kleinen Kerl sehe, gibt es nichts als Glück und Ausgelassenheit. Er will gar nichts von mir. Er will mir nur zeigen, wo ihm gerade die Vorderzähne ausgefallen sind, oder ein Bild, das er in der Schule gemalt hat. Es gibt nichts Schöneres, als auf der Couch zu sitzen und fernzusehen, wenn er ins Zimmer kommt und sich ohne ein Wort an mich kuschelt. Er verlangt nichts – kein Geld, keine Gefälligkeiten, keine Almosen. Er will nur seinem Vater nahe sein. Diese Art von bedingungsloser Liebe zu erfahren, ist etwas, das ich nicht gewohnt bin, mit dem ich mich aber besser vertraut machen will.

WIE MAN ETWAS ZURÜCKGIBT

Ich gestehe, dass es Zeiten gibt, in denen ich nicht besonders für Wohltaten zu haben bin. Wenn ich die Straße entlanglaufe und einen Mann mit einem witzigen Schild und einem Becher sehe, der um Kleingeld bettelt, könnte meine unmittelbare Reaktion sein: »Ich habe nicht das Bedürfnis, diesem Mann zu helfen, weil sein Schicksal bereits besiegelt ist. Egal, welchen Schein ich in seinen Becher stecke, es wird nicht den geringsten Unterschied machen.« Wenn jemand aber die Fähigkeit hat, etwas so humorvoll zu formulieren, dass es einen verstockten New Yorker dazu bringt, in die Tasche zu greifen, dann hat diese Person Talent. Leider nutzt er dieses Talent nur, um zu betteln, anstatt es auf eine konstruktivere oder produktivere Weise einzusetzen. Das möchte ich nicht unterstützen.

Im Laufe der Jahre habe ich jedoch gelernt, dass diese Einstellung nicht immer hilfreich ist. Ja, es gibt Menschen, die lieber das Mitleid der Leute ausnutzen, als sich anzustrengen. Aber das bedeutet nicht, dass es nicht noch viel mehr Menschen gibt, die wirklich die Arbeitsmoral und den Unternehmergeist haben, die ich unterstütze, die aber in Schwierigkeiten geraten sind, die sie nicht beeinflussen können. Sie benötigen irgendeine Art von Hilfe.

Da ich in der Position bin, über genügend Geld zu verfügen, konzentriere ich mich mehr und mehr darauf, mein Geld einzusetzen, um diesen Menschen zu helfen. Wenn man über einen längeren Zeitraum Erfolg und Anerkennung erfahren hat, kann man den Fokus ein wenig von sich selbst nehmen und sich bewusster machen, was in den verschiedenen Communitys um einen herum passiert.

Je älter ich werde, desto weniger bin ich von Menschen beeindruckt, die Geld anhäufen, und desto mehr bin ich von den Menschen inspiriert, die sich dafür einsetzen, es weiterzugeben. Früher war mir das nie bewusst, aber jetzt erkenne ich, dass derjenige, der gibt und spendet, auch nach seinem Tod noch am stärksten präsent sein wird. Wenn er gestorben ist, werden die Leute immer noch in ehrfürchtigem Ton über ihn sprechen. In 50 Jahren werden sich die Menschen an Bill Gates eher wegen seiner Bemühungen erinnern, mit denen er die nachhaltige Landwirtschaft auf der ganzen Welt unterstützt hat, als wegen dem, was ihm mit Computerchips gelungen ist. Genauso wie man sich an den Musikmogul David Geffen nicht dafür erinnern wird, dass er Hits veröffentlicht hat. Er wird für die Fortschritte gefeiert werden, die er im medizinischen Bereich unterstützt hat. Warren Buffett mag unfassbar reich sein, aber er hat sich verpflichtet, bis zum Ende seiner Tage 99 Prozent seines Vermögens für wohltätige Zwecke zu spenden. Er hält sich an diesen Schwur und hat Humanität zu seiner neuen Berufung gemacht, indem er andere Milliardäre ansporrnt, sich der »Giving-Pledge«-Kampagne anzuschließen.

Ihre guten Beispiele haben mich dazu gebracht, mir über mein eigenes Vermächtnis mehr Gedanken zu machen. Ich musste mich fragen: »Möchte ich hauptsächlich als ein Mensch in Erinnerung bleiben, der eine Menge Platten verkauft und eine Menge erfolgreicher Fernsehsendungen gemacht hat?« Früher wäre die Antwort gewesen: »Ja, verdammt!« Ich schätze diese Erfahrung immer noch, aber jetzt ist es wichtiger, dass ich auch als jemand in Erinnerung bleibe, der etwas Positives mit dem verdienten Geld bewirkt hat.

Es reicht mir nicht mehr, zu sagen: »Also, ich gebe doch schon etwas zurück, indem ich den Leuten zeige, dass es möglich ist, von ganz unten nach ganz oben zu kommen.« Ich muss noch mehr tun. Ich verpflichte mich, das Geld, die Mittel und die Verbindungen, die ich auf dem Weg nach oben gewonnen habe, direkt wieder in Menschen zu investieren, die am Existenzminimum leben, damit sie es leichter haben, einen ähnlichen Weg einzuschlagen.

Mein Interesse für das Thema Humanität wurde geweckt, nachdem ich zum ersten Mal nach Nigeria gereist war. Ich wusste nicht viel über das Land, aber Heineken zahlte mir vier Millionen Dollar für vier Auftritte, also packte ich selbstverständlich meine Koffer und stieg in ein Flugzeug.

An einem der ersten Abende dort entspannte ich mich in meinem Hotelzimmer in Lagos und bestellte den Zimmerservice. Das Hotel brachte mir das ganze Essen in meine Suite, und ich wollte gerade zugreifen, als ich bemerkte, dass das Hähnchen nicht ausgenommen war. Irgendetwas daran bereitete mir ein mulmiges Gefühl. Mir war der Appetit vergangen, und ich wollte raus aus meinem Zimmer und an die frische Luft.

Plötzlich schoss mir eine Idee durch den Kopf. Ich sagte meinem Roadmanager Barry, er solle 15 000 Dollar von unseren Tagesspesen nehmen, sie in eine Tasche packen und ein Auto bereitstellen. Sobald Barry das Geld hatte, traf ich mich unten mit ihm, stieg ins Auto und sagte dem Fahrer: »Fahren Sie uns einfach in ein Ghetto.«

Ich habe definitiv schon einige harte Gegenden gesehen, aber noch nie etwas so Schlimmes wie das Viertel, in das uns der Fahrer brachte. Vergiss die Sozialbauten, in denen die Fahrstühle nach Pisse stinken. Diese Menschen hier lebten in kleinen Hütten aus Wellblech. Keine Klimaanlage, keine Fenster, kein fließendes Wasser. Als wäre das nicht schon schlimm genug, floss vor den Hütten ein Rinnsal aus Urin und Kot. Die Baisley-Sozialbauten in Queens sahen aus wie das Four-Seasons-Hotel im Vergleich zu dem, was diese Menschen bewohnten.

Während der Fahrt fiel mir auch auf, dass die Leute alles Schwere, das sie transportieren mussten, auf dem Kopf trugen. Wenn jemand ein 30 Pfund schweres Paket quer durch die Stadt zu transportieren hatte, rief er nicht FedEx an. Sie trugen die Last auf ihren Köpfen und liefen damit durch die Stadt. Der Anblick hat mich wirklich umgehauen.

An einer Stelle mussten wir ganz langsam fahren, weil die Straße nicht mehr als eine schlammige Gasse war. Ich nahm etwas Geld aus der Tasche, kurbelte das Fenster herunter und begann, Hunderter an die Leute zu verteilen, die zum Auto kamen.

Sobald die Leute aus dem Viertel merkten, was los war, war die Begeisterung riesengroß. Sie war gewaltiger als bei jedem Konzert, bei dem ich je aufgetreten bin. Dies war ein Land, in dem 40 Dollar zusätzlich das Leben für die nächsten paar Monate verändern konnte. Und ich verteilte Hundert-Dollar-Scheine wie Süßigkeiten an Halloween.

Es begann sich herumzusprechen, dass ich mit Geld um mich werfe, und als ich zum Hotel zurückkam, warteten um die 3000 bis 4000 Menschen auf mich. Die Szene war der Wahnsinn. Selbst nachdem das ganze Geld weg war, wollten die Leute mich einfach nur anfassen. Nicht auf eine negative oder bedrohliche Art und Weise. Sie wollten einfach die positive Energie, die sie an mir spürten, miterleben. Ein Typ hat mir mein Kopftuch so schnell vom Kopf gezogen, dass die darüber sitzende Baseballkappe auf meinem Kopf blieb. Es war unbeschreiblich.

Meine Aktionen verursachten am Ende einen solchen Aufruhr, dass wir die letzte Show der Tour absagen und heimkehren mussten.

Es waren einfach zu viele Menschen, die kommen wollten, um zu sehen, ob ich ihnen etwas Geld zustecken würde.

Es fühlte sich großartig an, zu wissen, dass ich in kurzer Zeit so vielen Menschen geholfen hatte, aber ich erkannte auch, dass das Umherfahren in den Slums und das Verteilen von Geldscheinen nicht die klügste oder effektivste Art war, mein Geld einzusetzen, um Menschen zu helfen. Ich brauchte einen besseren Plan.

Ich dachte immer, ich käme von ganz unten, aber meine Reise nach Afrika hat mir die Augen geöffnet. Es stellte sich heraus, dass ich keine Ahnung hatte, wie es tatsächlich am unteren Ende aussah. Meine afrikanischen Brüder und Schwestern führten einen Überlebenskampf, mit dem ich nicht einmal im Entferntesten vertraut war.

Die Leute hier im Viertel verstehen das vielleicht nicht. Wenn ich ihnen von Afrika erzähle, sagen sie mir: »Yo Fif, wir hungern hier auch, Mann.« Nein, ihr *denkt*, ihr seid hungrig. Aber in ganz Afrika sterben jedes Jahr Hunderttausende Menschen an Hunger. Das ist die wahre Katastrophe.

Mein Verständnis dafür, wie schlimm die Situation ist, vertiefte sich im Jahre 2012 noch, als ich zusammen mit dem Welternährungsprogramm der Vereinten Nationen nach Kenia und Somalia reiste, um die Auswirkungen der Hungerkrise auf diese Länder einzuschätzen. Ich dachte, meine Erfahrungen in Nigeria hätten mich vorbereitet, aber ich konnte nicht glauben, was ich in Kenia und Somalia mitansehen musste.

In Kenia besuchte ich eine Schule, in der alle 500 Kinder Waisen waren und 48 von ihnen zudem HIV-positiv. Sie bekamen alle nur eine Mahlzeit am Tag: Maisbrei mit Proteinpulver. Es gab nichts anderes auf dem Speiseplan. Das war alles, was sie jeden Tag bekamen.

Ich hatte noch nie etwas so Aussichtsloses gesehen. Aber diese Kinder hatten trotzdem eine unglaubliche Energie. Ich fragte sie, was sie später einmal werden wollten, und sie sagten: »Ich will Arzt werden«

oder: »Ich will Anwalt werden.« Sie hatten die denkbar schlechtesten Voraussetzungen, die man sich vorstellen kann, aber sie waren immer noch optimistisch und blickten zuversichtlich in die Zukunft.

Sie waren völlig frei von jeder Verbitterung, und das ließ mich daran denken, wie ich früher herumgezickt habe, wenn ich KangaROOs statt Nikes tragen musste. Oder wie enttäuscht Marquise war, weil er nicht die richtigen Jordans hatte. Wenn jeder Jugendliche in Amerika fünf Minuten in einer Schule wie der, die ich in Kenia besucht habe, verbrächte, würden sie sich alle schämen, dass sie sich jemals so anmaßend verhalten haben. Ich jedenfalls schämte mich dafür.

Nach dieser Reise verpflichtete ich mich, mit dem Welternährungsprogramm zusammenzuarbeiten, um den Kampf gegen den Hunger in der Welt, insbesondere in Afrika, zu unterstützen. Zu dieser Zeit hatte ich gerade den Energydrink Street King auf den Markt gebracht. Ich versprach, dass ich für jeden verkauften Drink einen Teil des Erlöses spenden würde, um ein hungerndes Kind zu ernähren. Um das Programm auf einen guten Weg zu bringen, stellte ich einen Scheck aus, der die Kosten für 2,5 Millionen Mahlzeiten abdeckte.

Wir konnten durch dieses Programm eine Menge hungriger Kinder mit Nahrungsmitteln versorgen, aber es gibt offensichtlich noch eine Menge mehr zu tun. Meine Hoffnung ist, dass Programme wie das, welches wir mit Street King gestartet haben, eine Vorlage für das schaffen können, was ich »verantwortungsvollen Kapitalismus« nenne. Das bedeutet, dass die CEOs, anstatt Milliarden zu scheffeln und darauf sitzen zu bleiben, anfangen, das Spenden zu einem grundlegenden Teil ihrer Geschäftspolitik zu machen. Die Weltbank sagt, wenn die Top-Fortune-500-Unternehmen nur ein Prozent ihres Gewinns an gemeinnützige Organisationen spenden würden, könnte das die extreme Armut auf der ganzen Welt lindern. Nur ein Prozent. Ich denke, das ist nicht zu viel verlangt – das kann jedes Unternehmen leisten.

Ich bin genauso auf den Gewinn fokussiert wie jeder andere Unternehmer, aber keiner von uns braucht dieses eine Prozent so dringend, dass wir es nicht nutzen könnten, um diesen Kindern da draußen zu helfen. Es ist nur so, dass viele dieser schwerreichen Menschen nicht darauf konditioniert sind, etwas zu verschenken. Ihre Haltung ist ähnlich wie die, die ich früher hatte, wenn ich an einem Obdachlosen vorbeiging: »Also, *ich* habe dafür gearbeitet. Diese Menschen sitzen nur herum und wissen einfach nicht, was sie mit ihrem Leben anfangen sollen. Wieso sollte es also meine Aufgabe sein, eine Lösung dafür zu finden?«

Meine Antwort ist, dass man ein bisschen von seinem Geld nimmt und nach Afrika fliegt, um die Kinder zu besuchen, die ich in dieser Schule besucht habe. Oder die Kinder im Nahen Osten, Asien oder Südamerika, die in ähnlichen Situationen leben. Wenn man die Energie erlebt, die diese Kinder trotz all des Leids an den Tag legen, wird einem klar, dass es nicht um die eigene Arbeitsmoral im Vergleich zu der eines anderen geht. Es geht darum zu erkennen, dass man sich glücklich schätzen darf, seine Arbeitsmoral in einem Land wie Amerika nutzen zu können, in dem es so viele Möglichkeiten gibt.

Wenn ich an diese Kinder denke, stellt sich mir die Frage nach den Beweggründen für viele Entscheidungen, die ich früher in meiner Karriere getroffen habe. Alles, was ich früher getan habe, hatte das Ziel, zu beweisen, dass ich mehr habe als jemand anderes. Aber jetzt, wo ich gereift bin und mehr Erfahrung habe, entspricht diese Sichtweise nicht mehr meiner Moralvorstellung.

Ich möchte auch nicht den Eindruck erwecken, dass ich mich nur darauf konzentriere, Kindern in Afrika zu helfen. Als ich meine Villa in Connecticut verkaufte, spendete ich die gesamten drei Millionen Dollar, die ich daran verdiente, an meine G-Unity Foundation. Das Geld floss in Programme, die schulische Bildungsangebote in armen Gegenden in Amerika unterstützen. Ich habe auch eine Menge

Geld – fast eine Million Dollar – gespendet, um öffentliche Parks in der Nähe von Queens, wo ich aufgewachsen bin, zu renovieren. Ich möchte, dass die Kinder, die heute dort aufwachsen, Grünflächen haben, wo sie sich wohlfühlen, wenn sie draußen spielen, und dass sie die Natur genießen können.

Das alles fühlt sich an, als wäre es genau das Richtige, was ich mit meinem Geld machen sollte. Wenn ich erst einmal für die Zukunft von mir und meinen Kindern vorgesorgt habe, was brauche ich dann wirklich noch? Nicht viel. Was ich tun muss, ist, mehr Möglichkeiten zu finden, etwas zurückzugeben.

In der Vergangenheit neigte ich dazu, nicht über mein karitatives Engagement zu sprechen, weil ich nicht wollte, dass man um mich herum irgendwelche Ansprüche entwickelt. Ich wollte nicht, dass die Leute denken, es sei meine Verantwortung, ihnen Geld zu geben, ob auf persönlicher oder institutioneller Ebene.

Heute macht mir dieser Druck nichts mehr aus. Ich begrüße ihn sogar. Ich möchte dafür bekannt sein, dass ich einen Scheck für eine Wohltätigkeitsorganisation ausstelle, die es verdient hat. Ich möchte mit Humanität in Verbindung gebracht werden. Ich habe in meinem Leben schon vielen Dingen dazu verholfen, dass man sie cool findet. Einen Singsang-Flow in meinen Raps eingesetzt. Kugelsichere Westen getragen. Schulden bis zum nächsten Montag zurückgezahlt.

Jetzt will ich auch Wohltätigkeit cool machen. Wenn ich das schaffe, würde das als meine größte Errungenschaft in die Annalen eingehen.

Zusammenfassung – Was du dir merken solltest

Sei furchtlos

Die meisten Menschen laufen vor dem weg, wovor sie Angst haben. Ich gehe direkt darauf zu. Das bedeutet nicht, dass ich glaube, ich sei unverwundbar (ich habe auf die harte Tour gelernt, dass ich es nicht bin) oder dass ich mir der Gefahr nicht bewusst bin. Ich erlebe Angst genauso wie jeder andere Mensch auch.

Aber einer der größten Fehler, den Menschen machen können, ist, ihrer Angst nachzugeben. Was auch immer mich beunruhigt, ich begegne der Angst frontal und setze mich damit auseinander, bis die Situation gelöst ist. Meine Weigerung, der Angst nachzugeben, verschafft mir in fast jeder Situation einen Vorteil.

Entwickle das Herz eines Hustlers

»Hustlin'« wird manchmal mit dem Verkauf von Drogen in Verbindung gebracht, aber es ist eigentlich eine Charaktereigenschaft, die erfolgreiche Menschen in jedem Beruf haben. Steve Jobs war bei Apple genauso ein Hustler wie ich, als ich noch auf der Straße gearbeitet habe.

Der Schlüssel zur Entwicklung dieser Eigenschaft in der eigenen Persönlichkeit liegt darin, zu akzeptieren, dass man nie auf ein bestimmtes Ziel zusteuert. Hustlin' ist ein Motor, der jeden Tag in einem selbst laufen muss. Und sein Treibstoff ist Leidenschaft. Wenn du diesen Motor am Laufen halten kannst, wird er dich überall hinbringen, wo du im Leben hinwillst.

Stelle ein gutes Team zusammen

Du bist nur so stark wie das schwächste Glied in deinem Team. Deshalb musst du dir die Menschen sehr sorgfältig aussuchen, mit denen du dich umgibst. Verrat ist nie so unwahrscheinlich, wie du gerne glauben würdest.

Deshalb ist es unerlässlich, bei den Menschen, mit denen du zusammenarbeitest, ein Gleichgewicht zwischen Vertrauen und Disziplin herzustellen und ihnen die Freiheit zu geben, sie selbst zu sein. Wenn es dir gelingt, dieses Gleichgewicht herzustellen, kannst du das Beste aus deinem Team herausholen.

Kenne deinen Wert

Einer der Eckpfeiler meines anhaltenden Erfolgs ist, dass ich mich nicht in Geschäfte stürze. Auch wenn ich zum Synonym dafür geworden bin, »gut bezahlt zu werden«, jage ich nie dem Geld hinterher. Ich bewerte jedes neue Projekt auf der Grundlage seines langfristigen Potenzials und nicht danach, wie der erste Scheck aussehen wird, den ich bekomme.

Der Grund, warum ich das tue, ist, dass ich höchstes Vertrauen in meinen eigenen Wert und meine Fähigkeiten habe. Ich bin mir sicher, dass ich, solange ich auf mich selbst setze, immer gewinnen werde.

Entwickle dich oder stirb

Wenn ich nicht willens – oder nicht in der Lage – gewesen wäre, mich als Individuum weiterzuentwickeln, wäre ich jetzt tot oder im Knast. Einer der Schlüssel zu meinem Erfolg ist, dass ich in jeder Phase meines Lebens bereit war, jede neue Situation, in der ich mich befand, neu einzuschätzen und die notwendigen Veränderungen vorzunehmen.

Ich werde zwar immer von den Lektionen profitieren, die ich auf der Straße gelernt habe, aber ich habe mich nie darauf beschränkt. Stattdessen sehe ich zu, dass ich immer neue Informationen aus so vielen Quellen wie möglich aufnehmen kann. Es ist mir egal, woher du kommst oder wie du aussiehst – wenn du es geschafft hast, erfolgreich zu sein, möchte ich von dir lernen.

Bestimme, wie du wahrgenommen wirst

Alles, was du der Welt offenbarst – deine Worte, deine Ausstrahlung, deine Kleidung – erzählt eine Geschichte. Du musst sicherstellen, dass deine Darstellung dich immer als die Person präsentiert, als die du gesehen werden willst, auch wenn die Realität eine etwas andere Geschichte erzählt.

Eines der Geheimnisse, um im Leben zu bekommen, was man will, besteht darin, den Eindruck zu erwecken, dass man nichts braucht. Es kann schwierig sein, diese Haltung zu vermitteln – vor allem, wenn du mit Problemen zu kämpfen hast –, aber wenn du konsequent dafür sorgst, dass man dich so wahrnimmt, wirst du beruflich, persönlich und sogar in einer Liebesbeziehung an Attraktivität gewinnen.

Keine Angst vor dem Wettkampf

Manche Leute versuchen, mich als Quälgeist oder Tyrann darzustellen, aber das entspricht nicht den Tatsachen. Mein erster Instinkt ist immer, positive und für beide Seiten vorteilhafte Beziehungen zu anderen aufzubauen. Aber wenn jemand nicht daran interessiert ist, mit mir befreundet zu sein, ist es für mich kein Problem, in ihm oder ihr einen Gegner zu sehen.

Der Grund dafür ist, dass ich glaube, dass Konkurrenz für alle beteiligten Parteien gesund ist. Egal, ob es darum geht, gegen etablierte Rapper oder erfolgreiche Fernsehserien anzutreten, ich hatte immer dann den größten Erfolg, wenn ich mich direkt und ohne zu zögern mit meinen Rivalen angelegt habe.

Lerne aus deinen Fehlern

So viele Erfolge ich im Laufe der Jahre errungen habe, so viele Niederlagen habe ich auch erlebt. Das ist nicht die Ausnahme bei erfolgreichen Menschen – es ist die Regel. Ich kenne keinen wohlhabenden Rapper, Mogul, Manager oder Unternehmer, dessen Verluste seine Gewinne nicht bei Weitem überwiegen.

Was diese Menschen von der Masse unterscheidet, ist, dass sie sich nicht über ihre Misserfolge beschweren oder sich vor ihnen verstecken, sondern aktiv versuchen, aus ihnen zu lernen.

Vermeide die Anspruchs-haltung

Nichts wurde mir im Leben je geschenkt. Ich musste für alles kämpfen, was ich mir verdient habe. Deshalb ist eine grundlegende Anspruchshaltung nie in mein Bewusstsein vorgedrungen. Aber fast überall, wo ich hinschaue – von der Straße bis in die Vorstandsetagen –, sehe ich immer noch eine Menge Menschen mit Anspruchsdenken.

Du wirst niemals dauerhaften Erfolg haben, solange du nicht die volle Verantwortung für das übernimmst, was in deinem Leben passiert. Keiner schuldet dir etwas. Genauso wie du niemandem irgendetwas schuldig bist. Sobald du diese grundlegende Wahrheit erkennst und akzeptiert hast, dass du die Kontrolle über deinen Werdegang hast, werden sich viele Türen, die verschlossen schienen, vor dir auftun.

DANKSAGUNG

Ich möchte dem Team danken, das mir geholfen hat, dieses Projekt auf die Beine zu stellen: meinem Literaturagenten Marc Gerald; Chris Morrow, der mir geholfen hat, meine Vision für dieses Buch zu verwirklichen, und Patrik Henry Bass, leitender Redakteur bei Amistad. Ich bin auch Brian Murray, Präsident und Geschäftsführer von Harper Collins, und Judith Curr, Präsidentin und Verlegerin der Harper One Group, zu großem Dank verpflichtet.